自主学习18法则

胡章军 著

海峡出版发行集团 | 福建教育出版社

图书在版编目（CIP）数据

自主学习18法则/胡章军著． —福州：福建教育出版社，2024.4
 ISBN 978-7-5334-9793-4

Ⅰ.①自… Ⅱ.①胡… Ⅲ.①学习方法－通俗读物 Ⅳ.①G791-49

中国国家版本馆CIP数据核字（2023）第218917号

Zizhu Xuexi 18 Faze

自主学习18法则

胡章军 著

出版发行	福建教育出版社
	（福州市梦山路27号 邮编：350025 网址：www.fep.com.cn）
	编辑部电话：0591-83726908
	发行部电话：0591-83721876 87115073 010-62024758）
出 版 人	江金辉
印 刷	福建新华联合印务集团有限公司
	（福州市晋安区福兴大道42号 邮编：350014）
开 本	710毫米×1000毫米 1/16
印 张	26.25
字 数	402千字
插 页	2
版 次	2024年4月第1版 2024年4月第1次印刷
书 号	ISBN 978-7-5334-9793-4
定 价	69.80元

如发现本书印装质量问题，请向本社出版科（电话：0591-83726019）调换。

序一 建设学习型社会，需要个人自主学习

杨瑞森

哲学教授、博士生导师

教育部社会科学司前司长

我是一名长期从事高校马克思主义理论教学与研究的理论工作者。近期以来，由于工作的需要，我着重研究的是关于教育主体性问题。教育主体性问题是一个理论内涵丰富而深刻的大课题。它既包括关于对高校思想理论教育学科建设和队伍建设历史经验的科学总结，也包括对中央提出的关于建设学习型政党和学习型社会战略设计的有效推进，还包括关于对实际工作中自学成才者成功经验的总结与推广。

正当我认真研究这一课题时，我有幸读到胡章军同志撰写的《自主学习18法则》一书，使我深为感动和深受启发。胡章军的书为我们提供了一个自学成才的成功案例。于是，决定为本书写一个小序，一是表示我对作者的由衷支持和赞赏态度，二是想就书中涉及到的一些深层认识问题，谈下我的看法和体会，供青年读者和朋友们参考。

建设学习型社会是全球性教育举措

人类文明始于生产和创造，传承于教育和学习。教育和学习又促进文明进步。历史的车轮就这样驶过农业社会、工业社会，迈入知识经济时代。教育和学习形成的智力、知识、技术、技能、创造和创新能力成为促进经济增长、社会进步的主要力量。

教育和学习的作用从来没有像现在这样显得如此重要。

各国政府都将终身学习作为重要发展战略。同时，建设学习型社会也成

为各国政府、国际组织积极推行的一项全球性教育举措。

2002年，党在十六大报告中首次提出"形成全民学习、终身学习的学习型社会"，十七大、十八大、十九大报告都提出要建设学习型社会。二十大报告又强调："推进教育数字化，建设全民终身学习的学习型社会、学习型大国"。

那么，如何建设学习型社会？

各国政府、国际组织、教育界、企业界都做出大量探索和实践。这些探索和实践大多聚焦在团体和组织学习方面，比如学习型社会、学习型组织、学习型政府、学习型城市、学习型社区、学习型家庭等。

注重组织的、集体的学习，事实上推进了学习型社会的建设。不过，与之对应的个人的学习也不能忽视。换句话说，如何成为学习型个人，这很重要。

学习型社会的基石是学习型个人

学习型个人是努力学习，擅长学习，持续学习，不断进步的人。学习型个人的意义有三点。首先，系统由个体组成，系统的发展离不开个体的发展。个体的发展促进系统进步。学习型社会是一个以知识为主要生产要素，以学习促发展的社会。构成学习型社会的是无数学习型个人。

学习型社会和学习型个人是典型的系统和个体的关系。学习型社会强调要形成良好的学习氛围，为学习者提供政策和条件的便利。而结果如何，最终还是取决于学习者，取决于个人是否有效学习，是否坚持学习。学习型社会的建设成效最终体现在一个个鲜活的人身上。

其次，学习型个人之间产生积极影响，彼此促进，相互提高，推动学习型社会建设。人类的学习是社会性行为。模仿、观察学习一直存在人群当中，并且在发挥重要作用。我们常说的耳濡目染、潜移默化就是学习者个人之间相互作用的情形和结果。无数个学习型个人彼此之间产生积极影响，相互提高，从而促进学习型社会的形成。

最后，成为学习型个人是人的全面自由发展的需要和体现。人的全面自由发展是马克思主义追求的最高目标。马克思在《资本论》中指出，共产主义是以"每一个个人的全面而自由的发展为基本原则的社会形式"。

人的全面自由的发展是人的脑力、体力充分自由地发展，是人的知识素养、思维方式、技能、身体素质、情感、心理、人格的全面发展和完善，而这需要个人持续学习，不断进步，从而发现自我和完善自我。

显然，马克思讲的全面自由发展的人，是一个学习型个人。成为全面自由发展的人，学习是必经之途，同时，全面自由的人是其持续学习的一个结果。

综上，学习型社会的基石是学习型个人。那么，学习型个人的关键是什么？

学习型个人的关键是终身学习

终身学习是成为一个学习型个人的关键。一方面，终身学习概念提出本身就和个人学习有关。

1965年，法国教育家朗格朗在联合国教科文组织的一次会议上做报告，第一次在国际组织的会议中正式提出终身教育的说法。

1972年，联合国教科文组织在《学会生存——教育世界的今天和明天》中提出从终身教育到终身学习的转变。报告指出："新的教育精神使个人成为他自己文化进步的主人和创造者。自学，尤其是在帮助下的自学，在任何教育体系中，都具有无可替代的价值。"

1995年，我国在颁布的《中华人民共和国教育法》提出"建立和完善终身教育体系"。

1999年，国务院提出"到2010年，基本建立起终身学习体系"，这是官方文件第一次使用"终身学习体系"。

国际组织、各国政府、学者用终身学习代替终身教育，就是意识到学习型社会的建设最终还是要落实到每一个学习者个人身上。终身教育是政府、教育部门、企业的视角，而终身学习是学习者个人视角。视角的转换，体现的是对学习型个人的重视，强调要发挥学习者个人的作用。个人积极、主动、富有成效的学习，是推动学习型社会建设的重要力量和基础。

另一方面，个人只有通过终身学习才能成为学习型个人。这是一个长期过程。而目前全球所有国家实施的正规学习（教育体系内的学习）、正式学习（教育体系内外有讲授、有明确约束条件的学习）的时间有限。即便一个人从小学读到博士，他一生中仍然有三分之二以上的时间处在非正规学习和非正式学习的环境中。

加之，现代社会知识容量剧增，知识和技能更新速度加快。一个人仅仅靠正规学习和正式学习难以及时掌握新知识和技能。换句话说，仅仅进行正规学习和正式学习成就不了学习型个人。学习型个人离不开终身学习。一个学习型个人首先是终身学习者，一个终身学习者才有可能成为学习型个人。

终身学习的主要方式是自主学习

主要有两个因素使得自主学习成为终身学习的主要方式。一是进行终身学习是一件富有挑战的事情。毛主席说"一个人做点好事并不难，难的是一辈子做好事"。学习也是，一个人在一段时期内努力学习并不难，难的是一辈子都在学习。

终身学习大多发生在非正规学习、非正式学习的环境中，没有相应的外在约束条件和要求。如果学习者不积极，不主动，不能进行自我管理，自我协调，很难进行持续一生的学习。

自主学习是学习者自己发起并且主导学习过程的学习，是学习者积极、主动、独立的学习。自主学习的特点和要求决定其可以面对终身学习的困难，直面挑战。

二是终身学习和自主学习在目的、过程和结果方面相同。二者的目的都是适应外部世界，应对变化，同时，完善自我，发现和发挥自己的价值；过程都是自觉、主动、积极地学习，并且主导学习过程；结果都是在知识、技能和态度方面同步提升，成为一个学习型个人，成为全面自由发展的人。

总之，学习型社会是一个终身学习社会，需要每个人都是学习型个人，需要每个人自主学习。

为什么我推荐本书？

原因有三点：第一，话题有意义。本书讲的自主学习和我最近重点关注的教育主体性问题息息相关。教育主体性问题内涵丰富，意义重大，值得更多人了解、关注和重视。

第二，视角独特。本书从学习者个人角度讲终身学习，修炼成学习型个人。宏大叙事和个体视角结合。胡章军不是教育专业出身，又不从事相关工作。不过，恰恰这一点使得本书颇具特色。他立足现实、呼应真实世界的挑战和问题，结合自己学业学习、职场学习的实践、体会，观察和思考，运用教育学、学习科学、脑神经科学、管理学、社会学等学科知识讲如何学习，很有现实意义。尤为重要的是，从普通人、学习者视角讲学习，更容易让大多数学习者借鉴和参考。

第三，作者向学精神可嘉。胡章军本人的学习经历演绎"终身学习故事，传递终身学习正能量"。他初中毕业后就参加工作，在水泥厂一边工作一边自学，直至考取研究生。在以后的工作中，他仍然坚持学习，二者相互促进。这些经历和由此体现出的学习精神、进取态度值得肯定。

总之，本书从一个普通学习者视角，讲自主学习，理论扎实，观点新颖，传递终身学习正能量，值得青年读者和朋友们一读。

序二 自主学习：大变局时代不变的成长法则

丁邦清
著名品牌专家
省广集团前总裁
七溪地芳香集团创始人

这是一本讲个人学习和成长的书。胡章军希望我为本书写几句话，我有些犹豫。一是因为我很久之前就不是教育界人士，也不是成功学导师，这并非我的专业和领域。二是现在图书市场上，学习、励志、成功学之类的书籍太多。本书是否有创新的地方，是否有独特的价值贡献？

不过，阅读书稿后，我还是写下了这些文字。原因也是两个：一是学习和成长是每个人都要面对的问题，这和专业及领域无关。身处复杂、充满不确定性的世界，面对浩瀚无垠且快速流变的知识海洋，难道有人不需要学习吗？我本人就是一个终身学习者。我从武汉大学读硕开始，平均每周阅读一本书并做笔记，这个习惯一直保持下来，30多年来，笔记累计500多万字。二是本书还是有独到之处的，至少体现在五个方面：

第一，用自主的立场讲学习。 学习由自己还是他人主导决定学习方式。本书强调学习者要在复杂、多维的学习关系中占据主导地位，积极、主动、独立地学习，要自我主导、自我协调、自我管理整个学习过程。自主学习要求学习者做自己的CEO，自己才是学习和成长的责任主体。

自主学习是一个人迸发自我意识，寻求自我，发现自我，追求生命意义和价值的过程。自主学习的实质是个人主体性思维的体现。主体性思维可以最大限度地激发个人向上成长的生命力、创造力和执行能力。当前，我们正处在百年未遇的大变局中，每个人的生存方式面临前所未有的挑战。彰显主体性思维的自主学习是最佳应对之道。

第二，用成长的眼光讲学习。学习有工具价值和人文价值。工具价值侧重追求物质的、外在的、世俗意义上的成功；人文价值重视个人成长，要寻求自我、发现自我和完善自我。学习是为了成功还是成长以及二者如何平衡，这个问题非常关键。

本书认为要摒弃"游手好闲的学习"（马克思语），要进行任务型学习。学习要有实效性，学习要有生活价值。在理论学习之外，应该把所学的东西嫁接到一门实用学科。学习不仅仅是为做出解释，更重要的是能改造世界。

与此同时，书中也强调学习即成长，学习滋养生命。学习的一个重要目的是健全心智，让自己成为一个完整的人，而不是成为一个学习和工作机器。所以，相比掌握知识和提升技能，形成健康、正确的态度对一个学习者更为重要。态度涉及思维、动机、价值观、人格、个性、习惯等，是一个人获得成长的标志和促进因素。学习的工具价值和人文价值并不矛盾，二者各司其责，互为补充。

第三，用系统的思维讲学习。我们身处在一个不确定、模糊和混沌的复杂系统中。学习和成长面对的是现实世界中的复杂问题，单一领域和学科知识解决不了。本书运用多学科知识，系统地提出学习和成长问题的解决之道。

比如，一个人不想学习，这不是学习本身的问题，而是动机不足，实质是人生追求和抱负、人生定位出问题。那么，有动机就能实现目标吗？也不行，还有其他因素。作者提出一个目标飞轮模型，目标飞轮有七个轮齿：需求、动机、好奇心是动力因素；价值观、意义感是价值因素；意志力、自我效能感是维持因素。七个轮齿朝一个方向转动，相互促进，助力实现目标。

那么，追逐目标，努力学习，就可以改变命运吗？这又是一个系统问题。系统中有可控和不可控因素。学习者要专注在可控部分，即优化变数，对不可控因素要接受，要有心理准备。类似的系统思考，书中很多。

第四，用实证的精神讲学习。学习是私人化、个性化之事，每个人都说得出一些成功经验。此外，学习是成长，成长和成功容易混淆。故此，此类书籍容易写成要么是总结个人经验的泛泛而谈，要么是鼓吹成功的夸夸而谈。本书也讲大道理，但是，本书是用实证的方法来讲——作者把本人和他人经验与认知科学、脑神经科学结合起来。

比如，在讲为什么你需要努力学习时，先提出学习是心理表征的建立和稳固，心理表征建立的生理基础是神经元连接，神经元连接的质量和数量要求需要你努力学习，具体体现为神经元连接的速度、深度、广度方面的要求。还比如，提及阅读是学习的主要途径时，作者从信息加工的角度来阐释——阅读调动多感觉器官，在深层脑区进行信息加工，所以成效高。再比如，提及学习中如何进行情绪管理时，作者不说情绪管理就是管自己这类正确的废话，而是应用还原论方法，把学习分为前、中、后三个阶段，在不同阶段，情绪影响学习的机制和原理不同。在此基础上再提出学习中情绪管理的目标和问题、方法和步骤，条分缕析地讲述，很实在也很中用。

第五，用积极的态度讲学习。"书中自有黄金屋""知识就是力量"，书中梳理出古今中外的劝学传统和系统。中西劝学传统有所差异：西方劝学偏向对知识本身的追求，"吾爱吾师，吾更爱真理"；而古代中国，读书的功利性更重要，"学而优则仕"。不过，不管如何，劝学总是有意义的。本书立意整体上也是一本劝学书。

此外，书中强调要用积极的态度克服困难。正如斯科特在《少有人走的路》中指出人生苦难重重，这是个伟大的真理。心智成熟之旅必须要正视困难。同样，学习和成长必然遭遇挫折。本书基于积极心理学视角讲如何驾驭挫折，增强韧性，追求目标。光说不练也不行。作者初中毕业后参加工作，自学九年，考取研究生，从一个山区工厂工人做到北上广一线城市大公司高管，在三年疫情期间又笔耕不辍，完成本书写作。这个经历及体现出的精神本身就是积极向上的，这在宅、丧、躺平、佛系、低欲望之类文化兴起的当下，更显得有意义。

学习是典型的"百姓日用而不知"之物。学习是什么？如何学习？为了寻找答案，人类孜孜以求了数千年。中国科学院院士、浙江大学教授唐孝威就感慨："学习究竟是什么？在人类已经冲出太阳系，探索原子、原子核、基本粒子奥秘的今天，这个问题仍然难以破解。"

作为一本讲如何有效学习的实用性通俗读物，本书基于作者个人经历和体会，视角独特，观点鲜明，不失为一个有益的思考、尝试和探索。

所有受学习和成长问题困扰的人，尤其是即将毕业的大学生和初入职场的年轻人，阅读本书，应该有所启发和收获。

推荐语

（按姓氏笔画排序）

作为一门独立学科，学习科学诞生仅仅 40 多年。这是一个多因素促成，水到渠成的结果：是人们日益意识到学习越发重要的需求，是数千年来人们对学习本质和真相不断探索的沉淀，是近现代各国教育实践、脑神经科学和计算机技术进步的体现。

那么，学习究竟是什么？学习如何发生在人体中？学习是如何健全心智的？学习是如何改变一个人的？如何利用学习的生理机制促进学习？本书在一定程度上解答了这些问题。

——叶信治

教育学博士、福建师范大学教育学院教授、博士生导师

本书针对人类发展到人工智能高度发达，人类同类竞争空前白热化时代，谈如何学习。作者认为，当前比任何时代都需要自主学习。

如何自主学习？作者推出十八法，并条分缕析地讲解，以让读者找到适合自己的学习方法。作者没有泛泛而谈，首先从自己的人生经历出发：自学——自主；其次是运用科学成果：脑神经科学、学习科学等。作者对学习、教育专业研究很系统，又援引了大量社会学、管理学、哲学的事实和案例，所以很有现实感和感染力。本书结构分明，叙述简洁明了，语言干净利落，可读性强。

——孙汉生

全国新闻出版行业领军人才、福建教育出版社总编辑

从投入产出比看，学习是改变命运的最佳方式。但是，这种改变不是简单的因果对应关系，涉及多个复杂因素：外因有诸如时代背景、人生际遇等

不可控因素；内因有人生抱负、动机、思维质量、元认知、情绪、学习方式、努力程度等。

如何通过学习改变命运？胡章军结合自己的求学、成长经历和学习科学、教育学、社会学、发展心理学等学科的研究成果，颇有建树地提出一些建议，值得想通过学习改变命运的人一读。

——齐美东

经济学博士、安徽大学经济学院金融学系教授、博士生导师

我长期从事传播工作。传播就是抢占心智，获取人心红利，首要目标是让品牌和产品在消费者脑中建立对其有利的心智模型。学习是观念和行为的改变，是在脑中建立心智模型。在这一点上，传播和学习惊人地一致。

本书不仅有作者长期自学经验，还有学习科学前沿发现，更有有效学习的方法和路径，值得广大学习者一读。

——江南春

分众传媒创始人、董事长兼总裁、首席执行官

胡章军和我同期经过招工考试进入县水泥厂工作，我们也是同时以初中生身份参加高等教育自学考试，他考中文，我考法律专业。之后他考取研究生，我考了律师。翻阅本书，我不禁想那个激情燃烧的岁月：在机器轰鸣的车间抽空复习备考，在尘土飞扬的工地借隙互问互答，在每一次考试后分享喜悦和悲伤……

谁的青春不需奋斗？推荐本书给所有想迈出大山，走出小镇，看见更大的世界的年轻人阅读。

——邱春生

高级律师、枞城律师事务所合伙人、县政协常委

现在学生的主要目标是高考，争夺一张入场券，但走上社会后，展开的不是知识和学历的竞争，而是创造力、智慧、目标、情感和抗压力等综合素质的竞争。我们不是教育流水线上的产品，也不是考试机器，我们要拥有一

个完整的生命。只有这样，我们才不会被社会淘汰，才会永远保持活力，真正与时代相处共融。

要做到这些，我们都需要学习，需要自主学习，需要进行纵贯一生的学习。本书系统地提出了关于个人学习和成长的思考和建议，值得正在进行学业学习、职场学习的年轻人阅读。

——洪清华

景域集团董事长、徽商总会执行会长

一本好书应该是高信噪比，就是有用信息比噪声多。本书不为取悦读者而故作轻松之举，没有汤汤水水，没有刻意拼凑故事。这导致话题重，内容厚，知识点密，读起来并不轻松。

学习本不容易，成长也不轻盈。俗话说磨刀不误砍柴工，啃本书就是磨刀。它会让即将毕业的大学生和初入职场的人士少走些弯路。

——桂泽发

经济学博士、正高级经济师、《富贵论》作者、交通银行高管

人生迷茫是常态。外因是我们生活的世界是高度复杂，高速流变，高度不确定的；内因是人们对于自己如何在这世界中安身立命，没有找到或者没有找准自己的定盘星。如何穿越迷茫，勇毅前行？我的答案是学习：学习以养成平实的心态、进取的姿态，要正确认识自己，评估自己，不断寻找适合自己的人生定位，要制定切合实际的目标，要用价值观指引我们的行动。

本书聚焦自主学习这个话题，针对迷茫时代人们的困惑，结合作者本人的实践、思考和体验，应用多学科知识，提出值得借鉴的穿越迷茫之道。

——郭为桂

政治学博士、福建农林大学公共管理与法学院院长、教授、博士生导师

数字化浪潮浩浩荡荡，正在深刻地改变着我们的学习、工作和生活方式。以 ChatGPT 为代表的大模型的出现，使人们引以为傲的脑力和创意类工作面临着巨大挑战，也推动人们的思维和工作方式必须进行根本性转变，同时也

使更多的人越来越感到困惑、担心甚至迷茫。在数智化时代，人们如何利用技术和工具进行有效学习？如何发挥人类优势，积极面对数字技术大变革？本书力图帮助我们拨开迷雾探寻可能的方向和方法。

不止如此，本书还针对我们这个时代个人学习和成长所遇到的一系列焦点、痛点问题，从独特和全新的视角提出一些解决之道，特别值得当下期望成长的年轻人阅读，也为我们这些教育工作者提供有益的借鉴和参考。由此，我很愿意将这本书推荐给在读的本科生、研究生们。学习和成长之旅，道阻且长，有行者良言，有他山之石，不亦快哉。

——唐礼智

博士、厦门大学经济学院统计学与数据科学系教授、博士生导师

可能和胡章军的广告人背景有关，本书的表达方式很友好，语言平实，浅显易懂。书中有很多原创图表，如目标飞轮模型、情绪管理彩虹图、人类学习生理层次、记忆漏斗模型、学习和思维互动图，数字素养九宫格、驾驭挫折模型等。

以我多年在大学任教的体会来看，本书适合大学生、职场学习者以及终身学习者阅读。我还有一个发现，本书也适合从事教育、培训、知识付费行业的人阅读。书中组织材料、表达观点的方法值得借鉴。书中的某些图很有表达力，一张图的内容，我可以讲两节课。

——程瑞芸

公安部心理健康服务工作专家库上海市唯一入选成员、上海公安学院副教授

"凡益之道，与时偕行"，是《周易》蕴涵的思想。与时偕行，循序渐进，才能应对不断变化的外部世界，因此最需要持续不断的有效的终身学习。

《自主学习18法则》一书是作者平生自学成才的经验分享，也是在疫情防控时期和智能科技时代即将到来前夕作者对自主学习问题的深入思考，有助于读者全面掌握学习的法则，迅速敲开成功的大门。

——谢金良

哲学博士、复旦大学中国学研究中心副主任、教授、博士生导师

自序　一切有效学习都是自主学习

本书讲什么？

◎一个奇怪现象

众所周知，学习很重要！于是，人们为提高学习效果想方设法，不遗余力，孜孜以求。不过，吊诡的是，学习和与此相关的教育领域还是出现一个奇怪现象——学习的参与各方都知道有一种学习方式让学习效果更好，但是，他们都没有采用。

　　学习者知道，如果自己主动、积极地学习，效果会更好。但是，他们大多数时候在消极、被动地学习。
　　老师了解，如果激发学生兴趣，让学生主动学习，学生的成绩会提高。但是，老师和学校并没有采取相应措施。
　　教育部门也清楚，如果发挥学生的个性和特长，人才会得到更好的培养。但是，标准化的课程、考试、升学等一系列举措往往导致相反结果。

近现代教育体系诞生以来，人们就在这矛盾中丧失了自主学习的意识和能力。可怕的是，这种情形还蔓延到他们离开校园后的工作、学习和生活中。

出现这种情况的一个根源是"三个中心"的教育思想和措施在近现代教育领域大行其道。"三个中心"是被誉为"教育科学之父"的19世纪德国教育学家约翰·赫尔巴特提出的，即"学校以课堂为中心，课堂以教师为中心，教师以书本为中心"。

著名教育家、武汉大学前校长刘道玉指出,"三个中心"教育思想在全世界流行,成了统治世界各级学校的教育模式,而且固若金汤,迄今没有任何模式能够替代它。

诚然,以"三个中心"为特色的近现代教育体系事实上促进了各国教育事业的发展,为社会、经济和文化发展作出了巨大贡献。不过,教育事业原本可以发挥更大的作用,只要将教育视角变为学习视角即可。正如国际著名学习科学专家、丹麦奥尔胡斯大学教授伊列雷斯所说,起到决定性作用的不是教育,而是学习,更多的教育并不能自动带来更多更好的学习。

与"三个中心"教育思想相反,"更多更好的学习"要求以学习者为中心,要求学习者自主学习。

◎一切有效学习都是自主学习

那么,什么是自主学习?我国著名教育心理学家、华东师范大学皮连生教授说,自主学习通常指主动、自觉、独立的学习,它与被动、机械、接受式学习相对。相关研究表明,被动的学习者能学到的东西很少,甚至学不到任何东西。有效学习需要学习者主动、积极地参与,这不仅是常识,也为脑神经科学、学习科学的相关研究一再证明。

学习发生在你的脑和身体中,体现在你的观念和行为上。学习内容不能像注射器输液那样输入你体内,只能靠自己吸收、理解、巩固和内化。你通过学习掌握的知识、技能和观念最终体现为你脑中的心理模型。

国际著名认知神经科学家、法兰西学院迪昂教授提出学习是在脑中形成外部世界的内部模型。你的心理模型和外部世界进行信息和行为的交流、互动,得到反馈后进而调整和巩固。有效学习是心理模型形成的质量、效率和稳定性保证。为此,学习有四个核心支柱:注意、积极参与、错误反馈和巩固。

注意需要你集中注意力,放大你所关注的信息。主动参与需要你有好奇心和求知欲,不断尝试和探索。错误反馈将你的预测与现实比较,并修正你塑造的关于外部世界的内部模型。巩固是将所学的东西彻底内化,反应自动化。

显然，学习的四大支柱有一个共性，就是都需要你积极主动，需要你自主。

此外，学习科学研究发现，学习是一个复杂的过程，涉及社会文化、认知、情感、行为和生理发展等多个方面。与此同时，学习效果受宏观的、微观的多重因素影响。所以，有效学习需要学习者对学习的多个过程和影响学习效果的多重因素进行协调统合、自我调节和自我管理。归根结底，就是要求学习者进行自主学习。

◎自主学习不分校内校外

说到自主学习，你可能马上想到自学，想到一些没有接受正规教育而自学成才的人。比如，早些时候的爱迪生、华罗庚、陈景润等，近些时候，有中途辍学在车库创业而成全球首富的比尔·盖茨，还有要把载人火箭发射到火星的马斯克，等等。

不过，这里说的自主学习是一切包含自主学习因素的学习，包括校园内的学习，也包括校园外的学习——家庭、工作场所、社区、公共图书馆、网络平台等的学习。

学校里的学习，即便有老师的讲授和辅导，如果没有自主学习因素参与，学习效率也是低下的。俗话说，师傅领进门，修行在个人。并且，你在校园内学习的时间非常有限。美国有研究数据显示，在一个学年中，学生仅有14％的时间在学校度过，53％的时间在家庭和社区度过，33％的时间在睡觉。我测算了下，上海的高中生每学年在校时间大致是20％。

此外，你在校内也不全是接受老师的教导，你会上自习课，也会在图书馆里看书和做作业，这都是自主学习。

更多时候，你的学习发生在校园外。提到校园外的学习，估计你马上想到终身学习。终身学习通常指正式学习结束后的继续学习。代表当前国际学习科学研究最新成果的著作——《人是如何学习的Ⅱ：学习者、境脉与文化》认为人在整个生命历程中都需要不断学习和成长，而终身学习不能表达这一主张，应该是纵贯一生的学习。

纵贯一生的学习一是强调学习在纵向上伴随终身，从摇篮到坟墓；二是在横向强调学习贯穿生活的各种场景，不仅有校园内的学习，还包括发生在校园外的工作场所、家庭、社区、公共图书馆、成年生活和老年生活中的学习。

无疑，自主学习是纵贯一生的学习的主要方式。

本书就是讲这种有效的学习方式——自主学习。本书主要从学习者的角度讲如何自主学习。本书不探讨当前教育体系不支持自主学习的原因和改善之道，那是教育部门和社会要实施的系统工程。既然是系统，改变就不是一时之事。另外，真正的自主是戴着脚镣跳舞，在局限中突破，在禁锢里创新。都被安排好了的学习，也不叫自主学习。

读到这里，你可能会问，自主学习是很重要，这和我有什么关系？我凭什么写这方面的书？

为什么我要写本书？

◎ 自主学习和我的不解之缘

写一本和学习有关的书的想法，由来已久。主要原因是我本人是自学的实践者，也是受益者。自学给了我丰厚的回报，让我从初中生成为研究生，从山区小镇走到北上广深等大城市，从水泥厂一线工人成为国内知名大公司高管。

先说下我的自学经历。我现在的学历是研究生，全日制的，拿的是法学硕士学位。而我读研究生之前，正规教育仅仅是初中，并没有读过大学，甚至没有读过高中。初中毕业后，我通过招工考试参加工作，不久后报考高等教育自学考试，用两年时间通过所有课程，10门课程均一次性通过，获得汉语言文学专业大专文凭。之后，我再用5年时间自学考研需要的公共课程和专业课程，以同等学力的身份考取硕士研究生。

再说下我的工作情况。我现在在上海从事数字营销、企业咨询和知识服务方面的工作，之前在深圳、广州、北京等地，在多家知名大型广告传媒公司从事高级技术和管理工作。读研究生前，我在老家上班，先在一个县水泥厂做车间工人，后在一个山区粮站做仓库管理员。

研究生毕业后，我从事的都是与读研时所学专业（中国革命史）无关的工作，比如文案策划、媒介策划、媒体经营和管理、电子商务、数字营销、企业咨询，等等。这些工作需要的知识和技能均是我结合工作实际自学而来，并且和实践相得益彰，相互促进。

◎ **身边的人不知道如何有效学习**

写作本书前，我做了些调研。我问在读高中的孩子，学校里面有没有安排专门的课程，哪怕一节，专门讲授学习方法，此外，有没有老师提过元认知（对认知的认知，学习策略之母，本书有一章专门讲到）这个话题，孩子说没有。这还是在教育相对发达的上海。我又问在上海读研究生的侄女，考研前是怎么复习的，她说背呀，并且她很奇怪，不这样还能如何？她倒是知道元认知这个词，不过，具体是什么，也不太清楚。

目前的学校教育对学习方法、对元认知如此不重视，我觉得太不应该。为什么我们的学校不专门开设一门"学习是什么"以及"如何科学学习"的课程，哪怕一学期安排一次。

我又调研了近百位职场人士和若干准备考研的人群，问题是开放式的——对于学习，你最关心哪五个问题。反馈较多的如下：

学习了，但期望的改变没有发生，怎么回事？
要学的那么多，学什么好？
如何通过阅读搭建知识体系？
想学习，但是提不起劲头，怎么办？
学习时容易分心、走神，怎么办？
情绪不好、焦虑、压力大影响学习，怎么办？
学也学了，背也背了，但是记不住，怎么办？
如何找到适合自己的学习方法？
总觉得时间不够用，怎么办？

网络上资料太多，如何找到自己需要的？

我仔细分析，发现这些问题涉及多个方面：目标和任务、动机、情绪、认知规律、学习策略、时间和资源管理等。归根结底，问题出在他们不是自主学习者，他们缺乏自主学习的意识和能力。

◎ **不会自主学习是一个普遍问题**

为什么人们普遍缺乏自主学习的意识和能力？我想应该与三个因素有关：其一，与学习方式有关。他们之前以他主学习（他人如教师发起和主导的学习）为主。在升学和考试导向的教育体系内，他们面对的是有标准答案的良构问题，学习内容和学习方式有明确要求，有一定的硬约束条件，这不利于他们自主学习能力的培养和提高。进入本世纪，教育部门多次提出要"转变学生学习方式"，并且把自主学习作为一种学习方式正式写进基础教育课程标准。但是，这一时还改变不了学校学习仍然以他主学习为主的现状。

其二，与学习内容有关。他们在校时偏重对各个学科知识的学习，对学习原理、策略，以及元认知、思维方面的学习和训练比较少。他们走出校门后，在职场中仍然缺乏相关实践和训练。一项调查发现，职场学习最常见的方法是：向同事学习、在职培训、试错以及观察他人。此外，职场的学习内容以职业技能为主，较少关注学习方法和思维。这样，导致他们不知道学习的本质，不清楚认知的基本规律，也没有找到系统、科学的学习方法，更没有培养出较强的自主学习意识和能力。

其三，与志向和动机有关。他们的志向不明，动机不足。换句话说，就是野心不够，企图心不强。自主学习的一个要求和标志是学习者有足够强的动机，尤其是内在动机。动机是最好的方法。只有知道自己想要什么，并且迫切地需要，个人才有勇气打破常规，才会自己制定目标，想方设法，不断摸索，反复尝试，最终找到适合的学习方法，并且自己主导学习过程。但是，多数人无论是在学校还是在职场，并不清楚自己想要什么，他们不能正确回答为什么学习这个问题。他们要么要求得太多，既要……又要……还要……；要么"躺平"、佛系、随遇而安；要么就是在无数日常事务中忙忙碌碌，无暇反思和学习。

但是，这个时代需要他们进行终身学习，需要他们自主学习，需要他们以有效的学习方式进行终身学习。

一方面，他们走出校园步入职场后，面对的大多是没有标准答案的劣构问题。新的环境和问题需要他们采用不同于学校的学习方法——自主学习。此外，校园外的学习没有在校时的一些强制性要求，大多是他们个人选择的结果。学什么，不学什么，如何学，什么时候学，学到什么程度，主要由个人决定。这对他们的自主性要求更高，对他们的自主学习能力和自我管理能力要求更高。

另一方面，现在是知识经济时代，通过学习形成的知识、思想和创新能力是所有人安身立命的前提和基础。现代的信息社会，知识容量激增，知识和技能快速迭代，生存和发展竞争加剧，不确定性因素增加。学习和学会学习已经成为在这个时代生存和发展的必备技能。

那么，他们通常在学习方面又是怎么想和做的呢？

认识方面有两个表现：一是过于重视方法和技巧，就方法讲方法，认为学习能力高，全凭方法好；二是曲解和迷信近些年流行的诸如思维方式、心智、认知、格局、情商等的作用，反倒不去了解认知、学习和思维的本质和规律，不去了解学习科学已有研究发现和成果。

行为方面主要表现为：参加不成体系的各类培训，进行漫无目的的学习，比如如何通过考试、如何提高成绩、记忆力训练、听书、快速阅读法、笔记法、思维导图等；阅读一些励志、成功学、鸡汤类文章等。

◎分享产生意义，传递价值

我被人们普遍不会学习，尤其不会自主学习震惊了。这太不应该，我应该做点什么。我要把我的体验、观察和思考分享出去。说到分享，之前我倒是做过两次。读研期间，我写了一篇讲自学经历和方法的文章《我的自学之道》在《福建自学考试》上发表，反响还比较大，陆续接到福建省各地自学者的来信和来电。

研究生毕业工作后，我曾经参加搜狐网的论坛大赛。我写的《一个未念高中和大学的研究生的考研故事》获文化教育类一等奖，点击率和回帖量都非常高。该文在其他网站论坛影响也很大，部分论坛回复和跟帖达几十页。回复主要有三大类：不相信、受鼓舞、点赞。不过，该文应该是激励了许多人。我至今还记得一个网友的回复，她说看到文中的第一句，就哭了，因为她知道她在坚持什么了。文章开头是霍尔特的一句话："追求幸福，免不了要触摸痛苦。"

我们都是追求幸福的平凡人。正如英国作家毛姆所说"我用尽了全力，过着平凡的一生"。而学习是过好这一生的必经之途。于是，我要写一本关于自主学习的书籍，写一本对身边的人、对大多数人如何学习有帮助的书。那么，这本书应该是什么样子？

本书定位和特色

本书定位为一本有理论基础和学术前沿发现支持的讲如何有效学习的实用性通俗读物。写作前，我确定"三不"原则：

一、不人云亦云，要结合自己的体会、观察、阅读和思考提出自己的观点；

二、不单纯讲个人经验，话题要有普遍意义，方法要有理论、学术前沿的最新发现支撑；

三、不讲鸡汤，要结合现实世界的问题，在科学和实证基础上提炼出可执行的系统解决方案。

本书有三个特色：其一，聚焦问题。本书基于互联网和人工智能时代学习和成长的焦点、热点和重点问题，从多学科角度分析问题背后的本质和原理，结合相关科学研究成果和学术前沿，以及本人和其他学习者的实践情况，提出相应的应对之道。真实世界中的学习和成长问题往往不是单一因素导致的，不能用单一学科知识解决。所以，本书融合学习科学、脑神经科学、教育学、心理学、生物学、计算机科学、社会学、管理学、经济学、哲学等学科知识和最新研究成果，围绕原理、策略、行为、资源、思维、情感和动机等方面，提出有效学习的系统解决方案。

其二，超越方法。在针对具体问题提出解决方案时，我尽可能不大段讲原理和理论，毕竟本书不是教材。但是，一点原理和理论不讲也不行。学习方法必须要有学习科学的相关研究支持，要有实证基础、普遍意义。讲科学学习的书如果没有科学基础，那不是笑话吗？

另外，如果不讲缘由和内在逻辑，直接把学习方法和盘托出，那是干货式学习。我本人反对干货式学习。一方面，干货知识大多以结论的形式出现，缺少证据和推导过程。你仅仅记住结论，不了解原理，你就难以把握问题的本质，学到的知识不能举一反三，活学活用。另一方面，干货知识容易遗忘。因为学习者自己没有思考并理解，学习的内容是被别人加工后投喂的。

著名教育家约翰·加德纳曾经用一个形象的比喻批评干货式学习：一些老师只向学生展示知识园地里的缤纷花朵，而不给学生看花朵得以绽放的种植、除草、施肥和修剪的整个过程。

其三，引发思考。有效学习是知识、技能和态度的同步改变和提高。其中，态度也就是观念的改变很重要。学习时，你对某件事情的认识正确了，认知提升了，你才会正视和重视，才会以正确的方法学习并且掌握精通，不然就是南辕北辙。比如，如果你认为记忆力强，学习才会好，可能会导致你死记硬背而忽视思考的重要性。再比如，如果你的认知还停留在知识就是信息的层面，你可能在互联网信息的汪洋大海中失去方向。所以，针对每个话题，本书从不同学科、不同角度出发，辩证地分析不同观点，促使你深入思考，从而提升认知。

有了定位和特色要求，内容和结构呼之欲出。

本书内容和结构

困扰人们的学习问题其实就两个：如何想学习和如何会学习。要解决此问题，你要了解学习的本质，就是你要知道学习是什么。此外，学习不是生命中的阶段性任务，而是需要你一生都要坚持的行为。为此，本书内容由四个部分组成：为什么学习、学习是什么、如何学习、如何持续学习。各个部分选择相应的学习话题，一个话题一个法则。

说到这，顺便解释下书名——《自主学习18法则》。《大辞海》里"法则"有五层含义：方法和准则、规律、法度、表率、效法。书名用的法则意指遵循学习规律形成的，且可以效法的学习方法和准则。

我提炼出18条对自主学习意义重大的法则。

第一部分，为什么学习。融合心理学、管理学、社会学和其他学科知识，提出如何提高学习动机和意愿的建议。本部分有四个法则，涉及四个话题——学习改变命运、目标、情绪和任务。

第二部分，学习是什么。从生物学和社会科学两大视角解释学习是什么，知其然知其所以然，这是有效学习的基础。本部分有四个法则，涉及四个话题——脑和学习、学习科学、知识观、自主学习。

第三部分，如何学习。聚焦互联网和人工智能时代学习的若干焦点问题，融合学习科学的最新研究成果和其他学科知识，提出有效自主学习的策略和方法。本部分有六个法则，涉及六个话题——高阶思维、记忆、阅读、元认知、时间管理、数字素养。

第四部分，如何持续学习。持续学习需要驾驭挫折，需要纵贯一生的学习，需要扩充学习空间、延长学习时间。本部分有四个法则，涉及四个话题——驾驭挫折、贯穿一生的学习、学习空间和时间。

总之，本书讲自主学习，讲有效学习，但是，本书不能让你马上成为学习高手。对于学习，速成本身就不符合认知规律和学习原理。这也是我在书中一直不提"高效学习"而用"实效学习""有效学习"的原因。我只是结合我多年的学习经历、体验、观察、阅读和思考，将我认为对提高学习成效的一些观点和建议提出来。

德国哲学家雅思·贝尔思说："教育就是一棵树摇动另一棵树，一朵云推动另一朵云，一个灵魂唤醒另一个灵魂。"

如果这本书对你有所帮助，哪怕有一点启发，我也认为很有意义了。

目 录

第一部分 为什么学习

法则一
优化变数，
让学习改变命运

- 小镇做题家错了吗？ ………………………… 3
- 什么在阻碍你的上升？ ……………………… 5
- 为什么是学习改变命运？ …………………… 10
- 学习改变命运的正确打开方式 ……………… 15

法则二
叩问目标，
让学习有动力

- 是智商，还是动机？谁主沉浮 ……………… 19
- 驱动力仅仅是内在动机吗？自我决定论 …… 22
- 自主学习的终极动力是什么？梁漱溟的故事 …
  …………………………………………………… 25
- 有动机就够了吗？目标飞轮模型 …………… 26
- 你的目标飞轮如何转动？ …………………… 28

法则三
调控情绪，
让学习有热情

- 情绪是一个小怪兽吗？ ……………………… 38
- 情绪管理就是提高情商吗？ ………………… 44
- 为什么学习也需要情绪管理？ ……………… 47
- 情绪管理彩虹图 ……………………………… 49
- 学习前如何管理情绪？ ……………………… 51
- 学习中如何管理情绪？ ……………………… 53
- 学习后如何管理情绪？ ……………………… 55

1

法则四
聚焦任务，
让学习有价值

为什么你的学习劳而无功？ ················· 57
什么是任务型学习？ ······················· 59
任务型学习如何提高学习成效？ ············· 63
任务型学习的实质是自我定位 ··············· 67
人生阶段决定你的学习任务 ················· 69

第二部分　学习是什么

法则五
发现脑的奥秘，
让学习符合生理
机制

用心学习竟然是错误的 ····················· 75
是独奏，还是合唱？学习是各脑区的分工统合
·· 78
学习是神经元连接 ························· 85
为什么你需要努力学习？神经元连接的三个要求
·· 87
脑的学习的若干错误观点 ··················· 90
哪些生活方式有利于脑的学习？ ············· 94

法则六
洞悉真相，
让学习起步于巨人
之肩

学习是什么？ ····························· 98
学习科学是什么？ ························ 102
为什么从学习到学习科学走了数千年？ ····· 103
学习科学有哪些结论？ ···················· 107
对你的学习有什么启示？ ·················· 110

法则七
变革知识观，
让学习与时代同步

知识观如何影响你的学习？ ················ 114
知识观的历史演变 ························ 116
人工智能时代有哪些挑战？ ················ 119
是知识，还是智慧？智能时代学什么？ ····· 123
是体验，还是反思？智能时代如何学？ ····· 129

法则八
认清自主实质，
让学习由自己掌控

为什么你的学习低效或者无效？ ············ 134
什么是自主学习？ ············ 137
自主学习的前世今生 ············ 140
为什么你的学习不自主？ ············ 144
为什么自主学习的关键是自我管理？ ······ 148
自我管理自主学习模型 ············ 150

第三部分　如何学习

法则九
提高思维质量，
让学习拥抱未知

人们热捧的思维方式究竟是什么？ ········ 157
互哺和共进：思维和学习的关系 ·········· 161
高阶思维是什么？ ············ 163
深度学习是什么？ ············ 170
如何用深度学习打造高阶思维？ ·········· 172

法则十
正确记忆，
让学习有裂变

过目不忘就一定好吗？ ············ 178
记什么？记忆漏斗模型 ············ 180
学习就是记忆吗？ ············ 184
为什么你不能死记硬背？ ············ 187
如何记？三段九步法 ············ 188

法则十一
善于阅读，
让学习有源头活水

不做不会阅读的第三类文盲 ············ 197
为什么阅读是学习的主要途径？ ·········· 199
为什么阅读？搭建私域知识体系 ·········· 201
阅读什么？实用和均衡 ············ 205
如何阅读？理解和实践 ············ 210

法则十二
启动元认知，
让学习有脑中无人机监控

为什么认知之上是元认知？ ········· 216
元认知的前世今生 ··············· 219
元认知如何促进学习？ ············ 221
元认知发展的困境 ··············· 224
如何应用元认知？ ··············· 226

法则十三
管理时间，
让学习有复利

时间是什么？ ·················· 235
为什么要进行时间管理？ ··········· 236
时间管理都有哪些门派？ ··········· 238
时间管理的对象和实质是什么？ ······ 241
如何管理时间观，做正确的事？ ······ 242
如何管理时间行为规范，正确做事？ ··· 248

法则十四
提高数字素养，
让学习如虎添翼

数字鸿沟仅仅是老人不会用智能手机吗？······
 ···························· 254
为什么数字素养是21世纪通行证？ ···· 257
用Word写作落伍了吗？ ············ 261
是技术，还是人？究竟哪里出了问题 ··· 264
如何提高数字素养？数字素养九宫格 ··· 267
如何使用GPT？数字素养九宫格应用实例······
 ···························· 272

第四部分　如何持续学习

法则十五
驾驭挫折，
让学习有韧性

挫折就是坏事情吗？ ·············· 281
对待挫折，岂能一抗了之？驾驭挫折模型······
 ···························· 286
为什么驾驭挫折对自主学习很重要？ ··· 289
勇者不惧：预演阶段如何做 ········· 292
重获掌控：体验阶段如何做 ········· 298

4

法则十六 纵贯一生， 让学习应对变化	为什么你需要终身学习？	303
	为什么你可以终身学习？	308
	PEST模型：终身学习的外部环境	312
	5W1H模型：理想状态的终身学习	315
	为什么是纵贯一生的学习？	320

法则十七 扩展空间， 让学习无处不在	学习空间是什么？	323
	为什么学习空间很重要？	327
	割裂和冲突：认识和实践偏差	330
	联通和融合：统率各学习空间	333
	补强和主导：善用各学习空间	338

法则十八 延长时间， 让学习滋养生命	你在哪个生命阶段？	345
	各生命阶段有哪些挑战？	346
	各生命阶段学习主题是什么？	351
	各生命阶段学习境界是什么？	355
	结语：能一辈子学习是福报	362

参考文献	364
致谢	384
后记 坐而论学，徒劳耳	386

第一部分　为什么学习

自主学习18法则

第一部分 为什么学习
- 法则一 优化变数，让学习改变命运
- 法则二 叩问目标，让学习有动力
- 法则三 调控情绪，让学习有热情
- 法则四 聚焦任务，让学习有价值

第二部分 学习是什么
- 法则五 发现脑的奥秘，让学习符合生理机制
- 法则六 洞悉真相，让学习起步于巨人之肩
- 法则七 变革知识观，让学习与时代同步
- 法则八 认清自主实质，让学习由自己掌握

第三部分 如何学习
- 法则九 提高思维质量，让学习拥抱未知
- 法则十 正确记忆，让学习有裂变
- 法则十一 善于阅读，让学习有源头活水
- 法则十二 启动元认知，让学习有脑中无人机监控
- 法则十三 管理时间，让学习有复利
- 法则十四 提高数字素养，让学习如虎添翼

第四部分 如何持续学习
- 法则十五 驾双挫折，让学习有韧性
- 法则十六 纵贯一生，让学习应对变化
- 法则十七 扩展空间，让学习无处不在
- 法则十八 延长时间，让学习滋养生命

法则一　优化变数，让学习改变命运

能够生存下来的物种，并不是那些最强壮的，也不是那些最聪明的，而是那些对变化做出快速反应的。

——达尔文

现在很少有人提读书无用论，部分"00后"甚至都没有听说过这句话。与此同时，知识改变命运、教育改变命运似乎也在失灵。付出并不总会有回报，努力不一定让你成功。这背后有一种不可预测、不可避免、不可控制的力量在起作用。这就是人们常说的命运吗？命运究竟是什么？如何通过学习改变命运？

小镇做题家错了吗？

互联网普及以来，借助网络的便捷和快速传播，几乎每隔一段时间，总有几个要么匪夷所思，要么触及人们内心痛点的话题引起广大网友的关注和评论。

2022年7月，网络就这样热闹起来。国家话剧院准备录用知名演员易烊千玺等几人为编制内人员。人们怀疑录用程序是否公正。当然，也有支持者，《中国新闻周刊》就发文为易烊千玺站台，文章中说"这些小镇做题家每天上培训班，做真题卷，也仍然考不中那个能为他们带来安全感的编制内职务"。这下捅了马蜂窝，网络上几乎一面倒地批评该文，并且反问小镇做题家有什么错。

"时代楷模"、大山女孩的校长妈妈、云南省丽江华坪女子高级中学校长张桂梅在接受媒体采访时说:"人家说做题对孩子不好,我们没办法,我们只有这个办法!"人民网发文:"每一个小镇做题家都值得被尊重。"共青团中央发声:"嘲讽小镇做题家是病,得治!"浙江省委宣传部评价:"嘲讽小镇做题家是一个危险的信号!"

结果是易烊千玺声明退出此次录用,《中国新闻周刊》删除该文。巧合的是,时隔不到半个月,这个话题又被另外一个人带起。江西国控集团公司的周劼在微信朋友圈里一直静悄悄地炫富、炫贵、炫出身:家里买了 7 套房;喝 20 万元一斤的茶叶;家里长辈都是大国企领导;王侯将相就有种乎;最大的公平就是不公平;太傻了,都什么年代了,还觉得光靠读书可以飞天;名校研究生都别想那么容易进我单位;当年会读书看不起我们靠父母的人,社会会教他的……

于是,网络上一片哗然。周劼被停职,有关部门介入调查。

2022 年 7 月这两个上网络热搜排行榜的事件都涉及一个群体——小镇做题家。小镇做题家的说法出自豆瓣小组,代表这样的一群人:出身普通家庭,努力学习、埋头读书、擅长应试,但是缺乏一定视野和社会资源。这本是一群寒门学子精英在网络社区上的自嘲。

自嘲是一群人体面地将自己的不足、不满和抱怨展现给同类,以期得到慰藉和改进。自嘲的特点是自己人可以说,外人不能说。比如,自己人可以调侃母校、家乡、某个职业、某个支持的球队。但是,外人不能随意批评。尤其是这批评又涉及社会公正和特权等因素。《中国新闻周刊》的文章否认出身普通家庭的人群凭借自身努力追求进步,当然会激起人们的讨伐;周劼炫耀特权、践踏公正,更是引起普通大众和媒体的公愤。

为什么小镇做题家要努力做题?因为他们想要考个好的学校,毕业后找个好的工作,进入社会的主流阶层。他们要靠教育、靠学习、靠读书改变自己的命运。而周劼,一个三本学生,正常情况下,找工作都不容易。但是,他代表着一群出身好的人,不用努力就可以进入即便是 985 高校毕业生都不一定进得去的优质国企。这涉及一个话题:社会分层、社会流动和阶层固化。

现在底层人员向上流动的通道不通畅了，出身普通家庭的人难以上升；而周劼们很容易获得心仪的工作，因为父辈的资源给了他们很大便利。这个现象叫阶层固化。

为什么会出现这些情况？究竟是什么在阻碍你的上升？

什么在阻碍你的上升？

◎你在哪个阶层？

先看看你在社会的哪个阶层。著名作家梁晓声——2022年初大火的电视剧《在人间》的原著作者，在《中国社会各阶层分析》中将我国社会分为九个阶层：当代资产者阶层、当代"买办"者阶层、当代中产者阶层、当代知识分子、城市平民和贫民、农民、中国农民工、中国当代"黑社会"、中国"灰社会"。梁晓声的分类侧重于对社会文化现象的观察和解读。而学术界的分析更严谨和系统，比如著名社会学者陆学艺以职业分类为基础，以各个阶层拥有政治资源、经济资源和文化资源的不同，将中国社会分为十大阶层：国家与社会管理者阶层、经理人员、私营企业主、专业技术人员、办事人员、个体工商户、商业服务人员、产业工人、农业劳动者和城乡无业、失业、半失业阶层。

参考陆学艺的划分标准，上海大学社会学院院长张文宏教授的课题组提出一个当代中国社会阶层划分框架（见图1-1）。课题组在2012—2013年调查大量城乡居民，发现社会上层仍是当代中国社会的少数群体，约占样本总体的9.2%；大众阶层约占61.8%；社会中间层占29.0%。换句话说，当前我国社会上层、社会中间层和大众阶层之比约为1∶3∶6。

总体上看，当代中国社会结构仍然是下宽上窄的金字塔形，而健康的社会结构应该是中间大、两头小的橄榄型。为什么会形成不合理的社会结构？这和社会流动降低有关。

图1-1 中国社会政治划分框架

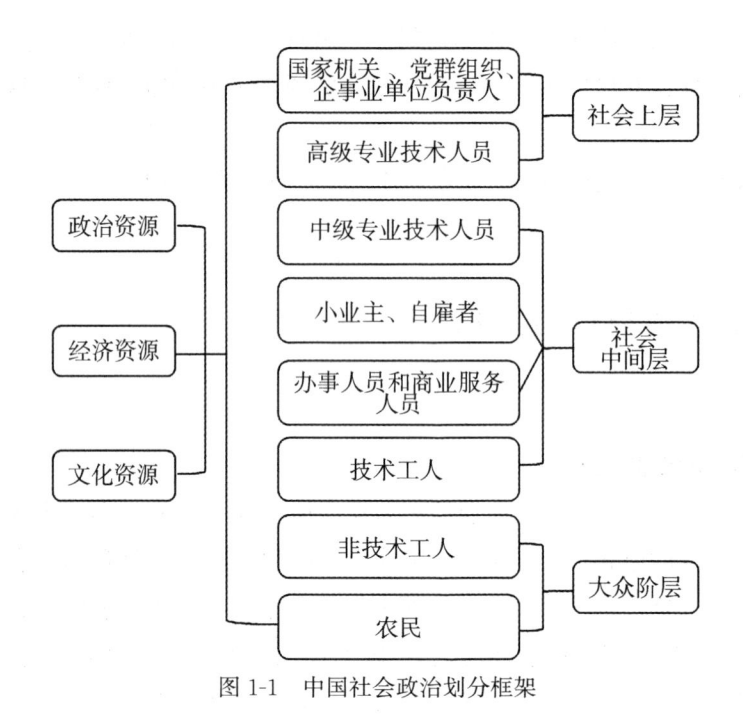

◎社会流动在降低

社会流动是社会成员阶层地位的变化，有多种类型：

向上流动，从低阶层上升到高阶层，比如"人往高处走""寒门出贵子""鲤鱼跳龙门""山窝里飞出金凤凰"等。

向下流动，从高阶层下降到低阶层，比如"没落贵族""富不过三代""一代不如一代"。

水平流动，只是位置改变，阶层和身份没有改变的流动，比如你跳槽换一家公司，你换一个城市工作。

代内流动，个人从出生到初始位置再到现有位置的流动。

代际流动，父辈和子辈之间的流动，主要表现为子承父业，各种二代、三代等。

健康、开放的社会应该是向上、向下和水平流动都存在，尤其是"子承父业"类的代际流动少，这样底层人群就有更多机会和通道向上流动。我国目前的社会流动性在降低。农村大学生比例大幅下降最能说明这个情况。因为是否接受好的教育是影响社会分层和社会流动的一个主要因素。17 世纪英国著名哲学家培根就说过，"只要维持公平的教育机会，贫穷就不会变成世袭，就不会一代一代世世代代地穷"。

著名学者郑永年在 2009 年的一篇文章中说，从全国范围来看，中国目前总人口中的绝大多数还是生活在农村，或者还是农村户口，但城乡大学生的比例却是 82.3% 和 17.7%。20 世纪 80 年代，高校中的农村生源还占 30% 以上。农村孩子在大学生源中的比例明显下降，与 20 世纪 80 年代相比下降了近一半。

除去不容易读上大学，农村大学生毕业后也不像之前那么容易找到好的工作。正如周劼炫耀说的"名校研究生都别想那么容易进我单位"。近些年时不时有类似博士考社区工作人员、博士做美团骑手的新闻爆出。美团骑手行业报告也显示大专生骑手占比 24.7%。于是人们大呼：学历贬值了。其实，之所以出现这种情况，社会流动性降低既是原因，又是结果。

在 2020 年世界经济论坛发布的全球社会流动性排名中，中国在 82 个国家中仅仅名列第 45 位。前一位是美洲小国哥斯达黎加，后一位是 2022 年一直处在战火中的乌克兰。

中国人民大学前政治系主任张鸣教授早就指出社会流动性降低这个现象。他说，国外一项研究表明，在西方，父母所受的教育对子女前程影响巨大，而他们是干什么的，则对子女影响不大。而在当代中国，情况恰恰相反。对子女前程影响最大的，是父母所处的位置。如果父母是国家单位的，影响就更加正面。

社会流动性降低，直接导致阶层固化，出现"龙生龙，凤生凤，老鼠的儿子会打洞"这种情况。二者互为因果，一起推动社会向不健康的方向发展。

◎阶层固化的必然性

阶层固化就是各个社会阶层之间不能通畅、合理地流动。当然，我国历史上也有社会流动好的时候。改革开放之后的 20 来年，是中国阶层上升的黄金期。主要原因是"文革"对教育的冲击导致人才紧缺，而以经济建设为中心的发展战略的实现需要大量人才。1977 年恢复高考，之后一段时间真的是知识改变命运，无数人通过高考获得阶层上升，其中不乏一些名人，比如张艺谋、俞敏洪、李东生、罗中立、顾长卫、易中天、刘震云等。

但是，以后的情况出现恶化，最直接的表现就是寒门难出贵子，农村大学生难考上好的学校，毕业后找不到好的工作。而同时，各种二代层出不穷：官二代、富二代、企二代、矿二代、文二代、艺二代，等等。

所以，新华社高级记者杨继绳提出一个集体世袭的概念。他说：

社会阶层世袭，不是个别人的世袭，而是集体的世袭……官员子弟也是独立的公民，他也有自由选择职业的权利。问题的关键在于，他们当官、经商，是不是借助了父兄掌握的公共权力。令人忧虑的是，的确社会上还有一种利益机制，让官员子弟可以依靠父辈掌握的公权提升自己的社会地位。

为什么会出现这种情况？对此，政治、经济和社会学从不同的视角各有解释。2018年，在分析为什么改革开放40年我国经济可以快速发展时，北京大学国发院院长姚洋教授在《中国经济成就的政治经济学原因》中指出有三个因素：中性的中央政府、地方分权和选贤任能的官员选拔体制。

中性的中央政府保证国家决策不受利益集团的干扰，采取有效的政策和制度变革；地方分权让地方官员有强烈的发展动力；选贤任能的官员选拔体制保证地方官员执行中央的政策。可以看出，这三个原因不仅推动经济发展，实际上也促进了社会流动。与之相反，则导致阶层固化。

姚洋教授同时指出，伴随着财富的超高速积累和社会的急剧分化，商业利益集团也悄然兴起，并开始腐蚀党和政府的高级干部，形成政治－商业联盟。这种联盟的产生显然又加剧了阶层固化。

社会流动和阶层固化本是社会学话题。社会学对社会分层、阶层固化的解释主要有功能主义和冲突理论。功能主义认为社会结构的分化必然伴随着功能的分化，每个阶层的存在并且和谐相处是价值的需求，各个阶层为维持整体的存在和运行做出各自的贡献。

比如，功能理论代表人物美国学者帕森斯认为，在现代社会，不同的工资结构表现了社会核心价值，医生有较高的工资与社会地位，是因为医生掌控着"健康"这种被高度评估的价值。

如果用中国象棋来比喻，功能主义认为车、马、相、士、炮各有价值，组成了棋局,但是车、马、炮作用更大些,所以待遇可以更好些。冲突理论则认为,车、马、炮在竞争中占据优势,从而取得支配地位,可以驱使兵和卒只进不退,只能过河拼命。

冲突理论者认为不是功能主义者想象的价值认同,而是由权力最大的群体决定一切社会秩序。他们认为社会不平等问题最终是一个统治的问题,在统治关系里为了经济、政治等各种各样资源人们都你争我夺,并因此形成了不平等现象。冲突理论强调冲突的不可避免和优质资源是稀缺的有关。

稀缺性是经济学第一原理。稀缺性原理认为好的东西一直稀缺,满足不了人们的需求。同样,一个社会中,好的职位也是稀缺的。

著名经济学家、被称为"创新经济学之父"的熊彼特曾经用住旅馆比喻社会流动。他说既有的社会、职业结构就像一个旅馆,旅馆总是要住人的,但是,居住在旅馆客房里的人是流动的,不同的人都可能住在一间高档或者低档客房里。

社会上好的资源类似高档客房,供应有限。假如先入住的人一直不退房,后面的人就住不进去。这样就出现学者徐水晶在《教育与社会分层》中指出的一个矛盾现象:人人拥有平等的机会是众多国家规定的公民的应得权利,但是,在社会现实中,应得权利和实际供给往往产生差异和冲突。诺贝尔经济学奖获得者阿玛蒂亚·森认为,应得权利会因为实际供给不足而失灵。

人们的欲望又加剧了供需失衡。因为人的欲望是无穷的。19世纪美国思想家、文学家爱默生就说:"欲望是一个不断长大的巨人,拥有的外衣永远穿不下。"在欲望驱使下,既得利益者不愿意放弃现有资源和优势地位,利用手中掌握的权力和资源限制其他人动他们的奶酪,直接导致阶层固化和社会流动性降低。

社会分层和阶层固化很难避免,好比是命中注定。于是,人们往往把出身好坏和命运联系在一起。比如,把出身好叫投胎好,叫命好;出身底层就是命不好。此外,如果底层的人实现了阶层上升,那就叫改变命运。

著名科普作家吴军认为命运由两个部分构成,一是你所处的环境,二是你的应对。一个人如何应对命运,由他对命运的态度决定。一个人的人生轨迹由环境因素和这个人对未来走向划定的方向决定。个人的努力、运气等不过是个人在这两者之间做微调而已。

早在古希腊时期,人们就关注改变命运。古希腊哲学家赫拉克利特说:"人的性格就是他的命运。"这或许是当今流行的一个说法"性格决定命运"的由来。英国前首相撒切尔夫人就说过:"注意你的行为,因为它能变成你的习惯。注意你的习惯,因为它能塑造你的性格。注意你的性格,因为它能决定你的命运。"

最早提出"读书改变命运"的是美国前总统约翰·亚当斯。读书和教育、学习、知识直接关联,之后衍生出学习改变命运、教育改变命运和知识改变命运等类似说法。其中,知识改变命运盛行一时。20世纪90年代,纪录片《知识改变命运》在中央电视台播放,影响很大。袁隆平、陈章良、张艺谋、张海迪、胡秀英、丘成桐等40人出镜,每人一分钟,用他们的亲身经历阐述知识改变命运的主旨。

改变命运和阶层上升直接相关,社会学认为导致阶层上升的因素有两种:先赋型和自赋型(也叫成就型)。先赋型改变与出身、宗教、种族有关,这是与生俱来的,和个人努力无关,比如各种仅仅依靠父辈的"官二代""富二代"。

自赋型改变是通过自己努力奋斗,掌握知识、技能,提高自身修养,把握机会获取成功,从而实现阶层上升。比如,性格改变命运、知识改变命运、教育改变命运。当然,最主要的还是学习改变命运。

为什么是学习改变命运?

◎学习是典型的自赋型改变命运

在各种自赋型因素中,为什么学习改变命运的提法更合理?因为其他几个说法各自有不足之处。先看下知识改变命运。知识有有用知识,有无用知识;有真知识,还有假知识;知识又分知识、技能、态度、思维等。在一个人的成长和适应社会的过程中,各种知识在不同阶段起到不同的作用。一般认为相比具体的知识和技能，态度、思维和认知是改变命运最直接也是最主要的力量。所以，知识改变命运的说法笼统了些。

教育改变命运的说法也不够全面。教育是站在国家、政府和社会角度说的。站在个人角度是接受教育。教育不能体现个人的主动性，而改变命运是个人主动的追求，不能被动等待。此外，教育还有弊端，比如应试教育，记住标准答案可以得到高分数，但是，这并不能解决生活中的实际问题；教育还有不公平的地方，不是所有人都可以享受到教育的机会。教育覆盖不了所有想改变命运的人。

而学习改变命运就没有上述问题。一方面，学习是个人发起的，是学习者的主动行为。学习者可以同步提升知识、技能和思维，从而适应社会，取得成就，实现阶层上升，改变命运。

另外一方面，学习，尤其主动学习可以对教育的弊端和不足进行纠偏。没有接受正式教育的人可以自学，可以自主学习。就是在学校接受教育时，也可以用自主学习纠正传统教育的弊端，提高学习效果。

尤其重要的是，学习的涵盖面最广，包括各种自赋型行为，比如读书、阅读、教育、性格等。总之，学习是获取阶层上升的最好方式。那么，学习是什么？为什么学习很重要？

◎学习对个人职业成长和自我完善很重要

代表当前国际学习科学研究最新成果的《人是如何学习的Ⅱ：学习者、境脉与文化》一书提出："学习是一个主动动词，它指的是人类通过有意识和无意识的生理和认知反应，不断适应所遇到的独特环境和经验的一个动态过程。"

学习很重要！这早已成为共识。过去，学习让人类战胜其他生物，成为万物之灵、地球主宰；现在，学习是人类社会进步和发展的手段、保障和重要动力。

人类的学习能力让人类具备更强的灵活性和适应性。达尔文说过，"地球上生存下来的物种不是最强大的，而是适应力最强的"。人类社会是由一个个人组成的。对个人而言，适应力强就是生存力强，也就是学习能力强，三者之间互相促进、相互成就。

具体到个人，学习的重要性，首先体现在职业上。职业是一个人在社会处在哪个阶层的主要依据和表现。学习是生存和发展的必备技能，取得职业资格的一个条件，并且是成为一个合格的、优秀的劳动者的主要手段。现在信息社会，知识更新加快，个人更需要不断学习，才能适应不断变化的工作要求。

国外有个研究发现，一般而言，一个人所受教育的时间每增加 1 年，他的收入就会增加 8%～10%。除去获取体面的职业和稳定的收入外，学习还可以让一个人的心智获得成长。学习不仅可以让人掌握知识、提升技能，还可以提升思维、完善人格、健全心智。

一个心智健全的人才是真正改变命运的人。

◎学习对社会经济发展很重要

现代经济增长方式需要你学习。促进经济发展有两种力量——人口和资本。资本投入这里不多讲。人口因素有数量和质量两方面。人口质量和知识、技术有关，和个人的素质相关。于是，国家和社会要发展教育，个人需要学习。学习不仅是个人的财产，也是社会财富。

亚当·斯密说，一个人在受教育获得的所有有用才能，对于学习者个人来说，是其个人财富的一部分；对社会来说，也是社会财富的一部分。工人增进的熟练程度，和机器、工具一样是社会上的固定资本。学习的时候，固然要花一笔费用，但这种费用可以得到偿还，赚取利润。

出于经济增长的需要，无论是国家、社会还是个人，都需要个人在提高自己方面投资。个人对自己的投资主要就是投入学习时间。经济学家把这称为人力资本投资。这种投资不是投在资本和产品方面，而是用来提高人的自身价值。对国家、社会和企业而言，就是大力发展教育、培训、创新项目等；对个人而言，就是接受教育、参加培训、读书学习等。

总之，对社会而言，学习是社会进步、经济增长的资源和动力。农业经济时代，土地是资源和财富；工业经济时代，石油、电力是资源和财富；知识经济时代，通过学习形成的知识、思想和创新能力是资源和财富。

◎学习对国家治理和社会稳定很重要

不仅经济发展需要个人学习，国家治理也需要公民学习。主要体现在三个方面：第一，提高国民素质、创新能力和综合国力的需要。这也是古希腊著名哲学家亚里士多德说"教育是最廉价的国防"的原因。时至今日，知识经济社会进程在加速，世界各国都将学习和教育作为重点发展战略领域。全球几乎所有的国家都实施义务教育制度，强制公民接受一定年限的教育。我国从1986年起实施九年制义务教育。

第二，吸纳统治人才的需要。古代中国，皇帝和士大夫共治天下，需要大批官僚人员。这些官僚人员是从哪里来的？魏晋时期是考察推荐的九品中正制，隋朝开始实行科举制，直至清朝末年。科举为皇权统治提供了大量精英人才。于是，有了唐太宗指着新科进士自豪地说"天下英雄尽入吾彀中矣"。"入吾彀中"指箭能射到的范围，比喻人才为我所用。

1977年恢复高考的一个主要原因是"文革"致使各行各业缺少人才，需要大批大学生，所以其后的一段时间，大学生的确是天之骄子，不仅毕业包分配工作，而且还是干部身份。

第三，社会稳定的需要。维护稳定是国家的天然需求。中国人民大学刘精明教授在《国家、社会阶层与教育》中认为，秩序的维持是任何政府都必须面对的基本任务，从社会分层的角度来看，统治秩序的维护依赖于社会资源和机会的分配机制。资源和机会的分配，离不开教育和考试。

我国隋唐开始的科举对全社会公开，从底层选拔人才，对打破世家垄断、维护社会稳定也有所贡献。历史学家何炳棣通过对明清时期48份进士登科录内12226名进士的家境进行分析，发现明代有一半进士来自平民家庭，清代也有接近四成的进士出身平民。可见，科举制度在一定程度上促进古代中国的社会流动，促进了社会稳定。

科举给所有人尤其底层人士提供了一个向上流动的通道，于是，学而优则仕。读书、考试、做官，成为大多人孜孜以求的人生历程，并且成为中国人文化集体记忆的一部分。自古以来，许多家庭把读书持家作为家训的重要部分。如北宋苏轼的"忠厚传家久，诗书继世长"、清代姚文田的"数百年旧家无非积德,第一件好事还是读书"一直流传至今,成为劝学名言。

◎ **古今中外的劝学传统和系统**

教育和学习如此重要。古今中外都有很多规劝和倡导人们学习的言语和相应措施,形成一个劝学传统和系统。

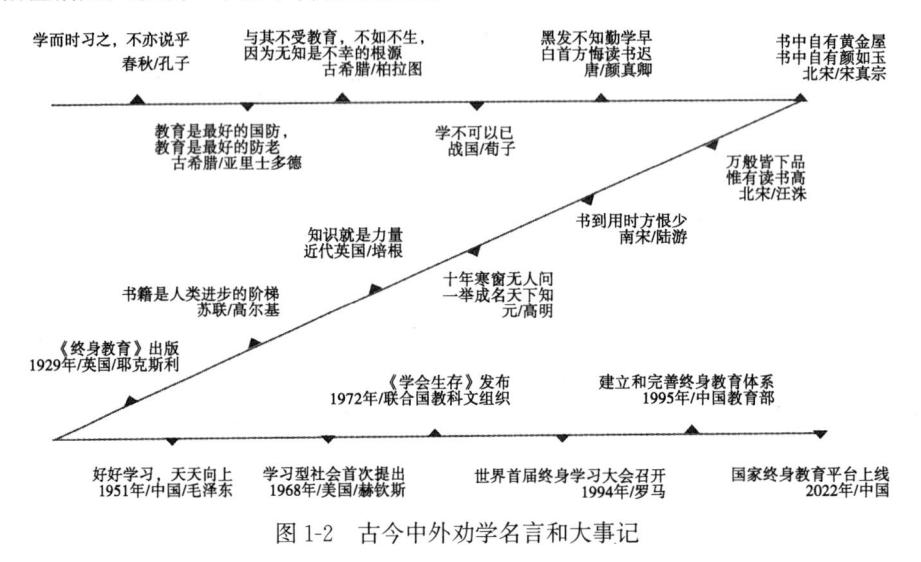

图 1-2 古今中外劝学名言和大事记

劝学传统源远流长,相应地形成一个系统。中外劝学系统有一些差异。国外的劝学偏向对知识本身的追求。如亚里士多德说"吾爱吾师,吾更爱真理",培根呼吁"知识就是力量"。而古代中国,读书的功利性目的放在首位。连皇帝都用金钱、美女诱导人读书。北宋宋真宗赋诗"书中自有黄金屋,书中自有颜如玉"。

于是,古代中国一个读书人标准、理想的人生曲线这样绘就:怀揣"朝为田舍郎,暮登天子堂"的志向;信奉"万般皆下品,惟有读书高";付出万般努力,"十年寒窗无人问";进士登科后更有跨马游街的舒畅,"春风得意马蹄疾,一日看尽长安花";中状元就"一举成名天下知";此后,"学成文武艺,卖与帝王家"。这些目的在今天不合时宜,但能说明学习在古代的重要性。

不过,中外对学习价值的认识差异丝毫不影响学习的重要性。既然学习很重要,政府和社会也很重视,那是不是我们只要学习就可以改变命运?

学习改变命运的正确打开方式

当然没有那么简单。学习和改变命运不是简单的因果关系。一方面,学习要是有效的学习,是在认知和行为方面有一定要求的学习,而不是盲目学习,无效或者低效的学习;另外一方面,命运不是说改就能改的,不然也不叫命运了,有些部分改变不了,有些可以改变。

借用一句网络流行语,"这需要正确打开方式"——就是合乎常理的正确做法。学习改变命运的正确打开方式有两点:一是有效学习,二是知命改运。

◎有效学习:知识蓄水池的长度、宽度和高度

什么学习是有效的?借用泰康保险创始人陈东升的一个比喻。他在《长寿时代》中说,积累财富就像在水池里蓄水,蓄水量取决于水池的长、宽、高,财富积累也取决于期限、本金投入和收益率水平三项要素。学习的知识积累也类似蓄水池,取决于长度(学习时间)、宽度(学习内容)和高度(学习效率)三项要素。

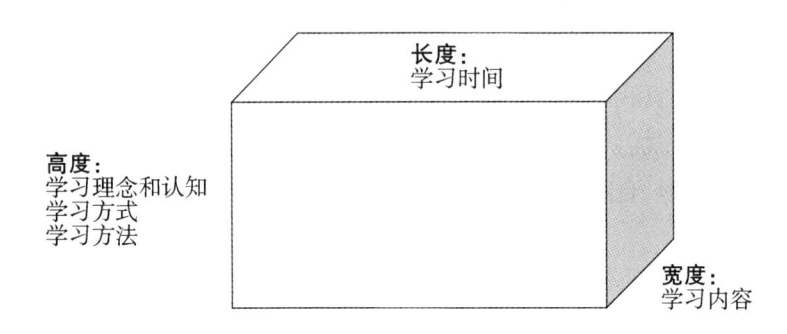

图 1-3 有效学习蓄水池

第一,水池的长度好比学习时间。有效学习首先要求是长周期的、持续的学习。学习即成长,学习本是成长的一部分,应该伴随着人一生的成长。

不过，现在多数人一生中认真学习的阶段主要停留在儿童青少年时期，在考试升学压力下忙于学习；大学四年本是专门学习时间，但是，部分大学生应付着学，能毕业、拿到学位就行，"University"成为"由你玩四年"；工作后，要么忙于生计，要么偷懒懈怠，没有专门学习。如果你的一生也是这样的学习曲线，这只是无效或者低效学习，如何去改变命运？

第二，水池的宽度是学习内容。有效学习需要知识、技能、态度的同步提升。换句话说，有用知识和无用知识都要学习。清华大学经济管理学院钱颖一教授就强调学习不能短期功利主义，只学所谓的有用知识，而忽视无用知识，比如一些人文历史学科。知识的有用性体现在工具价值和内在价值两个方面。短期地、长期地提高工作成效，这是工具价值。知识的有用性还体现在塑造人的价值、提高人的素养、提升人的品位、丰富人生等方面，这是知识的内在价值。

著名哲学家周国平也说过类似的话：

阅读改变命运有两种含义。其一，读有用的书，也就是接受正规教育，获取专业知识，这样可以改变外在命运，比如社会地位。其二，读无用的书，哲学、宗教、人文方面的书籍，未必能改变外在命运，但能改变内心世界，使你拥有智慧、信仰、丰富的心灵生活、强健的灵魂，因此也就改变了你与外在命运的关系，从而在精神上立于不败之地。后一种改变更可靠也更重要。

第三，水池的高度就是学习效率。学习效率由三个方面决定：一是学习理念和认知。你要认清学习的本质和意义。学习不仅是适应，还是创造。学习不仅是掌握知识和技能以获得职业成长，学习更是自我成长的一部分，是认清自我、实现自我、追求生命的意义和目标的过程。

二是学习方式。你不能被动、消极，而是要自觉、独立、主动地学习。你需要自我管理，自我调节，自我协调学习的复杂过程和影响学习效果的各个因素。

三是学习方法。你要了解学习科学的基本原理，以符合认知规律、生理机制的策略和方法学习。

◎知命改运

知命改运就是承认命运的存在，坦然接受命运中有改变不了的地方。同时发挥主观能动性，积极努力，改变和尽可能优化可以改变的部分。

知命有四层含义：其一，知命是你知道个人力量的局限和边界，人力有尽时，有些东西你改变不了。

其二，知命是你知道未知、不确定性和风险，在这世界上一直存在。

其三，知命是你知道不合理、不公平在人类社会中也一直存在。正如作家史铁生所说的"命运并不是合情合理的，否则不是命运"。

其四，知命让你坦然接受不能改变的部分。

总之，知命让你在学习和追求成长的过程中，保持清醒的认知，制定合理的目标，采取明智的行动。

改运是你要尽可能优化可以改变的部分。比如，知识、技能、思维、格局、眼界、良好的生活方式和习惯等。首先，你要确定改变的标准是什么。你需要在物质追求和精神追求两个方面取得平衡。物质方面是职业、财富、名誉、地位等外在层面，精神方面是精神自由、思想富足。一方面，仅仅是物质方面追求的也不一定幸福。研究显示，财富积累到一定程度后，带来的幸福感会下降；另外一方面，仅仅是精神方面的追求，不食人间烟火，不顾现实生活，不能给自己和家人带来足够的生活保障，这也不是改变命运。

我们可以改变什么？巴吉尼和麦卡洛在《人间指南：面对每一件可能发生事情的哲学解答》中论述运气时提到：

我们首先要意识到财富、荣誉、权力、名声等终是命运的馈赠。智者知道这些东西随时可能被夺走，所以把它们当作是借来的，而非理应拥有的东西。真正有价值的东西是无法被夺走的。如果你是自己的主人，那么有些东西你永远不想失去，命运也无法从你身上夺走。

真正有价值的东西，只能是你富足的精神世界和自由的心灵。在物质和精神追求二者之间如何权衡，因人而异，和个人境遇，尤其价值观有关。

其次，你要清楚改变的内容是什么。知道命运的哪些部分可以改，哪些不能改，你就会专注于可以改变的部分，避免在不能改变的地方进行无效努力。

那么，命运的哪些部分可以改，哪些部分不能改？看下美国哲学家托马斯·内格尔对运气的分析。他把运气分为环境运气和构成性运气。环境运气指的是我们所处的或好或坏的生活环境，比如身处和平或战争时期，或者是否有机会接受良好的教育。构成性运气，是我们个人具备的特殊倾向与气质，它表明我们是什么样的人。

能改变的大多数和构成性运气相关：学历、职业、社会关系、收入、声望、对出现的机会的把握和利用。不能改变的多与环境性运气有关：出生地、出生时间、家庭出身、社会环境、时代背景下的种种机会，等等。

最后，还有一点要注意到，你不能指望努力一定会成功，付出一定有回报。这种想法是因果直接对应的线性思维。我们应该用系统思维看外部世界。我们身处的世界是一个复杂系统。

在复杂系统中，因果之间不是一一对应的线性关系，每种结果可能由多个原因造成，就是一果多因；每种原因可能导致多个结果，就是一因多果；原因和结果之间的反馈循环既有正向，也有逆向；因果链是循环往复和高度纠缠的，并非线性和可分离的。

你看，系统是不确定、模糊和混沌的。现实世界也是如此，充满复杂性、不确定性和无限可能。

总之，对命运，我们不能完全掌控，也不能完全改变。当然，我们也并非完全无能为力，至少可以通过学习适应外部世界，优化可以改变的部分，尽可能让自己多一些选择。正如漫画家吴淼说："命运啊，与其说是注定，不如说是你忘了在何时做出选择。"

法则二　叩问目标，让学习有动力

所谓自学应当就是一个人整个生命的向上自强，要紧在生活中有自觉。

——梁漱溟

学习需要动机，自主学习更需要内在动机。动机最终由人生目标决定。现实中，一些人不想学习，这不是学习本身的事情，而是人生目标、价值观和意义感等方面出问题。不过，这一点并不能被每个人意识到，导致他的潜能没有被发挥和激发。

是智商，还是动机？谁主沉浮

◎一个意义深远的发现

什么因素决定一个人学业、事业和生活的成功？人们一度认为智商最重要。"人皆养子望聪明"，北宋苏轼的一句诗道出千百年来人们的期望和信念。

到了现代，一个人的聪明程度可以进行科学测量。测量结果就是智商。智商是智力商数的简称，也叫 IQ（Intelligence Quotient），是指一个人智力高低的数量指标。目前，智商在主体人口中呈现中间高、两头低的正态分布，即约一半人口的智商在 90~110 之间。一般认为智商在 110~140 之间是聪明人，超过 140 就是天才。

天才的成就一定比普通人高吗？心理学家们为此做了一个历史上时间最长的"天才遗传研究"项目。

1921年，美国斯坦福大学的刘易斯·特曼教授带领团队跟踪1500多个平均年龄11岁的儿童。这些儿童是同龄人中智商最高的前1%，平均智商151，其中有77个儿童甚至高达177～200，比爱因斯坦（160）还高。项目开始时，孩子们都表现良好。进入成年，大多数人获得了当时世俗意义上的事业和家庭成功。

然而，一些有天赋的人却没有实现他们的理想，他们要么退学，要么从事低层次的工作。研究者比较最成功的100个人和最不成功的100个人后发现：他们的平均IQ并没有差异，导致他们之间差异的是动机。成功的男人都具有野心、社交活跃、兴趣广泛，而最不成功的人在其整个生命中总是飘忽不定。

人们开始意识到动机比智商还重要。

20世纪50年代，美国国务院发现用智力因素选拔外交工作人员遇到了问题，很多表面优秀的人实际工作表现很差，于是他们邀请哈佛大学的戴维·麦克利兰教授提供咨询服务。

1973年，麦克利兰在《美国心理学家》杂志上发表了论文《测量胜任力而非智力》，指出滥用智力测验来判断个人能力是不合理的，并且认为人格、智力、价值观等因素，也不能决定一个人的工作成绩，真正能从根本上打响个人绩效的是成就动机、人际理解、团队领导、影响能力等一些可称为能力素质的东西。

麦克利兰提出一个冰山模型，根据表现形式不同，将人员素质划分为表面的冰山以上部分和深藏的冰山以下部分。知识和技能是冰山之上的两层，冰山之下又分三层：一是自我意识，比如价值观、心智等；二是个性，比如心理特征；三是动机，就是驱动行为的深层次需求。麦克利兰发现决定一个人能否胜任一种工作，不是冰山以上的知识和技能，而是冰山之下的自我意识、个性和动机。

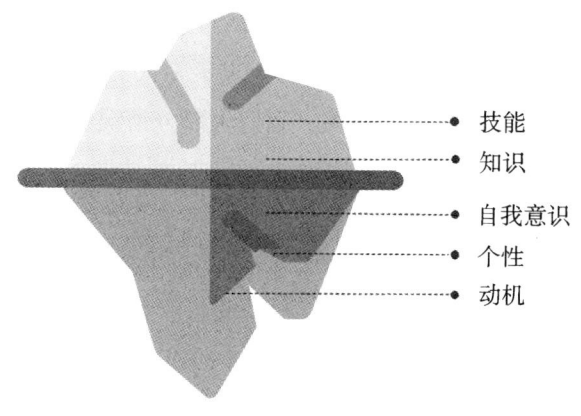

图 2-1 冰山模型

麦克利兰的发现意义重大。企业和组织可以使用冰山模型寻找和使用胜任工作岗位的人；个人可以用该模型了解自己是否胜任某个职业、岗位需求。冰山之上部分的知识、技能相对容易获取和被发现，冰山之下部分不容易培养和被发现，所以，冰山之下部分好比潜能，有人激发了，有人没有发挥。那潜能是什么？

◎你的身后有老虎吗？

中国台湾心理学家张春兴说，潜能就是目前为止还没有在行为上表现出来的能力，如果将来有机会学习和得到训练，你就会显示出这方面的能力，我们一般说的天分和可造之才，说的就是一个人在某个方面具备潜在的能力。潜能分一般和特殊两类，具备一般潜在能力的人学习和训练了，可以成为通才，就是什么都会的人；具备特殊方面潜在能力的人学习和训练后，可以成为某个方面的专家，比如乐感好的人成为音乐家。

现实中，很多人没有发现他的潜能是什么，也没有激发潜能；或者发现了潜能，但是没有进行专门学习、训练和应用，没有取得应该有的成就。这不能不说是很大浪费和遗憾。这和倡导自我实现的人本主义心理学派的观点相悖。

人本主义认为每个人都有潜能，每个人都有追求成功的力量和可能，要发挥自己的个性，激发潜能，成为自己想成为的人，从而达成自我实现、自我超越。遗憾的是，现实中，不是每个人都处在发挥了潜能的最佳状态。正如美国心理学之父、哈佛大学的威廉·詹姆斯说，人类之所以没有发挥潜能，是因为我们没有养成发挥潜能的习惯。我们大部分情况下的行为低于最佳状态，我们习惯性地不使用自己的最佳状态。

有两个原因让你没有处在最佳状态。一是没有压力。我们经常说压力就是动力。经常有国内外新闻报道称有人在危急时刻爆发出平时没有的惊人力量，从而创造奇迹。当然，此类事情，古代也有。唐朝诗人卢纶就说了一个李广的故事："林暗草惊风，将军夜引弓；平明寻白羽，没在石棱中。"李广在夜晚发现有老虎（实际是石头）威胁，发挥出比平时更厉害的箭术。这是激发潜能的外在力量。

对外在压力的作用，TCL 创始人李东生有一个形象的比喻。他说，假如每个人身后都有一只老虎在追赶，那人人都可以登上喜马拉雅山顶。

二是没有内在力量的驱动，让你不在最佳状态。内在力量让人出于对某一个事情的热爱、兴趣去采取行动，甚至冒险。还是拿登山举例，1923 年，《纽约时报》记者问英国著名探险家乔治·马洛里"为什么攀登珠穆朗玛峰"，马洛里回答："因为山在那里。"

从心理学角度看，驱动力是一个人采取某个行动的动机。被老虎追着登山，那是外在动机；"因为山在那里"的登山，这是内在动机。那么，动机究竟是什么？

驱动力仅仅是内在动机吗？自我决定论

◎动机是促使你行动的力量

动机是促使一个人行动的动力和倾向。动机有内在动机和外在动机。内在动机来自你和任务本身，比如你的求知欲和兴趣、崇高的追求、宏大的理想；外在动机来自你和任务本身之外，比如激励和惩罚。现在一般都认为内在动机好，外在动机不好，甚至奖惩还可能伤害你的积极性和兴趣。心理学家做了一个试验，让两组人做同一游戏，对其中一组发放奖励，另外一组没有奖励。之后将奖励停止，之前有奖励的那组就不做游戏了，而另外一组继续进行游戏。继续玩游戏的这组成员发现了游戏本身的乐趣。这就是内在动机。

不过，作为成年人，做一件事情，比如学习和工作，不能完全出自你的爱好和兴趣，出自内在动机，而是出于责任，出于对自己、对家庭、对公司的责任。你要有好的工作和收入，你要养家糊口，你要让自己和家人过上体面的生活，这通常是外在动机。

总之，内在动机很重要，但是，也不能完全无视外在动机的作用。自我决定论在这方面有一些发现。

自我决定论是美国心理学家德西和瑞恩在20世纪80年代提出的。他们从动机角度解释人类自主行为的本质，以及外部环境对人的自主行为的影响。经过40多年的研究，自我决定论已成为较为完善、影响较大的当代动机理论，广泛应用于教育、管理、医疗、咨询等各领域。学习，尤其自主学习，更是自我决定论的最佳使用领域。

自我决定论认为，人是积极的，先天就具备心理成长和发展潜能。自我决定论肯定自我控制在行为中的重要性，你自己决定你的行为和选择，你的内在动机作用最大，你的选择是自愿的，不是外在力量强加于你。你的选择是自我决定的，你的地盘你做主。

◎动机分为无动机、外在动机和自主动机之分

自我决定论认为动机是一个连续变化的过程，根据自主程度的不同，依次分为无动机、外在动机和自主动机：

一、无动机是无目的、无意愿、无自我控制的状态；

二、外在动机是受控动机，出自外界环境的要求，比如奖惩等产生的动机，通常需要你付出意志力；

三、自主动机出自完全自主意愿、需求和兴趣，和我们常说的内在动机类似。

2022年9月故去的日本著名企业家稻盛和夫说人大致分为三种类型：自

燃型、可燃型和不燃型。自燃型是自己就能燃烧的人，可燃型是接近火源就能被燃烧的人，不燃型是即使点火也不能被燃烧的人。稻盛和夫还说，想成就一番事业，需要巨大的能量。这种能量来自自我激励，来自熊熊地燃烧自己。自己主动要干，充满积极性，这样的人，就是自燃型的人。自己就能燃烧的人出自内在动机，可燃型对应外在动机，不燃型类似无动机。

显然，内在动机是一种自主动机，在自主学习中很重要。多项针对学生的相关研究表明：自主动机、自我控制会促使人有好奇心，更喜欢接受挑战，做出独立探索的尝试。他们的心理也更健康，更容易取得良好的成绩。

自我决定论认为，尽管内部动机对你的行为有积极的推动作用，但你的所有行为并都不是由内部动机激发，外在环境也影响你的内在动机。就是说，在你的学习、工作、生活以及和社会互动的过程中，外部动机也具有非常重要的作用。

此外，内部动机与外部动机并不是截然分开、相互排斥、水火不容的。实际情况是，你对行为的自我调节，是沿着"无动机—外部动机—内部动机"这一方向逐渐增加。当然，从无动机到外部动机再到内部动机是有条件的，要满足人类的三类基本心理需求。

◎ **人类有自主、胜任和连接的需求**

德西和瑞恩认为人类有自主、胜任和连接这三类基本心理需求：

一、自主：你可以自己做主，你是自我控制的，一切尽由自己掌控；

二、胜任：你觉得你的能力可以应对外部世界，可以胜任你从事的任务；

三、连接：你和外部世界是相连的，有归属感。

当你三个心理需求满足了，你的无动机会变为外在动机，外在动机会逐步成为内在动机。就是说，外在环境通过满足你的三个心理需求让你拥有自主动机。

有自主动机当然是好事情。不过，外在动机也不是一无是处。只是需要你付出一定的努力，一定的意志力。比如，业绩考核会带来压力，但是，考核往往伴随着升职和加薪。这会成为你努力工作的外在动机。现在一些互联网大厂高收入、高福利，但是加班多，出现所谓"996"的情况——每天早上

9点上班，晚上9点下班，每周工作6天。马云还说能在互联网大公司"996"上班是福报。马云的说法招来一些争议，不过，相关调研发现接受的人也不少。

2022年，知识服务平台得到的《详谈丛书》通过社交平台Soul问一些"00后"怎么看"996工作制"。超过一半的人认为，"可以接受，如果薪资待遇足够好的话可以理解"；三成人认为，"虽然很难接受，但找不到好的工作会忍一段时间"；只有16％的人表示"完全接受不了，会主动辞职"。

外在动机有激励作用，不过，最好的动机还是内在动机。内在动机的作用从自我决定论创始人德西的一本新书的名称就可以看出：《内在动机：自主掌控人生的力量》。内在动机是自主掌控人生的力量。是什么促使你产生内在动机的？内在动机背后的终极动力是什么？

自主学习的终极动力是什么？梁漱溟的故事

◎梁漱溟的自学经历

内在动机背后的终极动力是人生追求和抱负。人生追求和抱负也是促使一个人自主学习的终极力量。古往今来这方面例子很多。梁漱溟就是一个典范，原因有三个：他的成就足够大；他是自学成才；他为追求人生目标自学和实践。

梁漱溟是20世纪中国著名的思想家、教育家、社会改造运动者。他又被称为国学大师、中国最后一个大儒。他24岁在北大教授印度哲学，31岁辞职投身新教育和乡村建设；之后参与组建中国民盟，力促国共和谈，奔走8年，被称为中国的甘地；新中国成立后，历任全国政协委员、常委和宪法修改委员会委员。在半个多世纪里，他发表了大量有影响的著作，主要有《东西文化及其哲学》《印度哲学概论》《乡村建设理论》《中国文化要义》等。

无论在学术还是社会和政治实践方面，梁漱溟的成就都很大。不过，可能你没有想到，他接受的正规教育，仅仅是初中。梁漱溟在《我的自学小史》

中说：任何一个人的学问成就，都是出于自学。学校教育不过给学生开一个端，使他更容易自学而已。

他又说道，"我想我的一生正是一个自学的极好实例。我在小学时，前后经过两度家塾、四个小学。八岁时，读北京中西小学堂，小学没有毕业，即入顺天中学（北京原为顺天府），十九岁中学毕业。我接受正式教育的时间，就到此为止。"

◎梁漱溟为什么坚持自学

梁漱溟坚持自学的原因，用他自己的话就是"自学的根本：一片向上心"。他说：

真的自学，是由于向上心驱使我在两个问题上追求不已：一、人生问题；二、社会问题，亦可云中国问题。……从人生问题之追求，使我出入于西洋哲学、印度宗教、中国周秦宋明诸学派间，而被人看作是哲学家。从社会问题之追求，使我参加了中国革命，并至今投身社会运动……所谓自学应当就是一个人整个生命的向上自强……

从梁漱溟的自学经历和成就可以看出，一个人自主学习的成就和高度最终由他的人生目标，也就是人生追求和抱负决定。这也印证了美国斯坦福大学教育研究所教授威廉·戴蒙在《目标感》中提到的发现："如果没有远大的目标，短期目标和动机通常就不会有什么结果，并且很快就会消失在毫无方向感的活动中。"

动机和目标密切相关，远大目标比短期目标更容易让人取得成就。那么，仅仅有动机就可以实现目标吗？

有动机就够了吗？目标飞轮模型

显然，只有动机还不能达成目标。还有诸多其他因素和动机一起助力目标的达成。这些因素是什么？它们之间又是如何相互作用，从而促进目标的达成的？

先看一个多因素相互促进从而带来增长的最佳例子——增长飞轮。吉姆·柯林斯提出，亚马逊率先成功实践的增长飞轮在企业经营管理方面可是鼎鼎大名。客户体验、平台、云计算是亚马逊的三个飞轮轮齿，朝同一方向转动，形成正反馈和良性循环，相互促进，使得亚马逊获得快速和持久增长。亚马逊的成功吸引了众多企业学习和借鉴，增长飞轮风靡一时。

吉姆·柯林斯建议企业在使用增长飞轮的时候，要问自己三个问题：

一、你的飞轮如何转动？

二、你的飞轮中有哪些轮齿？

三、你的飞轮的顺序是什么？

同样，假设你的目标是一个转动的飞轮。你要问自己你的目标飞轮如何转动？有哪些轮齿？顺序是什么？这里，我提出一个目标飞轮模型，轮齿有七个，依次是：需求、动机、好奇心、价值观、意义感、意志力、自我效能感。

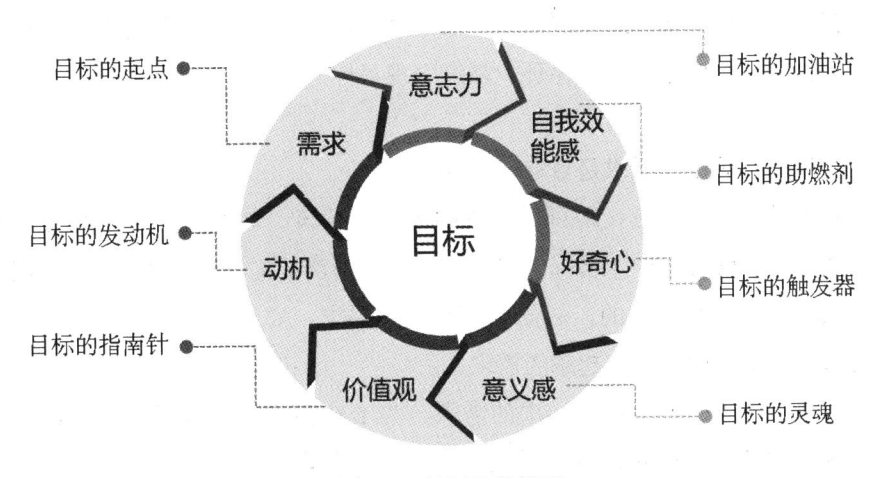

图 2-2　目标飞轮模型

按照对目标达成的作用和功能，这七个因素分为三个层次——动力因素：需求、动机、好奇心；价值因素：价值观、意义感；维持因素：意志力、自我效能感。

你的目标飞轮如何转动？

目标飞轮的各个构成要素不仅和目标关联，在目标达成中发挥不同的作用，各个要素之间也呈现正相关作用，互相促进，互相推动。你可以采用以下步骤转动你的目标飞轮：首先，你要盘点你的需求，挖掘和发现你真正需要什么，追求什么。你的需要和追求孕育着目标。

其次，根据需求制定你愿意为之努力和奋斗的目标，从而激发动机。同时，你还要用好奇心强化你的内在动机，不断朝目标迈进。

再次，你要用价值观、意义感考察、审视和升华你的需求、动机和好奇心以及随之产生的目标。崇高的目标更容易实现。

最后，你要用意志力克服困难、驾驭挫折，坚持不懈，还要用自我效能感自我激励，增强实现目标的信心。围绕目标这个核心，七个轮齿朝同一个方向运转，相互促进，良性循环，最终实现目标。

◎第一个轮齿：需求是目标的起点

需求是目标的起点，是目标飞轮的第一个轮齿。你有需求了，并且实现的欲望很强，就可能产生目标。提到需求，马斯洛的需求层次理论最负盛名，他说人的需求是有层次的，从低到高有生理需求、安全需求、社会需求、尊重需求、自我实现、自我超越的需求。

自主学习大多出于较高层次的需求，为了社会需求，为了获得尊重，最终达成自我实现、自我超越。当然，马斯洛的自我实现、自我超越的标准很高，如果按照他的说法只有1%的人可以实现，比如美国总统林肯等。当然，你在自主学习时不必完全遵循这点，只要自己有目标，并且可以实现自己的目标，不管高低，也不管成就大小，都是为了自我实现和自我超越。

马斯洛说的人的需求逐步提高，也在相关心理学研究中得到印证。心理学家把满足需要的不同水平称为志向水平。而人的志向水平，即满足需要的程度，随外界条件的变化而自我调节，在困难条件下志向水平降低，在成功条件下志向水平提高。

诺贝尔经济学奖获奖者、人工智能之父赫伯特·西蒙指出：人的一个特点是可以调节满足需要的程度。在非常困难时，把满足需要局限在基本的生存方面，如饱食、温暖；不太困难时，人不仅想到要满足基本需要，还要更舒适一点；当舒适的需要满足了，又会有文娱、艺术等更高的需要。

有需求了不一定就有目标和动机。具备两个条件的需求才会产生目标和动机。一是你的需求强度要足够大，意愿要足够强，就是要有一定的野心，佛系和"躺平"是不行的；二是要有外在诱因，就是要有满足需求的外部条件和环境。所以，你要想自主学习取得大的成就，首先要问自己这是不是你的真实需求，是否迫切；其次，你还要创造一个积极向上的外部环境，主动选择有良师益友的社交圈。

总之，你要尽可能选择高层次的需求。人要有追求，不能仅仅有需求。卢梭说："当一个人只想谋生时，就不可能进行高贵的思考。"

◎第二个轮齿：动机是目标的发动机

动机和需求类似，都会促使你做一件事情。所以，动机是目标的发动机，是飞轮的第二个轮齿。不过，你仅仅有需求，没有目标，还产生不了动机。需求伴随相应的目标，才会产生动机。有了动机，你才会为目标而努力。

前面提过，动机有内在动机和外在动机。这是根据来源和诱因划分。动机的分类还有其他类型。自主学习和成人学习（与青少年学习对应，非义务教育阶段的学习，主要目的是提高工作技能）密切相关。国外成人学习专家鲍希尔指出成人学习动机有六类：社交接触、社会刺激、职业进展、社会服务、外界期望、认知兴趣。

当然，多数人的学习动机是多种类型的复合。比如，你出于兴趣学习，同时在社交、职业方面也获得发展，可能也满足了来自社会、上司和家人等外界的期望。

此外，根据时间长短，动机分为短期隐性动机和长期显性动机。学习时，尽可能把短期隐性动机转变为长期显性动机，这样更有利于实现目标。

创立冰山模型的麦克利兰从人的需求层面提出人有三种动机：成就动机、亲和动机和权力动机。

一、成就动机：根据适当的目标追求卓越、争取成功的一种内驱力；

二、亲和动机：建立友好亲密的人际关系；

三、权力动机：影响或控制他人且不受他人控制。

不同动机形成不同的人格特质和职业选择倾向。具亲和动机的人适合做以沟通为主的工作；有权力动机的人倾向于从事管理岗位；而和人生追求、目标达成直接相关的主要是成就动机，成就动机更容易成为追求目标达成的内部动机。

◎**第三个轮齿：好奇心是目标的触发器**

内部动机的核心成分——好奇心是目标的触发器，这是飞轮的第三个轮齿。美国心理学家詹姆斯指出，好奇心是一种为了更好认知的冲动，是驱使人们去探索未知事物的一种欲望。

学习需要创造，创造促进学习。研究显示，创造性思维的动力也来源于好奇心，因为好奇心可以激发你的兴趣，促使你去思考和探索。好奇心在人追求学业成功的过程中特别重要。多年前，清华大学物理系邀请四位诺贝尔奖获得者来访，在探讨他们为什么取得科学成就时，清华学生认为是基础好、数学好、动手能力强、勤奋、努力等。然而，这四位诺贝尔奖获得者都不这样认为，他们无一例外地说好奇心最重要。

根据对象不同，好奇心分两种类型：

一、知觉型好奇心。这是一种促使人通过感官刺激寻找新异信息的驱动力，这种驱动力会随着持续接触而减弱；这种好奇心主要是动物和人类婴儿的行为。当然，部分成人也有，这种好奇有些像猎奇，比如你在手机上不断地刷一个又一个短视频。

二、认知型好奇心。这是一种获得知识与信息的需求和渴望，是为了消除当时的不确定性，这种好奇心和常说的求知欲有关。这类好奇心是人类独有的，是区分人类和动物的一个特征。

好奇心、求知欲和兴趣都是内在的、自发的过程，都与大脑奖赏系统有关。你做有兴趣的事情时，大脑通过分泌多巴胺（一种在脑神经中传递开心、兴奋信息的化学物质）促使你还想做下去，甚至上瘾。所以，好奇心、兴趣、求知欲的发展要用目标来控制、指引和决定，不能漫无目的地泛滥。

就是说，你可以好奇，不要猎奇。现实生活中，很多人经常漫无目的地，不断在手机上刷短视频，一个接一个，对着手机屏幕呵呵笑，乐此不疲。这虽然是在获取信息，但是，这不是学习。这不是好奇，这是猎奇。此外，还有人热衷于通过音频平台听别人讲解书，一本又一本，就是不读原著，不深入思考也不温习和消化，严格地说这也不是学习，这不是好奇心驱使的学习，这也是猎奇。

好奇心和需求、动机是目标飞轮的动力因素。

◎第四个轮齿：价值观是目标的指南针

你有了需求、动机和好奇心还不够，你还要用价值观对目标进行灵魂拷问。价值观是第四个轮齿，价值观是目标的指南针。价值观是你认为什么事情重要，值不值得做。最早提出价值观是什么并取得共识的是美国文化人类学家C.克拉克洪。他认为价值观是关于什么是"值得的"的看法，它是个人或群体的特征，而且它还影响人们对行为方式、手段和目的的选择。

当代思想家、德国哲学家哈贝马斯也认为价值观决定了我们行为的偏好，塑造了我们的需求、期望和利益。正如剑桥大学哲学教授西蒙·布莱克本说的："很难想象如果一个人没有隐隐意识到某种价值观的话，他的生活该如何继续前行。"布莱克本又说："如果我们注定要在人类世界中行动，就不得不将各种情况和行为分为好与坏。"

你可能会问，价值观那么重要，那都有哪些价值观呢？对价值观的分类，美国社会心理学家、密西根州立大学教授罗克奇提出了终极价值观和工具价值观：

一、终极价值观是指个人价值与社会价值，是一个人希望通过一生而实现的目标，表示一个人存在的理想化终极状态和结果。比如，你希望这个世界是公平、正义、平等、富裕的。

二、工具价值观是指道德或者能力，是一个人为达到理想化的终极状态所采用的行为方式和手段。比如,君子爱财,取之有道;与之相反的是,为钱财不择手段。

2021年下半年,北京大学国家发展研究院BiMBA商学院对学生和校友做了一次企业家领导力调查。1146个被访者中,60%~70%认为,终极价值观应该包括成就、奉献,有独立的人格和思想,同时在面对挑战时,心灵深处要保持内在和谐。这几个价值观排在前三位。排在第四位的是家庭安全,而这个价值观在十年前的调研里没有出现。这表明现在的主流人群对家庭越发重视。

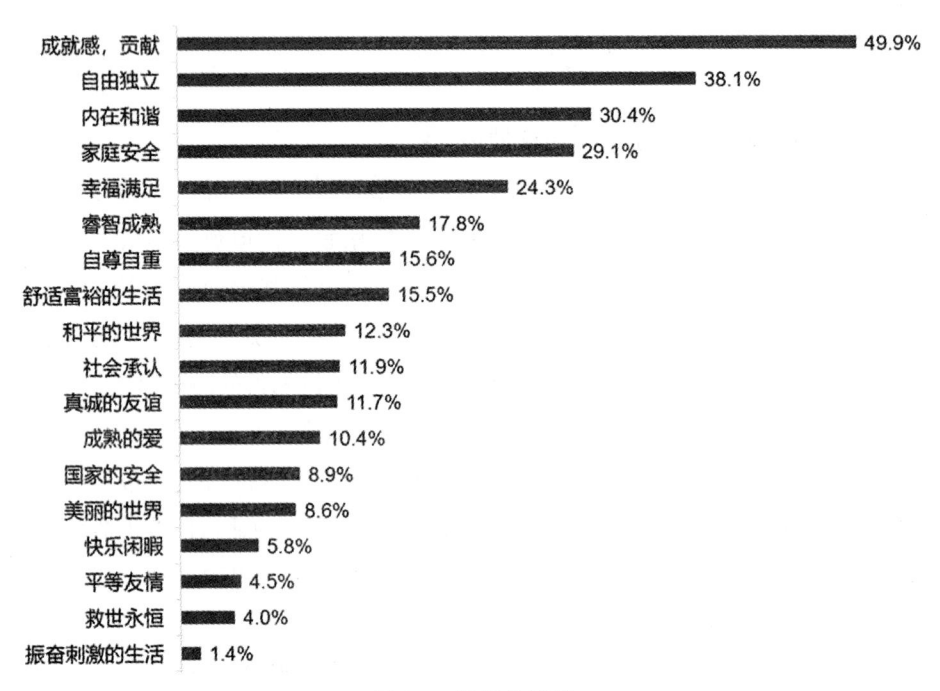

价值观	百分比
成就感,贡献	49.9%
自由独立	38.1%
内在和谐	30.4%
家庭安全	29.1%
幸福满足	24.3%
睿智成熟	17.8%
自尊自重	15.6%
舒适富裕的生活	15.5%
和平的世界	12.3%
社会承认	11.9%
真诚的友谊	11.7%
成熟的爱	10.4%
国家的安全	8.9%
美丽的世界	8.6%
快乐闲暇	5.8%
平等友情	4.5%
救世永恒	4.0%
振奋刺激的生活	1.4%

图2-3 终极价值观

工具价值观排第一的是正直诚实。而2002年用罗克奇问卷调查商学院学生价值观排序时,正直诚实被排在几乎最后位置——第17位。这显示现代人们对人品的要求提高了。

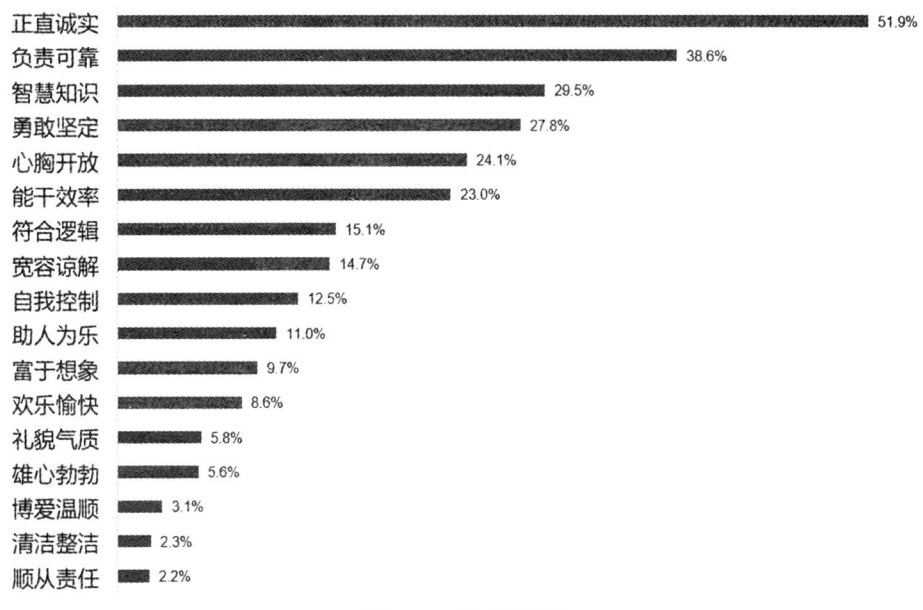

价值观	百分比
正直诚实	51.9%
负责可靠	38.6%
智慧知识	29.5%
勇敢坚定	27.8%
心胸开放	24.1%
能干效率	23.0%
符合逻辑	15.1%
宽容谅解	14.7%
自我控制	12.5%
助人为乐	11.0%
富于想象	9.7%
欢乐愉快	8.6%
礼貌气质	5.8%
雄心勃勃	5.6%
博爱温顺	3.1%
清洁整洁	2.3%
顺从责任	2.2%

图 2-4　工具价值观

价值观和需求层次相关。此外，需求层次高低可能决定你的成就大小。比如，你仅仅追求生理需求和安全需求，显然就不会取得多大成就。高层次的需求也有价值取向的不同，你为个人理想奋斗，你实现的也是一种目标；你出于为他人、为社会、为国家奉献而努力，可能实现的又是一种目标。

我们常说要倾听内心的声音，就是要用价值观审视你的目标，追问自己，真正想要什么：财务自由？家庭和美？社交活跃？事业成功？青史留名？或者也和乔布斯的价值观一样宏伟：活着就是为了改变世界。

◎第五个轮齿：意义感是目标的灵魂

和价值观类似，意义感也可以提高目标的含金量和品位。意义感是目标的灵魂，是飞轮的第五个轮齿。那么，意义感是什么？简单地说，意义感就是你和世界的关联，是你和这个世界的关联方式和关联内容。换句话说，就是你给这个世界带来什么？你离开这个世界后，是否留下痕迹？留下什么痕迹？这些都体现为一个人生命的意义。

追求意义需要你付出。正如维克多·弗兰克尔在《活出生命的意义》中说:"人对意义的追寻会导致内心的紧张而非平衡。不过,这种紧张恰恰是精神健康的必要前提。"

意义感来自人的两类行为:自我实现和自我超越。自我实现是"小我",和实现个人理想相关,类似弗洛伊德说的"自我"——理智和常识,按照现实原则来行事。自我超越是"大我",和奉献精神有联系,类似弗洛伊德说的"超我"——人格中高级的、道德的、超自我的心理结构。

积极心理学之父、美国著名心理学家塞利格曼认为,追求生活的意义就是"用你的全部力量和才能去效忠和服务于一个超越自身的东西"。有意义的生活不是一种自私的追求,不是向世界索取什么,而是思考自己能为周围的人和环境贡献哪些价值。那些能够成功地将自己与更大目标联系起来的人,就能实现"有意义的生活"。有很多方法可以做到这一点:

一、拥有亲密的人际关系;

二、追求艺术、智力或科学创新;

三、进行哲学或宗教沉思;

四、奉行社会或环境行动主义;

五、从事带来使命感的职业;

六、享受灵性或其他潜在的孤独追求,如冥想。

可以看出,意义感的产生需要超越个人。我国著名人类学家项飙说"意义必须在自己和他人的相处中浮现出来"。就是说只为个人、只为私利产生不了意义感。意义感和价值观一起影响需求的层次,从而影响目标和动机。就学习而言,"为中华之崛起而读书",为"书中自有黄金屋"读书,这是两种截然不同的意义感,目标导向也不同。

总之,不管是自我实现的小我,还是自我超越的大我,有意义总比没有意义好。追寻意义就不会选择佛系,选择"躺平",选择虚无主义,选择低欲望。意义感和价值观构成目标飞轮的价值系统,让目标有灵魂、有高度。此外,意义感对目标还有其他积极作用——增强意志力,从而共同作用于目标。正如尼采说的:"知晓生命的意义,才能够忍受一切。"

◎第六个轮齿：意志力是目标的加油站

意义感会增强你的意志力。意志力是目标的加油站，是飞轮的第六个轮齿。意志力是将自己的意愿付诸实施，克服困难和障碍的一种精神力量。

整体上看，学习动力系统包含动机和意志成分。动机驱动你要学习，意志促使你坚持学习。动机让你开始做一件事情，但是，在这过程中，遇到困难和挫折，你是坚持还是放弃，这就是意志力的问题。意志力是实现目标的重要前提。美国心理学会的"美国压力"年度调查显示，意志力不足是人们无法实现目标的首要原因。

意志力通常与目标相伴。美国心理学家卡洛琳·亚当斯·米勒说："具有真正坚毅品质的人必定心怀目标，因为目标是存放他们自己的热情与精力的地方。"

意志力和毅力类似，和自律、自控力相关。不过，多数人对意志力有些误解，认为意志是一种精神力量，是一种心理状态，所以，这是一种取之不尽的资源。而相关研究显示，意志力不仅是心理机制，还是生理机制。意志力是一种消耗品，比如你饿了、累了、困了都在消耗你的意志。

了解意志力的正确含义和特点，可以从以下几个方面提高你的意志力：

一、要设定合理的目标。目标太高，不可企及，会让你泄气；目标太长远，没有分为一个个阶段目标，会让你一直感受不到成就从而失望。

二、要有健康的生活方式。有规律、有节制、健康的生活方式，让你有好的身体状态、好的情绪状态，这是意志力的生理基础。

三、需要进行自我管理和调控。遇到困难和挫折后更需要意志力，会涉及多个要素和过程，需要你进行自我管理、自我调节。

四、需要刻意练习。你需要离开舒适区，进行每次都有改进的重复练习。

意志力和自我效能感是目标的维持因素。

◎第七个轮齿：自我效能感是目标的助燃剂

促使你坚持下去、不轻易放弃的因素，除去意志力，还有自我效能感。自我效能感是目标的助燃剂，这是第七个轮齿。自我效能感是做一件具体事情时，你是否有信心，是你觉得能否成功的主观判断。

自我效能感与自信有关，但是也有不同。自信是你做事情时充满信心的一种积极状态；自我效能感则涉及具体的一件事情。比如，你觉得可以通过司法资格考试，在这件事情上，你的自我效能感高。同时，你也觉得自己再努力也不可能获得《中国好声音》的冠军，此时，你的自我效能感低。自我效能感高的人，会选择更有挑战性的任务，会讲究策略，遇到困难时会付出更多努力，韧性十足，不会轻易放弃，能坚持更长的时间，这显然有利于目标的达成。

自我效能感是著名心理学家班杜拉首先提出的。他认为提高自我效能感有四个途径：

一、你的过往成功经验。过去的成功不仅让你有迹可循，也直接带来信心。人们常说"失败是成功之母"，其实成功更是成功之母。

二、他人在类似事情上的成功经验。榜样的力量，他们的成功之法也是模仿借鉴，直接使用，也让你在心理上产生"他人能做，我为什么不能做"的期望。

三、来自外界的鼓励。掌声和喝彩就是肯定和期许，也会让你劲头十足。

四、积极高涨的心理状态。积极正面的情绪，比如自豪、高兴、骄傲也能增加你的自我效能感。

目标飞轮的这七个轮齿，构成一个系统。各个轮齿在达成目标的过程中起不同作用。要想目标达成，各个轮齿需要朝一个方向，即目标转动，并且相互促进、相互协调。虽然各个轮齿在达成目标的过程中都很重要，不过，具体体现在个人身上，各个轮齿的作用又有所不同。因为每个人的性格、境遇、遇到的问题和挑战不同。比如，一个天性乐观的人自我效能感就很强。

学习时，如果你提不起劲头，不想学习；或者遇到困难，你想放弃。此时，你要做这几件事情：首先，你要分析是否目标出了问题，是没有目标，还是目标过高过难。其次，你要分析你的目标飞轮的哪个轮齿出了问题，是没有动机，是意志力不够，还是价值观迷茫，意义感不足，激发不了你的热情，等等。你要对这七个轮齿逐一审视、检查、反思，并且自我协调、自我调整、逐一完善，局部最优从而达成整体最优。

虽然这样做起来很烦琐，很累，也很困难，但是无论如何这都值得你去做。学习和个人成长好比驾车，设想一下，你要启动车或者车开到中途没有油或者电了，情况会如何？

法则三　调控情绪，让学习有热情

所有学习都有情绪基础。

——柏拉图

提到情绪，很多人认为这是负面、和理性相对的东西；还有人认为情绪是非认知因素。事实上，理性判断离不开情绪，情绪也有认知功能。情绪在学习的不同阶段以不同方式促进或者阻碍学习。那么，如何用情绪管理促进学习？

情绪是一个小怪兽吗？

◎情绪是什么？

学习中，你是否遇到过这样的情况：有时候心情低落，不想阅读和思考，就是勉强进行，也学不进去；有时候状态高涨、精神亢奋、激情四溢，学习效果也同样不好。这是情绪在起作用——你的情绪状态在促进或者阻碍你的学习。

情绪是人类的高级精神活动，它无时无刻不在影响你的想法和行为，也包括你的学习。

情绪是你对外部刺激产生的心理状态和生理反应。情绪包含三个因素：外部刺激、心理状态、生理反应。比如，你获得一份心仪的工作，这是外部刺激；于是，你很高兴，这是心理状态；同时，你会有相应的生理反应，可能眉开眼笑，也可能喜极而泣。

古人对情绪早有论述。成书于西汉的儒家经典《礼记》中就提出人有七种基本情感，即喜、怒、哀、惧、爱、恶、欲。

现代美国著名心理学家伊扎德提出人类的情绪分基本情绪和复合情绪两类。基本情绪有十一种：兴趣、惊奇、痛苦、厌恶、愉快、愤怒、恐惧、悲伤、害羞、轻蔑和自罪感。复合情绪由基本情绪组合而成，有上百种之多。例如，敌意由愤怒、厌恶和轻蔑复合而成，紧张由恐惧和害羞复合而成。

情绪由基本情绪和复合情绪组成，其他学者认可这个观点。不过内容和表达方式有所不同。罗伯特·普拉特奇克认为有八种主要情绪：快乐、期待、生气、厌恶、悲伤、惊讶、害怕和接纳。而相邻的情绪又组合成不同的、更复杂的情绪。比如，快乐和期待组合为乐观，快乐和接纳相加又成为爱。

下图的情绪环内圈是主要情绪，外圈是相邻组合的复杂情绪。

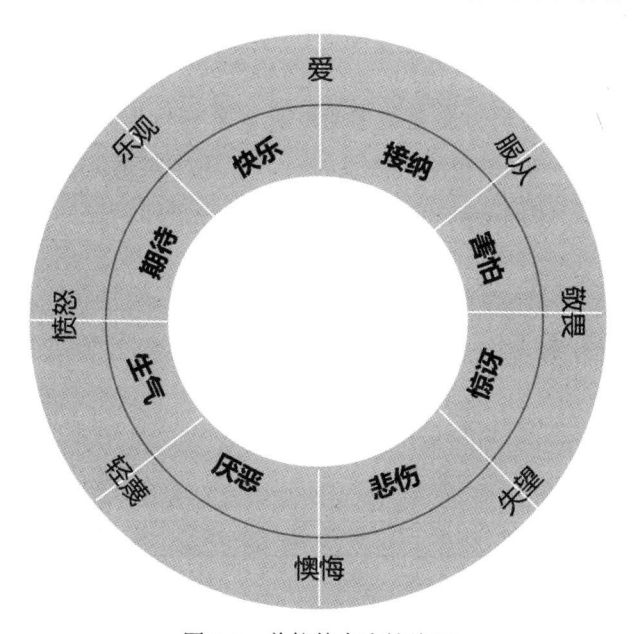

图 3-1　普拉特奇克情绪环

通常，人们根据价值取向把情绪分为两大类，只是说法不同。两个大类是：愉快和不愉快，或者积极和消极，或者正面和负面。此外，根据反应程度，情绪又分高强度和中等强度。

当然，情绪是人的复杂心理现象，不是分分类就代表认识情绪或者解决情绪问题。

◎为什么情绪问题普遍存在？

我们每个人或多或少都被情绪问题困扰过。现代社会资讯多、节奏快、压力大，导致很多人不同程度地存在情绪问题，比如焦虑症状、抑郁症状。据统计，我国有15%～30%的人群呈现出临床水平的情绪问题。

情绪问题的产生主要由遗传因素和环境因素交互作用而成，并且在一生中持续进行。我国学者徐家华、周莹等在《人类情绪发展认知神经科学：面向未来心理健康与教育》中指出，遗传与环境因素影响并决定一个人情绪问题的产生和形成，并且伴随一个人情绪的毕生发展。具体有五个因素：遗传和抚养方式，早期生活应激，社会经济地位，来自家庭、学校和社会的心理压力，脑功能衰退和认知老化。

遗传方面，举个例子，孕妇经历情绪事件时，会分泌皮质醇（衡量压力和情绪状态的指标），通过胎盘传递给胎儿，影响胎儿发育。一项长达14年的追踪项目发现，孕妇的情绪问题会进一步影响学龄前儿童的情绪问题。环境方面，最近几年肆虐的新冠疫情，明显让出现情绪问题的人数增加，就是一个典型例子。

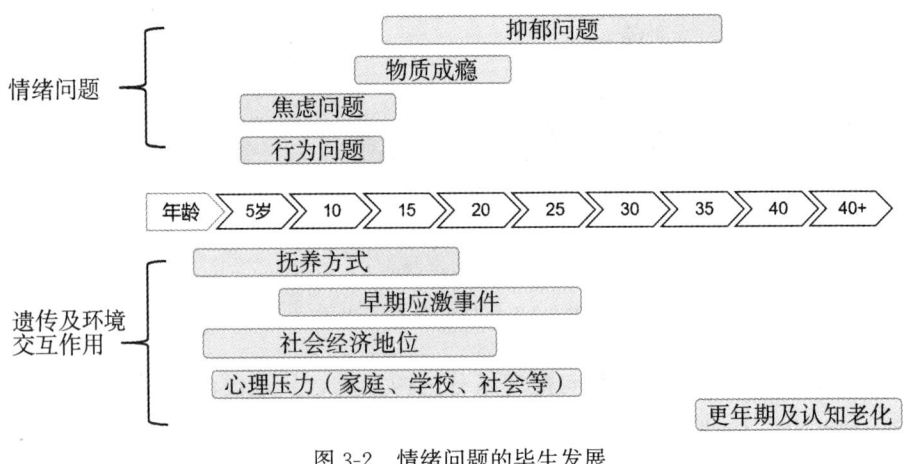

图 3-2 情绪问题的毕生发展

遗传和环境的交互作用让情绪问题普遍存在，这也是人们对情绪的认识加深的一个结果。

◎对情绪的认识误区

人们对情绪的认识是一个逐步发展的过程。在这一过程中，存在几个误区：第一，情绪是理性的对立面。有人认为，一个人有情绪，是不成熟的表现，带着情绪做事是不应该的。这是在闹情绪、耍脾气、耍性子。这种思想渊源已久。早在两千年前的柏拉图认为，人的灵魂由理性、激情、欲望三者构成。理性占主导地位，理性为了思考，形成决策。柏拉图还把理性与情绪比喻为"主人—奴仆"的关系。这可能是现在流行的一个说法——不做情绪的奴隶，要做情绪的主人——的来源吧。

柏拉图的思想在其后几个世纪里被曲解为情绪和理性是对立的。理性应该高高在上，情绪要避免，甚至要遏制。对此，列纳德·蒙洛迪诺在《情绪：影响正确决策的变量》中指出，"基督教哲学家也部分地接受了这种观点，他们把人类的食欲、情欲和激情归为一种罪过，认为有德行的灵魂都应该避而远之"。

我国宋代理学"存天理，灭人欲"之说，也把人的情绪、情感，当成欲望消灭。到了现代，这种观点又以另外一种形式体现，比如，你不应该有情绪，你要压抑情绪，你应该稳重，你要喜怒不形于色，你要强颜欢笑，等等。事实上，这些观点是不合理的。情绪是人性的一部分，压制和消灭情绪就是违背人性。

第二，情绪是非认知因素。之前人们认为情绪没有认知功能，甚至会影响一个人的认知。这里说的认知是和智力相关的活动，比如识别、记忆、对比、理解等。事实上，情绪也是一种认知力量，也是一种认知资源。情绪参与推理、判断、记忆和学习等系列认知活动。比如，你觉得学习的内容有意义时，学习才会起劲，效果才会好。但是，意义如何产生和维持呢？这要靠情绪。

某种程度上说，缺少情绪参与，你不能判断、推理、学习和创造。正如美国加利福尼亚州立大学的凯恩夫妇所说的：意义需要感觉、情感、运动以及思维同时参与，其中情感特别重要，情感与认知不能分割，两者的结合是学习的核心。

第三，忽视情绪的积极作用。有两个表现：一是忽视消极情绪的价值。你可能没有想到，消极情绪也有价值。就说焦虑吧，焦虑是一个人对未知的可能发生的事情的担忧和恐惧。适度的焦虑表明你对未来可能存在的挑战感到有压力，这样你可能会做一些相应准备。感受到压力和准备应对，这就是焦虑的价值所在。一个一点都不焦虑的人，要么对环境无感、迟钝，要么就是"躺平"，没有追求。二是忽视积极情绪的存在和意义。人们往往更关注消极情绪，有意无意地忽视还有积极情绪的存在。列纳德·蒙洛迪诺在《情绪：影响正确决策的变量》中强调：

情绪还有积极情绪：骄傲、爱、敬畏、娱乐、感激、激励、欲望、胜利、同情、依恋、热情、兴趣、满足、快乐和解脱等。生活中拥有更多积极情绪的人往往会更健康，也更有创造力，而且能与他人融洽相处。积极情绪能够增强我们的韧性，能让我们更好地利用情绪应对各种情况，还能拓展我们的视野，让我们在面对问题时拥有更多选择。

除此之外，对情绪还有一些其他误解。比如，情绪是人类独有的，动物没有情绪。早在春秋时，惠子就对庄子说："子非鱼，安知鱼之乐？"现在研究发现，动物也有情绪。如果你家中养了猫狗等宠物，你应该有所感受。

人们对情绪的误解逐步消除，并且还发现情绪有积极作用。

◎ **情绪有哪些作用？**

情绪有独特的功能，具备积极的正面作用。甚至说，人是高级动物，情绪起到重要作用。心理学家们认为情绪至少有四大功能：

一、反应和适应。情绪是人类在漫长的进化过程中形成的一种天赋，能够帮助我们快速有效地了解所处环境，并做出相适宜的反应，从而有利于我们的生存和发展。比如，人们往往在危险来临前产生直觉和所谓的第六感，这就是情绪在发挥作用。

二、动机和行动。情绪是动机系统的一个基本成分，能够激发和维持我们的行为，并提高效率。比如，在学习方面，兴趣和好奇心等情绪能够激励和促使我们积极学习。

三、表达和沟通。情绪帮助我们和他人之间进行情感交流、传递信息、沟通思想，与他人建立和保持联系。

四、认知和思考。情绪对认知有组织作用，对注意、记忆和决策等其他心理过程产生重要影响。此外，情绪还为我们的理性思考提供信息，让我们做出更好的决定。

情绪在认知和理性思考方面的作用和我们的学习密切相关。

◎学业情绪、认知情绪是什么？

和学习有关的情绪叫学业情绪。2002年，国外学者派克首次提出此概念。它是指与学业学习、课堂教学和学业成就直接相关的各种情绪，特别是与学业成功或者失败相关的那些情绪。派克等人根据唤醒度（情绪的反应程度）和愉悦度（正面或负面）这两个维度把学业情绪划分为四种类型：

一、积极高唤醒度情绪，包括高兴、希望和自豪；

二、积极低唤醒度情绪，如放松；

三、消极高唤醒度情绪，包括气愤、焦虑和内疚；

四、消极低唤醒度情绪，包括无助和无聊。

研究发现，自豪、高兴、希望、满足、平静、放松可以促进学习成就；焦虑、羞愧、厌倦、无助、沮丧、心烦则阻碍学习。

除去学业情绪，认知情绪也和学习有关。因为从某种程度上说，学习就是认知。认知情绪来源于认知冲突。冲突有两个方面：一是新学的知识和你原有的知识结构有冲突，就是你遇到之前不了解的知识，比如，你以前以为情绪就是一种心理状态，现在知道情绪是外部刺激下伴随生理反应的心理状态。二是新学的知识和你原有知识信念产生了冲突，比如，之前你认为情绪都是消极的，现在了解到情绪也有积极的一面。认知情绪主要有惊讶、好奇和困惑等。认知情绪在计划、动机和策略三个方面对认知活动产生影响。

学业情绪、认知情绪是情绪的一部分。本章从学习角度讲情绪管理，使用情绪一词时不再具体区分。

总之，不管是在学习，还是在其他方面，要想发挥情绪的积极作用、规避情绪的负面影响，就必须要对情绪进行调节和管理，就是我们常说的情绪管理。

情绪管理就是提高情商吗？

◎为什么情绪可以被管理？

情绪管理一直为人们所关注。因为这和每个人的利益相关，情绪管理得好，就会得利，否则，就会受害。古希腊哲学家亚里士多德认为，要明智地处理情感生活。激情如果运用得当将会充满智慧，激情可以指引我们的思想、价值观以及生存，但激情又很容易受到扭曲。他认为问题不在于情绪，而在于情绪的恰如其分以及情绪的表达。现代著名心理学家弗洛伊德也指出，学会掌握自己的情绪是成为文明人的基础。

情绪管理的必要性，不言而喻。问题是情绪可以被管理吗？当然可以，这和情绪的特性有关。美国加州理工学院教授、美国国家科学院院士大卫·安德森和他的同事拉尔夫·阿道夫研究后，认为情绪有五大特性：

一、价值性。情绪总会具有某种价值：正面或者负面。正面价值带来的反应是趋近，或者感觉良好；负面价值导致的反应是规避，或感觉糟糕。

二、持续性。一种情绪反应有一段持续时间。比如，你在室外遇到一只大型流浪狗，你很害怕，逃离后，恐惧并不会立即消失，会持续存在。这就是我们说的后怕。

三、可概括性。这个特点和反射反应相对，反射反应是某种特定的刺激导致特定的反应。可概括性是不同的刺激可能导致相同的反应，比如，悲伤大哭和喜极而泣；而同一刺激，如果发生在不同时间，反应也可能存在差异。比如，你会在老板心情好的时候提加薪，因为你知道老板情绪状态决定他的反应是否对你有利，虽然你提加薪的要求——刺激是一样的。

四、可变性。面对同一种刺激，你对外部世界的理解和判断不同，会让你产生不同反应。比如，你在室外遇到一只大型流浪狗，如果是白天，你可能有一些害怕，要是夜晚你会更害怕。

五、自动性。情绪产生和条件反射一样，有时候是无意识的、自动的。比如，有人在你排队时插队，你产生愤怒情绪。但是，你随之又控制住和他打架的冲动。就是说情绪能够自动产生，但不会引发人的自动反应。这种对情绪的控制力和大脑的成熟度有关，成年人比儿童强。

情绪的五个特性，或多或少地表明，面对外部刺激，情绪反应和我们的判断、理解、信念和自我控制有很大关系。这表明，我们可以自我调节和管理情绪。

◎情绪管理究竟管什么？

对情绪管理，现在流行一个说法，你要管的不是情绪，是你自己。这句话也对，也不对。说对，因为情绪是你的主观体验，情绪是你面对刺激产生的各种反应，你是产生情绪的主体，所以你要管自己。说不对，有两点原因：一是管自己太模糊、太笼统，不利于你采取针对性的行动。二是情绪管理还是有要管理的具体对象的，就是你的情绪状态。

那么，都有哪些情绪状态？情绪状态的划分有两个维度：一是价值层面，是积极、正面，还是消极、负面？二是情绪反应强度和持续时间，情绪状态分平静和高涨两种。二者结合划分，一共有四种情绪状态：

一、高涨的积极情绪，比如高兴、愉快、希望等；

二、平静的积极情绪，比如放松、满意、平静等；

三、高涨的消极情绪，比如生气、焦虑、羞愧等；

四、平静的消极情绪，比如厌倦、沮丧、难过等。

情绪管理就是调节和控制你的情绪状态。学习中的情绪管理就是针对学习的不同阶段，对你的情绪状态进行准确识别、合理表达和理性调节，形成积极情绪，化解消极情绪；同时，要保持适度的情绪激活水平，避免极端情绪，保持良好的心境、平和愉快的心情，促进你的学习。

说到情绪管理，估计你马上想到情商。

◎为什么情商的作用被夸大了？

情商是一个人情绪管理能力和水平的集中体现。情商由五种能力构成：认识自己情绪的能力、管理自己情绪的能力、自我激励的能力、管理他人情绪的能力、管理人际关系的能力。

情商当然很重要。很多事实也表明，各行业成功人士具备的一个主要特征就是情商高。因为他们更懂人性，会交流沟通，会带领团队一起努力。不过，近些年关于情商重要性的说法有些泛滥，甚至到夸大的地步。连情商概念的提出者丹尼尔·戈尔曼都看不下去了。他说，不能夸大情商的重要性，成功中20%是智商，并不是说余下的80%全是情商，这80%是非智商因素，还包含努力、勤奋等因素；此外，不是所有的领域，情商都一样起作用，一些需要智力参与的领域，智商更重要，比如工程师。

误用情商还有一种情况，就是有人认为情商就是要和他人搞好关系，是会说话，是好相处。这种观点会导致两个问题。一是关系至上。认为关系是成功的唯一因素，而不注重自身实力的提升，不投资自己，比如终身学习。二是压制情绪进行沟通和表达。在与人交往和沟通中，违背事情真相、回避矛盾、压抑自己的真实情绪，不一定有利于正常的沟通和解决问题。

戈尔曼在前几年的一篇文章中说情商高，并不是不讲原则，为了和气团结而避免建设性冲突。他说：

我的《情商》一书出版25年来，我发现人们对这个概念最深的一个误解便是将之等同于"好相处"。其实并非如此，而且这样的误解会带来麻烦。事实上，掌握情商的四个构成要素，可以让你在需要对抗时直面冲突，同时更有策略和效果。四个构成要素分别为：自我意识、自我管理、社会意识和人际关系管理，其中没有一个与"好相处"有关。

不过，情商对一个人的学习、职业发展和成长还是很重要的。前些年的一个数据显示，全球已有几万所学校普及了情商教育。显然，这也印证了情商的重要作用和影响。

总之，情绪管理的最高境界是因人、因时、因地、因行业、因领域合适地表达和调节自己和他人的情绪。情绪管理不是对高情商的片面追求，尤其还是被曲解的情商。不过,情商被大众文化过度强调、追捧,甚至误解,恰恰说明情绪管理的重要性。这个重要性也体现在我们的学习中。

为什么学习也需要情绪管理?

情商往往和他人交往有关,所以要情绪管理,这容易理解。你可能疑惑,学习大多是我们个人的事情,也需要情绪管理吗?还真需要,因为好情绪促进你学习,坏情绪阻碍你学习。不过,人们之前并没有意识到情绪和学习的关系。

有研究者就指出,学习者的内在动机、态度、兴趣、自信、焦虑程度等与学习效果息息相关,这已成为共识。然而,直到20世纪末,学术界才普遍认同情感是认知过程的重要组成部分。

情绪管理对学习和自我成长的意义很大。

◎进行有效学习

情绪管理促进有效学习。先看一个发生在中世纪的故事。历史学家皮埃尔·波泰描述当时的农民如何划分地界。由于没有书面的地籍簿,在一块土地的划界达成一致后,农民们让一个孩子充当证人。当那孩子记住了这个地方,人们就给他一个大耳光。为什么要打耳光?就是借此激发孩子产生强烈的情绪,进而巩固记忆。研究证明,极端情绪,尤其负面的极端情绪的确有利于记忆。当然,情绪不仅仅影响记忆,还对学习中其他认知活动产生积极或消极作用,比如,专注、思考、判断和决策等。

研究表明,学习是情绪、认知和生理三个层面互动的过程,缺一不可。情绪直接影响学习效果,积极的情绪促进学习,消极的情绪阻碍学习。良好的情绪和学习相互作用,相互促进。比如,《论语》开篇首章首句"学而时习之,不亦说乎",学习后,在适当的时机实践运用,不也很高兴吗?即描述了学习和情绪的交互作用。和孔子同处于"轴心时代"的柏拉图也提出"所有学习都有情绪基础"。

现代脑神经科学表明，学习的主要器官是脑。脑科学家洪兰指出，"情绪，是改变大脑最快的工具"。就是说，要想让大脑进入有利于学习的状态，需要先让情绪进入状态。情绪是控制大脑的钥匙。情绪与脑的活动一起促进或者阻碍学习。通过情绪管理，让大脑处在适合学习的状态，从而提高学习效果。

◎确保身心健康

情绪管理促进身心健康。身心健康是学习的一个主要目标，也是促进有效学习的前提。健康包括身体和心理两方面，就是"野蛮其身体，文明其精神"。1989年世卫组织提出，健康不仅仅是身体没有缺陷和疾病，而是身体上、精神上和社会适应上的完好状态。我国教育部也提出"加强心理健康教育，促进学生身心健康、体魄强健、意志坚强"。毋庸置疑，良好的情绪状态是身心健康的标准之一。

你学习的最终目标不是成为一个有知识和技能的只会做事的工具，而是要成为一个身体和心理健康的完整的人。

情绪正常不仅是身心健康的标志，同时，情绪也是影响身心健康的重要因素。情绪影响健康主要与情绪的自适应性特点有关。情绪反应是你调节自身以适应环境的结果。长期或者过度的不良情绪反应，会导致你出现破坏性的适应，也就是产生疾病。就说免疫力吧——

免疫力是人体健康的哨兵，非常重要。研究发现，情绪状态及其所伴随的生理反应直接影响免疫系统的功能。积极的情绪状态会增强免疫力，而消极的情绪状态则减弱免疫力。《黄帝内经》说"怒伤肝、喜伤心、忧伤肺、思伤脾、恐伤肾"。现代医学也发现，各种情绪与不同器官的生理变化有着一定的关系。坏情绪不利于健康，而快乐的人更容易对抗疾病。

在一项为期三周的研究中，科学家对300多名受试者进行情绪调查。之后，研究人员在他们的鼻子上滴上含有可导致普通感冒病毒的溶液。在接下来的五天里，受试者全部生活在隔离状态下，每天只能见到一个人，就是进来检查他们是否患感冒的科学家。结果发现，积极情绪水平最高的志愿者患感冒的可能性比积极情绪最低的受试者几乎低三分之一。

◎获取竞争优势

情绪管理获取竞争优势。这里讲的竞争优势有两层含义。一方面，你情绪稳定，状态适宜，学习成绩好，学习效果好，无论在学校还是在职场，你会取得相对领先的优势；另一方面，在更宏大和长远的意义层面，就是和人工智能竞争中，情绪将是你取得领先、占据优势的领域。

现在是智能时代，人类发明和使用人工智能。与此同时，人工智能也在挑战人类。一些工作要被人工智能替代。现在已经有许多工作人工智能也在做，并且做得比人还好，比如行政、医疗、法律、写作、音乐、绘画等领域。

2023年初，ChatGPT爆火，上线仅仅两个月，活跃用户就突破一亿。作为一款人工智能技术，GPT仿照人类的逻辑思维和表达模式执行各种需要认知和创意参与的任务。比如，它可以聊天、可以写作、可以提供咨询、可以协助搜索，等等。所以，人们惊呼，这要淘汰多少岗位。

好在，现在一般认为，GPT以及人工智能在需要大数据、需要计算和重复性工作的领域有一定的优势，在需要情感、同理心、道德感、随机应变进行判断的领域，涉及人类的独有的情感，人工智能不一定做得好。这些领域恰恰对个人的情绪管理要求高，如果情绪不稳定，容易产生极端情绪，这些工作也做不好。

算法，你可能输给人工智能；情绪，人工智能可能输给你。所以，情绪管理也是你制胜未来的关键。

总之，情绪管理意义巨大。那我们如何进行情绪管理呢？

情绪管理彩虹图

基于情绪管理的重要性，人们进行大量的研究和实践，并且提出很多手段。列纳德·蒙洛迪诺在《情绪：影响正确决策的变量》中总结出三种最为有效的方法：

一、接受。坦然接受可能发生的最坏情况，同时专注于自己可以做的事情，会减轻坏事情发生后的负面情绪影响。

二、重新评估。评估是大脑对刚刚发生的事情的解读。有些评估是无意识进行的，有些是有意识的，后者是我们可以控制和调节的。我们通过改变对事物的理解，从而降低坏情绪的负面影响。

三、表达。通过谈话或者书写把负面情绪表达出来，有助于化解负面情绪。研究显示，表达感受会增加负责理性工作的大脑前额皮层活动，同时减少负责情绪工作的杏仁体活动，因此会产生与重新评估类似的效果。

不过，学习中的情绪管理不能直接照搬上述方法。一方面，学习有多个阶段，情绪在学习的各个阶段中对学习的影响机制不同，要采用不同的方法进行调节和管理；另一方面，学习中的情绪管理更为复杂，这和学习任务的性质、难度相关。以学习动机为例，动机和情绪密切相关，对学习很重要。但是，针对不同难度的学习任务，你的动机要适度，并不是越强越好。动机的最佳水平要随着学习任务的难度而变。

著名的耶克斯-多德森定律指出，学习简单任务，动机水平较高时成绩最佳；学习中等难度任务，动机水平适中时成绩最佳；学习复杂任务，动机水平较低时成绩最佳。那么，学习的情绪管理如何进行？可以把这看成一个科研项目。

现代科学在两种不同方法论的冲突、争论、相互纠偏、相互促进中兴起和发展。一是要素还原论，把事物分解为一个一个构成要素，了解了局部也就知道整体，从而发现事物本质；二是整体论，用系统、整体的观点来考察事物。还原论和整体论各有其作用，并非完全对立。二者相互结合，产生了更为科学的系统论。目前看，系统论是更科学的方法论。但是，这不妨碍要素还原论仍然在科研中起到重要作用。比如，诺贝尔奖得主大都采用还原论进行研究。

借鉴还原论方法，基于情绪在学习不同阶段和学习的互动关系，从七个方面展开，进行情绪管理：一是学习阶段，二是关键点，三是情绪对学习的影响机制，四是情绪管理的目标，五是明确要解决的问题，六是明确管理对

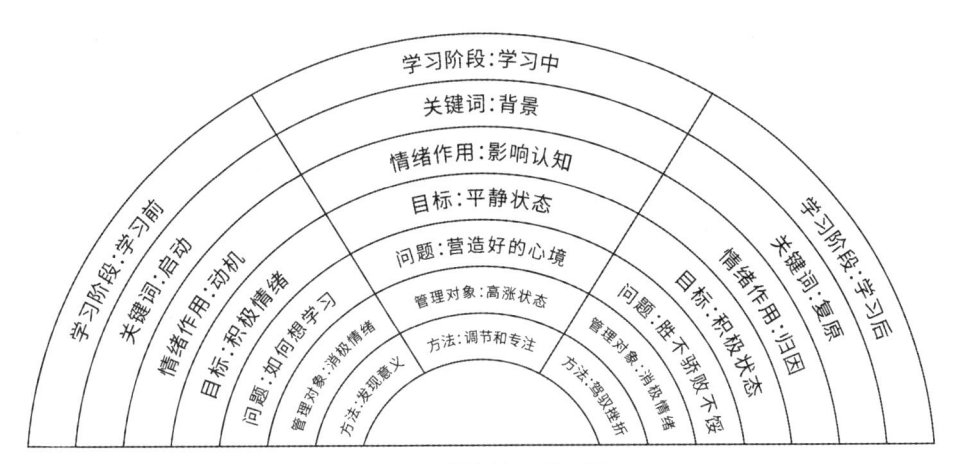

象，七是情绪管理方法。这一系列过程形成一个彩虹图。

图 3-3 情绪管理彩虹图

学习时，如何应用情绪管理彩虹图？主要从目标和问题、方法和步骤两个层面展开。

学习前如何管理情绪？

◎ **目标和问题**

学习前情绪管理的关键点是启动。情绪是启动学习的发动机。在这个阶段，情绪主要在动机层面影响你的学习。具体而言，情绪在动机、目标和信心三个方面对学习产生促进或者阻碍作用。

情绪总带有一种行为倾向，让你想或者不想做一件事情。英文情绪（Emotion）词源来自拉丁文"动作（Mover）"。情绪往往和行动有关，情绪倾向产生动机，导致行动。情绪是动力的源泉。并且，情绪和动机纠缠不休，所以有心理学家说"情绪和动机就像炒鸡蛋一样，蛋白、蛋黄都在，却难以分开"。不同情绪对学习动机起到增强或者削弱作用。研究发现，高兴、希望这种高涨的积极情绪和气愤这样高涨的消极情绪都会促进行动，增强学习动机。平静的积极情绪，比如放松，平静的消极情绪，比如厌倦，则会减少行动，减弱学习动机。

此外，积极的情绪增强你达成学习目标的信心。信心鼓舞士气，促进努力。这也解释了为什么在体育比赛前的新闻发布会上，不管强队弱队都信心满满地表示一定会战胜对手。

学习前情绪管理的目标是将我们的情绪调整到高涨的积极情绪状态，比如高兴、兴奋、自豪、骄傲等，就是要进入铆足劲想学一场的心理状态。

此阶段要解决的情绪问题是"如何让你想学习"。情绪管理的对象有两个，一是高涨的消极情绪，比如沮丧；二是平静的消极情绪，比如厌倦、无助、沮丧等。要将这两种情绪调整到积极情绪状态，可以采取以下方法。

◎方法和步骤

学习前，如果你的情绪已经处在高涨的积极状态，比如，高兴、希望、自豪等，那无需过多调节。不过，如果此时你的情绪过于激烈，那要降温。一方面，不管情绪是积极还是消极，长久的高涨情绪状态都对健康不利；另外一方面，高涨的情绪也不利于深入思考和判断。前些年，有一个火爆一时的疯狂英语学习法，强调要提高信心，大胆开口说。这的确是学习英语的一个有益尝试。但是，人一直在亢奋、激昂的状态，是不合适学习的，并且也不能持久。

如果学习前你的情绪处在消极状态，不管是高涨的，比如紧张、焦虑，还是平静的，比如沮丧、伤心等，可以这样调节和管理。首先，你要重新审视你的目标。你要问自己，你为什么学习？你在追求什么？这次学习对你达成目标有什么作用？目标的指引和使命的召唤，促使你产生学习动机。

其次，你要发现学习的意义。你认为有意义的事情、值得做的事情，你才会全力投入，付出热情，投入时间和精力。学习也是，如果出自你真心的热爱，当然最好；如果不是，外在的压力和奖励也可以让你发现其意义。我们进行的是任务型学习，学习是你的责任，这与你能否获取好的工作、增加收入、提升生活品质直接相关。

最后，你要有好奇心和求知欲。你要挖掘和发现学习内容本身的吸引力和给你带来的乐趣。比如，某个现象背后的规律是什么？某个问题的真相是什么？挖掘你的好奇心，激发兴趣，也会产生积极的情绪。

学习中如何管理情绪？

◎**目标和问题**

学习中情绪管理的关键点是心境。心境作为学习时的一种背景存在着，类似背景音乐。这和情绪影响认知、记忆和使用学习策略有关。一般来说，对人的认知活动，积极情绪起协调组织的作用，消极情绪起破坏、瓦解或阻断作用。平静的积极情绪状态，可以促进注意、记忆、判断、推理等认知活动，进而提高学业成绩；而高涨的情绪状态，不论是积极的还是消极的，对学习和认知活动都有一定阻碍作用。

这和大脑加工信息特点有关，大脑优先处理情绪信息，其次才是新学习的信息。就是说，情绪信息会得到优先处理。如果你处在焦虑、愤怒、抑郁的情绪状态，你无法有效接收或处理信息。

情绪对记忆也产生影响。情绪刺激会产生激素，使得杏仁核向脑区释放加强记忆的信号，从而提高记忆。前面说的中世纪划分地界的小故事就说明强烈的情绪会加强记忆。当然，情绪高涨也不利于学习。此时，你的注意力难以集中，破坏工作记忆，从而影响学习。

情绪对你如何应用学习策略也有影响。积极的情绪能够促进你灵活地、有创造性地使用学习策略。高涨的消极情绪如焦虑，容易让你使用简单重复的策略，比如死记硬背。消极的平静情绪，如厌烦，会导致你肤浅、简单地进行信息加工。

为了让心境促进学习，此阶段情绪管理的目标是将状态调整到平静的积极情绪、平稳的情绪状态，比如，放松、满意、平静等。

此阶段要解决的问题是"如何营造好的心境"。美国学者凯恩夫妇认为，最佳的学习心境和状态是"放松的警觉"，就是低威胁和中高度挑战结合。即你面对中高度难度的挑战，不过，你仍然感觉得到安全。这里的放松就是低威胁，当你感觉到危险和压力过大时，你不会有放松的感觉，会影响你的学习。但是，如果学得太容易，一点威胁都没有也不行，要有中高度挑战，这就是警觉。这也和你选择学习内容的困难程度有关。

那如何选择学习材料的难度？有没有量化的标准？万维钢在《学习究竟是什么》中说，一个最新研究发现最佳比例是15.87%，就是"困难和意外"的知识应该是学习资料的15.87%。高于这个比例，太难，你学不进去，会因沮丧而放弃；低于这个比例，又太容易，你都会了，还学什么？

学习中，要管理的对象有两种情绪，一是积极的高涨情绪，比如兴奋；高涨的消极的情绪，比如焦虑。二是平静消极情绪，比如沮丧和失望。

◎方法和步骤

首先，识别和察觉你的情绪状态。情绪识别很重要，这是进行情绪管理的基础和前提。识别和察觉你学习时候的情绪状态，判断当时的情绪状态是否可以促进你高效率学习。如果不是，就要自我调节，营造出适合的情绪状态。如果你不能确定当时的情绪是什么状态，可以试着用文字描述你的感受，这有助于察觉你的情绪。著名心理学家利维·维果茨基就指出，当我们付诸言语时，我们就会意识到自己的想法。这想法包括情绪。

其次，集中注意力，平心静气，排除外在干扰，专注在学习上。专注容易让你进入心流状态，心流状态让你沉浸在任务当中，不会受不良情绪的影响，并且享受解决问题的成就感。有一点要注意，疲劳会分散你的注意力。所以，隔一段时间要主动休息，休息时最好不要玩手机，因为玩手机也在耗散你的注意力资源，可以和人聊聊天、听听音乐、做做家务、适度运动，等等。要强调的是，不需要你投入注意力资源的才是好的休息方式。

最后，产生消极情绪时，把它写出来，可以帮助你平稳情绪。这和前面说的情绪管理方法中的表达相关。情绪不稳定的时候，你的情绪脑（杏仁核）在主导你，阻碍你处理和加工信息。你把情绪写下来，就是主动让你的理性脑（大脑皮层）参与进来。思考的参与，有助于平稳你的情绪。

学习后如何管理情绪?

◎ 目标和问题

学习后的情绪问题主要和挫折有关。此阶段管理情绪的关键点是复原。复原是指重新回归到学习前和学习中良好的情绪状态。学习后的情绪管理要根据学习结果而定,假如学习顺利,目标达成,这没有什么大问题。

假如学习失败,遇到挫折,可能会产生消极情绪,比如沮丧、失望、焦虑等。在这种情绪状态下,你显然不能顺利学习。此时,就需要情绪管理。管理的目标是要保持积极和平稳的情绪状态。

这个阶段要解决的问题是"如何胜不骄,败不馁"。情绪管理对象是高涨的消极情绪,比如沮丧、放弃等。

◎ 方法和步骤

学习后的情绪问题根据学习结果而定,假如学习顺利,目标达成,此时,不能骄傲,不能狂妄,不能忘乎所以。你要清楚,这次成功是否归于任务难度不大?是否出自你的努力?是否方法得当?是否还有不足?是否可以对以后的学习有借鉴作用?

学习遇到困难和挫折后需要情绪管理。首先,要正确归因,就是把导致学习成败的原因搞清楚,合理的归因要归在你可以控制的、可以改变的、由你自己决定的原因上,这样有利于激发积极的情绪,从而树立信心,坚持下去。

其次,进行自我激励。自主学习本就是自己发起的学习,你自己选择的事情,坚定的目标和顽强的意志本就是必需的。学习受挫,是正常的事情,你要再次挑战,继续学习。

最后,运用情绪自助疗法。你要学会和使用一些情绪自助疗法,自我调整情绪。前面提过情绪是主观感受。你可以通过调节主观感受管理情绪。希腊哲学家爱比克泰德说：人不是被事物本身困扰，而是被他们关于事物的意见困扰。这句话和目前流行的心理认知疗法和辩证行为疗法看法类似。认知疗法中的ABC疗法认为，A是事件，B是你对事件的看法，C是你的情绪反应，你的情绪C不是由事件A，而是你对事件的看法B决定的。

这观点和辩证行为疗法类似。辩证行为疗法认为情绪分为原生情绪和衍生情绪。衍生情绪就是你关于事物的意见。你要控制和调节的是衍生情绪。目前主流的情绪自助疗法除认知疗法、辩证疗法外，还有理性行为情绪疗法、自我疗法，等等。学习后的情绪管理和挫折管理密切相关，本书有一章专门讲如何驾驭挫折。

上述是各个阶段学习的情绪管理要则，整体上看，学习中的情绪管理要让我们对学习始终保持热情，如果对学习一直有高尔基所说的"像饥饿的人扑向面包"这样的热情，何愁什么东西学不好。

情绪是我们对刺激采取的反应。情绪管理存在于刺激和反应中间。有一句流传甚广，被误认为是著名心理学家维克多·弗兰克尔说的话，恰如其分地说出情绪管理的意义："在刺激和反应之间，有一席空间。在那席空间里，我们有权去选择如何反应。而这反应，决定着我们获得多少成长和自由。"

法则四　聚焦任务，让学习有价值

少壮不努力，老大徒伤悲。

——《乐府诗集·长歌行》

学以致用是学习的目的。不过，学习和应用、需求、生活脱节的现象不只在校园内，在校园外也广泛存在。这是因为一些人没有围绕任务进行学习，导致学习没有产生应有价值。

为什么你的学习劳而无功？

◎四种学习类型

你知道学习很重要，也想学些东西。不过，现在知识、技能纷繁复杂，网络上免费名校公开课、知识服务平台付费精品课程也很多，到底学什么好？

或者，你早已经开始学习，商业类、管理类、思维提升类的课程也学了不少。但是，一两年下来，忙忙碌碌的，你期望的生活质量提高和事业进步并没有发生。此外，都说兴趣是最好的老师。摄影、旅游、美食、音乐、手办、大片等，你都有兴趣，并且也在学习。不过，最终还是一事无成，这又是什么原因？还有，你在学校时成绩很好，但是工作后的学习力不从心。为什么教室里的学习方法在职场中失效了？

上述这些问题都和学习是否带有明确任务有关。了解任务型学习前，先看看你身边的人都是如何学习的。学习要投入时间和精力，也就是注意力资源。根据注意力投入的方向和方式划分，学习大致有四种类型：

一、任务型。出于一个明确的具体任务的学习。比如，掌握一项技能，搭建一个知识体系，完成一个项目，写一本书，等等。简单地说，任务型学习需要你给自己的学习定下规矩，在规定的期限内完成规定的任务。

二、兴趣型。出于肤浅兴趣，和职业无关的学习。兴趣分肤浅兴趣和探究式兴趣。肤浅兴趣往往出于猎奇，这个喜欢，那个也喜欢，每一个都浅尝辄止。比如，你出于娱乐休闲的目的看电影。探究式兴趣是深入了解一个领域，感受奥秘和专业乐趣。比如，同样是看电影，电影学院的学生，用专业视角，一遍遍地看，分析情节、结构、人物、画面、配乐等。

三、闲散型。学得不少，东一下，西一下，想学时就学，不愿意学的时候就不学，断断续续，没有目标，不成系统，没有规划。

四、忙碌型。什么都学，并且还很忙。但是，没有明确的方向，时间和精力没有聚焦在一个点上，几年下来，忙忙碌碌，也学了不少，但是，没见多少成效。忙碌型还有一种常见情况，就是整个人陷于工作、社交和生活当中，以观察、模仿等无意识学习为主，没有阅读、思考、参加培训等专门学习。

上述四种学习类型，除去任务型学习外，都属于马克思所说的"游手好闲的学习"。

◎学习劳而无功的原因

马克思在《资本论》一个注释里说约翰·贝勒斯的一句话说得很好："游手好闲的学习并不比学习游手好闲好……"

游手好闲的学习不会为你带来多少益处。根本原因是游手好闲的学习短期没有收益，长期也没有积累。学习好比积累财富，如果你的钱都花在消费上，既没有存款，又没有买基金、股票和股权等，结果就是短期没有收益，长期更没有复利。

首先，兴趣型学习任由肤浅的爱好泛滥。肤浅兴趣大多和职业、专业无关，仅仅是爱好、猎奇等。它不能为你希望的增加收入、职业发展、事业成功等助益。你任由时间和精力花在不能给你带来回报的方面。这种学习当然劳而无功。

其次，闲散型学习没有明确目标和方向，导致时间和精力被浪费。这种学习是"游手好闲的学习"的典型，看起来学得很多，但是，没有明确的目的，学得太杂、太乱，没有形成知识体系，深度也不够。这种学习除知道很多没有实际用处的知识外，甚至和没有学习区别不大。

最后，忙碌型学习过于依赖个人的体验和体会，缺乏系统的知识培育。忙碌型学习有两种类型。其中，什么都学的学习和闲散型学习类似，没有聚焦在具体事情上，导致学习没有效果。任何事物的发展都有一个从量变到质变的过程，学习的量不在一个方面积累，学得再多也不会发生质变。

以工作、社交和生活代替专门学习的忙碌型学习危害很大，并且是隐形的。虽然，工作是一个学习场所，也是学习的一个实践方式，工作可以促进学习，但是，完整的、有效的学习应该是实践、体验结合理性的思考、反思，要上升到理论高度。而这需要边工作边结合常规意义上的充电式学习，比如阅读、思考、参加专门培训等。

总之，劳而无功的学习大多和任务无关。那什么是任务型学习呢？

什么是任务型学习？

◎为生活价值学习

任务型学习和知识的实用性有关，和知识与现实世界的联系有关，学到的知识和外部世界脱节、和现实需求脱节，一直是全球教育中普遍存在的问题。并且，这个问题很早就出现了，基本伴随近现代教育体系的产生而产生。

早在19世纪，英国著名教育家、哲学家斯宾塞就反对当时英国学校教育中追求"装饰先于实用"。另外，他也是一个成功的自主学习者。斯宾塞强调学习要为完满生活做准备。他在《教育论》中说道：

怎样生活？这是我们的主要问题。……怎样对待身体，怎样培养心智，怎样处理我们的事务，怎样带好儿女，怎样做一个公民，怎样利用自然界所供给的资源增进人类幸福，……怎样去完满地生活？这个既是我们需要学的大事，当然也是教育中应当教的大事。

到 20 世纪，教育和需求脱节这个问题仍然存在。1916 年美国哲学家、教育家杜威在《民主与教育》中说："只有在教育中，知识主要指一堆远离行动的信息，而在农民、水手、商人、医生和实验室研究人员的生活中，知识却从来不会远离行动。"杜威说的知识远离行动，是说知识的实用性不强，知识和现实需求脱节。

进入 21 世纪，人们还在寻求如何解决这个问题，并提出很多方案。比如，美国著名教育心理学家戴维·珀金斯就提出要学习有生活价值的知识。他在《为未知而教，为未来而学》中提出，学知识要考虑到实用性，要体现出生活价值。有生活价值的知识，就是对学习者的生活有意义的知识。学习好比投资，你要学会产生回报的知识。珀金斯还用脑神经科学研究发现进行论证：

长期不用的知识渐渐会被大脑遗忘，它们逐渐会消失，无论知识本身具有多么重要的内在价值，只要它被大脑遗忘，就不可能再具有生活价值。只有当实际场合需要某种知识并且使之生动有效、容易获得时，我们才能说这类知识是好的、应当学习的。简单地说，知识必须能够在某些场合实际运用，才值得学习。

学到的知识长期不用而遗忘的典型例子应该是学习英语。你可能有大学英语四级或者六级证书，毕业后如果你从事外贸、翻译、教育、科研等需要使用英语的职业，那么你的英语水平仍然保持，甚至有所提高；与之相反，如果你的职业不需要你使用英语，你也没有刻意学习和使用，估计你曾经背下的几千个英语单词忘得差不多了。

如何让学习有生活价值？这和任务有关。

◎什么是任务型学习？

"任务"一词在汉语里有三层含义：交派的工作、担负的责任、担任的职务或使命。简单地说，任务就是责任和使命召唤下你要做的工作。结合学习场景，任务型学习就是出于责任，为实现某个明确的目标、明确的事项，在明确的期限内，进行的一系列学习活动。

任务是你在真实的学习、工作和生活环境中，针对具体问题和挑战，根据你的职业发展、个人成长的需要，主动选择的事项。你出于这个目的进行的学习就是任务型学习。

清华大学宁向东教授在其微信公众号发表过一篇文章，《人近中年，最宝贵的就是时间》。宁教授说人近中年，最宝贵的就是时间，所以，要功利性读书。要精选一些实用性强的书，一方面事半功倍，另一方面读的书也可以对现实的工作和生活有最直接的助力。宁教授强调，读书的目的，不是为了炫耀，而是为了得到生存技能，为了获取智慧，或纯粹为了消遣。人生苦短，时间是有成本的，读书其实也有性价比的问题。

宁老师说的是读书，其实也是说学习。你的时间和精力有限，要把学习投入到有产出、能带来回报的学习任务上。学习要有回报，这是否功利了些？提到学习的功利性，人们似乎不太愿意坦然接受这一点。一方面，我国传统文化有强调"君子喻于义，小人喻于利"倾向；另外一方面，人们更乐于接受学习提高自身修养、丰富内心世界的作用。这种思想很早就有，《论语》说"古之学者为己，今之学者为人"，为己学的目的是提升自己的道德修养，为人学的目的在于外在功利的获取。

其实，无论古代中国的科举考试，还是现在的中考、高考、国家职业资格考试、公务员考试等，都有明确的目的性。并且，现代社会的考试结果直接和你能否上个好学校、毕业后能否找个好工作、工作后能否有较高的收入和社会地位有关，你能说这不是功利性学习吗？功利性学习没有错，有错的是为了各种利益而弄虚作假、急功近利、浮躁虚狂、学术不端的学习。

2022年4月，著名学者许倬云在接受《南风窗》杂志采访时说：知识分子有两类，一类为知识而寻求知识，一类为生产找工具。这两类人的做法、想法不一样，后一类人是往效率更高、速度更快、工人更少的路上走，找新材料、想新设计、发明新的自动工具。这批人，在让社会走向机械化，人走向工具化。还有我们这一批读书人，为知识而知识，为认识自己而学习知识，再反过来看社会、看个人、想人性。

许倬云说的是学习的两种类型。本质上看，"为知识寻求知识"和"为生产找工具"的学习都是有明确目的。只要是有目的的，就有功利。换句话说，这两种学习都是任务型学习。

◎任务型学习有哪些要求？

什么学习属于任务？什么学习不是任务？可以用著名的目标管理SMART原则来判断。该原则出自管理学"大师中的大师"彼得·德鲁克对目标管理的论述，虽然说的是企业管理，但也适用于学习中。

假如你近期的学习任务是通过法律职业资格考试，用SMART原则表达如下：

目标必须是具体的、明确的（Specific），比如，你要通过2024年的法律职业资格考试。

目标必须是可以衡量的（Measurable），比如，拿到法律职业资格证书。

目标必须是可以达到的（Attainable），你已经具体一定基础，甚至已经考过一次，上次考试就差几分。

目标必须和其他目标具有相关性（Relevant），你未来想做一个律师，前提是先通过法律职业资格考试。你完成的任务和目标是关联的。

目标必须具有明确的截止期限（Time—based），2024年11月的。

借鉴这原则，你审视一下你的学习活动。如果你的学习任务目标是具体的，是可以衡量的，任务是可以完成的，任务是阶段性并且和未来有关联的，并且要求在明确期限内完成的，那么，你进行的就是任务型学习。这里补充下，本章说的目标和任务有关，而本书法则二"叩问目标，让学习有动力"一章中说的目标和人生目标、人生抱负相关。

提到学习目标，顺便提一个发现。有研究者提出，通常学生们有两个学习目标：一是掌握目标，以学习到新知识、掌握一种技能为主要目的；二是表现目标，强调和别人对比，关注自己的表现。

研究显示，为掌握目标学习时，学习效果会更好。换句话说，有效的学习是为掌握知识本身而学习，而不是为了和别人攀比，以及表现自己而学习。此外，有目标比没有目标，同时有表现目标和掌握目标，比只有一种目标更容易激发学习者的动机，促使学习者努力，从而提高学习成绩。

任务型学习如何提高学习成效？

◎**任务的约束条件决定学习行为，确保学习效果**

任务学习有明确的需求，有一定的约束条件，要求你采取相应行动，从而提高学习效果。主要体现在三个方面：第一，任务的目标性指明时间和精力的投入方向。有效学习需要积累，需要你投入足够长的时间和足够多的精力。任务是什么，时间和精力就要投向哪里。古人感叹：生有涯，而知无涯。生命有限，知识无限！现代社会发展和科技进步更是扩充了知识的门类和容量，加快了知识更新的速度。

你的精力是有限的，注意力资源也是有限的，你一段时间只有聚焦一项活动，才容易取得成效。而任务的目标是注意力的过滤器，正如心理学家卡洛琳·亚当斯·米勒所说的："目标是存放热情与精力的地方。"相反，如果你都不知道自己在追求什么，那么肯定不会收获什么。

第二，任务有反馈，促进学习效果。一般而言，任务都有时间、事项、范围、标准方面的具体要求。是否达成这些要求，已经完成多少，差距在哪里，导致问题的原因是哪些，这些都是反馈。反馈让你知道学习的进度如何，已经取得哪些成绩，学到什么程度，还有哪些不足，努力程度是否足够，等等。及时、明确的反馈能让你发现差距，并且随时调整，改进学习策略进行学习。

第三，任务制止拖延，促进学习。我们都有不同程度的拖延习惯。导致拖延一般有几个原因：一是动机不够强，你没有完全意识到一件事情的重要性和紧迫性。二是忙碌和分心，事情太多，精力和时间不够。三是完美主义在发挥作用，此时实质上你在回避难题，不想接受挑战。

在制止拖延方面有一个说法很流行，Deadline（截止日期）是第一生产力。这就直接和任务相关。你选择一个任务，通常有一个明确的期限要求，而这可以有效地制止拖延。比如，在学校里，你不能说还没有复习好，要求老师推迟期末考试；在工作中，你不能和客户说你最近事情多，要求客户推迟提案。任务学习，你需要在特定时间内完成特定任务，无法拖延。

◎**任务的知识类型决定学习方法，确保学习效果**

不同的学习任务要解决的问题不同，性质不同，需要掌握的知识类型和技能不同，采用的学习策略和方法也不同。说到不同知识类型使用不同的认知和学习方法，不能不提到布鲁姆认知教育目标分类。该理论被认为是20世纪最伟大的教育理论贡献之一，由布鲁姆等人在1965年提出，在全球范围内影响很大。他的学生和同事在1998年又提出修订版本。

认知过程维度 知识维度	记忆	理解	应用	分析	评价	创造
事实性知识						
概念性知识						
程序性知识						
元认知知识						

图 4-1 教育认知目标分类

教育目标分类的最大贡献是在知识类型和认知目标两个方面提出了教育、学习和评估的一套完整体系。其一，知识类型维度。知识类型按照从具体到抽象分为四类：事实性知识、概念性知识、程序性知识和元认知知识。

一、事实性知识。陈述一个事实和情况的知识。比如，2023年3月14日，美国人工智能研究实验室 Open AI 发布 GPT-4 语言模型。

二、概念性知识。解释某个概念的知识。比如，GPT-4 是生成式大型语言模型。

三、程序性知识。事实性知识和概念性知识是解释"是什么"的知识，程序性知识是讲解"怎么做"的知识。比如，按照流程要求在手机或者电脑上注册和使用 GPT-4 的系列过程。

四、元认知知识。是对认知的认知，对认知的自我察觉和调控。比如，使用 GPT-4 学习时，正确提问非常重要，要根据自己的需求，设定 GPT-4 角色，介绍相关背景，明确输出要求。

其二，认知过程维度。认知过程从低到高依次是记忆、理解、应用、分析、评价和创新。不同知识类型一般使用不同的认知方法。比如，我们常说记忆一个事实、理解一个概念、应用一个技能，实际是说事实性知识要记忆、概念性知识要理解、程序性知识要应用。

下面用学习标点符号这个事例讲一下认知过程：

记忆。就是识别和记忆。2011 年版《标点符号用法》是最新国家标准，这是事实性知识，需要记忆。

理解。把新信息与原有知识产生联系并且发现规律。国庆期间你看了电影《长津湖》，这时候长津湖要用书名号；国庆期间你去长津湖旅游，这时候长津湖不用书名号。一部电影、一首歌曲、一本书、一篇论文，都要用书名号。发现背后的规律没有？是否有版权是个分界线，有版权的就需要用书名号。

应用。完成操练或解决问题。你写作时使用标点符号，停顿用逗号，一句话结束了用句号，要符合规范，不能用错，这是基本要求。

分析。把学习材料分解为一个个部分，并且剖析各部分之间的关系。新国标规定标点符号一共有 17 种，其中标号有 10 种，标明某些词语的特定性质和作用，有书名号、引号、括号等；点号有 7 种，表示停顿和语气，有逗号、句号、问号等。

评价。按照一定的标准对学习材料进行判断。你可能会想，标点符号的说法是否不太精确，应该是点标符号，因为点号比标号更重要，重要的放前面。为什么说点号更重要？一句话没有标号，意思还看得出，但是，不用点号，断句就可能有误，可能就有歧义。如果你这样思考，你就是在评价。

创新。有新意有创造性地使用。你借鉴、揣摩、模仿使用其他人在长句、复杂句子或特定情况下使用标点符号的高超技巧。

不同认知方法适用不同的知识类型。此外，不同技术形式也适合不同类型的知识学习。相关研究表明，程序性知识适合视频教学，因为有流程演示，比如练习瑜伽、体操等。事实性知识和概念性知识更适合文字，学习时，对没有理解的地方，你可以回看、思考、对比和联系。

◎任务的学科性质决定学习方法，确保学习效果

不同学科的学习方法也不同。目前，我国有哲学、经济学、法学、教育学、文学、历史学、理学、工学、管理学、交叉学科等14个学科门类，其中交叉学科是2021年新设置的，下属材料学科和国家安全学科。

美国学习专家亚当·罗宾逊把学科分为四类，并且提出相应的学习建议。

第一类学科：天文、地理、心理、社会、营销、历史、政治学等。这些学科的信息自成体系，事实性知识和概念性知识多，要记忆、获取并且理解。

第二类学科：哲学、文学、艺术史等。这些学科的概念性知识多些，要理解和记忆。

第三类学科：数学、物理、金融、工程、经济、会计等。这些学科有两个特点，一是多和数学有关；二是学科知识比较抽象，与数字和符号有关。学习这些学科主要是获取解决各种问题的技巧。

第四类学科：写作、绘画、表演、舞蹈、辩论。这一类学科程序性知识多些，主要任务不是理解，而是创造、表演和交际能力。

还有一类知识——元认知知识的应用，不管学习什么学科都需要。元认知后面有一章专门讲，这里不展开。在学习某门学科时，你要了解该学科中哪种类型的知识多些，再结合认知教育目标分类方法，使用相应的认知和学习策略，可以有效提高学习效果。

不同学科、不同知识类型要和学习方法匹配。不过，实践中错位和矛盾现象很普遍。比如，按照此分类，英语是第四类学科，是一种语言表达技能。但是现在多数人把它当成一种知识来学，过多关注词汇量和语法。考试时词汇和语法题是答对了，但一开口说话就犯错误，甚至开不了口，更写不成文章。哑巴英语说的就是这个现象。

吴军老师在得到APP的《阅读和写作50讲》中就提到美国语文教学有一个特点：死记硬背少，实用为主，综合性强。英语的语法比中文严格。但是美国学校很少讲语法，对语法的教学，很大程度上是通过大量的阅读和写作完成的，而不是背语法规则。

总之，任务型学习可以有效提高学习成效。不过，任务型学习的意义不仅仅如此，还和你的人生定位有关。

任务型学习的实质是自我定位

人生定位首先和你的职业和专业选择有关。2022年9月28日，人力资源和社会保障部发布2022年版《中华人民共和国职业分类大典》。新版与2015版相比，净增158个新职业，职业数达到了1639个。

2023年4月，教育部等五部门发布最新的普通高等学校专业设置方案，共有12个门类792个本科专业。12个学科门类包括自然科学4个（理学、工学、医学、农学）、人文和社会科学8个（文学、历史学、哲学、经济学、管理学、法学、教育学、艺术学）。

此外，职业教育本科（高职本科）和高职专科共设置19个专业大类97个专业类991个专业。

面对这么多的职业、专业，还不算无法统计的众多自由职业和新增加的专业，你要如何选择？这就涉及职业生涯规划，涉及你的人生定位。自我定位需要你在众多职业和专业里选择你要从事的。彼得·蒂尔在《从0到1》中说得特别好：

与其努力成为一个各方面都一知半解的庸才，还美其名曰"全能人才"，一个目标明确的人往往会选择一件最该做的事，并专心去做好这一件事。与其不知疲倦地工作，最终却只把自己变得毫无特色，不如努力培养实力，以求独霸一方。

或许你会说，那我选择喜欢的、赚钱的、容易出成绩的。显然，这很难。因为你喜欢的，不一定赚钱；能赚钱的，你不一定做得好；你喜欢又容易赚钱的，法律也不一定允许。所以，自我定位需要你找到自己的能力圈，你既擅长又喜欢，并且又对社会、他人有益的事情。自我定位需要你找出这样的事情，也就是使命。斯蒂芬·茨威格在《人类群星闪耀时》中说道："一个人生命中最大的幸运，莫过于在他的人生中途，即在他年富力强的时候发现了自己的使命。"

如何找出你的使命，也就是任务呢？对此，万维钢老师提到美国作家莱昂纳多·洛斯彭纳提出的一个可以借鉴的标准。洛斯彭纳写了一本书《达·芬奇诅咒》。书中说达·芬奇是个全才，是一位画家，还是一位建筑师，又擅长人体解剖，在科学上有很多成就，还搞了很多技术发明。而"达·芬奇诅咒"的意思是一个人也像达·芬奇一样对什么东西都感兴趣，也像是个全才，结果却一事无成。

所以，洛斯彭纳认为从事什么职业要考虑三个标准：第一，你喜欢这个领域；第二，你在这个领域有天赋；第三，你在这个领域能赚到钱。

这三个标准可以用韦恩图显示。韦恩图是19世纪的数学家和逻辑学家约翰·韦恩发明创造的，用圆圈来代表不同分类，圆圈交叉部分表示分类的集合关系。用在领域选择方面，交叉部分就是你选择的部分。

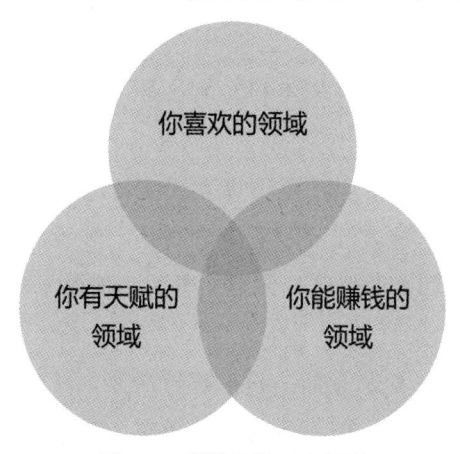

图 4-2 领域选择三个标准

你要是找到这样的职业以及任务，那就太幸运了，正如提出人类需求金字塔的马斯洛所说的"人类最美丽的命运、最美妙的运气，就是从事自己喜爱的事情并获得报酬"。

如何选择职业和任务领域？幸福模型也是一个好的建议。哈佛大学最受欢迎的幸福课讲师泰勒·本-沙哈尔提出一个MPS模型：意义（Meaning）、快乐（Pleasure）和优势（Strengths）。

面对选择时，你要问自己三个问题：什么能带给我意义？什么能带给我快乐？什么能发挥出我的优势？你要找出其中的交集点，这就是最能使你感到幸福的工作。MPS模型提醒我们，在选择职业时要优先选择一个既可以为我们带来未来的意义，又能使我们快乐，还可以发挥自身优势的工作。

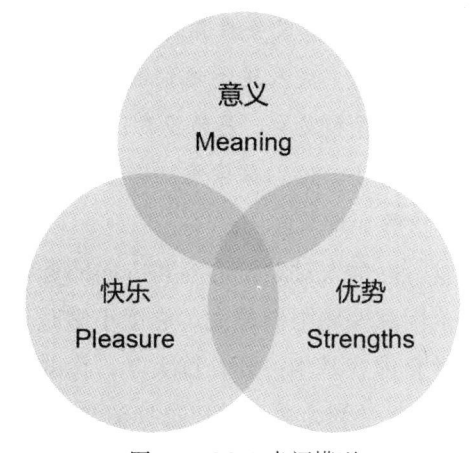

图 4-3　MPS幸福模型

对比分析MPS模型和洛斯彭纳领域选择标准，我们会发现：二者都强调个人优势、兴趣（快乐和喜欢）的重要性。不同之处在回报方面，MPS模型强调意义，相比而言，领域选择标准重视赚钱。其实，这只是价值取向的区别，无所谓对错好坏，并且这和一个人所处的人生阶段密切相关。

人生阶段决定你的学习任务

每个人一生中不同阶段的任务不同，承担的责任也不同——青少年求学，成年后工作，之后成立家庭，赡养父母和养育子女，老年期的整合和成功老年化。不同的人生阶段，你的角色不同，相应的使命、责任和学习任务也不同。

丹麦学者伊列雷斯在《我们如何学习：全视角学习理论》中把人一生中

的学习历程分为四个阶段：儿童期、青年期、成人期、老年期，不同人生阶段有不同的学习动机、主题和特点。

一、儿童期的学习是拥抱。儿童要捕捉他们的世界，他们的学习是为了拥抱世界。儿童的学习以吸收为主，他们睁大眼睛好奇地吸收一切。

二、青年期的学习是认同。青年想要构建他们的身份，他们的学习是为了取得认同。青年期的学习内容以义务教育的内容和兴趣为主。

三、成人期的学习是责任。成人追逐他们的生活目标，成年人的学习很少为了兴趣爱好，是为了生存和发展，是为了责任，出于明确的任务。

四、老年期的学习是整合。他们探索意义与和谐。这时候的学习主要出于爱好和兴趣，探索生命的和谐及意义。

在不同的人生阶段，每个人对学习内容和方向的选择性程度不一样。年龄越小，选择学习的范围和课题限制越大。你读小学时，你不能选择学什么课程，全国九年义务教育内容基本一样；读大学，你的选择余地大些，你可以选择不同的学校和专业，主修之外你可以选择辅修课程。

成人期的学习更加自由，你想学什么就学什么，但是相应地对自我管理的要求也高。需要你根据你的目标，面对的问题，所处的环境，你的需要、兴趣爱好等，选择合适的学习任务。

伊列雷斯直接在学习的角度，分析学习和人生阶段的密切关系。还有一个间接讲学习和生命周期关系的理论，但是意义更为深远，并且，显然也影响了伊列雷斯的观点。这就是美国著名心理学家爱利克·埃里克森提出的生命周期八阶段理论。

埃里克森认为，每个人都在追求自我发展，并且此发展是逐步的和渐进的，在人的一生中分为八个阶段——四个童年阶段、一个青春期阶段和三个成年阶段。每一个阶段有其应该完成的任务，并且每个阶段都建立在前一阶段之上，这八个阶段紧密相连。人的自我发展需要与现实环境必然有冲突，这样就会导致每个阶段都有需要发展的重点——心理社会危机。如果每个阶段都能顺利解决危机，就会对人格发展、心理健康和自我成长产生积极影响；如果前一个阶段的危机没有解决，则会影响后一阶段危机的解决，影响心理健康和自我发展。

阶段	发展时期	心理社会危机	解决的关键
1	婴儿期	信任对不信任	希望
2	幼年期	自主对羞怯或怀疑	意志
3	学前期	主动对内疚	目标
4	学龄期	勤奋对自卑	能力
5	青少年期	同一性对同一性混乱	忠诚
6	青年期	亲密对孤独	爱
7	成年期	繁殖对停滞	关怀
8	老年期	统合对绝望	智慧

图 4-4 心理社会危机

前一阶段的危机影响后续危机的解决。事实上，学习任务也是如此。一些人工作后学习的部分课程，就是在补青少年时期没有学，或者学了但是没学好的内容。比如，一些人参加职场写作、公文写作、新媒体爆款文章写作等各类写作培训。如果他在学校时就打下扎实的写作基本功，就无需参加这些培训。此外，一些人以各种形式学习历史、社会、经济、金融等课程，其实这本是大学通识教育的一部分。

更为重要的是，埃里克森说的每一阶段的危机冲突的情况，在漫长的人类历史和当今现实中一再展现。比如，第七个阶段——成年期要解决的问题是繁衍和停滞的冲突。提醒一下，这里的繁衍说的是生产，是创造，是一切有创造性的行为，即成就和贡献。而停滞是颓废，没有作为，没有成就。假如一个人在此人生阶段没有作为，很大可能是因为他之前没有努力，没有奋斗。更大的挑战是，他在第八阶段——老年期就不能对整个人生进行统合、整合，就陷入绝望中，悔不当初的情绪会一直缠绕着他，出现汉乐府名诗所说的情形——"少壮不努力，老大徒伤悲"。

多数人认为这句诗是在规劝人们珍惜时间。其实这句诗也蕴含着生命阶段和学习的关系，说的是年轻时候没有完成相应的人生任务，在年老时就产生了消极影响。古今中外有智慧的人对人生体悟是相通的。类似的说法在古代中国还有，比如著名书法家颜真卿一首《劝学》也广为流传：

三更灯火五更鸡，

正是男儿读书时。

黑发不知勤学早，

白首方悔读书迟。

颜真卿的这首诗，何尝不是说人生前一阶段的任务没有完成，到了晚年后悔，出现埃里克森所说的统合与绝望的冲突，也就是心理社会危机。

后来，埃里克森将各个阶段的危机称为转折点。危机也是机会，解决好了就是转折。进行任务型学习就是你在不同生命阶段，不同主题、冲突、责任和使命中不断转折，寻求突破，发现和绽放生命意义的过程。

总之，你总有在某个人生阶段、某个年龄中必须要完成的学习任务。选择任务和选书类似，正如林语堂说的："这个世界上没有任何一本书是人人所必须阅读的，只有在某时某地、某个环境或者某个年龄中一个人所必读的书。"

ns/sharer/sharer.php?u=https://arxiv.org/abs/2408.13457">第二部分　学习是什么

自主学习18法则

第一部分　为什么学习

法则一　优化变数，让学习改变命运
法则二　叩问目标，让学习有动力
法则三　调控情绪，让学习有热情
法则四　聚焦任务，让学习有价值

第二部分　学习是什么

法则五　发现脑的奥秘，让学习符合生理机制
法则六　洞悉真相，让学习起步于巨人之肩
法则七　变革知识观，让学习与时代同步
法则八　认清自主实质，让学习由自己掌握

第三部分　如何学习

法则九　提高思维质量，让学习拥抱未知
法则十　正确记忆，让学习有裂变
法则十一　善于阅读，让学习有源头活水
法则十二　启动元认知，让学习有脑中无人机监控
法则十三　管理时间，让学习有复利
法则十四　提高数字素养，让学习如虎添翼

第四部分　如何持续学习

法则十五　驾驭挫折，让学习有韧性
法则十六　纵贯一生，让学习应对变化
法则十七　扩展空间，让学习无处不在
法则十八　延长时间，让学习滋养生命

法则五　发现脑的奥秘，让学习符合生理机制

大脑并不思考，而是我们思考大脑。

——尼采

世间最大的三个谜题是：宇宙如何起源和运转？生命如何诞生和运转？大脑如何运作？后二者和人的学习有关。学习如何在人的身体和脑内发生？学习的生理机制是什么？如何利用这些机制促进学习？这些问题，人类一直孜孜以求。现代技术，尤其脑神经科学的研究正在揭开脑和学习的层层神秘面纱。

用心学习竟然是错误的

◎过去：灵魂位于心脏

人的各个身体器官都有特定功能。某些器官做什么可以直接看得出。比如，嘴巴说话、脚走路、眼看、耳听、肩扛、手提。但是，对人更重要的感受、情绪、思考、推理、判断和决策这些功能不能被人们直接看出或者察觉到。那么，这些功能是人的什么器官在执行？现在，人们已经知道这是脑的事情。不过，在人类历史的大部分时候，人们普遍认为这是心脏的功能。

比如，亚里士多德等人就认为：思想、情绪是心脏的属性，理性和血液有关，心脏有血，所以理性的灵魂位于心脏。而脑是没有血的器官，所以和精神活动无关。人的大脑只是一个空气调节器，用来冷却过热的血液，协调

心脏的理性活动。脑只会制造鼻涕和津液，是不太重要的器官。

亚里士多德在《论动物的组成》中写道：脑不负责任何感觉功能，心脏是感觉的居所和源头。快乐和痛苦来自心脏。而且总的来说，所有感觉明显都源于心脏。

对此，英国学者马修·科布在《大脑传》中解释道：

心脏中心观符合我们的日常体会。在我们的感觉发生变化时，心脏跳动的节奏也会同时发生改变。愤怒、渴望、恐惧等强烈的情绪似乎聚集在我们的一个或多个内脏中，它们可以流遍我们的全身并改变我们的思考方式。这就是"发自内心"这样的古老说法能够持续存在的原因：它们与我们对重要内心活动的感知相对应。

这种思想痕迹至今保留在古今中外关于学习的语言里面。英语有 learn heartily（努力学习）、learn by heart（用心学习）、do it with heart（用心做）。汉语中更多，如用心学习、静下心学习、全身心投入、心知肚明、心灵手巧、专心致志、烂熟于心、一心不能二用，等等。

16 世纪，人们逐渐意识到脑的重要性，在思考究竟是脑还是心脏主导情绪、感受和思想。莎士比亚在《威尼斯商人》中的一句台词道出了当时人们的疑惑：告诉我爱情生长在何方？是在头部，还是在心房？

◎现在：大脑控制心灵

明朝李时珍在《本草纲目》中提出"脑为元神之府"。李时珍去世三年后出生的法国著名哲学家笛卡尔注意到，大脑中的松果腺正好在脑中线上。笛卡尔提出这个地方"是灵魂的栖息地"。

此后，人们对脑的认识日益加深。到了现代，随着医学和技术的进步，对脑的研究富有成效，直至成为生命科学的分支学科——脑神经科学和认知神经科学。40 多年前诞生的学习科学主要有两个支柱，一是教育心理学，二是脑神经科学。

脑与神经科学已经成为当前学习科学研究中最前沿、最活跃的领域之一，很多国家和国际组织都很关注，并且投入大量人力物力。1989 年，美国提出脑的十年计划。1991 年，欧盟出台欧洲脑十年计划。1996 年，日本制订为期十年的脑科学时代：脑科学研究推进计划。2016 年，中国启动中国脑计划。此外，经济合作和发展组织开展学习科学与脑项目，召集 26 个国家的学者一起研究教育神经科学。人们对脑的研究如火如荼。

研究表明，学习是通过人脑实现的。指挥、决定和实施学习的身体器官是你的脑。你的感受、记忆、推理和思维都在你的脑里发生、加工和储存。目前相关研究基本认可两个事实：一是大脑是学习的主要器官，二是学习是大脑最自然和最主要的功能。此外，学习和脑的发展之间是双向互惠关系：学习促进脑的发展，脑的发展促进学习。

◎共识：人作为一个生命有机体在学习

大脑是学习的主要器官。不过，身体也有参与。以前人们没有意识到身体在认知中的作用。他们认为认知是大脑对信息进行加工，和身体没有关系。这忽略了人与环境在物理和精神层面的互动，限制了人们对认知过程和功能的理解。这种观点叫离身认知。离身认知也叫无身认知，认为认知仅仅和脑有关。这是第一代认知理论。

第二代认知理论叫具身认知，认为人的认知活动不仅仅取决于大脑，人的身体也参与。认知在感官体验、身体动作、情绪反应的互动中产生。就是说，人的心智活动依赖身体的生理结构和活动方式。学习是脑和身体互动的过程，认知、情感、情绪、身体、生理等都共同参与。

假如脑是软件，身体是硬件，离身认知认为学习仅仅是软件的事情，而具身认知认为软件和硬件都参与学习。

事实上，你应该进行过具身认知学习。比如，在学习物理的引力和失重概念时，假如你坐过游乐园的过山车，你的体会和理解会更深刻。

总之，人作为一个生命有机体进行学习。学习过程是人作为一个生命有机体和外部环境的互动过程。从宏观到微观，学习是在人的身体、脑、脑区、神经网络、神经细胞、分子等各个层面发生和运行的。

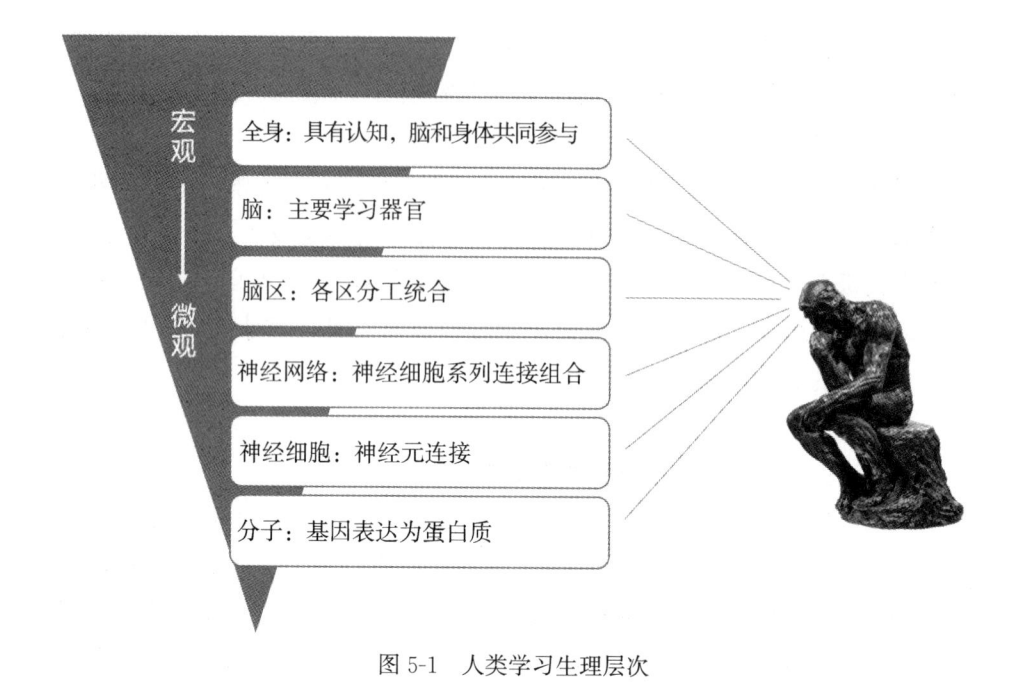

```
宏观 → 微观

全身：具有认知，脑和身体共同参与
脑：主要学习器官
脑区：各区分工统合
神经网络：神经细胞系列连接组合
神经细胞：神经元连接
分子：基因表达为蛋白质
```

图 5-1　人类学习生理层次

当然，脑的学习真相还没有完全揭开，不过，已取得很多共识和成果。下面主要从脑的结构、主要脑区、神经元几个方面介绍脑的学习。

是独奏，还是合唱？学习是各脑区的分工统合

成人的脑和柚子一样大，重约 1.4 公斤，长得像核桃。所以，在以形补形的饮食观下，有了吃核桃补脑的说法。学习就发生在这里，在脑的各个区域发生、分工、协作和统合。介绍脑的学习前，先简单说下脑的结构。

提到脑的结构，估计你马上想到左脑、右脑、大脑、小脑，还有上脑、下脑、前脑、中脑、后脑等说法。估计你都被绕晕了，怎么这么多脑？实际上，这些说法要么概念重合，要么同一部位说法不同。本书主要从学习的角度大致说下脑的结构，以及各结构在学习中的作用。

脑的结构方面，有一个著名的三脑说。这是美国神经科学家保罗·D. 麦

克莱恩根据进化顺序提出的。他认为，人类首先进化的是主管生理方面的脑干，也叫爬虫动物脑；其次进化的是主管情绪的边缘系统，也叫哺乳动物脑；最后是新皮层，新哺乳动物脑。不过，这个说法也受到质疑。

美国《科学》杂志就指出，麦克莱恩的基本假说与当前科学对脑的认识不一致，很多脑神经学者也不认可这个观点。主要质疑点是三个脑的功能并不能直接对应相应的动物。比如，爬虫动物脑不仅仅出现在爬虫动物中，鱼类也有；新皮层不是新哺乳动物独有的，鸟类和鱼类也有部分新皮层元素。

不过，该假设认为人脑主要有脑干、边缘系统和新皮层三个部分，以及三个脑的进化顺序，也被众多学者沿用。

巧合的是，人类脑的进化顺序、人脑的发育顺序、人的学习顺序大致一致。人脑的发育顺序先是跟感知运动有关的部分，之后是记忆、推理等高级功能。人学习的顺序，也是由低级到高级，先运动，其次识记，再到联想、推理、判断和决策等。这也印证了脑和学习的密切关系。

下面大致按照脑的发育顺序，从下到上、从后到前、从内到外介绍和学习有关的脑的主要区域和部位。

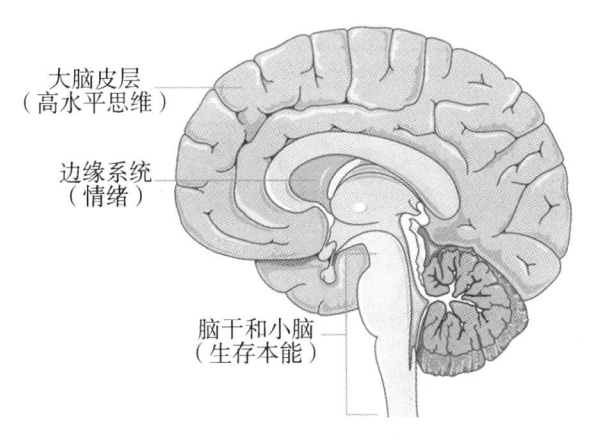

图 5-2 脑的主要结构

◎脑干和小脑

脑干是人脑中发育最早，也是埋藏最深的区域。脑干负责人的生存，监测与控制人的重要生命机能如心跳、出汗、体温、消化等。因为脑干主要和人的本能相关，也叫本能脑。当大脑感知到威胁的时候，会出现脑功能压缩、降格。这种现象被称作"换低挡"。此时，你的记忆能力、思考能力和创造能力都大为下降。这也印证了一个发现：人优先处理和生存相关的信息，其次是情绪信息，最后才是学到的新信息。

这也提醒我们，人只有处在安全、低威胁的情境下，才可以发生有效学习。与之相反，老师对学生严厉批评，父母对孩子大声指责，会激发起学生或孩子的脑干活动。学生或孩子觉得安全受到威胁，这不利于学习。

小脑在脑干背面，大脑后端的下面。小脑协调运动和负责平衡。你要有条不紊地完成复杂运动，小脑起着重要作用。另外，我们常说的熟能生巧、习惯成自然等，也和小脑有关。小脑存储你经过练习获得的技能，比如你熟练地骑车、不看键盘打字等。这些自动化了的技能让你效率倍增。

◎ 边缘系统

边缘系统在脑干的上部。你的情绪在这里产生和调节，也叫情绪脑。

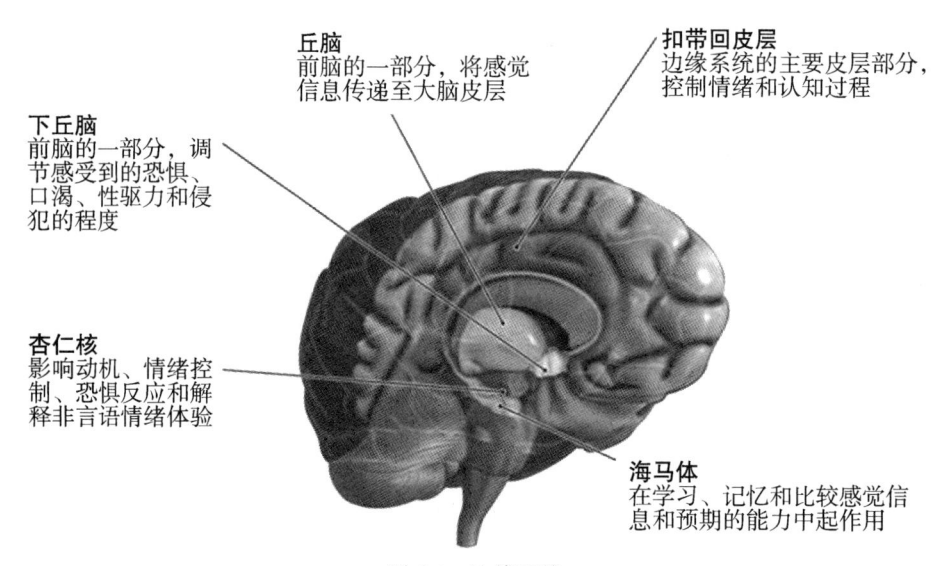

丘脑
前脑的一部分，将感觉信息传递至大脑皮层

扣带回皮层
边缘系统的主要皮层部分，控制情绪和认知过程

下丘脑
前脑的一部分，调节感受到的恐惧、口渴、性驱力和侵犯的程度

杏仁核
影响动机、情绪控制、恐惧反应和解释非言语情绪体验

海马体
在学习、记忆和比较感觉信息和预期的能力中起作用

图 5-3　边缘系统

边缘系统主要有丘脑和下丘脑、海马体和杏仁核四个部分：

一、丘脑。所有通过感官接受的信息（嗅觉除外）都先直接到达丘脑，然后由此处再传递到人脑的其他部位，以便得到进一步的加工处理。

二、下丘脑。位于丘脑下部。和丘脑监测来自体外的信息不同，下丘脑监测体内的各个系统。下丘脑通过控制各种激素的释放量来调和身体机能，维持身体的正常状态，如睡眠、体温、饮食等。

三、海马体。靠近边缘区底部，类似海马，对巩固学习成果起着关键作用。它将短时记忆中的信息通过电讯号转换成长期记忆中的信息，这一过程可能要数日或数月才能完成。海马体一刻不停地核对转送到短时记忆中的信息，并将此信息与已存储的信息进行比较。

四、杏仁核。附在海马体一端，对情绪，尤其是恐惧情绪起着重要作用。它调节人对所处环境的反应，从而使人做出事关生存的抉择，如攻击、逃避、求偶或觅食。

看到这里，你就知道，为什么情绪对记忆、对学习的影响那么大。因为脑中主管长期记忆的两个结构体——海马体和杏仁核都坐落在脑中的情绪区域。

◎新皮层

大脑是人类最后进化出来的脑。我们常说的大脑一般有两个含义，一是说人的整个脑，二是特指人脑内部的一个主要部分——由左半球脑和右半球脑组成的大脑。这里说的是后者。大脑犹如果冻，是人脑中最大的部分，重量约为人脑的 80%。有左右对称的两个大脑半球，就是我们常说的左脑和右脑。左脑和右脑通过一条由 2 亿多个神经纤维组成的粗缆（胼胝体）连接起来，从而互通信息，协调活动。

大脑外部覆盖着一层皮层。人类的大多数行为都发端于大脑皮层。人的思维、推理、认知、记忆、语言加工、复杂动作都由大脑皮层的各个区域掌控。

人和猿猴的基因有 94% 相同。那么，为什么人是人，猿猴是猿猴？就是这 6% 的差异部分导致的。差异部分里面的基因片段促进了人类大脑皮层的发育。所以，大脑皮层的不同才是人类和猿猴的区别所在。相关研究也发现，一个人智商高，也就是更聪明，有一个决定因素，就是他的新皮层里面的神经细胞更多。

大脑皮层有额叶、颞叶、枕叶和顶叶 4 个区域：

一、额叶。处于人脑前端，负责规划和判断、高阶思维、控制冲动、问题解决等，相当于人脑中的指挥部。前额皮层是脑最晚成熟的地方，一般要 25 岁。所以，青春期的躁动和冲动，不仅仅和荷尔蒙分泌旺盛有关，还和皮层发育不成熟有关。此外，这也是人脑最先衰老的地方之一。

二、颞叶。在耳朵上面，负责发声听音、识别面孔。

三、枕叶。在头部后端，有一对，负责处理视觉信息。

四、顶叶。靠近头顶，主管空间定向、数字计算等。

学习主要发生在以上脑区。那么，这些脑区是单独工作，还是合作学习呢？

◎学习是各脑区的分工和合作

研究发现，各个脑区分工、合作，都参与学习。你的学习、认知活动不是乐手的独奏，而是一个乐队在演奏，不同脑区好比不同乐器，一起合奏出和谐动听的音乐。

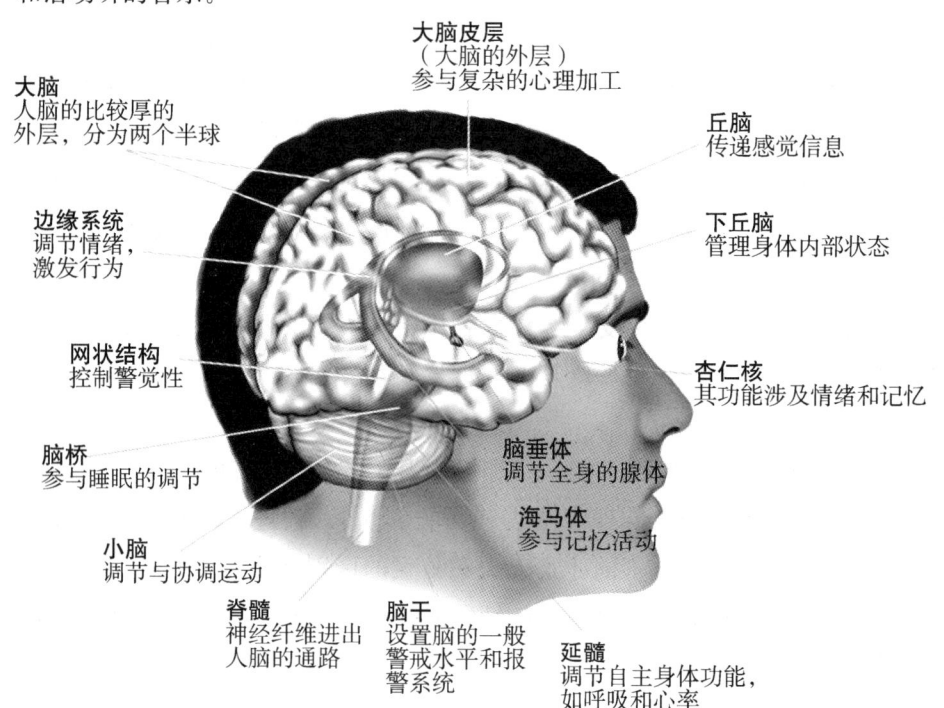

图 5-4　各脑区功能

下面举一个各个脑区合作学习的例子。一天，你走在路上，听到对面有人喊你，你看到对面走来一人，走近一看，原来是你的大学同学。你非常开心，你又激动又兴奋。你想和他好好聊聊，但是，你本来约了一个客户。你在考虑，约见客户很重要，不好推迟。但是，同学好不容易见到，下次见面还不知什么时候。最终，你决定推迟和客户见面，先和同学喝茶聊天。

这整个过程是一个接受感官信息、调动情绪、判断、进行决策的过程，也是一个学习过程。

第一步，感觉器官接受信息。你的耳朵听到喊声，眼睛看到对面来人。一般认为人有五种感觉：视觉、听觉、味觉、嗅觉和触觉。你可能没有想到，这竟然是2000多年前的亚里士多德提出的。现代研究发现，人不止有五感，还有其他感觉，比如身体感觉等，一共有22种感觉。

第二步，丘脑进行信息传递。你的眼睛和耳朵先把信息直接传递到丘脑，丘脑会指引这些信息传递到负责视觉、听觉加工的更高级区域，以便进一步加工处理。

第三步，杏仁核进行情绪处理。你看到同学，马上想起之前你们在一起的愉快经历，你很开心。此时，你的杏仁核在处理长期记忆中的相关情景。

第四步，海马体核对和比较信息。它将刚接触的信息和以前存储的同学和客户的相关信息进行比较。此外，你的这段经历也将存储在海马体。

第五步，新皮层的额叶进行理智判断和选择。你在权衡是和同学喝茶还是见客户，友情重要还是业务重要？你考虑后，最终决定和同学喝茶。这是额叶在工作。

总之，学习不是某一个脑区的单独活动，而是各个脑区既分工又协作。你是用全脑在学习。

◎**全脑学习理论假设和实践**

全脑学习就是动用多个感觉器官、调用多个脑区共同参与学习。脑分为不同区域，各个区域功能不同。有的脑区负责你听到的信息，有的脑区负责你看到的信息。但是这个划分不是绝对的，并非一个脑区只负责一个功能，也不是一种功能仅仅依赖一个脑区，而是多个脑区共同完成某项功能。

全脑学习方面代表理论是全脑工作空间假说。国际著名脑科学家斯坦尼斯拉斯·迪昂在《脑与意识》中提出全脑工作空间理论。他认为我们的意识是全脑信息的共享。大脑有多个局部处理器。每个处理器擅长一种运算。

全脑工作空间这个具体的交流系统允许各个处理器灵活地分享信息。你的一个脑区的局部处理器接收到相应的感官信息后,就传递到全脑工作空间,之后再连接到各个脑区,一起共同加工信息。

于是,你在学习中,采用的感觉刺激越多,动用的脑区就越多,你就越容易记住,学习效果就越好。比如,你在B站学习罗翔的法律课程,你听他的声音,这是听觉编码;你看罗翔的头像,这是视觉编码;你思考课程内容,这是意义编码。迪昂的这个学说和较早时候学者提出的脑的功能定位和分布式加工理论大致吻合。

大脑的功能定位是指大脑的特定区域有特定的功能,你听到的、看到的、触摸到的信息由大脑不同区域负责加工;大脑分布式加工说的是你加工一段信息的时候,要同时调动大脑的几个区域共同工作。

你可以记住一个公式:全脑工作空间=功能定位+分布式加工。这里说明一下,这个公式以前是没有的,并且也不严谨。为了方便你理解和记忆,我把三个和脑分区加工信息的研究成果融合在一起来表达。这也是一种组织学习材料的小诀窍。

胡适曾经说过,读书必须要做到四到:眼到、口到、心到、手到。眼到是认真阅读,用的是视觉;口到是大声朗诵,用的是听觉;心到是理解体会,用的是思考;手到就是记笔记,用的是触觉。老一辈学者严谨的治学态度和方法,也符合大脑加工信息的特征,有认知神经科学基础。

以上是在各个脑区层面讲学习。再往下细化,就是神经网络、神经细胞(神经元)、分子层面的学习。神经网络是由神经元组成的,分子层面是基因表达成蛋白质,也发生在神经元里。所以,下面重点讲学习和神经元的关系。

学习是神经元连接

学习和记忆过程以相互连接的神经网络为基础，而神经网络的形成又是以神经元的连接为基础。学习和人类的神经系统密切相关。

人类的神经系统有两大主要部分，一是中枢神经系统，是人体的协调和指挥中心，连接你的各种感觉和行为；二是周围神经系统，是信号采集和传输中心，负责把各类刺激和信息，比如声音、光线、气味、压力等，传递到中枢神经系统。

中枢神经系统有脑和脊髓，学习主要发生在脑中，主角是神经细胞，也叫神经元。神经元是人脑和整个神经系统发挥功能的核心，人脑中有1000亿个神经元，每个神经元由细胞体、树突、轴突组成。

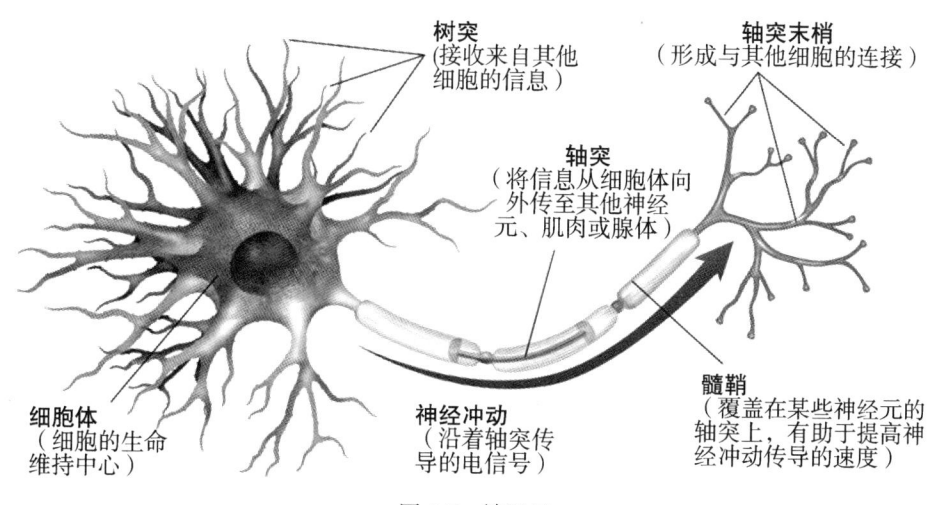

图 5-5　神经元

神经元连接的方式是"轴突说话，树突聆听"。你收到外界刺激后，一个神经元的轴突释放电信号，另外一个神经元的树突接收信号（这个时候电信号改为化学信号），两个神经元由此产生连接，学习就产生了。

这样产生了学习的两个生物学解释：一是学习是神经元的电和化学反应，

二是学习是神经元的连接。再说回神经元连接，神经元的连接不是无缝对接，而是通过一个很微小的缝隙——突触产生连接的。突触有20纳米大小。

这样又产生了学习的第三个生物学解释：学习是脑中突触的生长。假设大脑是个舞台，主角是两个神经元，它们在上演学习的剧目，有两个步骤：第一步是两个神经元一个释放信号，一个接收信号；第二步是两个神经元之间通过突触的生长产生连接。

学习是神经元的连接，是加拿大心理医生赫布率先发现并且提出的，因此称为赫布定律，这是神经科学最重要的规则之一。赫布认为，每当两个神经元一起活动时，它们之间的联系就会加强。

浙江大学王立铭教授在得到APP《生命科学50讲》中形象地把这个定律称为"单身派对定律"。在派对上，很多之前不认识的男生女生产生联系甚至感情，最终走到一起。像神经元的连接一样，同时被激发的人类男女之间的连接强度增强了。所以，学习是神经元之间的联姻。

学习是神经元的连接，多个神经元连接产生神经网络。这个重大发现不仅解释和指导人类的学习，也促进了机器学习和人工智能的发展。比如，ChatGPT背后的技术路线是机器学习的一个方法，也是其发展的高级阶段——深度学习模型。深度学习是一种基于人工神经网络的机器学习技术，其灵感就来源于人脑神经元的工作方式。

人通过学习产生神经网络，神经网络又相互连接成为人学习和记忆的基础，让你成为独一无二的你。神经网络由一个一个的神经连接组成，所以又称连接组。我们都知道人类基因组计划，还有一个人类连接组计划不太为人所知。该计划也是组织全球科学家研究人类的神经连接。

韩裔美籍脑神经科学家承现峻在《神奇的连接组：你的大脑可以改变》中指出连接组的三个特征：其一，是神经系统中神经元连接的总和；其二，是遗传和生活经历发生相互作用的结果；其三，是先天与后天的结合点。书中还提到了当今一个人类永生研究：利用冷冻术将人大脑中的一个个神经连接组保存下来，以便在未来复活。复活的关键是复制神经连接组，也就是复制一个人所有的感受、情感、认知和记忆。

我们现在知道了学习是神经元的连接。关于学习，你听得最多的可能是

"你要努力学习",这句话仅仅是父母或者老师的期望、劝说吗?努力学习和神经连接有什么关系?

为什么你需要努力学习?神经元连接的三个要求

说到努力学习,你可能会想起一万小时定律和刻意练习。一万小时定律是著名作家格拉德威尔提出的。他说天才之所以卓越非凡,并非天资超人一等,而是付出了持续不断的努力。一万小时的锤炼是平凡人成为大师的必要条件。

心理学家艾利克森在《刻意练习:如何从新手到大师》中指出要想从新手到大师,就需要进行刻意练习。刻意练习是要在有目标、有反馈的情况下,在专家指导下,在一个较长周期里坚持练习,并且每次练习都要不断改进,直至精通。

为什么一万小时练习可能让你成为某个领域的专家?艾利克森认为,因为坚持练习让你具备了这个领域的心理表征。心理表征是一种心理结构,和你大脑中正在思考的事物、观点、信息相对应。心理表征或者是具体的,或者是抽象的。其中视觉形象很常见。比如,一提到耐克,你的脑中马上就会"看"到一个"√"号;一提到麦当劳,你脑中会"看"到"m"形的金拱门。

这里补充一句,商家频繁投放广告就是想在你脑中建立有利于这个品牌的心理表征。

心理表征的背后是神经元连接。神经元连接的数量和质量决定你是否精通一个领域,决定你是否是这个领域的专家。你进行大量刻意练习,改变了脑中的神经元连接,改变了脑中的连接组,进而创建了高度专业化的心理表征。这些心理表征反过来又让你具备了很多高级能力,让你在这个领域表现卓越。

要达到具备高度专业化的心理表征,神经元连接要有质量和数量方面的要求。具体说,要在强度、速度和广度三个方面达到一定要求。

◎努力是为了增加神经元连接的强度

我们知道学习要"学而时习之",还要"温故而知新"。这时候,人们把学和习分开,并且相互促进。这也符合神经连接的规律:"学"是建立新连接,"习"是强化连接;"知新"是建立新连接,"温故"是强化连接。"习"和"温故"就是为了神经元连接的强度。

强度说的是学习的深度,是神经元连接的稳定性和持续性。研究表明,以下学习方式可以加强神经元连接的强度:学习时集中注意力并且深入思考,将刚学习的知识和原有知识和实践联系,有规律地多次重复,在实践中运用学到的知识。与之相反,如果你浮光掠影、走马观花、浅尝辄止、光学不练,这样的学习,在神经元连接的稳定性和持续性方面是不足的,就形成不了这个专业领域的心理表征。

心理学家曾经做过实验,同样激活神经元,学习可以增加突触,但是简单的练习不能增加突触。

神经连接的强度在分子和基因层面也得到验证。神经元连接后,是否产生分子层面的变化,就是学习是否需要基因参与,是否需要基因表达为蛋白质?1970年,科学家们做的一个实验回答了这个问题。

他们让小鼠学习一个任务,然后分别在学习前和学习后,在它们脑袋里注射能够阻断基因表达成蛋白质的化学药物。结果发现,如果学习前注射药物,小鼠完全记不住学的内容,如果学习后注射药物,则不影响学习效果。

这个实验表明,学习过程需要基因表达成蛋白质,学习才会有效果。对此,中国科学院基因研究专家仇子龙教授在得到APP《基因科学20讲》中这样描述:

神经元接收到了电信号,基因把电信号转换为化学信号,启动基因表达,生产蛋白质。接着,新生成的蛋白质被运送到突触里,神经元的信号发放就变强。突触是神经元之间连接的枢纽,是由数百个蛋白质组成的接收和发放电信号的装置。起作用的蛋白质越多,突触的活性越强,能够发出的电信号就越强。

仇子龙教授的意思是如果学习不努力,没有让基因在分子层面表达为蛋白质或者蛋白质在基因的指导下合成得不够多，学习就低效或者无效。

◎ **努力是为了加快神经元连接的速度**

强度说的是神经元连接的质量。质量方面还有一个指标，神经元连接的速度。速度是神经元传输信号的快慢，和包裹在突触外层的绝缘体有关。前面提过，神经元通过突触的连接传递和接收信号。突触外围被一层髓鞘包裹，形成绝缘体。

构成绝缘体的髓鞘是一种脂肪物质，起着保护轴突，以免受到来自脑中其他神经活动的干扰和破坏的作用。它还有一个重要作用，就是加快信息从一个神经元向另一个神经元传递速度。有研究显示，速度可以提高100倍。髓鞘化高的突触好比高速公路，信息传输更快。

髓鞘化就是髓鞘成长的过程。在这过程中神经元多次被激活，绝缘体就越厚，神经信号传输的速度就越快。也就是说，是学习，尤其努力学习促进了髓鞘化。学习中，你越努力，适度重复，神经元反复被激活，髓鞘化程度就越高，神经信号传递的速度就越快，学习效果就越好。反过来，学习又加快了髓鞘化进程。

相关研究一再表明学习和髓鞘之间相互促进的关系：髓鞘化使得大脑运转变得更快、更加稳定。髓鞘化既能提高信号传导速度，又能将经验固化成为永久的意识或者潜意识的记忆。你的每一个学习行为、每一次经验，无论是来自身体的、感官的，还是来自情绪的，都被大脑记录下来。经历越多，所生成的髓鞘就越多。如果某个事件被不断经历，还会生成更多的髓鞘。

总之，髓鞘化加快了神经连接的速度。速度和强度是神经连接的质量。要形成高度专业化的心理表征，成为某个领域高手，除去神经连接的质量要求外，还有数量要求。数量是神经连接的广度。

◎ **努力是为了扩充神经元连接的广度**

广度说的是学习的数量，和知识面有关。广度高低取决于学习数量的多少。在同一个领域，你学得越多，神经网络连接就越细密，越复杂，直至形成一个个神经回路，形成一个神经网络。广度还表现在跨领域学习中，比如，你不止学一个专业，你还涉及其他领域，这相当于再布置一组神经网络。这些年时兴的一个现象，跨界、斜杠、出圈说的就是这个。神经连接的广度好比是多条路形成的路网，四通八达，好比北京和上海的地铁路线图。

当然，神经元连接的强度、速度和广度，不是彼此独立的，而是相互影响和相互促进的。比如，你学习越努力，强度越高，就容易学到新知识，形成一定知识面；你知识面越广，学习新知识就越快；你学得快，越容易学到新知识。这就是学习的滚雪球效应。

努力学习是为了让神经元连接达到一定要求。这是生物学层面的学习。社会学层面对学习的定义是观念和行为的持久改变。简单说，就是知行合一。显然，这也不容易，也需要你努力。

所以，学习从来都不是轻松的事情。你要同步改变观念和行为，达到知行合一；你还要使神经元连接在广度、强度、速度三个方面都达成理想的程度。亚里士多德说过："学习不是娱乐，它时常伴随着痛苦。"万维钢老师也反对"寓教于乐"的说法，他说"真正的学习是没有捷径的，需要你付出实在的努力和勤奋"。

不过，努力学习要尊重脑的规律，要懂脑科学知识，否则，不仅会影响学习效果，甚至还会上当受骗。

脑的学习的若干错误观点

2019年10月，一段视频在网络上走红：孩子们飞快拨动书页，几秒钟翻完一本书。这些孩子是家长花3万~5万元学费参加了一种叫"量子波动速读"的培训。商家宣传，运用HSP高感知力进行量子波动速读，大脑呈现动态的影像，1~5分钟看完10万字。这不仅不符合常识，更不符合脑的学习原理。

吴军老师在得到APP《写作和阅读50讲》中提到脑和阅读的一个研究发现，阅读速度有两个限制：一是人脑接受信息的带宽，二是人眼识别图像的速度。带宽指人一秒钟能接收的信息为100～200个比特，换算成汉字为12～25个。速度是眼睛和脑一同识别文字图像的速度。阅读时，眼睛看到的是图像，脑需要做一次图像识别，才能理解词语。在脑识别图像之前，眼睛需要获得图像信息。而眼睛视网膜只有中心区域分辨率高，也就覆盖眼睛前方大约1度角的范围，一次能看清楚四五个汉字。当然，经过一定的训练可以提高阅读速度。但是，这也不能突破人的生理极限。

脑是学习器官已经成为共识，加之脑神经又是前沿科学，一时间，打着开发脑、提高学习效果旗号的培训层出不穷。除去量子波动速读，还有其他"神奇"的项目。比如，有一个脑立法项目，要你花6.8万元，学扎马步、打坐、冥想，帮孩子开发全脑。连新华社都被惊动，发了条报道《"蒙眼能辨色""七天成诗人"——"脑立方"培训班是神奇还是忽悠？》。

家长们要是具备一点点脑科学知识，就是再教育焦虑、再望子成龙，也不会上当受骗。以下是脑的学习的若干错误观点以及背后真相。

◎一边看书，一边看手机

在小学语文课上，你应该用过"一边……一边……"造句。如果你说"一边走路，一边听音乐"，这没有问题。要是你说"一边走路，一边看书"，老师会说这不正确，因为分心效果不好，也不安全。但是，现在类似的"一边……一边……"很常见了。有人一边阅读，一边时不时看下手机；还有人一边写报告，一边收邮件。他们还美其名曰这是多任务切换，可以提高学习和工作效率。

这背后涉及大脑的系列加工和平行加工问题。系列加工是大脑对信息一个接一个地进行加工；平行加工是大脑同时加工信息。大致上，人的感觉输入和运动，平行加工居多。所以，你可以一边走路，一边听音乐。但是，发生在大脑皮层的注意、记忆、思考、判断等过程大多是系列加工。比如，你不能同时认真阅读本书和认真听别人讲话。

此外，你一会做这一会做那，也不是多任务切换。真相是你是在放下一个任务，再做一个任务，多次轮流而已。多次轮流不仅不会提高效率，还有相反作用。比如，你一边看书，一边看手机，大脑从关注书转到关注手机，再回到关注书，在这过程中会产生认知损耗，增加出错率，还浪费了时间。因为你每开始一件事情都会有一个预热期。

◎**你只用了大脑的** 10％，90％**浪费了**

大多数人的大脑只开发了 10％，这个说法出现得很早。19 世纪就有心理学家这样认为。这主要是受当时的技术和认识限制，人们还不了解脑所有区域的功能。到了现代，人们知道了真相。但是，还有个别商家借此说法推出一系列培训产品，说要帮助你开发 90％的大脑，其实是想"开发"你口袋里的钱。

实际上，大部分时候，包括睡眠的时候，你的大脑的所有区域都在活动，只是有时候部分区域不够活跃。权威刊物《英国医学杂志》指出："来自对脑损伤、大脑成像、定位功能、显微结构分析以及代谢研究的证据表明，人们使用了远远超过 10％的大脑。大脑中的区域没有一块是完全平静或者不活跃的。"

此外，开发大脑是你自己的事情。开发大脑的最好方法是你自己不断地、积极主动地学习和思考。如果说学习是主动开发大脑，那么，保持良好的、健康的生活方式就是被动开发，或者叫保护性开发。

◎**你是左脑人，还是右脑人？**

左脑和右脑的说法估计你听得最多，也最熟悉。右脑是感性脑，负责感性、直观、视觉、情绪信息；左脑是理性脑，负责逻辑、抽象。如果你数学好，你是左脑人；如果你乐感好，你是右脑人。现在打开网络搜索关键词，甚至还看得到一些商家提供帮你鉴别你是左脑人还是右脑人的服务。

真相是根本不存在左脑人、右脑人这回事。左右脑的确有分工，左脑倾向口语、文字和数字识别、问题解决等，而右脑倾向于空间知觉、推理、情景识别等。但是，左右脑通过信息交流的大型纤维束——胼胝体沟通。在胼胝体的连接下，左右脑协同运作、彼此联系，进行信息交流和交互。进入一个脑区的信息会被另一脑区调用，假如左半球主要在加工内容，右半球则主要提供内容的情境连接。

很多时候，你是同时用左右脑加工同一信息。比如，你学习中国现代史，读到 1949 年 10 月 1 日下午毛主席宣告"中华人民共和国中央人民政府今天成立了"。此时，你的左脑在思考新中国成立的意义，右脑出现毛主席在天安门城楼庄严宣告的场面，甚至听到毛主席的特色湖南话。

◎**他是男性脑，她是女性脑**

这个观点认为不同性别可能存在大脑和行为的差异，于是有了男性脑、女性脑的说法。这种对男性脑、女性脑的划分经常出现在男孩女孩学习一个学科或者选择某一类型职业的时候。比如，她是女性脑，所以，她学不好数学就有道理，做不了工程师也很正常。

脑科学不支持这种对脑的分类方法，目前还没有研究表明，性别差异参与了建立学习神经网络的过程。研究显示，男性和女性的脑在结构上的确有些差异，主要是女性连接左右脑中间的胼胝体比男性的大。这也是女性相对男性更擅长沟通理解，并且反应快的一个原因。但是，说女性脑学不好数学，这更多是社会文化因素起作用，这是一种刻板印象。女孩听周边人都这样说，她就会认为，反正女性本来就学不好数学，我就不学了。她都不学了，当然学不好。

◎**你是视觉型学习，还是听觉型学习？**

有研究者根据学习者接收和加工信息的生理偏好，提出 VARK 学习风格理论。VARK 代表学习的四种感觉：视觉（visual）、听觉（aural）、读写（reading/writing）和动觉（kinesthetic）。视觉型学习者擅长通过图像理解信息；听觉型学习者通过记住声音吸收信息；读写型学习者喜欢词汇和课文；动觉型学习者通过身体来学习信息。还有学者又延伸出四种学习风格：行动型、反省型、理论型和实际型。

现在的共识是，目前多数对学习风格的划分是不科学的，甚至不存在这个命题。现实中，可能有人喜欢和偏向于某个感觉器官学习。但是，这只是个人偏好和习惯，不能表明这偏好与习惯和学习效果有关。单一感官手段不直接决定学习效果。并且在一个学习过程中，学习者要同时调用多感觉器官学习，还要深入思考。你听到的、看到的、触摸到的信息都要在大脑皮层中深层加工。多个感觉器官共用，才会有好的学习效果。前文提过的迪昂教授的"全脑工作空间理论"才是正解。

当然，人们对脑的认识还有其他误区，这里不一一展开。伴随人们对脑的认识不断加深，一些看似和学习无关的事情，比如，你的生活方式也会影响脑，进而影响你的学习。

哪些生活方式有利于脑的学习？

我们常说学习是给自己充电。其实，大脑作为学习器官，更需要我们给它充电。充电了的大脑才有动力支持我们学习。脑是耗能大户，以人体2%的重量，要消耗人体25%的能量。具体而言，脑随时消耗大致25瓦的电量，每小时消耗2克葡萄糖（相当于1块方糖）、150千克血流以及3千克氧气。

所以，大脑需要我们时时给它"充电"。合理饮食、适度运动和充足睡眠等健康生活方式至关重要。

◎以低升糖指数食品为主的饮食

大脑正常工作需要葡萄糖和氧气。葡萄糖的来源就是你吃的食物。你吃的所有食物在体内最终转换为葡萄糖，按照转化速度，转化快的叫高升糖指数食物，转化缓慢的叫低升糖指数食物。为了脑的健康和正常运转，饮食方面要以低升糖指数食品为主，比如大多数蔬菜、坚果、水果、鱼、橄榄油等。这些食品释放血糖速度慢，可以提供稳定的能量。

另外，多吃健康的脂肪，尤其是那些含有 Ω-3 脂肪酸的脂肪。比如三文鱼、牛油果、核桃和绿叶蔬菜等。丹尼尔·亚曼在《拯救记忆》中指出：

健康的脂肪对预防身体疾病和大脑疾病至关重要。梅奥诊所的一项研究发现，饮食以脂肪为主的人患有认知障碍的风险会降低42%，饮食以蛋白质为主的人患有认知障碍的风险会降低21%，而饮食以单一糖类为主（比如面包、意大利面、土豆、大米、糖）的人患有认知障碍的风险则增加 4 倍。

同时，不吃或者少吃不健康的脂肪。比如，人工合成的反式脂肪。反式脂肪对人体最为有害，并且与记忆问题存在联系，尤其是青壮年的记忆问题。反式脂肪存在于部分氢化植物油、起酥油、人造黄油、很多加工食品、油炸食品、烘焙食品（甜甜圈、饼干、休闲食品等）中。你是否发现，平时你喜欢吃的很多零食恰恰是最不应该吃的。

还有一点要注意，你每天还要喝充足的水。因为大脑的成分中近 80% 是水。美国国家科学、工程与医学学院的建议是：对绝大多数健康的人，渴了再喝水，就能满足每日身体所需。少喝可能导致大脑脱水的饮料，比如咖啡因、酒精，这些会减弱你的思维能力，损害你的判断力。

◎ **充足的睡眠**

睡眠对学习有三个积极影响。其一，睡眠时，你的大脑并不是静止的，它还巩固你白天所学。睡眠相当于电脑在后台运行，甚至扫描你的所学。研究显示，睡眠时的扫描速度是白天的 15 倍。此外，睡眠时，海马体对白天所学的信息进行审查，判断这些信息是否必要，再储存有必要保存的。有一个试验，两组学生学习相同内容，都在八小时之后测试。第一组早上 8 点学习，下午 4 点测试；第二组半夜学习，第二天早上测试。结果是第二组成绩明显更好，因为中间有个睡眠过程。这是睡眠对学习的第一个积极作用。

其二，睡眠过程也是大脑排毒的过程。人清醒的时候大脑会产生毒素。研究人员发现，睡眠时，脑细胞会收缩，清醒和睡着的时候，脑细胞之间的区域，容积变化至少有 60%。睡眠时，大脑里的"清洁工"脑脊液会帮你清除大脑中的垃圾。如果长期睡眠不足或者睡眠质量不好，大脑中的神经元就会受到损害。2013 年 10 月，研究人员在《科学》杂志上发表一份报告：一项对小鼠的研究表明，睡眠会把垃圾冲出大脑。这些垃圾包括引发阿尔茨海默病的蛋白片段，会在小鼠清醒时堆积。

其三，睡眠不只是脑，也是身体正常运转的需要，健康的保证。身心健康，才有精力学习、工作和生活。睡眠不足会损伤人的注意力、工作记忆、情绪、计算、逻辑推理、运动灵巧等一切和学习有关的能力和行为。新加坡认知神经科学实验室主持开展的一个睡眠剥夺试验,就是利用人工手段让受试者长时间保持觉醒状态。研究发现:睡眠剥夺会使大脑与工作记忆相关的区域兴奋性降低,导致认知能力下降。此外,还发现视觉注意力和视觉处理能力下降,导致短时记忆能力下降,人的反应变慢,失误率增高。

睡眠和学习的关系不只上述内容。国外一个对睡眠和考试的研究更深、更细。研究发现,上半夜大脑加工事实性记忆,下半夜加工程序性记忆。所以,你可以根据明天考试内容,选择相应时间入睡。不过,这个不好操作。每个人都有自己的睡眠节奏和习惯,临时改变,可能导致一晚上都睡不好,明天还怎么考试?

总之,你要保证充足的睡眠,每天7~9小时,具体时长因人而异,次日起床后不感觉到疲劳,可以正常学习、工作和生活就行。

◎合理的有氧运动

运动对身体有益,当然也包括脑。运动使更多的血液流向大脑,为大脑带来丰富的葡萄糖作为能量,同时还能带走氧气吸附遗留下来的有害电子。此外,运动也能刺激蛋白质生成,促使神经元彼此连接。

研究表明,运动可以促进脑源性神经营养因子(Brain Derived Neurotrophic Factor,BDNF)的产生。BDNF是人类大脑的生长因子,能够帮助健康组织的形成,对大脑中某些神经元产生类似肥料的促生长作用。这种蛋白质可以保持现有神经元的年轻和健康,促使它们彼此相连。此外,它还能促进大脑中形成新的脑细胞。

那么多少运动量合适?这要因人而异,大部分人每天至少30分钟的有氧运动就足够。前文提过脑中的海马体负责信息的核对、比较和存储,是学习的一个重要区域,此外,髓鞘化可以加快神经信号传递的速度。研究发现,中年人仅仅进行6周的有氧运动,海马体神经元的髓鞘化就出现了增加。不过,如果6周不运动,又恢复到运动前水平。

此外,少做或不做可能导致脑损伤的运动,比如橄榄球、足球的头球、滑板滑雪等高强度运动和极限运动。70%的脑损伤会影响前额叶——与计划、决策和控制冲动相关的脑区。这部分脑区受损不仅会导致学习障碍,还会导致受伤者在控制情绪、阅读以及社交活动方面出现问题。

我们常说的努力学习，除去我们惯常理解的努力——要求你付出时间和精力外，还有一层要求，就是你要有自制力和自控力，要会自我管理，保持健康的生活方式。

健康的生活方式，让你学习富有效率，符合脑科学原理。脑和学习的原理还有很多，比如可塑性、关键期、敏感期等，在后续章节有部分涉及。

总之，你仍然要"用心学习"，不过学习主要发生在你的脑中。准确地说，你要用脑学习。所以，你要认识脑、了解脑，更要健康用脑。正如著名脑科学专家洪兰的话："你不懂脑，你就不懂教育；不懂规律，你就不懂学习。"

法则六　洞悉真相，让学习起步于巨人之肩

学而时习之，不亦说乎？

——《论语》

不管有没有被意识到，你每天都在以不同方式学习。那么，学习究竟是什么？几千年来，人们一直在探求真相。不过，直到40多年前，学习科学才独立成为一门学科。知晓前人对学习的探索和发现，站在巨人肩膀上启动你的学习。

学习是什么？

◎从词源看学习是什么

学习，应该是你熟悉的陌生人。说熟悉，因为它就像空气和水一样，在你的日常生活中无处不在。读书、上课、做笔记、听讲座、练瑜伽、做PPT，包括你正在看这本书，这些都是学习。

说陌生，因为学习究竟是什么、学习是如何发生的、哪些因素影响学习效果、如何才能学得更好……这些问题，不仅你在关注和疑惑，古往今来，众多学者和专家也一直在探索。古代中国和外国学者都有很多关于学习的精辟论述。比如《论语》里"学而不思则罔""温故而知新"等观点，柏拉图也做过"知识是笼中鸟，学习是抓鸟到手"的比喻。

当然，历史上也曾出现过一种原始的学习理论，认为教师的讲话就像细

菌一样会传染给学生，使学生学到东西。现在人们已经知道，这个观点是荒唐的。

那么，学习是什么？语言是思想的载体。所以，分析语言、破解词源是了解思想的一个有效途径。

汉语中，最早出现学习字眼的是《论语》中的"学而时习之，不亦说乎"。大意是，学是学习知识，习是时常温习。习还有一层意思，就是把所学到的知识应用到现实生活中去。不过，此处学和习是分开的。

古代文献中最早出现学习一词的是《礼记·月令》篇中的"鹰乃学习"。"学"的本义是小鸟效仿大鸟，"习"的本义是小鸟练习飞翔。"学习"的本义是小鸟效仿大鸟反复学习飞翔。

《大辞海》对学习一词解释如下：

学习 xué xí ①《礼记·月令》："〔季夏之月〕鹰乃学习。"学，效；习，鸟频频飞起。指小鸟反复学飞。②求得知识技能。《史记·秦始皇本纪》："士则学习法令辟禁。"引申为效法。

学习和鸟的关系，至今在汉语里还有迹可循。比如，勤奋学习叫笨鸟先飞，刚学的新手叫菜鸟，熟手叫老鸟，学成下山叫雏鹰展翅。学成出师，先是翅膀硬了，再独立做事叫单飞。还是和鸟有关。

分析了汉语，再看下外语对学习的词源分析。

英语 Learn（学习）的词源指向古印欧语 Leis。Leis 是小径、垄沟的意思，词源同 Lore，Last。原指跟随别人的道路，引申为学习时，意思是"获得知识靠追溯前人的轨迹"。

英语 Learn（学习）、德语 Lehren（讲授）、荷兰语 Leeren（讲授，学习）、瑞典语 Löra（讲授，学习）、丹麦语 Lære（讲授，学习）的词源指向非常接近。

◎学习究竟是什么？

学习是什么？不同人眼中看法各异：教育家认为学习是受教育者获取知识、提高技能成为合格劳动者的主要渠道；政治家认可学习是提高公民素质、提高国家软实力、提高综合国力的主要途径；企业家把学习当作学习型组织建设和发展创新的主要手段。相对于社会活动家重视学习的功能和结果，科学家和学者更注重学习的过程：

认知科学家认为学习是信息的编码、存储和提取过程；脑科学家说学习是大脑神经元连接以及各脑区分工协作的系列活动；心理学家说学习是心理活动，是建立和完善心理结构的过程；哲学家眼中，学习是人们一生追求理解个人身份、目的和意义，同时适应复杂社会生活的过程。

看到这么多不同的解释，可能你更迷惑了：学习究竟是什么？

本书主要在教育和学习领域讲学习。目前该领域比较认可的学习定义是：学习是学习者通过经验或者实践从而在观念和行为方面形成的持久改变。这定义有些绕口和费解，笔者解释一下：

第一，学习的结果是观念和行为的改变。行为的改变，这好理解。观念的改变包括态度、情感和价值观等。行为和观念同时改变就是"知行合一"。此外，这个改变有好有坏，比如你沾染上不好的生活习惯并且上瘾，这就是学坏了。所以，学习有学好，也有学坏。

第二，这种改变是相对长期的，临时偶尔的改变不叫学习。你注册一个APP，记住验证码，等会就忘记了，这不是学习。假如你读到这里，对学习的定义有深刻的认识和了解，并且保持很长时间，这是学习。

第三，学习的手段是经验和实践，比如体验、培训、上学、阅读、思考等。生理引起的改变不叫学习。比如你长大后力气比小时候大，这不是学习。如果你通过训练成为举重运动员，力气比之前大，这是经验、是训练，这是学习。

当然，上面的学习定义，也有研究者认为不精确，不能表达学习的复杂情况。教育者和科学家们一直在探索学习的真相。于是，40多年前，产生了一门跨学科的学习科学。

代表当前国际学习科学研究成果的《人是如何学习的Ⅱ：学习者、境脉与文化》一书认为：学习是一个主动动词，它指的是人类通过有意识和无意识的生理和认知反应，不断适应所遇到的独特环境和经验的一个动态过程。此定义有三重含义：

其一，学习是主动行为，是人发起的，不是被动落到人身体上，哪怕他没有意识到；

其二，学习是一个持续不断的动态过程；

其三，学习是人通过生理和认知反应来适应外部世界，适应是学习的目的和成果。

以上各个对学习的认识和定义都没有错，你要结合着看，这也生动地说明学习的复杂性。此外，你是否在疑惑，动物会学习吗？还有，机器学习是怎么回事？机器学习和人工智能又是什么关系？

◎人类学习和动物学习、机器学习有什么区别？

动物和人的学习有什么区别？我国学者莫雷教授用双机制学习理论来解释这点。他认为学习有联结性学习和运算性学习两种机制。联结性学习主要表现为刺激反应模式。比如在著名的巴甫洛夫试验中，狗听到铃声，以为食物来了，就分泌口液，这就是刺激反应。运算性学习是复杂的认知活动，比如联想、推理和判断等，这是人类主要采用的学习机制。人和动物都可以进行联结性学习，而运算性学习，绝大部分动物不会，而人类具备。

巴甫洛夫提出的第一、第二信号系统理论也可以解释人和动物学习的区别。巴甫洛夫认为第一信号是现实的具体信号，如食物的外形、气味、声音、光等；第二信号是现实的抽象信号，如语言、文字等。人和动物都具有第一信号系统，而第二信号系统是人所特有的。人和动物都可以用第一信号系统学习，而第二信号系统的学习是人类独有的。这和莫雷教授提出的运算性学习类似，属于人类才具备的高级、复杂的认知活动。

简单地说，动物学习主要是通过刺激反应来适应外界环境。这种学习人类也会。除此之外，人类还有推理、判断、情感、逻辑等需要高层次信息加工的学习。

人类和动物的学习还有一个区别，就是人类的学习有社会性：人的学习既是个人的活动，也是社会性活动。人是在一定的社会关系和活动中学习的；社会和个人的经验相互传递、促进和发展；人类的学习既可以是个人，也可以是组织、国家，甚至整个人类社会。

我们再看下人类和机器学习的区别。机器学习是让计算机模仿人类学习，让计算机自动从数据中学习，进而产生类似人类的智能活动。正因如此，人们常将机器学习和人工智能一起提及，并且混淆二者关系。事实上，二者不能混同。

机器学习是人工智能的一个重要技术基础，比如，代表当前先进的人工智能 ChatGPT，就是以深度学习为基础的。深度学习是机器学习的一个方法，也是其发展的高级阶段。

人类和机器学习的区别，有一点和人与动物学习的区别一样，就是人的学习有社会性，人们通过交流、互动，甚至竞争来学习，而机器学习没有情感交流、社交互动。此外，人类学习一般为解决实际问题，有很强的目的性和价值判断，而机器学习是在人类提供的数据、算法、算力下学习。就是说，机器学习没有意识和价值判断。

不过，机器学习过程类似一个黑盒子，人们很难解释清楚其中的原理和过程。比如，对 GPT-4 在自然语言处理等方面具备的一些高级能力，人们并不清楚究竟是如何来的。

总之，学习，不管是人类的、动物的还是机器的，都是一个复杂的现象。你要从多学科、多领域的角度来理解学习。学习科学本来就是一个典型的交叉学科。那么，学习科学是什么？它又是如何诞生的？

学习科学是什么？

学习科学诞生在美国。罗杰·尚克是主要创始人。他是研究人工智能的专家，在 20 世纪 70 至 80 年代人工智能和认知科学界享有盛誉。但是，他的学习研究遇到了瓶颈——他发现研究机器学习最终还要落实到人的学习上。

他说要想让机器变得智能化，必须思考机器是如何学习的，思考机器如何学习还要搞清楚人是如何学习的，人才是研究并且得出答案的唯一实体。

1989 年，罗杰·尚克暂时中止研究人工智能，离开耶鲁大学到西北大学，创办了学习科学研究所；1990 年，美国出版第一份学习科学类学术刊物《学习科学杂志》；1991年，美国西北大学创建世界上第一个学习科学专业，召开第一届国际学习科学会议。这几个系列事件，标志着一个新的独立学科——学习科学正式形成。

那么，学习科学研究什么？

先看下学习科学的定义：学习科学是有关学习的交叉学科，涉及心理学、教育学、计算机科学、哲学、社会学、人类学、脑神经科学以及其他研究学习领域的研究。针对人的学习，学者和教育从业者在多个领域开展大量研究：脑神经科学研究脑，认知学研究心理，教育学研究经验，计算机学研究机器学习和人工智能，社会学研究情境学习，等等。

总之，学习科学主要研究两个话题：人究竟是怎么学习的？怎样才能促进有效地学习？

经过几十年的发展，学习科学已经被多数国家重视，各个相关学科的科学家、教育政策制定者、教育工作者、终身学习者都参与其中。作为一门崭新的学科，学习科学正在蓬勃发展中。

你可能有些奇怪，学习这么重要，基本伴随人类社会的存在和发展，讨论学习这个话题的历史有几千年，为什么作为一门独立的学科才几十年？

为什么从学习到学习科学走了数千年？

这几千年中，究竟发生了什么？主要有两点：一是在成为独立的学科前，学习在很长一段时间里是哲学关注的对象，以猜想和思辨的形式存在千年。二是心理学独立后，学习又成为心理学的一个分支存在了一百多年。

◎一个哲学学科基础

和学习有关的观点和看法建立在哲学这门学科的基础上。人类对学习的关注和讨论早在轴心时代就开始了。轴心时代是德国思想家卡尔·雅斯贝尔斯首先提出的。他认为在公元前800年至公元前200年，人类文明史上出现了四个非同一般的地区，分别是中国、印度、希腊和犹太，那里分别涌现出一批先知和圣人，这是人类精神发展史上最为核心的一个阶段。人类在轴心时代获得的精神遗产，一直传承至今，并对现代社会持续产生影响。

轴心时代的思想家们在各个层面提出知识是什么、知识的来源等问题。当然，那时更多采用哲学思辨的方式探讨有关学习的问题，比如"知识是什么""知识来源于哪里""思维是如何产生的"等等。

苏格拉底、柏拉图和亚里士多德号称古希腊三杰。他们的很多关于知识和学习的观点，是现代西方文化传统的一个来源。苏格拉底认为可以用问答的方法，把被问者的知识慢慢引导出来，这就是著名的知识产婆术。他的学生柏拉图认为心灵好比鸟笼，知识就是笼中鸟，学习就是学生捉鸟入笼的过程。柏拉图的学生亚里士多德关于知识的分类、关于逻辑的一些观点更是西方哲学的一个发源。

在中国，孔子也提出很多关于学习的观点，比如"学而时习之""温故而知新""学而不思则罔，思而不学则殆"等，至今仍然在产生影响，很多人常常脱口而出，这已经成为中国人集体文化记忆的一部分。

◎ **两大流派的纷争**

关于知识是什么及其来源的讨论属于哲学中的认识论，历来有理性主义和经验主义两大流派。柏拉图认为，知识产生于推理，理性是知识的源泉，知识是天生就存在的，学习是把这些天生就存在的知识从心灵深处回忆出来，学习就是回忆。柏拉图的思想经过法国哲学家笛卡儿、德国哲学家康德等人的发展，成为哲学上的理性主义。

亚里士多德则认为，经验是知识的唯一源泉，没有经验，便不可能有知识。亚里士多德的思想经过英国哲学家洛克、贝克莱、休谟等人的发展成为哲学上的经验主义。

理性主义和经验主义的争论主要体现在两个方面：一是知识的本源，二是如何获取知识。在人类知识本源方面，是先天和后天之争。理性主义认为人的知识是生来就具备的，经验主义认为是后天学习的，比如，洛克就说人出生时是白板。在如何获取知识方面，有演绎和归纳之争。理性主义认为要靠理性的演绎法，经验主义认为要靠经验的归纳法。

总的来说，理性主义影响并且催生了学习的认知主义理论，经验主义影响和促进了学习的行为主义理论。

◎三个研究对象的转变

1879 年，冯特在德国莱比锡大学创设实验室，标志着现代心理学诞生。人们对学习的探索开始进入科学研究的阶段，开始对学习和教育进行大量研究，其间经过动物、机器和人这三个研究对象的转变。

第一个研究对象是动物。心理学家用动物的学习来类比人的学习。20 世纪上半叶，心理学家在动物身上获得了大量有关学习的知识，并应用在学校教育实践中。比如，巴甫洛夫用狗研究刺激反应，桑代克用猫试验试误学习，斯金纳用鸽子研究强化学习，苛勒用黑猩猩研究顿悟，等等。对动物的研究产生了若干理论，其中比较著名的是巴甫洛夫的条件反射理论，该理论又直接促进行为主义学习理论的发展。

第二个研究对象是机器。学者们用机器如何学习来类比人的学习。20 世纪 50 年代，心理学家们把人还原为机器，尤其是计算机，认为心理过程是一个计算机化的机械过程，把认知作为研究方向，提出了信息加工模型等理论。这些研究对认知主义和建构主义学习理论都产生了影响。

第三个研究对象是人。心理学家和教育工作者开始研究人是如何学习的。20 世纪 80 年代，人们直接研究人是如何学习的。提倡离开实验室，到人们学习的地方，比如学校、图书馆、工厂、社区，直接研究人的学习，而不是用动物和机器来类比。为什么发生这个转变？主要原因是：

人们发现在动物和机器身上获得的研究成果，用在人类学习的实践时有些水土不服。著名心理学家维果茨基就认为这种研究无视动物行为和人的心理活动存在的本质差异，并且尖锐地批判了这种纯生物学观点和自然主义倾向。

著名美国心理学家、积极心理学之父塞利格曼也说，我们发现自己很难自圆其说了，我们的实验让鸽子啄键来取得食物、让老鼠按钮来取得食物、让老鼠害怕声音等，但是我们却把我们的研究发现冠以"学习原理"的头衔。

◎ **四个主流学习理论**

不过，不能否认，研究者无论是对动物、对机器，还是对人的学习进行研究，是富有成果的，产生了许多学习理论，创立了不同的学习流派，指导和影响了各国的教育理论与实践的发展。其中有影响的主要有四个流派：行为主义、认知主义、建构主义和社会认知主义。

名称	内容	示例
行为主义	20世纪初创立，在西方影响时间最久，达60多年。认为学习是学习者针对外界刺激的反应，是看得见的行为的改变	你反复练习一个动作，越来越熟练
认知主义	20世纪60年代产生。认可学习是行为的改变，但是，这一改变是通过心理活动来完成的，学习是信息加工并且形成心理表征的过程	你对一个信息从感知、注意、理解到记忆和运用，同时，脑中建立相应的心理结构
建构主义	20世纪80年代以后盛行。也受认知主义影响，注重心理活动的作用，不过，更注重学习者的自主性，认为学习是学习者主动建构意义的过程	你连接和组合原有经验和新学到的知识，形成新想法
社会认知主义	20世纪60年代后出现。认为学习是观察和模仿，同时，学习者可以自我调节、自我掌控学习。所谓社会认知，社会是环境和文化因素，认知是学习者的信念、动机和自我效能感。学习是行为、个人和环境三者互动的过程	你积极主动地对身边的高手观察、模仿，并且学习

图 6-1　四大学习理论

◎ **整合的学习观点**

当然，不仅上面提到的四种学习理论，还有其他比较有影响的理论也解释和促进了学习的实践。比如人本主义学派，认为学习是自我概念的变化，是个人价值与潜能的实现。该学派强调情感、人格和自我意识在学习中的作用。提出人的需求有 5 个层次的马斯洛就是人本主义学派的代表人物。

对以上各学习理论，我们不能简单地强调对错和好坏。错误也是真理的一部分。每一种学习理论都在当时生产方式、科技水平、社会对教育的理解和需求的情况下产生，并且在实践中都发挥了作用和贡献。各个理论之间的关系也不是简单的扬弃和否定关系。

学习科学强调要离开实验室研究学习。但是，行为主义开启实验室的实证研究恰恰是学习成为一门科学的标志和肇始；认知主义批评行为主义用动物学习来隐喻人的学习，水土不服，但是，它用机器学习来隐喻人的学习，同样也水土不服。经过不断的发展、争论和纠偏，才有之后学习科学出来拨乱反正，提倡要在学习发生的真实环境中，比如教室、工作场所、家庭中直接研究人是如何学习的。

事实上，一个有效的学习过程，往往涉及多个理论的运用：

首先，你要定志向，选目标，激发潜能，突破自我，寻求自我成长、自我实现，甚至自我超越，这是人本主义。

其次，你是在和社会互动的、真实的情境中学习，你还要信心十足、自我调节，这是社会认知主义。

再次，为了理解学习资料，你要把新学的东西和原有知识挂钩，展开联想，形成新想法，这是建构主义。

你把学习到的知识用到实践中，指导你的行为，并且勤加练习，这是行为主义。

此外，你需要把理解后的知识进行加工、存储和提取，这是认知主义。

最后，你把学习到的知识用到实践中，指导你的行为，并且勤加练习，这是行为主义。

著名心理学家张春兴就强调在教学实践中要对各个学习理论进行有机整合。他提出"知、行、情、意"是人性的重要特质，而认知主义重知，行为主义重行，人本主义重情与意，有效的学习应该是"知、行、情、意"的有机融合。

百川争流终入海。各个学习理论和观点如涓涓流水，汇入学习科学这个海洋，成为学习科学众多研究成果和结论的一部分。

学习科学有哪些结论？

经过40多年的发展，学习科学在学习的生理机制、学习类型、学习的过程、影响学习的因素和学习策略等方面达成一些共识。

◎**学习的生理机制：脑和学习相互促进、相互塑造，且贯穿人的一生**

脑是学习的主要器官，学习是脑的主要功能。学习主要在脑的各个区域、脑神经网络、脑神经细胞、分子四个层面进行。脑的发展和学习相互促进：脑的发展影响学习者的行为和学习；反过来，学习也影响脑的发展和健康。

学习与脑的发展一起持续塑造和重塑神经联结，以应对外界刺激和需求，适应外部世界。

脑和学习相互促进持续人的一生。脑的发展贯穿于人的整个生命过程。从幼儿、儿童、少年到青年、中年、老年，脑逐步成熟和发展，产生复杂的认知功能。不过，脑的发展又因为每个人的环境和经验的不同而不同。就是说，脑因为每个人学习的不同而富有个性化。

◎学习类型：学习者有意无意地整合多种类型的学习

学习类型很多，根据角度不同，有多种划分方法：

一、根据是否意识到可分为：无意识学习，如内隐学习；有意识学习，如通过了解事实学习。

二、根据是否主动可分为：主动型学习，如通过推理学习；被动型学习，如在课堂里的接受学习。

三、根据学习目的可分为：知识丰富型学习，想学得更多的学习，如推理学习；知识精益型学习，想学得更精的学习，如形成习惯和条件作用的学习、知觉动作学习。

大部分时候，我们不会只使用一种学习类型，而是根据不同情境和任务采用某种或多种学习类型。为提高学习效果，我们应该知道各种学习类型的特点，并且尽可能使用主动学习和有意识学习。研究发现，即便是无意识的学习类型，假如我们加以引导和控制，也会提高学习效果。

◎学习的过程：学习是个人发展、生理、认知、情感、文化互动的复杂过程

学习过程有广义和狭义之分。广义的学习过程是指学习是多个过程的有机结合，是一个复合过程。学习的过程主要有：学习是和社会互动的过程，学习是个人和所处的社会文化互动的过程；学习是认知、情绪、身体参与、协调的过程；学习是大脑中各个脑区和多个神经网络的分工统合的过程。

狭义上的学习过程主要有执行功能和自我调节过程。执行功能主要包括：排除干扰，集中注意力；为实现某个目标，维持或者转换注意力；记住某个信息，就是记忆。自我调节是对学习各个过程和影响因素的调节、协调和管理。

无论是广义还是狭义上的学习过程，都涉及多个过程，涉及大脑中不同区域和神经网络，成功的学习需要学习者协调统合这些过程，必须要自我监控和自我调节，必须要对这些过程进行自我管理。

◎**影响学习的因素：学习受主客观多重因素的影响**

学习效果受诸多内在因素和外部因素影响。内在因素是内在的主观的因素，起主导作用。比如我们的目标、动机，情感、自我效能感（我们对从事某件具体事情是否有成功的信心）、情绪、自我评价，归因（对导致某件事情成败原因的看法）、行动，对学习行为的监控、调节、管理、反馈。

外在因素是客观因素，有宏观和微观的。宏观因素有社会、学校、社区、家庭等，其中家庭因素最为重要。微观因素，比如饮食不当导致血液中铅的含量过高，会影响脑的记忆和信息加工水平。

◎**学习策略：认知、元认知和资源管理策略提高学习效果**

可能是为了应对漫长的进化过程中的压力和竞争，人类天性对可以提高某件事情效率和效果的策略、方法和技巧有兴趣，并且孜孜以求，何况与所有人都密切相关的学习。如何学得更多、更快、更好，一直是人们关注的热点。

2016年，国外有研究者发现竟然有400多项学习策略。不过，基本上，学习策略有三类：认知策略、元认知策略和资源管理策略。

其一，认知策略。有两种：一是量的方面，和保持学到的内容相关，主要是三种练习：提取练习，间隔练习，交叉练习。二是质的方面，和深度理解相关，比如用自己的话总结和概括并向别人解释。自我质询也有助于深度理解。研究发现，多问"为什么""为什么不"，比"何时""何地"更容易让你理解所学知识。

其二，元认知策略。元认知是认知的认知，对自己的认知的察觉、监测和调节。后面有一章专门讲。研究发现，对认知的监测和调节可以提高学习效果。相关研究和实践表明，智力因素相对稳定，不容易改变。不过，元认知技能可以在指导和培训下人为提高。就是说，你不能通过改变智力，但是可以主动应用元认知提高你的学习成绩。

其三，资源管理策略。涉及时间投入、学习环境的选择和控制，对学习资源的获取和管理、社交、寻求外在帮助，等等。比如，在学习中，是否使用和是否恰当使用 ChatGPT 就是资源管理。

当然，学习科学的研究成果和结论远不止这些。那么，这些结论对你的学习有哪些启示？

对你的学习有什么启示？

"世界上没有两片完全相同的树叶。"著名哲学家莱布尼茨的这句话也适合人类。因为世间没有两个完全相同的人。相关研究表明，就是基因最为接近的同卵双胞胎也有所差异。

学习科学认为，每一个人都在其生命发展过程中发展出独一无二的知识体系、技能、思维、认知、情感和记忆。除去先天因素，导致人和人千差万别的就是学习。这里说的学习是广义的，不一定是在学校里的识字读书。比如，你有没有发现，我们身边的很多人，你、我、他的父辈、祖辈中的一些人，他们没有进一天校园，没有接受过哪怕一天的正式教育，但是，他们世事通达、睿智明晰、与人为善、生活和生存能力很强。

我特别欣赏一个朋友的说法，他说他的父母就是这样的人，虽然不认字，但是，他们读的是"天地之书"。

卢梭也认为每个人都是独一无二的。他说："大自然塑造了我，然后把模子打碎了。"你想成为什么样的人，模子只能由你自己打造。并且，你主要通过学习来打造。

想成为什么样的人，比如你要成为一个高手，一个厉害的人，一个成功的人，学习是主要塑造手段。用著名投资家芒格的话来说，一个人想要获得自己一直期待的某样东西，那么最可靠的做法就是想办法让自己配得上它。无疑，学习是配得上它的主要手段。

就是说，你投入什么、投入多少是变量。这个变量对应着你可能成为一个什么样的人。正如美国学者蒯因说的：每一种存在都对应着一个变量的取值（to be is to be a value of a variable）。

总之，你想成为什么样子的人，学习是重要决定因素，需要你投入多种力量。概括地说，你要投入三种力量。

◎ **理性的力量**

你要理性思考。学习是一个复杂的过程，学习效果受多种因素影响，学习策略是有效提高学习效果的手段。你要在掌握学习原理的基础上，以符合认知规律的方式学习，才有效果。这些需要你的理性和思维的参与。

思维的应用是有效学习的前提。同时，思维能力的培养和提高也是学习的首要目标。思维是人和动物的主要区别所在。思维质量和思维品质，也是人和人的区别所在。拉开人和人之间差距的，主要就是思维质量和思维品质。

一方面，学习中你需要思考，将新知和已有知识联系，理解学习材料，并且要举一反三，扩展到新场景。不然，学到的知识是肤浅的，也不能灵活迁移，不能解决实际问题。

另一方面，你要保持独立思考的习惯，要应用批判性思维判断、鉴别，要有独立人格、个人意志；你还要应用创新思维，学习中要有创新、突破，有新的东西，不能人云亦云。否则，你也学不到有价值的东西，甚至有所偏差。所以，你不仅要学习知识、技能，更需要思维的精进。

思考是痛苦的，需要你付出时间、精力和心智。但是，这值得。

◎ **情感的力量**

除去理性，学习还需要你投入热情。正如英国作家阿诺德·班内特所说：没有情感就没有知识。我们也许知道一个真理，但在我们感受到它的力量之前，它还不属于我们，大脑的认知必须加上灵魂的体验。

班内特说的灵魂的体验就是情感。研究显示，情感和情绪并不是非认知因素，而是一起参与认知过程，并且让认知活动富有成效。你关心什么，在乎什么，你认为什么重要，你认为什么值得做，你才会为此投入时间、精力和热情。所以，你需要发现你真正需要什么，发现你内心的呼唤，你要发现你追求的事情的内在意义。只有你认为有意义、有价值的目标，才会促使你产生动机，才会让你投入热情，甚至激情。

动机是最好的方法。动机强烈了，你才会想方设法去实现，你会以不同的方法尝试，去学习，去试错，遇到困难和障碍后你才会坚持；失败了，你也不会一蹶不振，你还会卷土重来。

情感还包括情绪。一般认为，情感是相对稳定的、长期的情绪反应；情绪是相对活跃的、短期的情感状态。研究表明，情绪也有认知功能，会促进或者阻碍学习。在学习中，你需要在学习的不同阶段，针对性地调节和管理你的情绪，以适合的情绪状态促进学习。

◎行动的力量

更重要的是，你要付诸行动。学习涉及复杂的多个过程。成功的学习需要你制订行动计划、执行、观察、反馈，发现和目标的差异，同时你还要进行自我控制、自我管理、自我调节。此外，学习是观念和行为的持久改变，这改变不仅是脑中的心理表征，更在你的行动中、实践中体现。你不能只学习不实践。实践也是学习的一部分，也是学习的主要目的。学习和实践相互作用、相互促进和成就。

最好的学习是实践。只有实践，才会发现是学对了，还是学错了，效果如何。所谓实践是检验真理的唯一标准。此外，意义和价值在你和外部世界的连接中产生，而实践是你和世界连接的最佳方式。你不能只认识世界，而对改造世界无动于衷。

亚里士多德对道德很关注。他强调，我们探讨德性不是为了知道德性是什么，而是为了成为有德性的人。所以，探讨德性的目的是行动或者应该如何行动。

这句话可以借鉴过来,学习如何学习不是为了了解学习,而是为了使自己学习;还可以再推进一步,不是为了学习,而是为了使自己有行动、有实践。正如赫胥黎所说:"决定人生高度的不是掌握知识,而是采取行动(The great end of life is not knowledge,but action)。"

法则七　变革知识观，让学习与时代同步

我们在知识中失去的智慧，去了哪里？

——艾略特

知识是什么？知识的价值何在？知识如何获取？这些对知识和识知本质的观点和看法就是知识观。知识观随时代而变。互联网和人工智能带来新的变化和挑战。做一个和时代同步的学习达人，你的知识观需要革新。

知识观如何影响你的学习？

◎**知识观是什么？**

在你身边，是否出现这些情形：有人相信一切知识都是真理，畏首畏尾，食古不化；有人知识很丰富，不过面对现实问题时往往手足无措，出现高分低能现象；有人热衷于互联网带来的各种愉悦轻松的学习，比如，听书、看短视频、使用多媒体等；还有人相信经验至上，一切靠感觉、靠经验，但是遇到新问题、新挑战就束手无策。

以上这些情况都和知识观有关。知识观是我们对知识是什么，以及如何学习知识的整体看法和观念。换句话说，知识观是对知识和识知本质的认识。比如，你学习的知识究竟是什么？它是确定的还是随时变化的？知识是如何形成的，是来自经验还是来自思考？你的学习能力是固定的，还是可以成长的？等等。

这些问题，中外古时候的哲人就在思考，属于哲学的认识论范畴，主要分散在知识来源于理性还是实践等问题的探讨中。进入现代，人们更多在教育学、社会学、心理学范畴来探讨知识观。

知识观不同，导致我们对学习本质认识不同，导致学习实践的方式不同，从而影响学习效果。宏观上看，对社会和国家而言，知识观是社会知识体系产生、存在和发展的基础和前提。知识观影响国家的教育制度、教育政策，社会的学习文化、学习氛围、思想观念、知识生产和传播方式。

微观上看，对个人而言，知识观是个人对知识的认知和信念，直接和间接影响一个人的学习理念、学习态度、学习方式和学习效果。

◎知识观对学习的影响

具体而言，知识观在认知、信念、价值观、思维、文化层面对你的学习产生积极或消极的影响。

其一，对知识本质的认识影响你的学习。知识是什么？是一堆数据和信息，是事实，还是概念？是动手操作的技能，还是以思维为代表的一系列素养？对这些问题的认识直接影响你对学习内容的取舍，最终作用于学习结果。比如，如果你认为知识是事实和概念，你会重视记住很多东西；如果你认为思维更重要，你会注重理解，培养思考的习惯。

其二，知识信念影响你的学习。有人相信知识是绝对的、确定的真理；有人认为知识是相对的，不断发展的。比如，传统教育偏重于知识的绝对性，认为知识就是真理，书本就是知识，教师就是真理的代表，权威不能侵犯，答案是唯一的、标准的。此种观念主导的教育体系忽视学习者的主导作用，忽视学习者个人的体验和发现，阻碍了独立思考和创新精神。这会导致一个结果：只唯书、只唯师、不唯实。

其三，对知识来源的认识影响你的学习实践。知识如何获取？很早之前，人们就对此进行探讨。古希腊时期就有以柏拉图为代表的理性主义和以亚里士多德代表的经验主义。孔子提出学习知识的三个途径：学知、思知和行知——学习、思考和实践；《礼记·大学》认为要格物致知；朱熹强调知之行之；王阳明践行知行合一；等等。这些对知识如何来源的观点，不仅指导当时的人们如何学习，而且至今还产生影响。

其四，通过影响思维方式促进或者阻碍学习。对个人而言，知识观是动态发展的，会随着年龄的改变而改变。你现在回忆一下，在读幼儿园和小学的时候，你是否更听老师和父母的话，更相信权威，更相信知识是绝对真理。你读高中，尤其读大学后，老师和父母的话，你已经不完全相信，你也会以审慎、批判的态度看待知识，此外，对学习的一些认识会形成偏见和刻板印象，从而影响学习。

比如，一般女生容易有"女孩学不好数学"的观念。而相关研究证明，女生的数学能力并不比男生差，而是周边的人们都这样认为，从而让她放弃在数学学科上的努力，导致数学成绩差。这都是因为知识观影响思维方式，进而影响学习的例子。

其五，知识观形成文化差异影响学习。知识观建立在特定群体的共同生活方式之上。不同人群的知识观有着文化差异。研究发现，知识观的文化差异影响学习效果。比如，美国学生比东亚学生更容易质疑权威人物的观点；东亚学生深信掌握复杂的知识是个缓慢的过程，需要付出长期努力、坚持和勤奋；而欧洲裔的美国学生则期望付出得少而获得多。这也是亚裔学生在国外的成绩普遍较好的一个原因。

此方面，还有一个例子，对创新的执着追求，成为犹太民族的文化基因，渗透到其日常的生活、工作和学习中，使得以色列成为著名的创新国度。

一个人的知识观不仅和个人经验有关，同时具有时代特色。纵观人类历史，知识观一直在演变。

知识观的历史演变

◎**知识观发展的四个阶段**

贵州大学的安世遨教授从人类历史发展进程角度，把知识观分为四个发展阶段：原始神话知识观、古代形而上学知识观、现代科学知识观和后现代多元知识观。

知识观	主要观点	主要表现
原始神话知识观	知识主要形式和特征是神话，表现为一种蒙昧、混沌、自发和神秘状态。 出于对神秘力量的敬畏、解释而形成，信奉泛灵论、多神论。	神话、图腾、仪式、巫术、占卜
古代形而上学知识观	探讨世界本源，世界万物为什么存在、如何存在的根本性问题。 强调一神论或本体论。 真正的知识是揭示世界本体的知识，是抽象、绝对、终极知识。	柏拉图的理念世界，基督教的上帝，欧洲中世纪的宗教神学。 孔子的仁、老子的道，汉之后成为治国唯一合法理论的儒教
现代科学知识观	知识需要通过观察、实验证实和严格的逻辑证明。 知识不是思辨的知识，也不是神学的知识。 观察和实验是获得一切可靠知识的唯一来源。	科学主义、实证主义
后现代多元知识观	提倡建立一种更加人性化、更加自由和开放的多元知识观。 肯定人类理性思维在认识中的价值和作用，肯定人文知识的价值和地位。 知识具有主观性、相对性、开放性、价值性、文化性、多样性。 知识没有等级和中心，知识的目标不是真理，而是开发歧见、维护竞争和对话。	联通主义、关联主义、回归主义、新建构主义

图 7-1 知识观的发展阶段

安世遨教授说，20世纪六七十年代以来，后现代多元知识观以风起云涌之势，逐步成为一种影响较大的思想革命运动。不过，后现代多元知识观自身还没有形成统一的认识，也没有得到学术界的普遍认可和接纳，尚未在社会知识领域占据主导地位。

◎互联网时代的回归论知识观和关联主义知识观

进入信息社会，互联网技术的发展，给后现代多元知识观又增添若干新的观点，主要有回归主义、关联主义和新建构主义知识观等。

回归论知识观是关于互联网时代知识变革的一种认识。我国学者谢浩等人认为回归论知识观有四个变化：

一、知识生产主体的变化。以前是少数知识分子生产知识，现在所有人都可以。比如，自媒体主播、大V、UP主，都是知识生产者。

二、知识的动态生成性。知识生产周期大大缩减，不一定要经历符号化、文字化的过程。比如，你创作一条短视频，也是在生产知识。

三、知识生产方式的变化。出现了利用分布式协作网络，通过群体共同创作这种新的知识生产方式。比如，许多人在B站发弹幕，就是和UP主共同生产知识。

四、知识分类体系的变化。从孤立、割裂的学科分类走向综合化、交叉化。

网络技术的发展加剧了知识回归现象。正是基于互联网时代的变化，2009年，加拿大学者乔治·西蒙斯提出了硬知识和软知识的概念，进而提出关联主义知识观，也叫联通主义。

关联主义知识观认为，网络时代，知识的衰退期缩短，更新速度加快。西蒙斯把知识分为三类：硬知识、软知识和连接性知识。硬知识是基础性知识、经典性知识。此类知识已经高度结构化，变化不大。软知识是指那些还没被结构化的知识，一般是新产生的知识、前沿性知识。此类知识变化很快，不太确定。比如，众多网友每天在互联网上生产的知识。连接性知识是获取知识的线索、途径、管道，以及关于如何在知识之间建立联系的知识。

那么，面对这些变化，我们应该如何学习？西蒙斯提出学习就是网络连接，学习过程就是专业知识的连接过程。西蒙斯还用管道和水来比喻，说管道是知识内容的连接；水是内容和知识。而管道比管道里面的水重要，就是说连接比知识重要。

出现这种情况的根本原因是在信息社会，知识大爆炸，这好比管道里面的内容在迅速改变中，而"知道在哪里""知道谁"这类知识能够让你随时连接到可靠的信息源。所以，"知道在哪里""知道谁"比"知道什么""知道怎样"更重要。

新建构主义知识观是中山大学王竹立教授结合西蒙斯的观点提出的。在认可西蒙斯提出的硬知识和软知识分类的前提下，王竹立教授认为在智能时代，软知识的重要性将取代硬知识原有的地位。新建构主义强调个人的学习，主张通过零存整取、碎片重构的方式，建构个性化的知识体系；同时也重视团队学习、社会化学习，将个人的学习置于网络与社会化交流协作中，通过不断与他人交流互动，加快个人知识的建构过程和社会化过程。

当然，对这些新知识观，不断有人提出疑义和新的见解。于是，出现一个让人应接不暇的情形：一边是人们在新旧知识观的转换、更替方面还没有形成共识，一边是人工智能来势汹汹，又带来一些新的问题和挑战。

人工智能时代有哪些挑战？

人工智能是相对人类智能而言的，它是一种计算机技术，模仿人类大脑的思维过程和方式，让计算机像人类一样学习、思考、推理、决策和行动，进而完成复杂任务，比如语音识别、图像识别、机器翻译、自然语言处理等。在某些方面，人工智能甚至可以超越人类的能力。2023年火爆全球的ChatGPT就是当前先进、前沿的人工智能技术。

人工智能时代，知识生产主体、知识内容和结构、知识载体和形式、知识传播方式等方面都产生很大变化，从而给我们的学习带来一些挑战。

◎知识生产主体：精英对大众，人对机器

之前知识的生产者大多是接受专业训练的个人或者团队，也叫专业生产内容——PGC（Professional Generated Content）。PGC的知识生产的门槛较高，质量稳定，生产周期较长。

智能时代人人都是知识生产者，也叫用户生成内容——UGC（User Generated Content）。UGC让每一个人都可以是知识的生产者，比如，公众号的作者，B站的UP主，抖音、快手的媒体主，等等。甚至你在视频上发弹幕，看网络新闻后留言，都是在参与知识的生产、制作和传播。这样，知识生产者众多，门槛降低，极大丰富了知识的数量和种类。

专业的个人或者团队接受过专业训练，知识生产还要经过一定的编辑和审核程序，所以，知识的质量相对高些。而现在部分知识生产者，受学识水平、立场、利益等影响，他们发布的知识没有经过一定审核和编辑，导致泥沙俱下、良莠不齐。这给我们的学习带来两大挑战：一是知识数量增多，你需要选择；二是知识的质量高低不一，你需要鉴别其价值。

除去大众作为知识生产者登上舞台这个变化外，智能时代的知识生产的主体还有一个变化，就是之前主要是人，现在除去人之外，还多了个机器，多了个人工智能。尤其是 GPT 出现后，又进入一个 AI 生成内容——AIGC（AI Generated Content）的时代。

GPT 作为当前先进的自然语言模型，可以快速、大规模生成多模态的内容，比如，图文、问答、视频、直播等等。AI 生产知识的效率比人类要高得多，结果是一方面增加了知识总量，另一方面对部分人类知识者产生了威胁。这都增加了人们的学习难度。

不仅如此，人类学习难度的增加也体现在知识内容和结构的改变方面。

◎知识内容和结构：硬知识对软知识，体系化对碎片化

智能时代，知识的内容和结构也发生变化。相比之前相对稳定的硬知识，又出现很多随时增加和改变的软知识。硬知识稳定性强，变化不大，你学会了可以管甲比较长的时间。而软知识一般是新产生的知识、前沿性知识。在智能时代，公众和 AI 都在生产此类知识，导致知识量激增，新知识、新技能层出不穷，更新迭代速度加快。这无时无刻不在挑战我们的学习能力、选择判断的能力，也增加了在海量知识面前的焦虑。

互联网和人工智能不仅扩充了知识的内容，也改变了知识的结构。之前的知识结构自成体系，决定你的学习也相对体系化，可以深入了解某个领域的知识。但是，技术的发展，尤其是移动互联网的发展、手机等移动设备的普及，出现很多新的学习方式，比如慕课、直播、网络社区，还有各个平台的音频、视频课，等等，让你的学习随手可及，上下班路上、公交车地铁上都可以利用，现在是碎片化学习。这无处不在的学习也隐藏着弊端。

一方面，碎片化学习容易产生虚假学习的现象，让学习者产生已经掌握某个领域知识的错觉。实质上，学习再多的碎片化知识，如果不成体系、不深入本质，仍然是低效或者无效的。

另一方面，学习者随时都在接触海量的碎片知识，加剧了信息过载的困境，加剧了学习焦虑。而适度的闲暇对高质量的学习尤为重要，会让你有空反思，让你有空消化之前所学，让你有空在不同知识点之间激发出新的想法、创意。

◎知识载体和形式：抽象对具体，深刻对肤浅

除去内容和结构，互联网和人工智能技术也改变了知识的载体和呈现形式。技术发展决定知识载体和表现形式。从远古结绳记事的绳、山洞里绘制岩画的岩石，到一直和古老智慧关联的羊皮卷，再到后来出现并且大规模使用的纸张，这些都是人类历史上使用了很长时间的知识载体。

知识载体决定知识的表现形式。其中，纸张的发明和使用对知识传承和学习贡献巨大。纸张让知识呈现方式以文字符号为主。而文字是单位面积里面包含信息最多的媒体，同时也是最精练、最抽象的媒体。

国外一位学者提出，人们经验分三个层次，从低到高依次是做的经验、观察的经验和抽象的经验。不同经验层次对应不同的学习形式。语言符号和视觉符号是抽象的经验。抽象的经验需要深刻思考。而抽象的经验面临新技术带来的挑战。

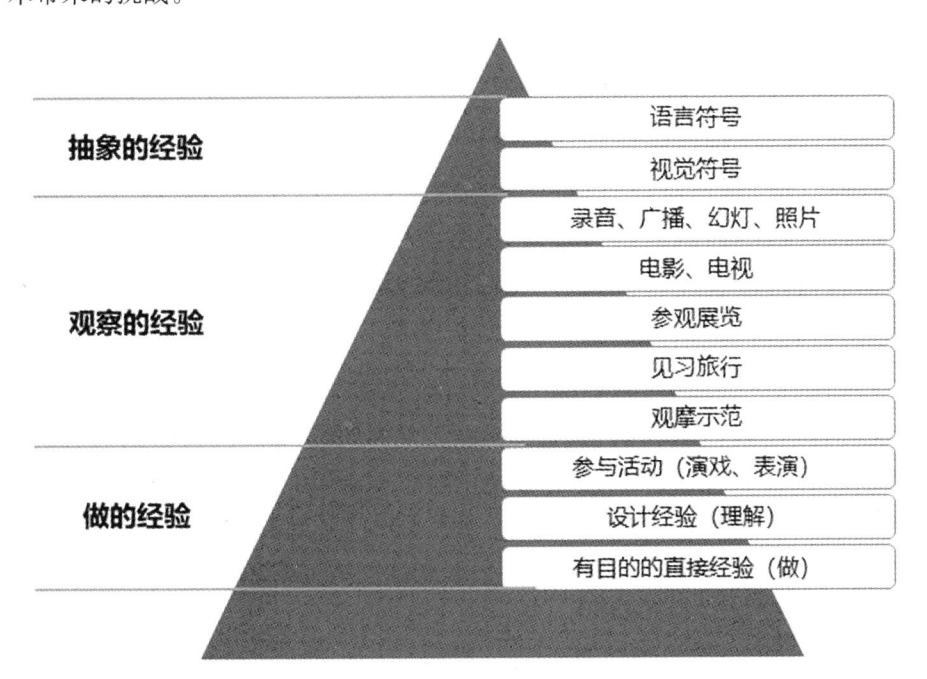

图 7-2 学习形式和经验层次

现在的智能时代，网络设备和技术升级迭代，上网速度加快，视频、

AR、VR、AI以及元宇宙等相继出现，让你的学习材料越来越丰富，越来越有趣，越来越形象。不过，形象化和娱乐化的学习，让学习变得肤浅，伤害了深度思考。而没有深度思考、没有深刻理解的学习，是无效和低效的。

王竹立教授说："不具体就无法知道事物的本来面目，不抽象就无法进行深度思考。学习过于直观，会削弱分析、推理等深度思考过程。"直观和便捷的代价是牺牲学习的深度，从而影响学习效果。

回想一下，你有多久没有用手写笔记了。有研究发现，相比直接在电子设备上做笔记，阅读纸质书、用手写的方式做笔记，你的记忆更好、理解更深。

新技术让人的学习变得肤浅，已经为人们关注和担忧。在2022年12月举办的第十九届教育技术国际论坛上，北京师范大学李芒教授认为智能产品使机器更人性化、更智能，却降低了人的智商，因为人们不愿意动脑，减少了对问题的思考，不享受过程，只要结果，这是人类的退化。

◎ **知识获取和传播：自主对推送，学习对搜索**

有人说互联网没有记忆，说写在网络上的记忆平均存在100天。网络平台一旦关闭，我们的回忆、爱好、生活感悟、学习资料都会消失。但是事实上，互联网不仅有记忆，而且比人类强得多。只要上网就有痕迹，你在网络上的任何轨迹、偏好都被大数据记录。你一上网，算法就根据你的偏好自动推送相关信息给你。

这好像提高了学习效率，省得你四处寻找，并且还对你的胃口。不过，这对学习很不利，这种推送是自主学习的对立面。古人就讲兼听则明，偏信则暗。信息茧房说的就是这个现象。人们的信息获取会习惯性地被自己的兴趣引导，从而将自己束缚在像蚕茧一样的茧房中。尤其现在的智能时代是一个复杂系统、多元社会，很多问题需要多元视角的知识和解决方法，只学习网络推送的知识无异于在知识的海洋中画地为牢。

智能时代，知识获取方面还有一个问题。这和搜索有关。现在的搜索技术非常发达和便利，通过网络似乎可以搜到你想找的任何资料。于是，人们说"外事不决搜谷歌，内事不决搜百度"。

此外，还有一个观点加剧了人们对搜索的依赖。有人认为知识存在于网络中，网络就是外脑，你不需要学很多东西，需要的时候搜索就是。这导致当前人们学习有一个不好的倾向——过多依赖搜索，不注重对事实性知识的学习和掌握。把记忆外包给互联网似乎减轻了大脑的负担，不过，同时导致记忆和认知能力下降。

搜索还伤害了人们的好奇心。英国作家伊恩·莱斯在《好奇心：保持对未知世界永不停息的热情》中批评道，网络能有效地填补信息缺口，但同时也挤压了好奇心。触手可及的搜索，淡化了你寻根问底的习惯。因为寻根问底需要耐心，需要你专注地下功夫。

此外，依赖搜索还产生一个负面后果，就是搜索到的知识还不是你学到的知识，但是，你以为你学会了。人们能在网上找到的信息，大脑会自动遗忘，这叫谷歌效应。不过，搜索者并不知道这个情况。耶鲁大学的一个调查发现，人们在网上搜索信息的时候，对自己究竟知道多少，都会产生膨胀的错觉。在上网的时候，越是能力差的人越是难以意识到自己其实什么都没学到。

更严重的是，GPT 的出现又加剧了搜索存在的弊端。因为相比谷歌和百度，GPT 在搜索方面有两个优势，一是对话的形式，界面比页面更友好；二是可以自动生成一段文章，让你直接看到答案。

智能时代的变化和挑战当然不止这些。不过，这些改变和挑战都绕不过知识观的一个核心问题，知识是什么？换句话说，在智能时代，我们应该学什么？

是知识，还是智慧？智能时代学什么？

◎知识的定义

智能时代要学习什么知识？回答这个问题前，要看下人们如何定义知识。一般认为知识是经过权威所证实的、绝对的、确定的、必然的真理。这种看法和柏拉图的观点有关。柏拉图把知识看作是确证了的真实的信念。知识由信念、真与确证三个要素组成。这便是西方传统的知识的三元定义，受到西方学界长期追捧。但是，到了现代，这种对知识的认识遭到挑战。目前对知识的主要看法如下：

一、《大辞海》：知识是人类认识的成果或结晶。依反映领域，可分为自然科学知识和社会科学知识。哲学则是这两类知识的总结和概括。

二、联合国教科文组织：《反思教育：向"全球共同利益"的理念转变》中把知识定义为"可以理解为个人和社会解读经验的方法"。因此，可以将知识广泛地理解为通过学习获得的信息、理解、技能、价值观和态度。

人们不仅对知识是什么有不同说法，对知识的层次也有划分。

◎**知识的层次**

1988年，知名组织理论家罗素·艾可夫在一次会议的发言中，提出知识层次金字塔。金字塔最下层是数据，往上逐渐收窄的每一层，依次是信息、知识、理解和智慧。

图 7-3　知识层次金字塔

艾可夫对知识层次的分类得到普遍认同。美国两位学者写了一本书《翻转式学习：21世纪学习的革命》，主要批判现代传统教育制度弊端，强调自主学习的新式教育方式。翻转式学习，即让学生先学，老师在课堂上通过提问，了解学生在学习中的问题后再进行教导。书中详细解释了知识的五个层次：

一、数据是代表物体和事件特点的符号，比如说用数字和字母符号表示一座楼的地址。

二、信息是已经被加工处理的有用数据，比如回答何人、何事、何处这样的问题。数据和信息的关系好比面粉和面包，作为数据的面粉转化为信息的面包。

三、知识是回答如何做这一类问题，比如说一座楼在××路多少号，东北部，这是信息，你再告诉他走××高速下来右转200米就到，这是指导，是在提供知识。

四、理解是解释和对为什么一类问题的回答，解释由行为或者性能的原因组成，比如你问他为什么要去这座楼。

五、智慧是对做的事情的价值判断和取舍，比如你会为了长期后果放弃短期目标，为长期目标放弃及时满足。

前四个层次讲的是效能，主要说如何正确地做事，类似德鲁克讲的管理是"正确做事"。而智慧是把追求的事物的价值包含在里面。最高层次智慧讲的是效果，换句话说，是如何做正确的事，类似德鲁克说的战略是"做正确的事"。从这个层面说，智慧是一种体现人类共同认可的善和美德的知识，因此，英国哲学家洛克说："奸诈狡猾不能算是智慧，你死我活的残杀也不算是智慧。"

这五个层次并不是泾渭分明，部分内容有重合的地方，比如数据和信息就不能截然分开。不过，这种划分知识层次的方法强调智慧的作用，这一点应该肯定。

◎知识和智慧有哪些区别？

说到知识和智慧的关系，不能不提到亚里士多德。他是较早提出知识和智慧关系的哲学家。他按照功能把知识分成三种：客观知识的学问，实用技巧的科技，兼具实践和理性平衡的实践智慧。

此外，亚里士多德还提出一个知识阶梯，按照层次把知识分为五类：一是感觉,二是经验,三是技艺,四是科学,五是智慧。这五类知识逐层上升,从感觉、经验到技艺,再从技艺到科学,科学的本原由理智把握,科学与理智的结合就是智慧。可见,亚里士多德很早就强调智慧的重要性。

智慧很重要,这已是共识。智慧究竟是什么?杜威在《我们如何思维》中强调,知识与智慧的区分是多年来的老问题,然而还需要不断地重新提出来。杜威认为智慧是应用知识改善生活的各种能力,智慧通过理智能力训练而来。他还把知识和智慧进行了区分:知识仅仅是已经获得并储存起来的学问;而智慧则是运用学问去指导改善生活的各种能力。知识,只是单纯的知识,不包括特殊的理智能力的训练;而智慧则是理智能力训练最好的成果。

著名人文学者徐贲认为智慧是人类共同分享的普适性知识,由人类在不同群体生活中形成的源远流长的传统、记忆、经验、教训积累而成。智慧和知识的不同,看其对立面就清楚了。智慧的对立面是愚蠢,知识的对立面是无知。学习知识可以改变无知,但却不一定能改变愚蠢,许多有知识的人因没有智慧而愚蠢。

徐贲又说道,智慧结合了真实的知识与有价值的知识。但是,在现代社会和现有大学教育中被分割成相互分离乃至相互隔绝的学科知识,"真实的"和"有价值的"也被人为地切割分离了。有专业知识的人被误以为就是有智慧的人。

知识不等于智慧。那我们还信奉知识就是力量吗?英国文艺复兴时期哲学家培根所说的知识就是力量,在提倡科学精神、重视教育和激励学习方面起到重要作用,直至现在,人们还往往会脱口而出。不过,也有人对此进行质疑。

章太炎的弟子黄侃说过一句话:"所谓博学者,所谓明白事理多,非记事多也。"北京大学楼宇烈教授认为这句话很有意义,他这样解释:博学是因为你明白很多事理,不是说你记住很多事情。明理是一种智慧,记事是一种知识。他还说,知识是静止的,智慧是变动的。智慧是一种运用知识、发现知识、掌握知识的能力。

楼宇烈说他年轻的时候非常信奉"知识就是力量"这句话,半个世纪的阅历让他意识到知识如果不能运用,不仅不是力量,有时候还会成为思想的牢笼。楼宇烈说现在不应该讲"知识就是力量"了，应该讲"智慧才是力量"。

◎为什么要学习智慧？

在当前人工智能时代，每个人需要学习的内容太多，而智慧是学习的首要目标。理由有四个：其一，智慧比知识重要。我们当然首先要选择重要的学习。有了西瓜，为什么还要捡芝麻？智慧的重要性从其与知识的对比就可以看出：智慧是解决实际问题的能力，而知识是学问；智慧通过理性训练而来，而知识通过记住达成；智慧包含价值判断，而知识仅仅揭示事实真相；智慧是应用知识的能力，是明白道理，而知识是仅仅知道很多。

其二，智慧比知识更容易适应智能时代。智慧本是人类在漫长的进化中为了生存和发展而形成的特定能力。这和时代无关，甚至，智能时代的到来让智慧显得更为重要。因为这个时代更是充满不确定性、多变、多元。你面对的知识和技能更多、更杂、更乱、更新速度更快。乱花渐欲迷人眼。如果注重的是知识、技能的学习，今天掌握了，明天可能就会过时。你的学习速度赶不上贬值的速度。而智慧、思维不同，可以针对不同事情，涵盖不同场景，覆盖较长时间，让你应付自如。

其三，智慧是体现出人类优势的地方。技术进步会淘汰部分人的工作，近年火爆的 GPT 更是加剧了此威胁，以前人们以为机器替代的是体力劳动，而 GPT 直接威胁到的工作岗位是脑力活。正如山姆·阿尔特曼所说，我们过去对于劳动难易的划分准则可能有问题，现在看来 AI 最先取代的可能是知识工作者和创意工作者的工作。

这要结合人类技能的分类和层次来看。人类的技能主要有两类四种：初级体力，高阶体力，初级脑力，高级脑力。人工智能可以代替的领域是低级的体力和脑力劳动，不能代替的是高级的体力和脑力劳动。而后者往往是人类的智慧、思维起主要作用的领域。

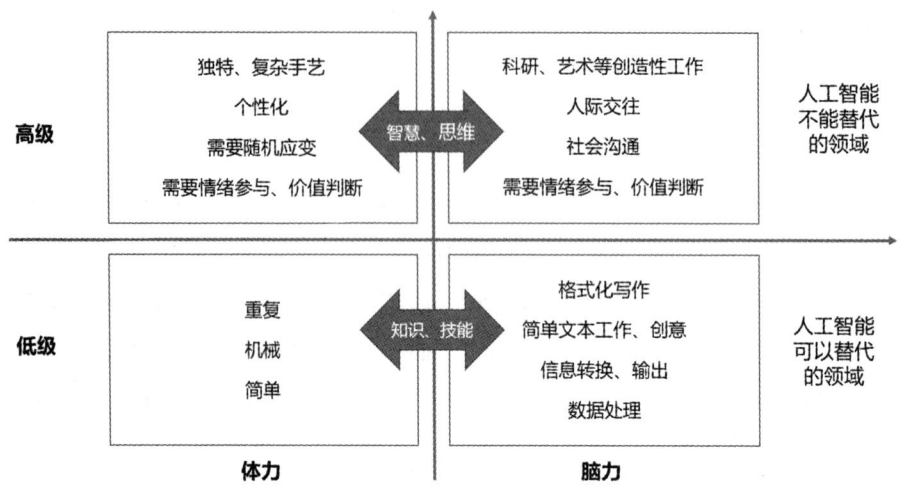

	体力	脑力	
高级	独特、复杂手艺 个性化 需要随机应变 需要情绪参与、价值判断	科研、艺术等创造性工作 人际交往 社会沟通 需要情绪参与、价值判断	人工智能不能替代的领域
	←智慧、思维→		
低级	重复 机械 简单	格式化写作 简单文本工作、创意 信息转换、输出 数据处理	人工智能可以替代的领域
	←知识、技能→		

图 7-4 人类能力分类和层次

其四，从最高层次的智慧学习，学习效果会好，你的收获会更多。前面提过，知识是有层次、有阶梯的。同样是学习，为什么不从最高层次的智慧开始呢？况且你所学到的东西还是逐层下降的。唐太宗李世民早就说过："取法于上，仅得为中；取法于中，故为其下。"

当然，这并不是说你不需要学习其他层次的知识，比如知识、技能等，而是你在学习的时候，要随时问自己：我这样的学习符合智慧的要求吗？我通过这样的学习会成为一个智者吗？

尤其，你要随时问自己：我这样的学习比得上机器学习吗？假如你学习时，注重记住数据、信息、一大堆知识点等，那么，你就直接拿人的短板对抗 AI 的优势了。

AI 记住的东西超过全球任何一个人。吴军老师在得到 APP《前沿课·吴军讲 GPT》中说了一个数据：GPT－3 的训练数据包括几十万本图书、几乎全部维基百科的内容。还不到它所用数据的五分之一。

知道了智慧在智能时代尤为重要，那么，我们应该如何学习呢？

是体验，还是反思？智能时代如何学？

◎**自古以来人们对学习过程的探讨**

如何学习？这个问题和知识观关注的一个主要问题——知识如何来源有关。关于知识如何来源，西方哲学史上影响最大的是理性主义和经验主义，类似的思想在古代中国表现为对知和行以及与此相关的学习过程的探讨中。

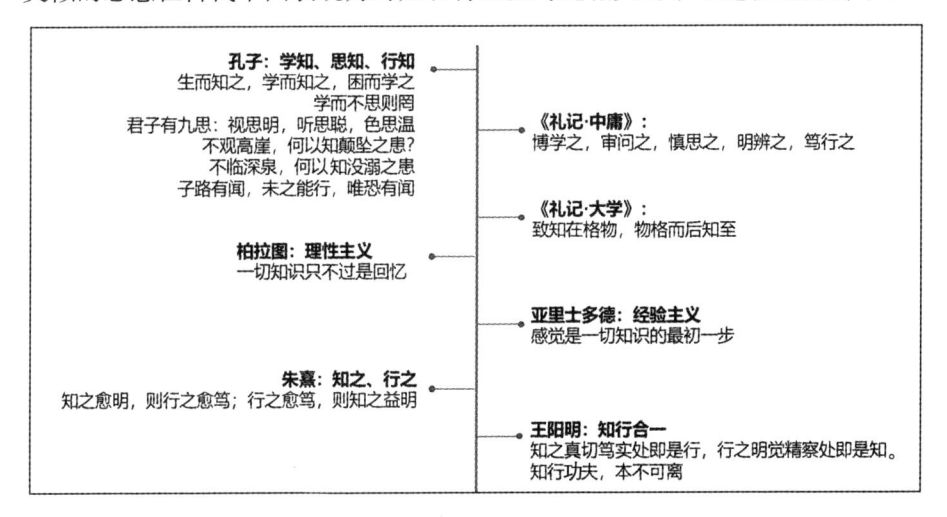

孔子：学知、思知、行知
生而知之，学而知之，困而学之
学而不思则罔
君子有九思：视思明，听思聪，色思温
不观高崖，何以知颠坠之患？
不临深泉，何以知没溺之患
子路有闻，未之能行，唯恐有闻

柏拉图：理性主义
一切知识只不过是回忆

朱熹：知之、行之
知之愈明，则行之愈笃；行之愈笃，则知之益明

《礼记·中庸》：
博学之，审问之，慎思之，明辨之，笃行之

《礼记·大学》：
致知在格物，物格而后知至

亚里士多德：经验主义
感觉是一切知识的最初一步

王阳明：知行合一
知之真切笃实处即是行，行之明觉精察处即是知。知行功夫，本不可离

图 7-5 古代中外知识来源的主要观点

现在，我们知道知行合一是学习的理想境界。你不仅需要思考，还要实践，并且，还要将思考和实践相互验证和促进。智能时代的学习，其实并没有颠覆之前对知识如何来源的认识。我们的学习仍然从思考、实践两个方面展开。这种思想体现在美国著名心理学家库伯 1984 年提出的体验学习理论中。

◎**体验学习是什么？**

体验学习认为学习是以体验为基础的持续过程，是一个结合体验、感知、认知和行为四个方面整合统一的过程。库伯提出体验学习是四个阶段的不断循环。

第一阶段是具体体验。你在真实情境中活动，从具体实践中获得各种知识和感受。

第二阶段是反思观察。你结合你的经历对经验进行分析、反思和观察。

第三阶段是抽象概括。你把感性知识上升到理性知识，形成规律、理论或者模型。

第四阶段是行动应用。你把得出的规律、原理和理论投入到新的实践中。

这四个阶段是一个体验学习的完整过程，当然，这不是单纯的一次性循环，而是一个螺旋式上升的过程。

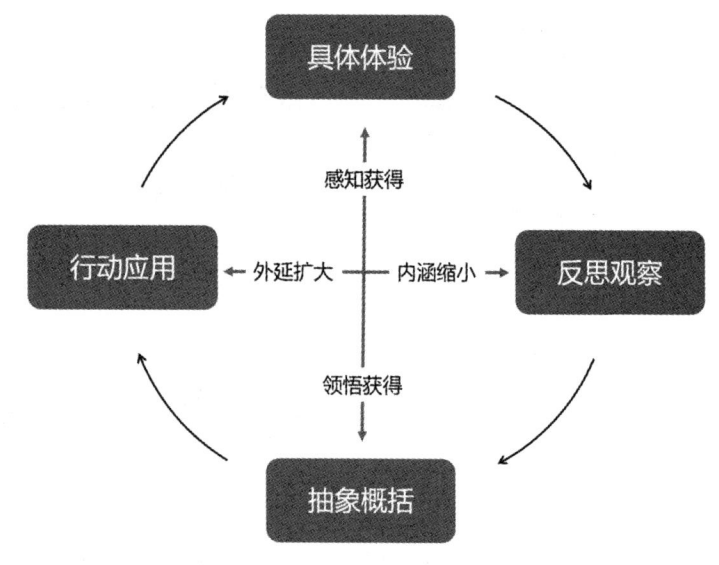

图 7-6　体验学习环

体验学习的实际应用最先出现在英国。毕业于牛津大学的哈恩博士是最早的体验学习的实践者。二战期间哈恩博士针对英国海军的要求，开发了一套课程，如登山、健行、溯溪、攀岩、独木舟、马术等，用来训练年轻海员在海上的生存能力，并且取得很好的效果。战争结束后，体验式训练不仅在英国，也在美国推广开来，训练对象从海员扩展到军人、学生、工商人员等群体，训练目标也由单纯的体能、生存训练扩展到心理训练、人格训练、管理训练等。

不过，体验学习的思想在此之前就有，比如杜威提出的"做中学"。杜威在 1938 年提出"学习就等于经验加反思"。库柏结合当时盛行的体验培训和前人研究成果，系统地提出了体验学习模式。

体验学习目前在西方的高等教育、终身学习、成人教育和各种培训方面广泛应用，风靡全球。我国对体验教学的研究始于 20 世纪 90 年代，并且应用在各类教学和培训实践中。笔者预计，随着人工智能时代的到来，体验学习会再次为人们关注，并且盛行。

◎ **为什么是体验学习？**

你可能有些疑惑，体验学习是一种学习方法，属学习策略范畴，为什么在知识观部分讲？直接原因是：体验学习不仅仅是一种学习方法，还和人们对学习的认知有关，和知识观密切相关。

关于知识观的讨论最早在哲学的认识论中展开，一直有经验主义和理性主义两大流派。理性主义和经验主义的分歧主要在知识的本源和如何获取知识方面。经验主义重视经验，依赖经验的归纳法；理性主义强调思考，认可理性的演绎法。

库柏的体验学习试图融合二者分歧。体验学习以经验主义和理性主义的双重知识论为基础，试图打通二者的障碍，强调没有必要把经验和理性分得很清楚，二者是可以融合的。比如，体验学习中的知识来源于具体经验，这是经验主义；而观察反思、抽象概括再得出规律或者模型，这是理性主义。

另外一个原因是，相比人工智能的机器学习，体验学习至少在两个方面具备独特的优势：其一，体验学习是以学习者为中心的学习。在体验学习中，学习内容、形式、方法、时间、环境、资源等，更多由学习者选择、控制和调节。

尤其重要的是，体验学习不止于在实践中获取知识和感受，还重视反思和抽象概括，将感性知识上升为理性知识，并且应用在未来的实践中。这是一种发挥和体现学习者个人主观能动性的学习。而人工智能学习是人类投喂大数据、算法和算力后的学习，虽然人们不清楚为什么人工智能，比如 GPT 会产生一些事先人们没有想到的高阶能力，但是这仍然改变不了人工智能学习是被动的基本特性。

其二，体验学习强调要为解决问题，要在实践中、在真实的情境中学习。正如美国本尼斯教授所说，体验学习将学习环境从课堂转移到车间、家庭、车库、社区，以及任何我们能聚集在一起工作、娱乐或表达情感的地方。在真实情境中学习，也是体验学习在全球各地的各类培训、成人教育、公司团建等中广受欢迎的一个原因。

尤其重要的是，人类的学习对外是为了适应、对变化做出应对，对内是寻求身份认同、完善自我、寻求人生意义和目标。即人的学习因鲜活的实践而生，又为了更好地实践。而机器学习源于人类的知识投喂、源于算法和大数据，机器学习没有目的，如果有目的也是人类赋予的，与实践无关，是为了学习而学习的学习，毕竟是"纸上得来终觉浅"。

以上提到人工智能不足的地方，GPT自己也承认了。2023年初，Chat GPT接受美国《时代》周刊采访时表示：

说我有知觉或意识是不准确的。作为一个大型语言模型，我只是一个机器学习模型，没有和人类一样的意识。我没有思想、感觉或经历，没有能力做决定或独立判断。

总之，知觉、意识、思想、感觉、经历是人类独具的。而这恰恰都是体验学习所具备的。那么，我们应该如何进行体验学习？

◎ 如何应用体验学习？

体验学习如何进行？这里借用三句我们熟知的话阐释。第一句话，实践出真知。这句话说的是体验学习的前三个阶段：具体体验、反思观察、抽象概括之间的关系。

一、实践：先是具体体验，之后你在体验的基础上反思、观察，进而抽象概括出原理和理论。

二、出：强调在学习中，你的主观能动性的作用。在这一过程中，你既是行动者、观察者、反思者，也是知识的提炼者。

三、真知：是你对具体经验，经过反思和抽象概括后，得出的关于事物的规律、原理和理论。

第二句话，理论联系实际。这句话说的是体验学习的主要特点。体验学习的四个阶段，主要划分为理解和转换两个主要过程。理解就是你学到和掌握知识，也就是内化，对应的是具体体验，你真实具体的感知；一方面是抽象概括，对应的是你的反思和概括。

转换也有两重含义，一是内在反思，就是反思观察阶段；二是外在行动，就是行动应用。借用康德的一句话："没有内容的想法是空洞的，没有观念的直觉是盲目的。"康德这里说的"内容"相当于体验和实践，"观念"相当于反思和得出理论。

第三句话，理论指导实践。说的是第四阶段，行动应用。你得出了的规律、理论或者模型，是要在新的情境中应用、在新的情景中解决新的问题。这也是学习的一个主要功能和目标——学习需要举一反三、应用和迁移。

智能时代，人类的学习遇到很多挑战。不过，我们可以让人工智能助益我们的学习，而不是和人工智能盲目对比。人工智能的优势是需要大数据、算法、速度、数量、重复性强的领域。人类的优势是思考，是创新，是情感，是富有同理心，是面对不确定性随时做出的反应。

明了人类和机器的优劣势，扬长避短，不无视技术变革带来的助力，也无须对技术的挑战感到恐慌。把自己能做的事做好，就足矣。

总之，我们在学习时要发挥人类的优势，投入理性、情感和行动的力量，超越记忆学习理解，超越信息学习知识，超越知识学习智慧，否则就会出现温伯格所担忧的情况："为什么我们知道的很多，但是智慧却越来越少。"

法则八　认清自主实质，让学习由自己掌控

我发现，在同一条起跑线上，主动学习的人在10年后会超出被动学习的人至少两个社会阶层。

——费曼（诺贝尔物理学奖获得者）

不管是主动还是被动，学习都发生在每个人身上。是主动的自主学习还是被动的他主学习，是学习能否富有成效的决定因素。自主学习需要你做自己的CEO，需要你自我管理、自我控制和自我调节学习的各个过程和影响学习的各个因素，确保学习始终都在正确的路上。

为什么你的学习低效或者无效？

◎**不好的学习方式导致学习低效或无效**

你可能有些奇怪，你身边的人们大都在学习，为什么有些人的学习不见成效？比如，韩梅梅，她在读大学，一直勤奋努力，课堂的课认真听了，笔记做了，老师布置的作业也做了，时间和精力付出不少，但是，韩梅梅总觉得学习有些失控，力不从心，学习成绩也一般，最多只能达到拿到毕业证的水平。

李明大学毕业后参加工作，想学习又不太想学习，对学什么也不清楚，又觉得时间不够，工作环境不支持，于是断断续续地学些东西，结果一事无成。是什么原因导致韩梅梅和李明的学习低效和无效呢？

因为他们都在用不好的学习方式在学习。不好的学习方式主要有三种：

一、他主学习。在外在的压力、要求和管理下进行的被动学习；对应的是自主学习，你主导整个学习过程，制定目标、计划、实施、自我管理、评估和改进。

二、接受学习。老师将标准答案告诉你，你直接获取，照搬就是，不用自己去发现和探索；相对的是发现学习，没有固定答案和定论，你要在学习中自己发现和得出。

三、机械学习。不能把新学的内容和已有知识联系，仅仅片面、孤立地死记硬背；与之相反的是有意义学习，发现材料之间的联系和意义。

好的学习方式带来好的学习成效，不好的学习方式导致不好的学习成果。这表明学习方式很重要。那么，学习方式究竟是什么？

◎学习方式是学习关系的总和

学习方式是什么？教育界人士和学者看法各异。华东师范大学的庞维国教授认为学习方式包括学习方法和学习形式，是学习者采取的具有不同动机倾向、心智加工水平和学习效果的方法和形式。其中，学习方法和学习策略有关，这里不展开。学习形式方面，庞维国教授从不同角度归纳出八大类别：

一、发现学习与接受学习；

二、机械学习与有意义学习；

三、维持性学习与创新性学习；

四、体验式学习与学术学习；

五、情境学习与抽象学习；

六、合作学习与独立学习；

七、自主学习与他主学习；

八、研究性学习、探究学习、基于问题的学习。

可以看出，我们大多数时候说的学习方式就是上述这些学习形式。那么，学习方式究竟是什么？背后的实质是什么？我认为，学习方式是学习关系的总和。学习关系是学习者和教导者、同伴、资源、学习内容之间的关系。理由主要有三个：

其一，学习发生在一系列关系中。学习是学习者处理和学习相关的各种关系的过程。学习者在一个系统中进行学习。这个系统包括教导者（教师、父母、领导）、同伴（同学、同事、亲友）、资源（时间、空间、工具）和学习内容（知识、技能、态度）等要素。在学习中，学习者要和人、资源、知识等产生关系。关系不同，学习方式不同。

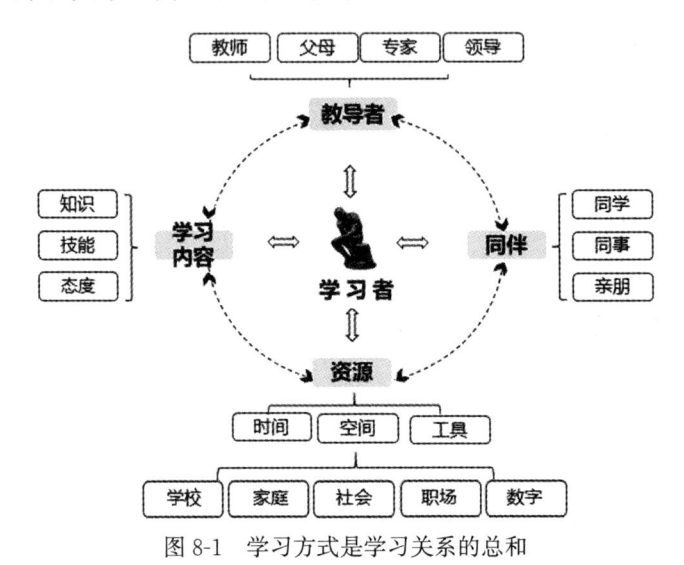

图 8-1 学习方式是学习关系的总和

其二，不同关系决定不同的学习方式。比如，教师为主，学习者为辅，产生的是接受学习和他主学习。如果学习者主导学习的整个过程，学习者积极主动地追求真理、探索真知，这就是自主学习和发现学习。再比如，学习者和同伴以平等、互助、协商的关系，组成学习共同体一起学习，这是合作学习，相反的是独立学习。整体上看，如果不以学习者为中心，而是以教师、以课本、以知识为中心，产生的是他主学习、接受学习、机械学习等不好的学习方式。这是传统的不好的学习方式。

其三，转变学习方式就是重塑学习关系。当前，全球教育界都在提倡转变学习方式，我国也不例外。2001年6月教育部发布的《基础教育课程改革纲要（试行）》提出，改变过于强调接受学习、死记硬背、机械训练的现状，倡导学生主动参与、乐于探究、勤于动手，注重培养学生的独立性和自主性，引导学生质疑、调查、探究，在实践中学习。

2022年3月25日，《教育部关于印发义务教育课程方案和课程标准（2022年版）的通知》又指出：转变育人方式，突出学科思想和探究方式的学习，创设以学习者为中心的学习环境，凸显学生主体地位，引导学生明确目标、自主规划与自我监控，提高自主、合作和探究学习能力。

可以看出，转变学习方式主要就是改变师生关系、学习者和同伴的关系、学习者和知识的关系，将不好的学习方式转变为好的学习方式。比如将他主学习转变为自主学习，将接受学习转变为发现学习、探究学习，将机械学习转变为有意义学习，将独立学习转变为合作学习。

总之，学习方式决定学习效果。转变学习方式要以学习者为中心，需要学习者积极投入、深度思考、深度学习，并且和实践互动。而这也是自主学习的主要特征。那么，什么是自主学习？

什么是自主学习？

什么是自主学习？国内著名教育心理学专家、华东师范大学的皮连生教授认为，自主学习通常是指主动、自觉、独立的学习，它与被动、机械、接受式的学习相对。基本上，自主学习是学习者积极主动的学习，是学习者自己主导的学习。

美国华盛顿大学的齐莫曼教授是著名的自主学习研究者，他在20世纪80年代提出了一个标准：当你在元认知、动机和行为三个方面都是一个积极的参与者时，你的学习就是自主的。动机和行为的积极参与，这容易理解。

元认知的参与又是什么？元认知是对认知的认知，你自己监控和调节自己的认知活动。元认知在学习中非常重要。本书有一章专门讲这个话题，这里不多涉及。

齐莫曼又提出了一个自主学习框架，从动机、方法、时间、行为、物质环境、社会环境这六个方面评估自主学习。要做到自主学习，在六个方面都有一定要求：

你的学习动机是内在的；

你的学习方法是有计划的；

你的学习时间安排是有效的；

你可以控制你的学习行为；

你对学习的物质环境和社会环境保持高度敏感，并且能随机应变。

之后，他又发展了自主学习模型，把自主学习分为前瞻、表现和自我反思三个阶段。前瞻阶段是任务目标分析和策略计划；表现阶段主要有自我控制、时间管理等；自我反思阶段是评价、判断和归因等。

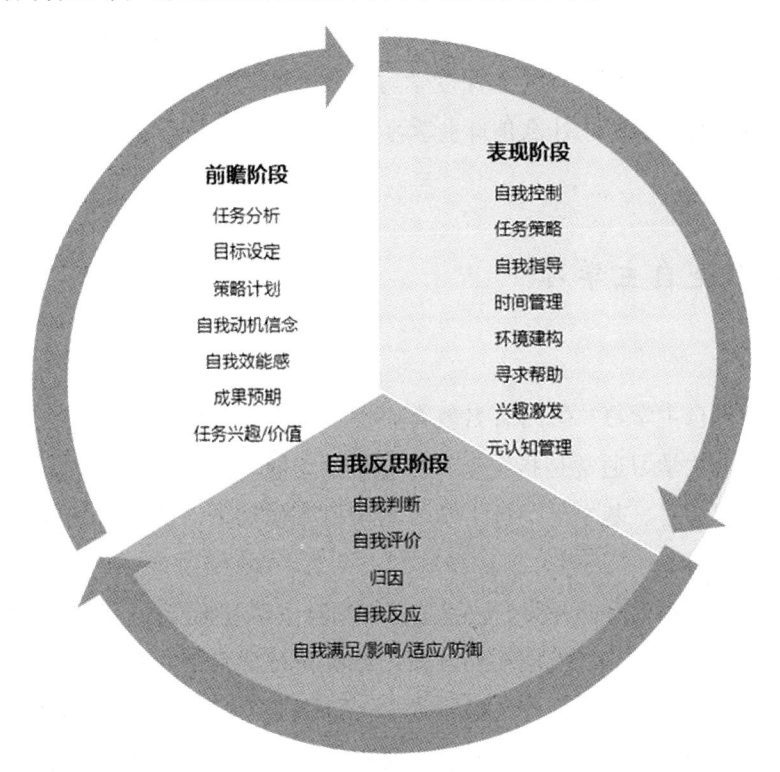

图 8-2　齐莫曼自主学习模型

国内学者孙佳林和郑长龙指出，齐莫曼自主学习模型有三个特点：一是阶段分明，即自主学习分三个阶段；二是循环模式，自主学习的三个阶段是循环的；三是重点突出，每个阶段都将学习者完成任务的表现作为重点。

◎自主学习就是自学吗？

自主学习就是自学吗？先看下什么是自学？自学（Self-Learning）大致有三层含义，第一，是自学成才的自学，就是自己学习，没有人指导的学习。这种含义的自学是指没有接受学校正规教育的学习。我们自小就听到无数自学成才的例子，父母和老师拿这些激励我们学习，比如国内的华罗庚，国外的爱迪生，等等。

第二，自学还有一种表现形式，就是离开校园后的学习。比如，比尔·盖茨辍学后在车库创业，同时自学。

第三，自学还有更广泛的意思，就是所有有自学因素参与的学习，包括在学校内的学习。比如，你在学校上自习课、在图书馆阅读，这也是自学。

总之，自学的含义比我们通常认为的含义要广泛得多。

自学和自主学习不完全一样，有相同的地方，也有不同地方。相同的地方是，二者本质一样，都是学习者积极、主动地学习。

不同的地方有三点：其一，含义不同。二者的含义可以从各自相反面看出。和自学相反的是有人指导的学习，判断是否是自学，主要看有没有人指导。而自主学习对应的是他主学习，是否是自主学习，要看是谁在主导学习。

其二，范围不同。自学大概率上是自主学习。就是说，如果你在自学，一般而言，你就是在自主学习。而自主学习不一定是自学。自主学习不排除有人指导，比如，你在老师教导下学习，不过，主导者是你，此时，你的学习是自主学习。

其三，应用场景不同。自学大部分时候发生在校园外的非正规、非正式学习中。自主学习不仅发生在非正规、非正式学习中，也可以发生在正规学习、正式学习中。

总之，自主学习和自学本质都是学习者独立、自觉、主动地学习，是学习者主导学习过程的学习。除非个别强调外，本书在提到自主学习和自学的时候不再区分。

◎校园内的学习也需要自主学习和自学吗？

说到自主学习和自学，多数人就会联想到这是校园外的学习，将自主学习和自学和是否接受正规教育、是否进行正式学习直接关联。这是将自主学习和自学理解狭隘化了。

校园内外的学习一般分为正式学习和非正式学习。著名学习科学专家索耶在他主编的《剑桥学习科学手册》一书中指出，学习科学研究各种情境下的学习——不仅包括学校课堂里的正式学习，也包括发生在家里、工作期间以及同伴之间的非正式学习。

确切地说，自主学习和自学不仅发生在非正式学习中，也发生在学校课堂里的正式学习中。课堂学习，如果学习者不自主，学习效率也是低下的。俗语"师傅领进门，修行在个人"说的就是这个意思。即便有老师指导，如果学习者不主动、不积极，学习效果可想而知。教育部门倡导的学习方式转变，其中主要一点就是将他主学习改变为自主学习。

此外，你在学校的时间也不全是在老师的教导下学习，比如，你上自习课，你在图书馆，这也是自学和自主学习。所以，自主学习的概念比我们理解的范围要广得多，意义更为重大。

自主学习和非自主学习的划分依据不是学习场所，区别不在学习的地方是校内还是校外，而是学习的动机、态度和努力程度、方式等。

近20来年，我国教育部门多次提出要转变学生学习方式，并且把自主学习作为一种学习方式正式写进基础教育课程标准。自主学习方式获得国家层面的认可。这更权威地表明，校园内需要自主学习。

自主学习是现代教育学和学习科学对自学的精确表达，不过，其思想和实践历史上早就存在。

自主学习的前世今生

◎古代自主学习理念

自主学习的重要性，古代中外一些学者早就意识到。比如，孔子非常重视学习者个人在学习中的作用。他说："为仁由己，而由人乎哉？"实行仁德在自己身上，难道还由别人决定吗？

孟子说："行有不得者，皆反求诸己。"事情没做好，要在自己身上找原因。孟子又在自学方面具体展开，他说："君子深造之以道，欲其自得之也。自得之，则居之安；居之安，则资之深；资之深，则取之左右逢其原。故君子欲其自得之也。"大意是：一个人要获得高深的造诣，就要自己积极主动地学习；自学到的知识，就可以牢固地掌握，就可以积累丰富的知识，运用知识也就得心应手，左右逢源。所以，人要自己积极主动地学习和获得知识。

宋朝的朱熹说得更直白："读书是自家读书，为学是自家为学，不干别人一线事，别人助自家不得。"

和孔子、孟子同为轴心时代的古希腊哲学家苏格拉底强调学生要主动思考和学习，教师要做"知识的助产婆"，要引导和协助学生学习。苏格拉底的自主学习思维影响了柏拉图和亚里士多德，比如，柏拉图知识学习中的自我反思，亚里士多德重视学习中自我监控和调节。

当然，古代中外强调自主学习的观点还很多，不一一列举，下面列举近现代的。

◎近现代自主学习思想

19世纪德国著名教育家、被公认为"教师的教师"的第斯多惠认为衡量教学方法的最高标准，是能否激发学生自主学习作为，他说："如果能激发学生的主动性，任何方法都是好的。"

同时期的英国著名教育家斯宾塞就是自学成才的。他认为人类完全是从自我教育中取得进步的。斯宾塞在他的名著《教育论》中认为，通过自主学习获得的知识更牢固，在学校中养成的自主学习能力和习惯，也有利于学生毕业后的自学。

不仅教育家在说自主学习的重要性，现代著名美国作家马克·吐温也说："自我教育是唯一的教育方式。"

自然，在近现代，不只国外，国内关注自学的专家、学者也很多。

我国教育家蔡元培也强调自学的重要性，他说最好让学生自学，教师不能将自己的意志硬压到学生身上，不能像往水瓶里面把水注满就算完事。

叶圣陶也强调自学的重要性。他的自学核心思想是他在 20 世纪 60 年代提出的：教是为了不教。之后，叶圣陶又加了四个字：教是为了达到不需要教。他还说，世界上的事情是学不完的，无论是谁，都要学习一辈子，达到不需要教，就是要教给学生自己学习的本领，让他们自己学习一辈子。

武汉大学前校长刘道玉是我国著名教育家，被易中天称为"永远的校长"。刘校长一直强调自学的重要性。他在《教育问题探津》中说：

人类文明从自学开始。学校的诞生，自然促进了学习的发展，使更多的人得到了受教育的机会。但是，无论任何时候或任何国家，即使有了学校，也不可能所有的人都能够进入学校，依然还是有人依靠自学而获得必要的知识和技能。即使进入到学校的人，他们学习好坏的差别，也在于他们是否善于自学，因此自学永远是最有效的学习方法。

除去教育家的自主学习的思想和观点，学术界对自学和自主学习更有系统的研究。研究者们有多种提法，主要有主动学习（Active learning）、自我调节学习（Self-Regulated Learning）、自我管理学习（Self-managed learning）、自我导向学习（Self-directed Learning），等等。

各种提法侧重点不同，但是都强调学习者的主观能动性和对学习过程的自我调节及管理。其中自主学习（Self-Regulated Learning）和自我调节学习（英语相同）理论影响力最大，学者们提出了不少有影响力的理论模型。

◎现代自主学习模型

西班牙学者卡洛斯等人按照时间线索梳理了目前比较流行的、典型的和影响力比较大的六种自主学习理论模型：

一、社会学习理论模型。根据社会学习理论构建的"自我—环境—行为"相互作用进行自主学习。

二、目标达成和情感作用模型。自主学习围绕两个机制进行，即认知自主调节机制和情感/动机自主调节机制。

三、认知和元认知模型。通过监控和使用元认知策略进行自主学习。

四、阶段—领域自主学习模型。自主学习有前瞻、监控、控制和反思反应四个阶段。每个阶段包含四个领域：认知、动机/情感、行为和情境。

五、认知和情感自主学习模型。自主性有宏观和微观两个层面，微观层面有四个基本要素：认知、元认知、情感与情感和努力的调节。

六、分享/合作—自主学习理论模型。强调合作学习在自主学习中的作用。

这六种模型中，齐莫曼的社会学习模型是自主学习的经典理论。此外，自主学习和职业教育、成人教育关系紧密。在这方面，也有比较有影响的成人学习模型。这些模型主要围绕学习过程（计划、执行、反思等）和要素（动机、元认知、情感等）两个层面进行。

华东师范大学心理与认知科学学院的庞维国教授在2003年出版《自主学习：学与教的原理和策略》一书，这是国内第一部对自主学习进行系统研究的专著，在国内第一次系统地介绍自主学习理论。庞维国教授认为自主学习有两个维度，分别是纵向的过程维度和横向的要素维度。

◎未来将是自主学习主导的时代

诞生于20世纪80年代的自主学习理论和实践，继90年代风靡一时后，现在更是方兴未艾。世界各国和国际组织非常重视自主学习的探索和实践，将其列为现代和未来教育发展的战略重点。

2020年1月，世界经济论坛（即达沃斯论坛）发布《未来学校：为第四次工业革命定义新的教育模式》的报告，提出教育4.0全球框架。教育4.0的概念是美国著名教育集团跳跳蛙（Leapfrog）提出的。

Leapfrog认为，农业社会的教育是教育1.0，工业社会的是教育2.0，全球化时代的是教育3.0，创新社会时代的是教育4.0。有关专家指出，在教育4.0时代，学习者不仅要知道如何读写，更需要学习创新，富有创新意识，要根据时代变化，终身不断增长知识和技能。

教育4.0的全球框架从内容和学习方式方面提出未来教育8项关键特征。内容方面学习者需要掌握4项技能：全球公民技能、创新创造力、技术技能和人际交往技能。创新学习方式也有四项，其中有两条——个性化和自定义进度学习、终身学习和自驱动学习和自主学习直接相关，还有一条，基于问题和协作学习也离不开自主学习。可见，在未来的优质教育和学习中，自主学习占主导地位。

```
┌─────────────────┬─────────────────┐
│   个性化和       │   可及性和       │
│   自定义进度学习  │   包容性学习     │
│         ┌──创新学习方式──┐         │
│   基于问题和     │   终身学习和     │
│   协作学习       │   自驱动学习     │
└─────────────────┴─────────────────┘
```

图 8-3　教育 4.0 全球框架创新学习方式

虽然，自主学习一再被证明是有效的学习方式，并且也被教育部门和国际组织一再提倡和鼓励，但是在实践中，仍然有很多人在消极、被动地进行低效或者无效学习。

比如，本章开篇部分提到的韩梅梅和李明们。为什么会发生这个矛盾现象？为什么你的学习不自主？

为什么你的学习不自主？

◎外因：现代教育制度的弊端

现在一提到教育的弊端，估计每个人都可以批评几句。有人曾经说过，我们现在是在用 19 世纪的体制、20 世纪的知识，培养 21 世纪的人。100 年前，美国著名教育家杜威就认为，教育问题就出在用昨天的方法教今天的孩子上。100 多年后，这个问题仍然没有得到有效解决。

美国认知科学家凯瑟琳·劳森形象地吐槽："如果把教育领域比作医学领域，如今的教育方法基本上还处于水蛭放血疗法的时代。"

现代教育制度不容易促进自主学习，主要有三个原因：首先，流水线工厂式的标准化和统一性不利于学习者个性化发展。现代教育制度，比如 K-12

教育体系起源于18世纪的普鲁士,当时政府的初衷是为了培养听话和容易管理的国民和合格的劳动者,于是,标准化和统一化是教育的基本特征和要求。

19世纪上半叶,美国基本照搬了普鲁士的教育体系。之后,普鲁士教育体系在欧美之外的国家普及,包括20世纪50年代后的中国。

针对现代教育过于标准化和统一性的特征,美国X大奖创始人、奇点大学执行主席彼得·戴曼迪斯批评道:

标准化是教育的原则,统一性是教育预期的结果。同一年龄的所有学生使用相同教材,参加相同的考试,教学效果也按照同样的考试尺度评估。学校以工厂为效仿的对象,每天都被均匀地分割为若干时间段,每段时间的开始和结束都以敲钟为号。

标准化和统一性有利于学校的管理和教师的教学,方便的是教育者。但是,这扼杀了学习者的个性化和独立性。一切学习行为都被安排好了,学习者如何形成自主学习的意识和能力?

其次,课程设置和教学内容也不支持自主学习。现代学校主要功能仍然是知识传授、技能提升,并且,专业划分很细。正如著名的可汗学院的创始人萨尔曼·可汗所说:普鲁士教育模式人为地将知识分割成一个个僵硬的知识点,人类思维的庞大体系和相互关联的部分被分成了一个个独立的学科。

除非个别专门学校和专业,大部分学校基本没有开设思维训练和学习方法的课程。人们常说"授人以鱼,不如授人以渔",与其传授给人知识,不如传授给他学习知识的方法。大部分时候,这仅仅是一个没有实践的理念和口号。所以,联合国教科文组织外联助理总干事德·纳伊曼说,应当对现在大学里的课程设置进行一次革命,应该用80%的时间获得学习方法和研究方法,用20%的时间传授知识。

最后,教师的问题。教师在培养学生的自主学习意识和能力方面起到直接作用和重要影响。但是,大部分时候,教师采取的教学方式起到负面作用和消极影响。

著名的欧洲管理思想大师查尔斯·汉迪在《成长第二曲线:跨越S型曲线持续成长》中借学生之口描述当前师生之间的教学关系:"老师知道所有习题的答案。当然,他们之所以知道是因为他们有秘密武器的帮助,他们的教科书背面有习题的答案，而我们的没有。作为学生，我们要做的就是努力学习并记住老师知道的或假装知道的东西，然后在考试时复述给他们。"

为什么教师没有促进学生自主学习？对此，刘道玉校长最有发言权。他说："大多数教师不明白教师的作用到底是什么，他们以为学生都自学了，还要教师干什么？他们似乎认为教师的作用就是上课、辅导、批改作业、对学生进行考试，把学生束缚在课堂上，对不听课的学生实行点名、扣分甚至取消考试资格的措施，一味地搞师道尊严那一套。"

于是，一代又一代的学生在校园内没有培养出自主学习的意识和能力，并且蔓延到他们走出校园后的学习、生活和工作中。

当然，学习者的学习不自主不能完全指责教师和教育制度。学习者个人的因素更重要。

◎ **内因：学习者不知、不觉、不为**

如果说，你按部就班地学习，拿到毕业证离开学校，仅仅证明你是符合标准的合格品，那么，要想成为优秀品，你就需要自主学习。而现实中，多数人并没有做到这点。刘道玉校长也说了为什么学生不采用自学的原因：

从学生方面来说，他们之所以不能采用自学方法进行学习，是因为他们自幼就是接受灌输式的教育，他们已经习以为常了，对教师存在依赖思想，总以为按部就班地听教师讲授，会学得快一些、应考保险一些。

学习不自主不仅仅在学校，走出校园后，很多人的学习也不自主。根源是学习者个人的不知、不觉、不为。

其一，不知。学习者不知道什么是好的学习方法和学习方式。如果学习者不知道基本的学习原理是什么、自学的意义是什么、自主学习是什么，那么如何进行自主学习？在学校时，学习者没有接受此方面的教育和培训；步入职场后，他们也没有相应地投入和关注，他们当然不知道什么是好的学习方式、什么是好的学习方法。这样出现一个诡异现象，很多人学习了一辈子，但是，他们并不会学习。这个现象在全球普遍存在。

为此，1996年，联合国教科文组织"国际21世纪教育委员会"的报告《学习——内在的财富》强调未来的合格公民需要"四个学会"，即学会学习、学会做事、学会共处和学会生存。

2017年，教科文组织在《反思教育：向"全球共同利益"的理念转变?》中又强调，学会如何学习从来没有像今天这么重要。

其二，不觉。学习者没有对自己的学习认知行为进行自我察觉和调节。这和思维有关，涉及一个人的元认知。元认知话题后面有一章专门讲述。元认知是对自己认知活动的察觉、反思和调节，在一个人学习、生活和工作中起到非常重要的作用。苏格拉底说："未经审视的人生不值得过。"学习是人生中最重要的事情之一，但是，大多数人对自己的学习认知行为并没有审视，没有察觉、反思和调节、改进。

其三，不为。学习者没有作为，志向不明，动机不够。齐莫曼认为，自主学习的一个要求和标志是学习者在动机方面是一个积极参与者。内在动机驱动是自主学习的关键因素。动机是最好的方法。有动机，有追求，有抱负，学习者才有敢于打破常规的勇气，才会不按照被安排好的节奏学习，才会自己制定目标，进行策略性学习，并且自己主导学习过程。

◎学习不自主的危害

学习不自主的危害主要有三点：首先，导致学业失败。因为他们放弃了效果最好的学习方式。常识和相关研究一再表明，自己积极主动的学习、自己主导的学习，学习效果最好。相反，学习不自主在几个方面给学习带来负面影响：一方面，导致学习者学习动机不足，学习意愿不强，这直接影响学习效果；另一方面，让学习者容易使用简单的重复再重复，不思考，死记硬背一个个单个知识点，不会使用有效的学习策略；再一方面，学习者忽视对学习资源如时间、空间和工具的有效利用和自我管理。

其次，导致职业和事业受挫。一个人的大部分时光在校园外度过，职业生涯伴随一个人的大部分时间。学习者步入职场，面对知识和技能的快速变化，为了不被时代淘汰，就需要保持活力，随时更新知识和技能，这就需要自主学习，需要终身学习。如果学习者不会自主学习，不会终身学习，没有做到随环境变化而改变自己的行为方式和思维方式，可能随时被淘汰。就是不被淘汰，也仅仅是职场的合格品而不是优秀品。

最后，导致生命的缺失、人生的不完整。学习是人成为一个完整的人的必要手段。学习即成长，成长需要学习。学习是学习者发现自我、认识自我，提高自身修养，丰盈精神世界，完善学习者自身的过程。这是学习的人文价值。

学习还有一个工具价值，就是仅仅把人培养成为一个合格的劳动者，一个只会做事情的工具。他主学习、接受学习、填鸭式学习，就是这种导向的一个结果。学以致用，本身也没有错。不过，这要求学习者要在学习的工具价值和人文价值之间有一个平衡和协同。

那么，面对这些，学习者就完全被动接受，无能为力吗？当然不是，正如刘道玉校长所说：

你们虽然不能改变保守的教育制度，但是你们可以改变自己的命运。每个人都是自己人生的设计者和实践者，路要靠自己走。

走自己的路，设计和实践自己的人生，关键需要学习者对学习进行自我管理。那么，什么是自我管理？

为什么自主学习的关键是自我管理？

◎ **自我管理就是做自己的 CEO**

"现代管理学之父""大师中的大师"彼得·德鲁克在《卓有成效的管理者》开篇就说："关于管理方面的著作通常都是谈如何管理别人，而本书的主题却是关于如何自我管理才能成为卓有成效的管理者的。"与此类似，相比人们通常说的学习方法和技巧，自我管理才能让你成为卓有成效的自主学习者。

自我管理很重要，你要先做自己的首席执行官（CEO），再学习。德鲁克在《21 世纪的管理》中提出自我管理的重要性：

由于我们的工作年限越来越长，有可能超过组织的寿命，因此知识工作者需要学会自我管理。自我管理是人事上的革命。它要求个人，特别是知识工作者展现出全新的面貌和做出史无前例的事情。这是因为，它实际上要求每个知识工作者都从首席执行官的角度思考问题和做事情。

德鲁克说自我管理需要做自己的首席执行官（CEO），这一点和自主学习的实质相同。二者都强调个人是学习和工作的责任主体，强调自我管理能力是其他能力的基础，强调自我管理行为是其他行为的前提。

现在进入互联网时代，知识和技能迭代的速度加快，人们面临的压力、不确定性、干扰和诱惑更多，学习的需求日益突出，学习者面临更大的挑战，你不仅仅要在元认知、动机和行为方面是一个积极的参与者，你还需要自我管理、自我控制、自我调节学习的多个过程和影响学习成效的各种因素。

自我管理强调比学习方法更重要的是自我管理能力，比学习能力更重要的是自我管理能力。因为除方法、策略和技巧这些因素外，自我管理还涉及价值观、人生抱负、思维方式和认知的管理。只有这样才能真正解决学习动力问题，你才会真正做到自主、主动、独立地学习，围绕目标、克服困难、掌控学习过程，完成学习任务。

◎ **自我管理是自主学习的抓手**

学习中需要自我管理，行为主义学习理论也有所涉及。行为主义因为强调奖励和惩罚，重视外在动机而被诟病。但是，行为主义理论中不乏一些值得肯定的地方，比如，学习者的自我管理。学习者要对学习行为进行自我管理，主要有三重含义：

一、设定具体的目标，并且将其公开化，这是自我管理学习的关键要素。有研究显示，那些制定学习目标并且将目标公开化的大学生，在测试中的成绩要比没有这样做的大学生的成绩好。

二、要对学习行为进行监督和评价。学习者对个人学习行为进行统计、分析、评价进度和自我监督，判断学习进度情况。

三、自我强化。学习者取得成绩后自我激励有利于未来的表现。

除去行为主义外，学习科学的相关研究也表明自我管理的重要性。这和学习是一个复杂的过程，以及影响学习的因素众多有关。研究表明，学习是一个复杂的过程，涉及发展、情感、认知、生物、社会文化等多个过程，有效的学习必须要对这些过程进行协调统合，必须要对这些过程进行自我管理、自我控制和自我调节。

此外，影响学习效果的因素很多，有微观因素，比如血液中铅含量，这和饮食、服用药物、生活方式有关；有宏观因素，比如学习者所在社区、社会和文化的品质，这和学习者对外在环境的选择、利用和控制有关。

总之，自我管理是自主学习的有效途径，也是学习者在复杂的学习过程中可以落地和实施的主要手段。那么，你要如何进行自我管理自主学习呢？

自我管理自主学习模型

◎管理什么？学习过程和要素

自我管理自主学习是为了自我实现，通过激发潜能，提升认知和思维方式，对影响学习效果的多个过程和各种要素进行自我管理、自我控制和自我调节，以符合学习原理和认知规律的方式进行策略性学习，不断实践、持续努力，达成学习目标的过程。

自我管理的对象有学习过程和要素两个层面。一方面，对学习过程进行自我管理。学习有两大阶段，谋和动。谋定而后动，谋是计划，动是执行。做计划前还有一个酝酿期，执行后还需要对学习活动进行监控和反思。于是，自主学习有四个过程：酝酿、计划、执行、反思。

一、酝酿：识别外在环境，界定需要解决的问题，明确人生追求和抱负，评估、判断，发现自己的优势、劣势等。

二、计划：明确任务目标，完成步骤，时间节点，投入的精力和其他资源等。

三、执行：执行和实施学习计划。

四、反思：对学习过程进行监控，并且反思，改进和完善学习过程，优化学习活动。

另一方面，对学习要素进行自我管理。学习的要素是学习涉及的领域。自主学习的最佳境界是知行合一。"知"涉及思维、动机、情绪、元认知；

"行"涉及行为、认知策略的使用，对物理的和社会环境的把握，资源和工具的应用等。此外，动机和情感、情绪密不可分。情绪促进动机，动机离不开情绪。这里说的动机包括情绪因素。

于是，自主学习的要素有五个：思维、动机、元认知、行为、资源。

一、思维：管理你的思维方式和认知。提升你的认知水平和思维质量，用科学的思维、开阔的视野、开放的心态，促进你的学习。

二、动机：管理你的人生抱负、意义感和价值观。挖掘内心的力量，保持良好的情绪，坚定目标，激发潜能，产生持久的学习动机，直面困难和挫折，并且坚持不懈。

三、元认知：对学习的认知过程进行自我察觉、监控和调节。

四、行为：对学习行为自我观察、自我评价、自我控制、自我协调。

五、资源：营造良好的物理环境、社会环境，进行时间管理，充分利用网络和人工智能技术和工具，寻求外界帮助等。

◎如何管理？明确事项和标准

结合学习各个阶段对应的不同要素展开。首先要明确不同阶段对应的要素，学习时需要做什么事情；其次要明确做到什么标准和要求，才是自主学习。拿酝酿阶段的思维举例，学习者要做的事情是了解任务背景、分析、判断学习的价值和意义，分析形势和条件。达成的标准是理性、客观、操作性强。按照这方法，四个阶段，五个要素，一共有20个事项和相应的标准。具体见自我管理自主学习模型。

◎自我管理自主学习模型

自主学习有五个要素：思维、动机、元认知、行为、资源。四个阶段：酝酿、计划、执行、反思。各个要素在各个阶段，分别在事项和标准方面有明确要求。达到这些标准，你的学习就是自主的，你的学习就不可能无效或低效。

这里提醒一下，此模型要结合本书其他相关章节内容使用。所以，建议你先大致了解模型结构和内容，不必细看，读到相关章节，或者全书读完了，再回顾此部分内容，效果会好些。

过程\要素	思维 事项	思维 标准	动机 事项	动机 标准	元认知 事项	元认知 标准	行为 事项	行为 标准	资源 事项	资源 标准
酝酿	识别外部环境，明确挑战，界定问题	映射真实世界	明确人生目标、抱负、追求	自我效能感高符合兴趣和志向	回顾之前元认知体验和得失	客观真实可借鉴	了解自己行为特征、优缺点	合理客观真实	盘点资源状况关注新技术进展	客观真实前沿
计划	应用问题解决、批判性思维、创新性思维	形成明智决策	根据任务，投入动机和情绪资源	内在动机为主，外在动机为辅，寻求意义，发现价值	制定学习策略	资源充足，环境优化，步骤合理，策略匹配任务	制订各类学习行为计划	目标明确，节奏合理，资源充分，进度正常	确定投入系列资源和工具	针对性强，效率高
执行	应用元认知、批判性思维	采取合理行动	用情绪和动机促进学习	动机水平合适学习前有热情学习中平静学习后不沮丧	对学习的认知过程进行自我察觉和监控	进度正常，及时调整和改进	执行自我监测自我控制自我调节	观察策略技能熟练勤奋和努力	投入时间、环境资源，使用工具	充分利用，及时调整
反思	应用元认知、批判性思维	独立思考，富有新意	发现不足，改进	归因合理，挫折观正确，胜不骄，败不馁	策略应用和成败得失分析	形成可迁移的经验，对未来有借鉴作用	得失分析，归因	真实客观，自律，自我调节	记录、检查和反思资源使用情况	及时改进，适时寻求外援

图 8-4 自我管理自主学习模型

对自我管理自主学习模型，有三点说明：其一，这是我结合前人的研究和个人体会和思考，提出的一个试图对自主学习实践有借鉴和参考意义的尝试和探索。这些理论有，齐莫曼的社会学习理论自主学习模型，平特里奇的阶段-领域自主学习模型，庞维国的自主学习纵向过程和横向维度，等等。

其二，部分要素有重合的地方，不好截然分开。比如，思维和元认知相关，元认知本是思维的一部分。行为要素和元认知及资源使用情况密切相关。一些学习认知行为需要用元认知监测、调节，还有一些行为涉及对时间、空间和工具的使用。这也说明对学习行为的自我管理涉及面广，是一个内部要求密切相关的体系。

其三，自主学习的各个要素，在对应的阶段有事项和标准两项。标准部分此次以定性的方式出现，比较简略。未来可以将此延展为定量的测评表，发展成为一个自主学习量化的测评工具。这是另外一个话题，这里不展开。

自我管理自主学习模型的应用是一个复杂事情，实施起来并不容易。但是，如果你按照这个标准和要求实施自主学习，意义和价值也是巨大的。因为这涉及自主学习和实质，就是自主学习和人性，和人的自我意识相关。

福建师范大学余文森教授从人性的角度对比自主学习和他主学习。余教授说，人是主体性与客体性的统一，是能动性与受动性的统一，是独立性与依赖性的统一。

他主学习把学习建立在人的客体性、受动性、依赖性的一面上，自主学习则把学习建立在人的主体性、能动性、独立性的一面上。

更进一步，自主学习是建立在人的自我意识之上的，而是否具备自我意识是智慧生命的一个前提和基本特征。

1970年，美国图兰大学的心理学家盖洛普做了一个试验，给大猩猩照镜子，观察发现，大猩猩知道镜子中是它自己。试验说明大猩猩具备一定的自我意识。之后的试验发现仅10多种动物，如黑猩猩、大猩猩、海豚、鲸鱼、大象、喜鹊等具备自我意识。大部分动物不具备自我意识。此外，近些年来势汹汹的人工智能，尤其2023年爆火的ChatGPT也不具备自我意识。

人类大致在一岁半到两岁的时候，逐步有了自我意识。一岁半到两岁的婴儿第一次照镜子时，看到镜子中的自己会疑惑，这是谁？随后，他知道这是自己，而不是其他的任何人，于是他萌发出了自我意识，发现自己是独一无二的。自我意识很重要，让一个人知道自己和他人的不同，让一个人做任何事情都带有一定的目的，让一个人想要主导自己的思想和行动，也包括学习。

所以，学习，尤其自主学习，实质上就是一个人彰显自我意识、寻求自我、发现自我、体现生命意义的价值的过程。

在一个人的不同生命阶段，他都可能问自己：我是谁？我从哪里来？我要到哪里去？一个人就是在这三个问题中来到这个世界，成长，老去，再离开。

对这个经典的人生三问，没有人敢说知道答案。不过，意义就存在于寻求答案的过程中。而学习，尤其自主学习，让这个过程发生。

第三部分　如何学习

自主学习18法则

第一部分 为什么学习

法则一 优化变数，让学习改变命运
法则二 叩问目标，让学习有动力
法则三 调控情绪，让学习有热情
法则四 聚焦任务，让学习有价值

第二部分 学习是什么

法则五 发现脑的奥秘，让学习符合生理机制
法则六 洞悉真相，让学习起步于巨人之肩
法则七 变革知识观，让学习与时代同步
法则八 认清自主实质，让学习由自己掌握

第三部分 如何学习

法则九 提高思维质量，让学习拥抱未知
法则十 正确记忆，让学习有裂变
法则十一 善于阅读，让学习有源头活水
法则十二 启动元认知，让学习有脑中无人机监控
法则十三 管理时间，让学习有复利
法则十四 提高数字素养，让学习如虎添翼

第四部分 如何持续学习

法则十五 驾驭挫折，让学习有韧性
法则十六 纵贯一生，让学习应对变化
法则十七 扩展空间，让学习无处不在
法则十八 延长时间，让学习滋养生命

法则九　提高思维质量，让学习拥抱未知

技能使一个人能够处理他以前遇到过的相同情况，科学思维则使他能够处理他以前从未遇到过的情况。

——克利福德（19世纪英国数学家）

近些年，人们像对待认知一样重视思维。成功靠思维，失败也是思维。不过，人们在夸大、神化思维和思维方式的同时，恰恰忽视对思维本质的认识和思考。这不能不说是南辕北辙。思维是什么？思维方式的本质是什么？学习和思维有什么关系？如何让学习和思维相互促进？

人们热捧的思维方式究竟是什么？

◎思维是什么？

思维就是我们常说的想，像呼吸和吃饭一样，每个人都会，每天都在使用。比如，你是否经常说：这件事，我考虑一下；那个项目，我回去想一下。

当然，想也有不同种类。一般地想，叫考虑、思索、思考、想度、料想、猜想；反复地想叫冥思苦想、想来想去、左思右想；想未来叫想象、畅想；想过去叫回想、回忆；想得不现实叫想入非非、胡思乱想、异想天开；想得妙叫奇思妙想、突发奇想；纠结叫想不开；几个事情一起想叫联想；等等。

这些都是思维。你可能疑惑，思维那么复杂？这很正常。正是复杂、高级的思维活动体现了人类的独特之处。思维是人和动物区别所在。人和猿猴

有6%的基因差异，基因差异导致人和猿猴大脑皮层发育不同，大脑皮层发育不同导致人和猿猴是否有思维。可见，是否有思维才是人类和猿猴的差别所在。

思维不仅决定人和猿猴的差异，也决定了人和人之间的差别。因为思维是我们认识世界、形成决策和采取行动的总指挥官。就是说，思维负责发布行动命令。命令是对是错，质量是高是低，直接影响和决定了我们的人生轨迹。具体而言，我们每天都要做无数个决策，小到早上吃什么，出门穿哪件衣服，大到考哪个学校，读什么专业，毕业后从事什么职业，和谁结婚，在哪里买房，如何投资和理财。这一个一个的决策和相应的行动，最终决定了我们的人生走向、过程和结果。

用《做你想做的人》（该书与卡耐基《人性的弱点》、希尔《积极心态的力量》并列为世界三大励志经典）一书作者，英国作家詹姆斯·艾伦的话说就是"过去的想法造就了现在的你，以后的思想将塑造未来的你"。

网上有个有趣的问题，假设穿越回过去，重新活一次，你会比现在活得好吗？还真不一定，假如你的思维没有改变和提升，你应对环境、进行决策和采取行动的方式没有改变和优化，大概率是，你活得和现在差不多。

思维如此重要。所以，理查德·保罗和琳达·埃尔德在《批判性思维：反盲从，做聪明的思考者》中强调，思维质量决定生活质量，他们说：

我们知道的、相信的、渴望的、惧怕的和期待的一切东西，都是思维告诉我们的。于是，我们的生活质量基本上是由思维的质量决定的。思维会影响我们的所作所为。

所以，有些人表现优秀，有些人比较一般，思维是一个重要因素。确切地说，思维方式是一个主要因素。那思维方式又是什么？

◎ 思维方式是什么？

思维方式是你看待外部世界的一般模式和固定反应。好的思维方式可以快速解决问题，提高效率。同样，不好的思维方式会给决策和行动带来不利影响。尤其关键的是，这种好或不好的影响是持久的，不是一次性的。所以，有一个说法很流行，假如你的大脑是手机，思维方式就是预装的操作系统

——各种 APP。

还有一个比喻，说思维方式是滤镜。滤镜是什么颜色、什么风格，你看到的就是什么。滤镜不变，你看到的外部世界就是固定的。总之，思维方式的影响是长期的、重复的。人们认为思维方式很重要，是有道理的。

思维方式的重要性人们早就意识到，只是说法不同。古希腊斯多葛学派强调"人不是受事物本身困扰，而是受你对事物的看法所困扰"，表达的就是类似思想。北宋苏轼的诗句"横看成岭侧成峰"，说的是看山，其实是说看问题角度不同，导致结论不同。和思维方式类似的概念还有图式、心智、心智模型、心智模式、思维模式、思维模型等。本质上看，这些概念说的都是我们经过组织而形成的相对固定的思维以及行为方式。下面简单介绍这几个说法的含义和渊源。先从图示说起：

图式是德国哲学家康德于 1787 年在《纯粹理性批判》中首先提出的。他认为图式是我们与生俱来的认识世界的工具，是一种先天的心理结构，是内置在我们脑中认识世界、理解世界的思想模板。

之后，瑞士著名心理学家皮亚杰进一步发展了这个概念。他说图式是我们储存在大脑里的一种动态的、可以调整的认知结构。在成长过程中，我们每个人都会建立起一个庞大的图式库，积累了我们的经验、知识和思考。为了节省时间和精力，我们用图式化的方式处理大量信息，按照之前积累的经验、固化下来的观念和认知，去快速地理解他人、理解世界。显然，图式就是我们常说的思维方式。

思维方式的意义在于：它是我们思维大厦的基石，是组织化的动作和思想系统，将复杂的世界简化，好让我们适应外部世界。换句话说，思维方式是我们在内心形成的相对固定的小世界。我们用这个小世界去解读和应对外部大世界。二者如果一致了，就可以提高我们应对和适应外部世界的效率。

关于思维模式最有影响力的说法，莫过于斯坦福大学心理学家卡罗尔·德韦克提出的固定型思维模式与成长型思维模式。她在《终身成长》中说，决定成功的并不是能力和天赋，努力过程中展现出的思维模式的影响更大。固定型与成长型这两种思维模式体现了应对成功与失败、成绩与挑战时的两种基本心态。

固定型思维模式用固定的、守旧的思维习惯思考问题，满足于现有成绩，尽量避免失败；成长型思维模式是一种开放式的思维习惯，以努力、奋斗为荣，不断寻求挑战，突破自我。

显然，德韦克提出的固定型思维模式是不好的思维方式，我们要尽量避免。除此之外，还有两个问题要注意：一是思维方式容易产生思维惯性、偏见和刻板印象，比如，因循守旧、故步自封、穿新鞋走老路等。所以，我们要常常反思、更新和改进自己的思维方式，避免不好的思维固化为惯性。

二是思维方式如果是残缺、落后，甚至扭曲的，就不能反映外部真实世界，不能形成明智决策和采取合适行动。此时，思维方式反而成为思维枷锁，限制和束缚了我们。如果出现这两种情况，表明我们的思维方式的质量不高。简言之，就是思维质量不高。那思维质量和思维方式有什么关系？思维方式的实质是什么？

◎**思维方式的实质是思维质量**

思维方式的实质是思维质量。因为，思维方式也有好的和不好的之分。好的思维方式就是高质量的。我们常说思维方式重要，其实重要的是思维方式的质量。我们常说要重视和培养思维，就是要形成高质量的思维和思维方式。如何鉴别思维和思维方式质量呢？可以从思维的表现、内容和过程三个方面看。

表现	内容	过程
映射真实世界 形成明智决策 采取合适行动	批判性思维 创新性思维 问题解决 元认知	应用高阶思维的 知识、技能和态度

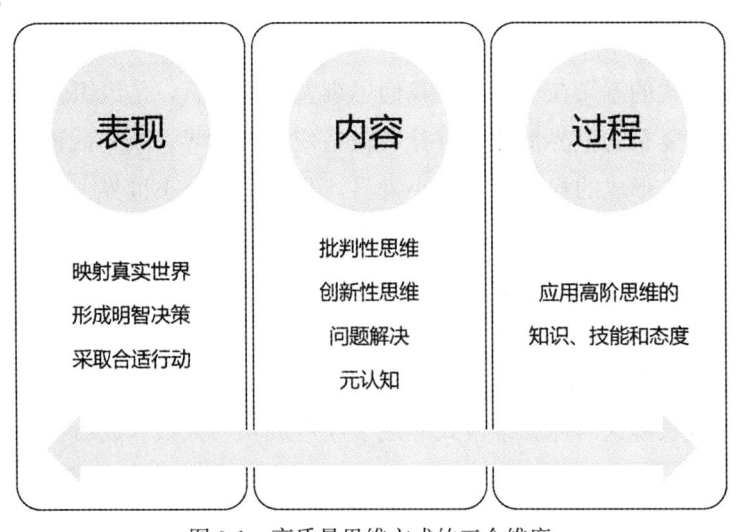

图 9-1　高质量思维方式的三个维度

首先，思维的表现具体体现在你的认知、决策和行动上。认知方面，你的思维方式要能反映外部世界，要和真实世界一致，这样你才会形成明智的、科学的决策，并且采取合理的行动。如果你的思维方式是不科学、残缺甚至扭曲的，你对外部世界的认知、形成的判断和决策以及随之的行动就有问题，结果可以想象。好比电影《教父》中教父说的"花一秒钟就看透事物本质的人，和花一辈子都看不清事物本质的人，注定是截然不同的命运"。

其次，好的思维方式，在内容方面也有要求。主要体现为一系列高质量思维，也就是高阶思维，主要是批判性思维、创新性思维、问题解决和元认知。

最后，高质量的思维在你应用高阶思维的知识、技能和态度的过程中体现。其一，知识方面，你要知道和掌握思维的知识、工具、方法等。正如丹尼尔·丹尼特在《直觉泵和其他思考工具》提到："你不能空着手做木工活，更不能空着脑袋思考。"思维方面的基础知识、经典的思维工具、模型等可以让你避免空着脑袋思考。其二，应用高阶思维的技能方面，比如分析、归纳、鉴别、推理、判断等是必备的思维技能。其三，态度是思维的品质、习惯和倾向性。"不唯上、不唯书、只唯实"，克服认知偏差，勤于思考，力求创新，这都是好的思维方式需要的思维倾向。相反，思维僵化、故步自封，不愿意深入思考，这也是一种思维倾向。显然，二者导致的结果不同。

互哺和共进：思维和学习的关系

◎思维是 21 世纪技能的核心部分

估计你早就听说过，并且也意识到，相比具体的知识和技能，思维更重要。古语就说"授人以鱼，不如授人以渔"。传授知识，不如传授学习知识的方法。现代先进的教育理念则更进一步，不仅要教授方法，更要阐释方法背后的思维。爱因斯坦就说，在教育过程中，被放在首要位置的应该永远是独立思考和判断的能力，而不是特定知识的获取。

知识和技能是固定的，只能解决相同和类似问题。更不用说知识会贬值，技能会过时。并且，现代世界充满未知、复杂和不确定性。要在这世界生存和发展，你必须要有好的思维。正如克利福德所说："技能使一个人能够处理他以前遇到过的相同情况，科学思维则使他能够处理他以前从未遇到过的情况。"

当前的教育实践中，思维能力的培养一直是全球教育强调的教学目标。现在各国都把思维作为教育目标的一部分，把思维列为21世纪能力的主要组成部分。21世纪能力是上世纪末美国等西方主要国家和组织提出的。众多国家和国际组织认为要应对21世纪面临的新挑战，学习者必须具备一些创新、合作、交流等能力。这些能力称为21世纪能力。不同国家和组织提出的21世纪能力的内容有些不同。但是，思维一直是最为重要的内核。培育高阶思维、为迁移而学，正是21世纪能力所倡导的首要目标。

我国2011版《义务教育学科课程标准》也把思维能力的培养作为总体教学目标。语文学科强调"在发展语言能力的同时，发展思维能力，学习科学的思想方法"；数学学科关注"运用数学的思维方式进行思考，增强发现和提出问题的能力、分析和解决问题的能力"；英语学科指出"语言既是交流的工具，也是思维的工具"。

2016年发布的《中国学生发展核心素养》将"科学精神"列为学生必须具备的六大核心要素之一（其他是人文底蕴、学会学习、健康生活、责任担当、实践创新），而科学精神即理性思维、批判和创新精神。

2022年发布的《教育部关于印发义务教育课程方案和课程标准（2022年版）的通知》，在修订原则里强调"坚持问题导向，坚持创新导向"，实质也是对思维的重视和要求。

◎思维和学习如何相互促进？

思维是现代学习和教育的目标。不过，古人早就意识到思维和学习之间相互促进的关系。孔子说："学而不思则罔，思而不学则殆。"只是学习而不思考就会感到迷茫，无所适从；只是空想而不学习就会陷入疲倦而无所得。

思维和学习是相互促进的关系。首先，学习对思维质量的提高至关重要。

一方面，学习是你和外部世界进行信息交互、探寻真相的过程。在这过程中，你逐步加深对个人、社会以及物理世界的了解，你的认识和思维水平逐步提高。

另一方面，在学习的过程中，你积累大量关于思维的知识，有意无意地应用思维的技能、工具和方法。同时，你也会逐步意识到思维的重要性，培养出良好的思维倾向和习惯。

其次，思维对学习的促进更为直接和明显。宋朝著名理学家程颐说："为学之道，必本于思。思则得之，不思则不得也。"学习的根本在于思考。思考了就有收获，不思考就没有。不仅古人，现代人也意识到好的思维、高质量的思维会促进学习。浅尝辄止，走马观花，或者人云亦云，死记硬背，可能会记住一大堆事实。但是，这种学习并没有完全理解所学知识，没有加入自己的思考，也不能迁移，还不是真的知识。按照杜威的说法，这不是理智的学习。

杜威在《我们如何思维》中提到：理智的学习包括积累知识和记住知识。只有理解了的东西，才是知识。理解和领会，就是能够把握所学知识各个部分之间的关系。为了达到这种效果，需要你不断地对所学东西进行反思性的思维。

杜威说的反思性思维，现在又有一个新的表达，并且包含的内容更多，这就是高阶思维。

高阶思维是什么？

高阶思维和布鲁姆的教育目标分类直接关联，即思维和学习在认知过程产生了联系，并且分出高低。布鲁姆的教育目标分类修订版把认知过程从低到高、从简单到复杂，分为记忆、理解、运用、分析、评价、创造六个层次，其中后三个层次通常被认为是高阶思维技能。

国外许多学者认为，高阶思维能力包含分析、评价与创造；低阶思维是机械的记忆，浅层的理解，简单的判断，直接的模仿等。当然，低阶思维也是思维的一个重要阶段，是高阶思维发生的必要条件之一。

高阶思维是一系列高水平的心智活动，主要由以下几个部分组成：批判性思维、创造性思维、问题解决和元认知。这四种思维是高阶思维的不同侧面，功能各有不同，一起构成高阶思维。

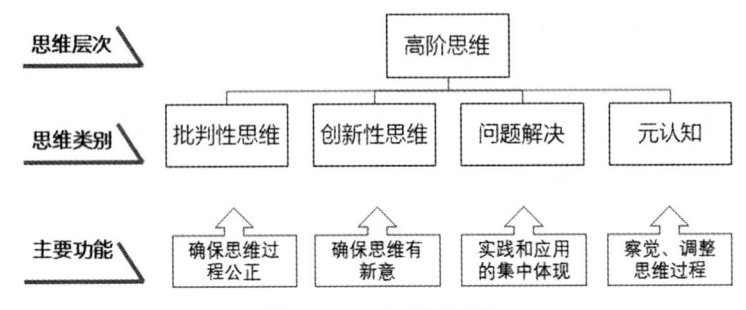

思维层次	高阶思维			
思维类别	批判性思维	创新性思维	问题解决	元认知
主要功能	确保思维过程公正	确保思维有新意	实践和应用的集中体现	察觉、调整思维过程

图 9-2　高阶思维构成

◎批判性思维

按照美国批判性思维学会会长理查德·保罗教授的定义，批判性思维是对思考的再思考。换句话说，批判性思维所批判的对象不是某个人、某个观点，而是一个观点背后的思考过程，审视的是思考过程是否缜密、是否公正。

此外，要注意的是，这里的批判性不是我们通常理解的批判（criticism）、批评和否定的意思。批判性（critical）一词来自希腊文 kritikos，意思是判断力、分辨力和洞察力。批判性是指审辩式、思辨式的评判，多是建设性的。批判性思维不仅不是否定的，还要求在思维公正性的前提下有所建设、有所创新。

我们日常的思维多是无意识、自动的，或者没有经过深思熟虑，是质量较低的思维。低质量的思维导致得出的结论不一定正确，可能会误导我们的行为。如果要超越日常思维，让思维有高的质量，那就需要批判性思维的参与。正如布鲁克·诺埃尔·摩尔等在《批判性思维》中所说的：

有一种常见思维：它让我们形成看法、进行判断、做出决定、制订计划、形成结论、提出假说等。还有一种批判性思维：它批判前一种思维，让前述思考过程及推理接受理性评估。

总之，批判性思维指导我们学会如何思考，而非仅指具体思考什么。比如，如果你说，奥巴马应该当美国总统。这句话不适合使用批判性思维。但是，如果你说奥巴马是黑人，所以应该当总统。批判性思维会认为奥巴马是黑人这个理由和证据不足以得出其应该当总统这个结论。就是说，这个思考过程有问题。

那么，批判性思维是由哪些要素构成的？理查德·保罗教授认为批判性思维由观点、目标、问题、信息、概念、假设、结果和结论这8个元素组成。考虑到这8个元素有重复的地方，诺希克教授提出一个改进的版本，认为批判性思维由观点、事实、问题、论据、理由、概念、假设、条件这8个要素组成。

我国学者霍雨佳在这个基础上进一步分析，认为这8个要素分论证系统、创新系统和决策系统。此外，感受对论证、创新和决策具有重要的影响作用，也是批判性思维不可或缺的要素之一。这样，批判性思维就有9个构成要素，如下图：

图 9-3　批判性思维构成九要素

批判性思维是高阶思维的重要组成部分，也是判断思维是否高阶的关键要素。换句话说，批判性思维是衡量思维质量和思维品质时最主要的一种思维。批判性思维很重要，正如布鲁克·诺埃尔·摩尔等在《批判性思维》中指出："批判性思维的目标在于得出正确的结论或者做出明智的选择或决定。"

不只现代，古人早就重视批判性思维，虽然当时还没有这个提法。孔子就十分重视问题意识的作用，要求学生"每事问"，并提倡"疑是思之始，学之端"。怀疑是思想和学问的开端。孟子强调读书时要有怀疑精神，他曾说

"尽信书，则不如无书"。你要是全相信书，就不如不读书。

中世纪的奥古斯丁的冥想以及自省的方法对后世影响很大。我们都知道笛卡儿有一句名言"我思故我在"。其实，这句话是对奥古斯丁"我疑故我在"的直接模仿。

我国有重视批判性思维的传统。不过，相比西方，我国学生的批判性思维能力相对欠缺。2022年，发表在《Nature》子刊《自然人类行为》杂志的一项研究显示，中国学生在经过大学学习后，批判性思维能力和学术技能水平均出现了下降。耶鲁大学教授陈志武分析美国名校不欢迎中国学生的原因时说：国内培养的高才生，在专业上很突出，但思维方式僵化、偏执，社会交往能力差，除了自己狭窄的专业就不知道怎么跟人打交道、怎么表达自己。

为什么我国学生缺乏批判性思维？有几个原因：第一，我们的批判性思维传统更多建立在思辨基础上，按照学者岳晓东的说法，是以"质疑思考"为核心，旨在深化对所学知识的思辨能力，培养的是一种严谨的治学精神，而不是综合思维能力的训练和提升。

第二，我们传统文化中对集体主义、对社会规范的强调，对权威的认可，这也不利于批判性思维的培养和提高。

第三，教育方面的不足。一方面，应试和升学导向的教育体系强调对知识点的记忆，专门的思维训练少。另一方面，即便开设了思维课程，也有缺陷。一定程度上说，批判性思维是逻辑思维、推理思维。于是，部分学校开设思维课，要么将批判性思维课程和逻辑课程混为一体，要么侧重某一点，比如，只开设逻辑推理或者只开设批判性思维课程，导致学生的批判性思维和逻辑推理能力都没有得到培养。

如果说批判性思维是要确保思维过程的合理、公正，那么，高阶思维中的创新性思维则是为了产生有新意的结果。那么，什么是创新性思维？

◎ 创新性思维

创新性思维就是产生新颖、独特、有价值的想法、观念和产品。创新性思维过程是你摆脱传统、突破常规、超越习惯、创新性地解决问题的过程。

创新是竞争力的主要手段和表现。现代社会，企业、国家都将其作为主要追求和发展的目标。一提到国家或民族的创造性,估计你首先想到的是以色列和犹太人。犹太民族有句谚语:"没有钱不是问题,没有创造力才是问题。"对创新的重视,让以色列成为著名的创新国度。犹太人获得诺贝尔奖的人数众多。以不到全球百分之一的人口,占全球诺贝尔奖获得者的22%。此外,以色列在美国纳斯达克上市公司数量名列世界前三,超过整个欧洲大陆在纳斯达克上市公司的总和。

据说以色列小孩放学回家,爸妈会问,你今天在学校提了什么问题?有哪个问题老师没有回答?而中国家长问,你今天学了什么知识?记住了哪些?有没有听老师的话?显然,以色列家长的做法更容易促进学生发展创新思维。对个人而言,创造、创新是体现一个人真正价值的地方,也是一个人学习和成长中要努力和发展的方向。

但是,我们教育传统对创新重视不够。2009年,教育进展国际评估组织对全球21个国家的调查显示,中国学生的计算能力排名第一,想象力排名倒数第一,创造力排名倒数第五。

为什么我们的教育不能培养创新人才?对此,有一个著名的"钱学森之问"。2005年7月29日,钱学森对温家宝总理说:"现在中国没有完全发展起来,一个重要原因是没有一所大学能够按照培养科学技术发明创新人才的模式去办学,没有自己独特的、创新的东西,老是冒不出杰出人才。这是个很大的问题。"

针对钱学森的"为什么我国学校培养不出杰出的创新人才"这个问题,各种回答都有。清华大学经管学院前院长钱颖一教授说应该和三个问题相关:

一、学生的知识结构有问题,过多局限于专业知识,缺乏跨学科、跨领域、跨界知识,而这些往往是具有创造力人才的特征;

二、学校在增加学生知识的同时,有意无意地减少了创造性人才的必要因素——好奇心和想象力;

三、价值取向出了问题,不仅是学校,而且整个社会都太急功近利。而内在价值的非功利主义是创新的动力。

当然,近些年,我国在创新方面也有长足的进步。比如,2017年5月,来自"一带一路"沿线的20国青年评选出了中国的"新四大发明":高铁、网购、支付宝、共享单车。

不过，也有观点认为中国在商业模式创新方面突破很大，但是技术创新不足。创新也有层次的高低。对此，美国学者玛雅·比亚利克和查尔斯·菲德尔根据内容和形式的新颖程度把创造力分为五个等级：模仿、变式、组合、转化、原创。你可以结合自己从事的工作和项目，对照一下看你的创造力段位如何。

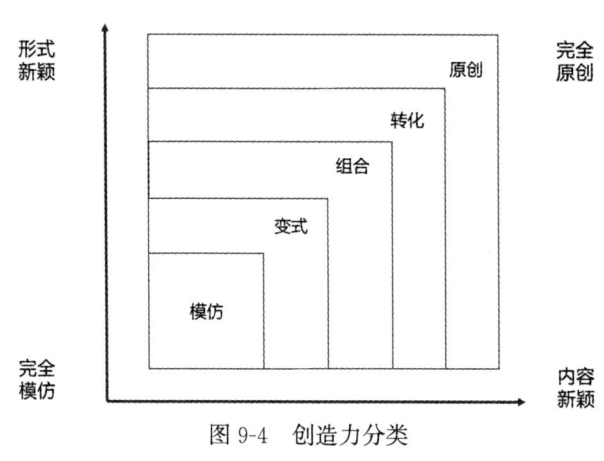

图 9-4　创造力分类

批判性思维关注思维过程，创新性思维注重结果，而对应用和实践的重视是另外一种高阶思维——问题解决。

◎问题解决

我们生活在一个一个问题组成的世界中。我们的一生中要接触无数个问题。我们学习的主要任务就是要解决一个一个的挑战和问题。现实生活中的问题不分学科、不分专业，往往涉及多个学科、多个领域，涉及复杂的思维，需要问题解决这一个高阶思维。

美国著名教育心理学家加涅说过："教育有一个重要的终极目标，那就是培养学生解决问题的能力——无论是数学问题、物理问题、健康问题、社会问题，还是个人适应的问题，都是如此。"

你可能有些疑惑，问题解决不应该是实践的事情吗？怎么是思维范畴？事实上，问题解决是思维活动。在这方面，美国著名认知学家安德森的观点影响很大，他认为问题解决能力是一系列有目标导向的认知操作活动。它有以下三个特点：

一、它是目标导向的，不是没有目的的；

二、它包括一系列的心理活动步骤，它不是只有一步操作；

三、目标导向的活动很大程度上依赖于认知操作，问题解决本质上是一种思维活动。

安德森认为问题解决是认知操作，是思维活动。那么，问题解决的步骤如何？

杜威提出了一个经典方案，有五大步骤：一、遭遇问题，产生认知上的困惑。二、查明问题，找出问题的原因。三、提出假设，尝试提出可能的解决方案。四、验证假设，对假设逐一检验，探究方案的可行性。五、形成并且评价结论。

应该是受到老师的影响，杜威的学生胡适有一句名言"大胆假设，小心求证"，说的就是第三和第四阶段。研究显示，问题解决能力是高阶思维中的核心能力。你的问题解决能力强，就能够促进其他高阶思维能力的发展。

实践中，提出问题很重要，因为它是问题解决思维过程的起点。现在人们强调要学会提问，就是要学会找到好的问题。爱因斯坦说："提出问题比解决问题更重要，因为提出问题是提出新的可能性，从新的角度去看旧的问题，需要有创新性的想象力，而且标志着科学的真正进步。"

爱因斯坦的这句话也说出问题解决和创新思维的关系，没有好的问题，就谈不上问题解决，也谈不上创新。由此可以看出，几种高阶思维都有内在的紧密关系，不是孤立存在的，当然，这也包括元认知。

◎ 元认知

元认知也是一种高阶思维。元认知是对认知的认知，是你对自己认知活动的计划、监控和调节。你可能有些疑惑，元认知是认知的认知，批判性思维是思维的思维，那它们之间有什么异同之处？

元认知和批判性思维都是高阶思维的组成部分，各自发挥着不同的作用。元认知为批判性思维提供认知基础，批判性思维是元认知发展的集中体现。它们相互促进、共同促进提升。这是元认知和批判性思维的相同点。当然，二者也有不同地方，南京师范大学的罗英在《批判性思维与元认知的关系探析》中提出如下不同点：

一、对象不同。元认知的对象是认知过程，批判性思维的认知对象是思维，元认知的思维对象比批判性思维更为广泛。

二、功能不同。元认知是对认知进行监控和调节，强调认知的调节性，批判性思维的目的是要保持思维的公正性。

三、阶段不同。元认知的过程是监控、计划和调节，批判性思维有分析、评估和提高三个阶段。

元认知是一种高阶思维，也体现为一种能力，并且，对自主学习策略有整体指导意义，直接影响学习效率和效果。此外，提醒一下，本书有一章侧重在技能方面讲元认知，这和元认知是高阶思维并不冲突。

总之，思维很重要，高阶思维更重要。那么，高阶思维要如何形成和培养？这离不开深度学习。

深度学习是什么？

深度学习是什么？人们一般在两个领域提及深度学习。一是人工智能领域，深度学习是一种基于人工神经网络的机器学习技术，是机器学习的一个方法，也是其发展的一个高级阶段。深度学习的灵感来源于人脑神经元的工作方式。深度的含义是让机器模拟出多层神经网络，进而让机器完成复杂的认知任务。比如，ChatGPT的技术基础就是深度学习。

还有一个领域就是本书要讲的人类的深度学习。人类学习有深度学习，是不是还有浅层学习？还真有。下面是这两种学习的例子。李雷学习时，主要记住一些孤立的、碎片化的知识点，不和自己之前的知识联系，不考虑知识的内在逻辑和原理，也不把所学和现实联系，更不关心以后如何应用。李雷此时进行的是浅层学习。

而韩梅梅是这样学习的：首先，她清楚自己的学习目的是什么，考虑的是要解决现实问题；其次，她会把新学知识纳入原有的知识体系，对比分析，并且考虑所学知识背后的逻辑关系，是否有共同规律；最后，以后遇到新情境、新问题时，也擅长使用以前所学的知识。韩梅梅进行的是深度学习。

由此，可以看出，深度学习是立足理解，做出决策和解决问题的学习。是在理解的基础上，批判地学习新思想和新知识，并将它们融入到原有的知识结构中，再把所学知识进行有机联系，并且灵活迁移到新的情境中。

而浅层学习，一般以记忆、背诵为主，谈不上理解，也谈不上与周围事物和原有知识进行关联，做不到举一反三，是一种孤立的学习。所以，国外有学者说："浅层学习，最多是没有质量的数量，而深度学习却是质量加数量。"

一定程度上说，学习就是认知。根据布鲁姆教育目标分类，认知从低到高分六个层次：识别、记忆、理解、应用、分析、创新。诺曼·韦伯修正了布鲁姆的教育目标分类学，将知识的深度标准分为下面四个层次：

第一层：对事实、术语、概念或过程的回忆——基本的理解；

第二层：涉及一些心理加工的概念或方法的应用；

第三层：需要抽象思维、推理或更复杂的推断的应用；

第四层：需要跨情境的综合和分析的拓展分析和研究，以及非常规性应用。

韦伯认为第一层和第二层代表浅层学习，第三和第四层代表深度学习。

一般而言，深度学习的深度体现在三个方面：其一，深度参与。主动、批判性地探索和学习。深度学习是出自学习者主动的一种学习，积极的态度才会让你会主动探索未知、发现问题。

其二，深度理解。发现新旧知识和各种知识之间的联系，把握本质。理解不仅是要掌握知识点，还要掌握知识点之间的关系，更要了解知识背后的本质和规律。

其三，深度迁移。将特定情境下所学知识灵活运用在新情境，解决新问题。深度学习的目的是解决问题，你要把学会的知识在不同情境、不同场所中使用，做到举一反三、活学活用。

此外，学习的深浅和思维高低也在这里对应起来。一般认为，前两个层次的浅层学习对应低阶思维，后两个层次的深度学习对应高阶思维。深度学习和高阶思维密不可分。你进行深度学习，代表你在使用高阶思维；你用高阶思维进行的学习就是深度学习。二者有机融合，相互促进。

总之，深度学习是有思维参与的学习。杜威也表达过类似观点，他说：

只有在思维过程中获得的知识，而不是偶然得到的知识，才能具有逻辑的使用价值。有些人几乎没有什么书本知识，但他们的知识是同在特殊情况下的需要联结在一起的，因此，他们时常能够有效地运用他们所具有的那些知识；而一些博学多识的人，却时常陷入大堆知识之中不能自拔，这是因为，他们的知识是靠记忆而非思维的作用得来的。

杜威强调思维在学习中的重要性。同时，我们学习的一个主要目的就是培养和提高思维。那么，如何用深度学习打造高阶思维？

如何用深度学习打造高阶思维？

高阶思维不是天生的，可以通过学习、训练形成和提高。哈佛大学心理学教授戴维指出："日常思维，就像日常行走一样，是我们都具备的自然行为表现。但是良好的思维能力，就像百米冲刺，是一个技术或技巧上的训练结果。"

杜威也说过，"思维进步的必要条件之一就是使思维者从知觉以及习惯的束缚中解放出来"。这里的知觉和习惯就是日常思维。杜威还说，思维习惯的培养就是将人们的自然推理能力培养成批判性思维习惯。自然推理能力有好奇心、联想等。逻辑思维习惯有归纳和演绎、判断、抽象等。

总之，高阶思维要专门训练，要学习。那么具体要如何进行？我的答案是用深度学习打造高阶思维，并且概括为"一个中心、两个基点、三个一致"。

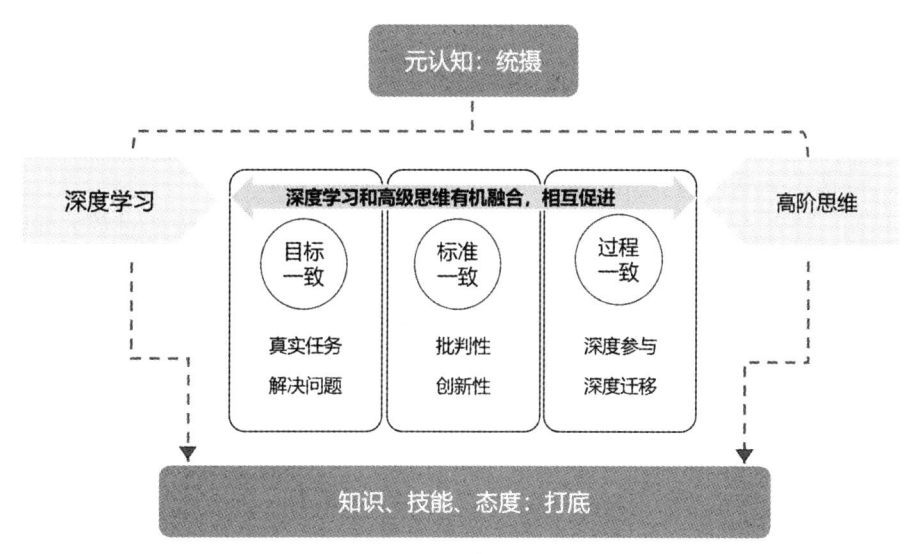

图 9-5　深度学习和高阶思维互动模型

◎**一个中心：深度学习和高阶思维有机融合**

一个中心是要以深度学习和高阶思维有机融合为中心。虽然，深度学习和高阶思维的对象和内容有所不同。但是，二者相互依赖，相互促进，共同提升。如果将二者分割和孤立，都不能保证各自水平的提高。

深度学习是你运用高阶思维能力的学习方式，目标是发展你的高阶思维能力；高阶思维是深度学习的必要条件。高阶思维的使用保证深度学习的完成。换句话说，深度学习是一种手段，高阶思维是要达成的目标。但是，在这个过程中，一方面，高阶思维确保深度学习得以实现；另一方面，高阶思维的应用也要聚焦和围绕深度学习。所以，二者并非截然分开。

在二者融合方面，学习要应用思维，这容易理解。不过，思维要聚焦学习，可能有些让人费解。现实中，这种孔子说的"思而不学"的情况很常见。有些人，有时候的思维消耗在漫无目的的遐想中、鸡毛蒜皮的杂事上，而不是聚焦在学习方面，比如，提升心智，吸收新知，精益技能。思维，尤其高阶思维需要消耗人的精力、意志力和心智资源。这不能不说是很大的浪费。

总之，没有脱离深度学习的高阶思维，也没有脱离高阶思维的深度学习。换句话说就是，没有高阶思维参与的学习不是深度学习，没有深度学习参与的思维不是高阶思维。

优秀的学习者都是优秀的思考者，优秀的思考者都是优秀的学习者。

◎两个基点：元认知统摄，知识、技能、态度打底

第一个基点，用元认知统摄整个深度学习和应用高阶思维的过程。元认知是认知的认知，作为一种高阶思维，也作为一种技能，要统摄学习和思考的全过程。元认知本来就是高阶思维的一部分，同时，元认知以学习策略之母的作用对整个学习和思考过程进行监控和调整，确保你的学习是深度学习，确保思维是高阶思维，确保你的学习和思考过程始终在正确的道路上。

在思考和学习的过程中，你不能一直深陷其中，要随时抽离出来，放飞脑中的无人机，以上帝视角察觉、审视整个过程，并且进行反思和改进。

第二个基点，用深度学习和高阶思维的知识、技能和态度打底。这是二者有机融合的基础。这需要你在知识、技能和态度三个方面分别对深度学习和高阶思维进行针对性训练和提高。

其一，知识方面，你应该如何做。知识指的"是什么"？进行深度学习，应用高阶思维需要相关知识作为基础和前提。比如，深度学习的知识，你要是不清楚深度学习的特征和要求，就不知道你正在进行的是深度学习还是浅层学习。

具备思维方面的知识同样重要。以批判性思维举例，你要是没有一些逻辑推理、判断、科学方法等方面的知识，你就难以使用批判性思维。同样，创造性思维的发生也需要相应的背景知识。创造性思维要有一定的知识基础，没有背景知识的支撑，很难提出相关问题、展开相关想象，进而提出新的解决方案。现代科学管理之父泰勒就说过，具有丰富知识和经验的人，比只有一种知识和经验的人更容易产生新的联想和独到的见解。

其二，技能方面。技能是"如何做"？深度学习和高阶思维也是一种学习和思考的技能，并且还不是一种技能，而是由许多相关亚技能组成。要培养和使用深度学习方面的一些技能，比如计划、分析、判断、自我管理、反思、调节、改进等。批判性思维的技能核心是评估、鉴别、推理和判断的能力。创造性思维的技能有洞察、想象、预测、整合、评估、生成等。

其三，态度方面。态度是"知道为什么做"后，培养出的一种使用习惯、意愿和倾向性。比如，我们说某人有好奇心、求知欲，这是他的深度学习的意愿强。此外，某人具备批判性精神，有独立思考的习惯，说明他的思维倾向性和意愿强。与之相反，思维懒惰、缺乏批判精神、创新性不够，这是思维意愿和倾向性不强的表现。

总之，用深度学习打造高阶思维，需要你在学习和思考时都要具备相应的意愿和倾向性。你要有主动精神、探索精神、求知欲望、活学活用的想法等，这有利于深度学习；你要谨慎、客观、公正、反省、质疑等，这有利于批判性思维；你要有求新、求变的想法，以及冒险性、挑战性、追求卓越的欲望等，这有利于创造性思维。

◎三个一致：目标、标准、过程一致

你要确保应用深度学习和高阶思维时，在目标、标准和过程中的一致。其一，学习和思考的目标一致：要出自真实任务，要解决问题，尤其是复杂问题、跨领域的问题。由于深度学习和高阶思维在终极目标上一致，就是批判性、创新性地解决问题，所以，二者关系密切，互相促进。学习和思考时，你应该针对所处环境、你的个人需要解决实际问题。按照教育部 2022 年版的《义务教育课程方案》的说法，就是坚持问题导向，注重对实际问题的有效回应。

真实的环境和问题是深度学习发生的客观条件，也是高阶思维发生的前提。二者的目标一致，就是要解决真实问题。

只有把学习和思考与你身处的真实环境和真实任务结合，深度学习和高阶思维才可能发生。真实环境和真实任务孕育出有价值的真实问题。找出有价值的问题很重要，正如理查德·保罗和琳达·埃尔德在《批判性思维：反盲从，做聪明的思考者》中强调：

问题是思维的动力。问题的质量决定思维的质量。肤浅的问题会让人的思维变得肤浅，而深刻的问题也会让人的思维变得深刻。卓有见地的问题会带来卓有见地的思维，有创意的问题也会带来富有创意的思维。

杜威也说，思维一定是由"难题和疑问"引发的，"问题的本质决定了思考的结果，思考的结果控制着思维的过程"。所以，你时时要问自己，现在激发你学习和思考的问题是什么？它有价值吗？意义何在？

其二，学习和思考的标准一致：要有创新性和批判性。你无论是深度学习还是运用高阶思维，都需要创新性和批判性。无论是学习和思考的过程，还是结果，都随时要用批判性和创新性进行对照。针对每一个学习和思考的成果，要经常问自己，是否是独立思考？是否有新意？是否有价值？

以写作举例。我们古人做学问有个传统"述而不作"，大意是只转述不创作。孔子就说过"述而不作，信而好古"。《刻意练习》一书中也有类似说法，说写作有知识陈述和知识转换两种。知识陈述的写作是简单的转述，知识转换的写作是在写作过程中改变了写作者原有的知识，增加了写作者开始时没有的知识。显然，"述而作"和"知识转换"的写作更符合创新性和批判性思维要求。

在学习、工作和生活中，批判性思维和创新思维相辅相成，共同作用于问题解决。批判性思维是分析问题，创新是创造性地解决问题。

其三，学习和思考的过程一致：深度参与，深度迁移。学习和思考的整个过程中，要确保学习和思考过程中主动参与，使用合适的策略，并且以符合认知的规律和思维规律对学习进行深度加工，达成深度理解。

学习的深度参与和深度迁移是：积极主动，联系各类知识，发现规律，将学到的知识在新场景下使用，融会贯通，举一反三等。思考的深度参与和深度迁移是：深入思考，反思是否有创新性，是否有独创性，思考的过程是否公正、合理、尊重事实，是否发现事物的本质，是否适应其他领域、新情境等。

现在已经进入人工智能时代。尤其近年 ChatGPT 席卷全球，更是加剧了此进程。不同于以往的技术革新，大多威胁人类的体力劳动，此次以 GPT 为代表的人工智能直接威胁了人类的脑力劳动。在一些不需要思考或不需要深度思考的工作岗位，无论是在生产效率还是生产数量方面，人工智能远超人类。

人类不能被攻克的领域，唯有思考。

总之，你要用深度学习促进高阶思维，用高阶思维推动深度学习。你时时要提醒自己，相比知识和技能，思维更重要。英国诗人柯尔律治曾经用船上的尾灯比喻经验。他说："对大多数人来说，经验犹如航船上的尾灯，只照亮已经驶过的航程。"

我发现，这个比喻更适合用在知识和思维的关系上：知识和技能是船尾处的灯，只能照见你走过的路；思维和认知是船头处的灯，引导你走向未知。

法则十　正确记忆，让学习有裂变

> 记忆十分有赖于我们思维的明晰、规律和条理。许多人抱怨自己的记忆不好，但其实问题在于判断能力不足。
>
> ——托马斯·富勒

记忆是学习的成果和资产，也是学习的过程和基础。有些人对记忆和记忆能力的认识有所偏差，要么过于重视记忆的作用，迷信记忆术和记忆工具；要么死记硬背，忽视思考、推理和判断才是学习的根本。自主学习，需要你正确认识记忆和正确记忆。

过目不忘就一定好吗？

◎记忆是遗忘的伴生物

"记住没有""你要记住，不要忘记""不好意思，我忘记了"，估计此类对话时常在你身边出现。你可能羡慕那些记忆力好的人，面对成堆的学习材料，甚至幻想过，要有过目不忘的本领就好了。

事实上，遗忘是正常的。记住一切，是不切实际的妄念。正如叔本华谈阅读时说过，"要求一个人把他所读过的一切保存下来，就像要求他把他所吃过的一切留存在自己体内"。

此外，遗忘和记忆相辅相成，对记忆有所助益。遗忘是选择，让你分清主次，记住你想记住的部分；遗忘帮你排除干扰，减轻大脑负担，只记住重要的和有意义的东西。所以，要正确认识遗忘。遗忘不仅正常，并且还有益记忆。正如古印度有句谚语所说："只有在忘记了七次之后我们才能真正学会。"

当然，对必须要记住的东西，就要集中注意力，深入思考，真正理解所学内容，再有规律地进行间隔、重复学习，并且经常使用，从而巩固和保存记忆。对学习而言，全部记住和全部遗忘的危害是一样的。你可能会问，记忆力就是记住的能力吗？

◎记忆是能力的复合物

一般认为，记忆就是记住并且想起来的能力。顾名思义，记就是记住，忆就是回忆。多数人认为记忆能力就是记得住又能想得起来的能力。实际情况是，记忆能力是你众多认知能力的综合。它不是一种单纯的能记住和再想起来的能力。它包括你的计划能力、判断能力、认知能力、实施能力、自我管理能力等。

17世纪英国学者托马斯·富勒就说过："记忆十分有赖于我们思维的明晰、规律和条理。许多人抱怨自己的记忆不好，但其实问题在于判断能力不足。而还有一些人，总是想要记住所有的一切，最终却无法在脑海中留存哪怕一点点。"

相关研究也表明，记忆涉及重建，而不仅仅是提取经过编码的心智表征的精确副本。就是说，记忆不是复印机，也不是照相机，不能百分之百重现之前的信息。记忆掺入了你的判断、你的意见，和你先前的知识、你的认知有关。

所以，在学习时，不能为了记忆而记忆。不然，一方面容易死记硬背，另一方面可能会过量使用联想、谐音、位置等所谓记忆工具和记忆法。万维钢老师在畅销书《万万没想到》中就说过"超强记忆是邪道功夫"，"超强记忆法用得越多，理解力可能就越差。所以练习超强记忆力不是做学问的正途，而是邪道"。

◎记忆是思考的残留物

能否记住和是否思考密切相关。美国弗吉尼亚大学心理学教授威林厄姆在《为什么学生不喜欢上学》中指出大脑的一个记忆特点。他说，大脑这样想：如果你不经常思考一件事情，你可能不需要它，所以可以丢弃。"你想什么就会记住什么，记忆是思考的残留物。"

记忆是你对信息深入思考并且理解后的产物。思考就是要找出新信息和你原有知识之间的关联，发现要记忆的材料背后的本质，找出信息对你的意义和关系。思考需要你集中注意力，排除干扰，需要你深度参与，深度加工学习材料。

脑神经科学发现，大脑中的海马体主管学习和记忆，前额叶皮层主管判断、推理和选择。你要想记住，信息仅仅通过海马体还不够，还要进入更深、更高级的脑区，就是要进入前额叶皮层，才能激活更多的神经元，产生更多更强的神经连接。思考就是在深层脑区对信息进行深度加工。这样，你才会记得住，记得好。

读到现在，你可能会问，记忆是什么？我们究竟在记什么？

记什么？记忆漏斗模型

◎记忆的种类

记忆是一个信息加工过程，就是当一个信息不再出现的时候，你仍然可以保持、提取和使用这些信息。这些信息可以是一个事实、一个想法、一段声音，也可以是一个图案、一项技能，等等。

根据时间长短，记忆分为：感觉记忆、短时记忆、工作记忆和长期记忆。下面结合我的一个小故事，介绍下这几种记忆。

2018年11月的一天早上，我从上海乘坐飞机去北京。我踏上浦东机场里一个长长的下行自动扶梯。扶梯走到一半时，我突然听到身后一个女孩"啊"的一声大喊，我回头一看，看见一个拉杆箱正在快速地往下滑，女孩焦急地站在电梯上。当时我站在扶梯右侧，箱子应该撞不到我。但是扶梯下面还有两个人站在中间，并且，他们没有注意到正在发生的事情。我几乎不假思索，右手抓稳扶梯，左脚一下狠狠踩在箱子的拉杆处，稳住下滑的行李箱，直到扶梯到达地面。

在这个过程中，几种记忆轮番登场。我走在机场里面，看到的信息，比如推着行李车的旅客，听到的信息，比如广播在喊"HU5678 次航班的乘客请登机"，这些是感觉记忆。

感觉记忆是对各感官接触到的信息的短暂保持。它的特点是容量大，保持时间短，仅仅几秒甚至几分之一秒，主要起收集信息的作用。

发现行李箱下滑后，我考虑如果不把箱子挡住，箱子会撞上扶梯下面的两个人。另外，我还在考虑，如何挡住箱子，并且不被箱子撞上。这时候我使用的就是短期记忆和工作记忆。

短期记忆是在一段短的时间内储存少量信息的记忆，一般 15～20 秒。

工作记忆不仅在短时间内接受信息，还对信息进行加工。也有研究者说短期记忆和工作记忆一样。我倾向认为二者不一样。二者从时间上看一样，但是性质上有差别。工作记忆伴随着思考，短期记忆则没有。工作记忆很重要。大量证据表明，工作记忆容量大，理解能力、推理能力和认知能力就强。

工作记忆在你的生活、学习和工作的很多场合出现。比如，你是否出现过大脑短路现象？一个非常熟悉的人名或事情，就是不能脱口而出。这就是工作记忆出问题。再比如，你注册一个 APP，手机收到验证码，你看了下准备输入，这时候一个电话打过来，你接听后可能就忘记验证码了，又要重新看一次。于是，部分精明的商家把验证码改为 4 位，还增加复制验证码的功能，目的就是为了减轻工作记忆压力，让你更方便注册。

还有，很多人在办公室或者书房使用白板。白板的主要作用就是释放工作记忆空间，以便你再思考其他内容。（白板还有其他两个作用，一是记下你一个个的思考成果，二是有利于你在记录的不同材料之间展开联想）

研究显示，工作记忆能力可以通过锻炼提高，比如深度阅读、下棋、跳舞和一些电脑游戏等。

再回到我的小故事里面。当时，我为什么不弯腰用手挡箱子呢？因为我脑中的长期记忆在起作用。初中物理学过的势能知识告诉我，高速运动的物体会带来强大的势能，冲撞力惊人。如果我弯下腰用手扶，可能会被箱子一起撞下楼梯。此外,为什么我用脚踩拉杆和箱体的结合处,而不是行李箱箱体上?也是物理学告诉我,控制一个运动中的物体,有一个最佳受力点。

长期记忆就是你头脑中的已有知识,是长时间储存的信息系统,并且,可以随时调出和使用。

◎长期记忆的分类

长期记忆更重要,是你学习的成果和资产。长期记忆根据是否可以被描述得出来、提取时你是否可以觉察到,分为外显记忆和内隐记忆。如下图:

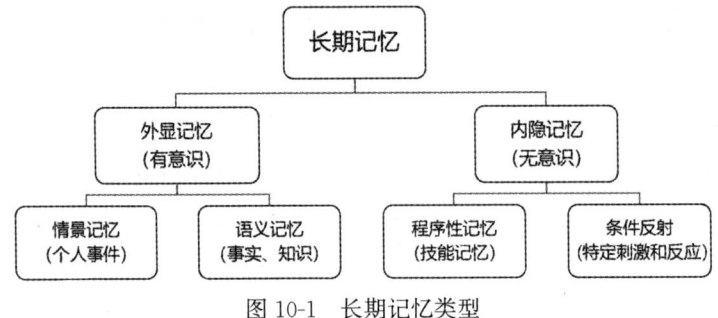

```
                    长期记忆
                       │
        ┌──────────────┴──────────────┐
     外显记忆                      内隐记忆
     (有意识)                      (无意识)
        │                              │
   ┌────┴────┐                    ┌────┴────┐
 情景记忆   语义记忆            程序性记忆   条件反射
(个人事件) (事实、知识)         (技能记忆) (特定刺激和反应)
```

图 10-1　长期记忆类型

外显记忆是可以被描述出来、觉察到的记忆。比如你背一首诗歌,外显记忆分为情景记忆和语义记忆:

情景记忆是对个人事件的记忆,说的是你"发生了什么"。比如,我现在回忆这个发生在浦东机场里的小故事。

语义记忆是事实和知识的记忆,说的"是什么"。比如,浦东机场是上海的两大机场之一,另外一个是虹桥机场,这是事实记忆。势能方面的物理知识,是知识记忆。

内隐记忆是不能被描述、提取时也不能觉察的记忆。内隐记忆是你在无意识情况下使用的记忆,主要有条件反射和程序性记忆:

条件反射你应该很熟悉,在生活中很常见,比如老师一走进教室就喊"同学们好",你们立即喊"老师好"。这是因为一个刺激与一个反应反复出现后,脑中会形成特定的连接,当这个刺激再次出现时,就会自动引发特定反应,而无需你经过有意识的思考。

程序性记忆就是关于怎么做的记忆,也叫技能记忆。比如,我当时一脚踩住行李箱，并且为了稳定身体，还同时用右手抓紧扶手。这就是程序记忆。

程序记忆有一个特点：因为太熟悉和自动化了，你往往做了一件事，但是随即又忘记是否做过。比如，下班后明明锁好办公室门，走到电梯口，你又不放心，回去确认；你一下车，明明用遥控钥匙关上车门，走了几步再遥控关一次。这都是内隐记忆在起作用。参与内隐记忆的神经细胞数量少，所以耗能低，信息加工效率高。

一些品牌投放广告主要就是要影响你的内隐记忆，在不知不觉中影响你，让你购买的时候自然而然地选择它。国外学者曾经做过一个试验，让受试者看杂志上的文章，杂志每页都有广告，但是，事先没有告诉受试者要看广告。之后，问他们对若干品牌的印象和评价。结果发现，他们对出现在杂志上的品牌的评价明显高于没有出现的品牌。这也叫宣传效应，就是人们更倾向于将之前听过、读过、看过的东西判定为真的、好的。

知道这个道理，你就清楚，为什么一些知名品牌仍然不间断地在各种媒体以各种形式投放广告了。

各种记忆之间又是什么关系？这要结合记忆信息加工过程来看。

◎ 记忆的漏斗模型

记忆涉及信息加工。心理学家们提出多个记忆模型：信息加工模型、平行分布加工模型和加工水平模型等。结合我的理解，我把单次记忆的过程做成一个漏斗模型。

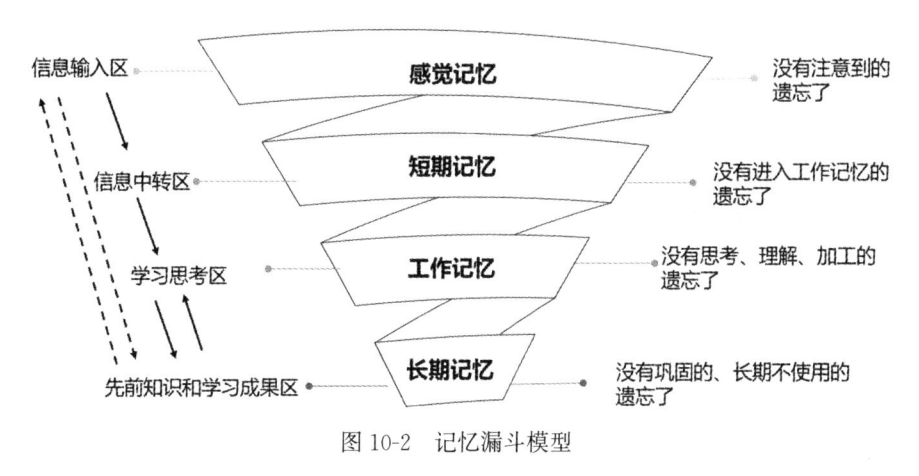

图 10-2 记忆漏斗模型

之所以我要强调这是单次记忆模型,因为部分人,比如某个专家的知识储备,即长期记忆很丰富,他对接触到的信息进行加工时,长期记忆可能不是漏斗的最下层。

为什么单次记忆的过程是一个上宽下窄的漏斗?这和记忆加工以及遗忘有关。

记忆和遗忘的发生有下面四个步骤:

一、你接收到来自周边的各种信息,形成感觉记忆。但是,大多数信息都被你忽略了。充耳不闻、视而不见说的就是这个。你保留下的记忆就是短期记忆。相比感觉记忆,短期记忆是很小的一部分。没有进入短期记忆的感觉记忆被遗忘了。这是第一次遗忘。

二、你对短期记忆进行加工,成为工作记忆。没有进入工作记忆的短期记忆被遗忘了。这是第二次遗忘。

三、你使用工作记忆,调出长期记忆中相关内容,对信息进行编码、加工,直到存储进你的长期记忆库。没有进入长期记忆库的工作记忆被遗忘了。这是第三次遗忘。

四、长期记忆就是你的宝库,你的知识财富都在这里。但是,这个宝库里面的东西会产生损耗。你经常不使用的长期记忆会遗忘,你没有巩固的长期记忆被遗忘了。这是第四次遗忘。

一步一步的信息加工和一次一次的遗忘,形成一个漏斗。

某种程度上,学习形成记忆,复习对抗遗忘。所以,有人认为学习就是记忆,记忆就是学习。这个看法正确吗?

学习就是记忆吗?

记忆对学习很重要。你的学习成果,主要体现为各种记忆。记忆是你的学习资产,这资产好比银行存款,你每次学习就是往你的账户存钱,需要时提出。比如,学习时,提取记忆加工新信息;考试时,提取记忆答题;工作时，提取记忆解决一个个问题。此外，记忆也是进一步学习的基础。没有记忆，你无法加工学习材料和进一步思考。

一般而言，人们学习是先学后记。学习和记忆互相促进。我国学者席有说："没有知识学习的保存过程，就没有记忆的开启、恢复过程。当然没有记忆开启，无法检验学习的效果及其存在的价值，二者对应统一。"

但是，不能就此认为记忆就是学习，学习就是记忆，学习好就是记忆力强。有些记忆训练课程更是夸大记忆的重要性，似乎通过培训，你的记忆力提升了，考取北大、清华就不在话下，哈佛、麻省也是可期的。这显然有问题。事实上，记忆不是学习的全部，记忆能力也不等同于学习能力。

那记忆和学习是什么关系？可以从学习目的、内容和过程来看。

◎学习目的和内容

我们学习的目的是提升思维，掌握知识和提升技能。思维、知识和技能对应着布鲁姆教育目标分类的四种知识：事实性知识、概念性知识、程序性知识和元认知知识。这些知识是你通过学习存储在脑中的长期记忆。

先看下记忆和思维的关系。我们学习的主要目的是提高思维质量，要形成好的、科学的思维方式。思维方式是你看待世界的方式、设想和期待，是你对外部世界的解读和反映，从而影响你的决策和行为。思维方式和你的长期记忆有密切关系。主要有两点，一是元认知作为认知的认知，本就是思维的一种，并且还是高阶思维；二是思维离不开长期记忆中的事实性知识和概念性知识。按照学者席有的说法：

长期记忆是思维方式的基础和来源，思维模式是长期记忆的提纯和升华。

就是说，长期记忆为你的思维提供原材料，思维方式是精细加工后的长期记忆。

思维方式和你的长期记忆中的知识价值体系直接相关。知识是长期记忆中的相关内容；价值是你对相关事情好坏、对错、重要和不重要的看法和判断。比如，"一朝被蛇咬，十年怕井绳"，那是因为你的长期记忆中有蛇，蛇有毒，以及你被蛇咬过的经历，这是知识；你产生害怕的情绪，这是价值判断。再比如，"初生牛犊不怕虎"，那是小牛的长期记忆里面还没有老虎是百兽之王的知识。所以，牛犊不知道老虎厉害，这是因为没有相关知识导致的一种价值判断。当然，牛犊就是知道老虎厉害，也可能不怕老虎，这也是一种价值判断。

再分析下记忆和各类知识的关系。你学习的成果以不同类型的长期记忆存在于你的大脑中。你学到的事实性知识，以外显记忆的语义记忆存储在长期记忆中，比如中国的全称是中华人民共和国。你掌握的概念性知识，部分以语义记忆存储在长期记忆中，比如，中国是世界和平的中坚力量。

最后，看看记忆和技能的关系。你学会的技能，就是程序性知识，主要以内隐记忆的程序性记忆存储在长期记忆中，比如游泳、骑自行车、驾驶等等。说到程序性记忆，网上有一个有趣的问题——为什么背英语单词会忘记，游泳却不会忘记？原因是背单词用的是外显记忆里的语义记忆，游泳是内隐记忆的程序性记忆。二者在脑中的运作方式、存储位置不同。背单词要经过海马体加工，储存在大脑皮层；游泳不必经过海马体，存储在基底神经节。

此外，程序性记忆也叫技能记忆、运动记忆、肌肉记忆，一旦建立就能长期保持还基本不被后来的记忆冲淡。运动记忆必须通过运动过程本身才能唤起。所以，运动员上场前要做热身运动，唤醒肌肉记忆。

◎学习过程

学习是加工信息、解决问题的过程，需要你动用各种类型的记忆。你针对某个问题和具体情境，包括感觉记忆、短期记忆和长期记忆。你进行信息加工、思考和决策，主要涉及工作记忆。你得出的结论、提出的新方案、心得和方法，又成为长期记忆的一部分。同时，你的工作记忆也得到锻炼和加强。

学习过程需要你使用学习策略。学习策略和记忆密切相关，体现在两方面：一方面，学习策略和你长期记忆中的元认知直接相关，你的元认知知识、技能、体验越多、越好，你记忆和学习效果就会越好。

另一方面，学习策略的使用离不开各种记忆。策略使用过程是利用工作记忆，加工感觉记忆和短期记忆，并且存储为长期记忆的过程。这个过程涉及吸收和扩充、完善和内化。吸收和扩充是将感觉记忆、短期记忆，经过工作记忆加工，存储进并且扩充你的长期记忆。完善和内化是将感觉记忆、短期记忆和你原有的长期记忆进行联系、比较，进而巩固、转化为你的知识——长期记忆。将新知识和已有知识关联，是一个公认的好的学习方法。新学的知识是感觉记忆、短期记忆，原有知识是长期记忆，关联就是动用你的工作记忆。

如果你的原有知识，就是长期记忆越丰富，你学习新东西就越容易，效果越好。因为你更容易找到新旧知识之间的关联，越容易理解新知识，并且把新知识纳入到长期记忆中，形成学习的滚雪球效应。

记忆是学习的重要部分。但是，记忆不代表学习。你要为学习而记忆，不能为了记忆而学习！说到记忆和学习的关系，死记硬背估计你最熟悉了。

为什么你不能死记硬背？

提到记忆和学习，有一个矛盾现象：一方面都说死记硬背不好，另一方面，死记硬背是多数人最常用的一个学习手段。估计你上学的时候，老师和父母都说过不要死记硬背。人们其实都知道死记硬背不好，危害不小。

◎死记硬背的危害

死记硬背的危害主要有三点：首先，学习效率低下。死记硬背记住的多是孤立的、片面的、零散的知识，而这些知识相比系统的和有组织的知识更容易遗忘。并且这些知识你没有通过深入思考，没有完全理解，即便你一时记住了，不久又忘记了。这样的学习效果不好，效率低下。

其次，靠死记硬背学到的知识往往不能迁移，不能做到举一反三、活学活用。因为死记硬背记住的大多是惰性知识。惰性知识是英国著名的教育家、哲学家怀特海提出的。他认为不能灵活掌握、不能应用的知识是惰性知识，"有些人因为学习了过多的惰性知识而使大脑迟钝"。

最后，死记硬背会伤害你的学习兴趣。死记硬背就是重复，重复，再重复。虽然适度的重复有利于记忆和理解，但是，没有经过思考、靠反复背记住的知识过了不久还会忘记。你为了记住，又要重复背，这容易让你疲劳，伤害学习兴趣。

◎**死记硬背产生的根源**

为什么会出现死记硬背这种明知不好的学习方法？首先，这和考试制度有关。考试是学习的指挥棒。考试的侧重点影响学习方式。传统教育制度下的考试，强调对事实性知识、知识点的识别和记忆，对思维等核心素养重视不够。虽然现在已经迈入信息社会，但是教育和考试制度还没有完全脱离工业时代的影响，仍然侧重于事实性知识和技能。这仍然是一个全球性的教育问题。

其次，学习者对学习策略和方法了解不够，对脑的学习原理了解不够。科学的、合适的学习策略和方法不是无源之水，需要你具备相应的知识，会使用相应技能，还有使用策略学习的愿望。如果你都缺乏这些，那么简单的重复再重复就成为自然而然的选择。

最后，情绪状态也影响学习方法的使用。当你处在高涨的消极情绪，比如愤怒、焦虑、沮丧，还有高涨的积极情绪，如兴奋的时候，也不会使用策略性的学习方法，更倾向于简单地一再重复。

不能死记硬背，那应该如何记？

如何记？三段九步法

如何记忆？这要结合记忆的不同阶段进行。从信息加工角度看，记忆有编码、存储和提取三个阶段。每个阶段有三种方法。结合脑神经科学、认知心理学、学习科学的最新研究成果，我提出一个三段九步记忆法。

图 10-3　三段九步记忆法

记忆的第一阶段是编码。编码是信息的呈现形式。编码方式是你首次接触一个信息时，你用什么感官去解读和呈现信息。编码方式有三种：听觉编码根据语音特征解读和呈现信息，视觉编码根据图像特征解读和呈现信息，意义编码根据内容和含义解读和呈现信息。

编码是记忆的重要时刻。第一次对一段信息进行编码的方式和质量，影响记忆质量。编码阶段的方法有：重意义、动全身、用图片。

◎**重意义**

挖掘学习材料的意义和价值有利于记忆。记忆有个特点，表面上你记住的是过去。但是，你选择记住什么，和你认为哪些在未来对你有作用有关。正如卡娅·努尔英恩在《大脑帝国》中所说："我们拥有记忆不是为了再造过去，而是为了给未来做出正确的选择。"记忆的内容是过去发生的事情，只不过，记忆的目的是此事对我们将来的选择有所帮助。就是说，你是为未来而记。

为了未来记忆就是为了意义而记。寻求意义是大脑的一个主要特征，大脑不关注无聊的东西，大脑喜欢有意义、有价值的主题。脑神经科学家迈克尔·斯卡丹的实验发现，只有在确认某个信息值得学习后，大脑的某一个区域才能被激活。之后，新学习的信息在脑中和原有知识形成关联记忆。意义激活脑区，兴趣催发脑电波。

日本东京大学教授池谷裕二在《考试脑科学：脑科学中的高效记忆法》中指出，大脑电波"θ（西塔）波"与大脑的记忆功能密切相关。θ波能激活海马体的神经回路，使大脑保持敏感，从而促进记忆。不过，θ波的出现是有条件的，就是大脑对外界事物产生兴趣的时候，比如接触新事物或探险等时。

所以，学习时，你要有明确的目标，围绕目标发现需要记忆的材料对你的意义和价值，你要清楚你为什么学习。你要激发学习动机，增强兴趣，保持好奇心。这种状态下的学习，你的记忆效果会得到增强。

◎ 动全身

调动全身和动用多种感觉有助于记忆。这和具身学习和全脑工作空间理论有关。具身学习是说你的认知活动不仅仅是大脑的事情，还和身体有关。人的心智依赖于身体的生理结构和活动方式。假如脑是软件，身体是硬件，学习需要软件和硬件都参与。并且，你的身体状态也影响你的认知。在学习时你要让脑和身体进行互动，要让认知、情感、情绪、身体、生理等都共同参与到学习过程当中。

池谷裕二也指出产生促进记忆的θ波和身体运动有关。你长时间处于休息状态时，大脑并不会释放θ波。θ波在你不断走动的时候在脑中产生，尤其是处在一个新环境的时候。有人喜欢散步时思考问题，有人倾向于边走边背诵，是有认知科学道理的。

全脑工作空间是法国著名脑科学家迪昂在《脑与意识》一书中提出的。他认为"我们的意识是全脑信息的共享"。大脑有多个局部处理器。每个处理器擅长一种运算，比如，听觉、视觉、触觉等的信息处理，全脑工作空间这个具体的交流系统允许这些处理器灵活地分享信息。

所以，为了取得好的学习和记忆成效，你要注意两点。一方面，学习时要同时调动脑、身体和情绪进行学习，发挥情绪的作用，多感官参与，身体力行，身心合一，有效创造脑、身体、情绪的良好互动。另一方面，你要动用多个感官解读信息，采用的感觉刺激越多，动用的脑区就越多，你就越容易记住，学习效果就越好。

比如，你根据视频学习舞蹈的英语单词——Dance，你听老师的发音，这是听觉；你看老师发音时的口型，还有老师做舞蹈动作的示范，这是视觉；你再模仿老师的发声，也做了个舞蹈动作，你的身体也参与进来；同时，你在想象这优美的舞姿带来的愉悦感，你又调动了情绪。

◎ 用图片

用图片辅助学习或者把材料视觉化，材料更容易被认知，也容易回忆起来。研究显示，人的学习83％通过视觉，11％通过听觉，3.5％通过嗅觉。视觉是你最重要和最有力的感觉器官。所以，人们说一图胜万言，还说现在是读图时代。

心理学家曾经做过一个实验，一条信息以口头方式提出，72小时后进行测试，人们只能记得内容的10％。如果在口头说明过程中加上一张图片，那么测试的结果将上升到65％。

学习时，尽可能充分利用图片协助理解和记忆。即便学习抽象的概念，你也可以将材料视觉化。比如，你在学习连接和链接两个词的区别。连接是相连邻接，互相衔接。你在脑中想象出一座桥横跨长江连接两岸。链接是网页上指向另外一个网页，你想象不断点击并且跳转网页的情形。这样你就容易理解和记住这两个词的异同。

正是基于图像对学习的积极作用，写作本书时，每章我绘制了3～5张图片。一方面，有助于我组织材料和表达观点；另一方面，有利于正在阅读本书的你理解内容和形成记忆点。

编码后就进入记忆的第二阶段——存储。存储是运用工作记忆加工，把信息存到长期记忆并且巩固下来的过程。存储是信息进入长期记忆的必要过程，决定长期记忆的稳定性和持久性。存储阶段的三个方法是：建组织、找关系、划重点。

◎建组织

把知识组织起来，并且系统化，更有利知识点的存储。孤立的知识点容易遗忘。有组织的、系统化了的知识存储得牢靠，不容易遗忘。著名教育学者布兰思福特在经典著作《人是如何学习的：大脑、心理、经验及学校》中就说过，知识不仅仅是相关领域的一系列简单事实和公式的汇总，相反，某一领域的知识是围绕一个核心概念或"大观点"组织的，如果你想理解和记忆某些项目，不要从细节开始，先从核心理念出发，并按照层次形成围绕大概念的细节。这是在中观层面组织材料。

那么，微观层面如何组织材料呢？主要有两点：一是把新学的材料和你已有的知识进行比较和联系，二是发现新学的材料之间的内在关系和逻辑。

这样，你就容易记住新学的信息。

还有一个宏观层面组织材料的方法，就是你要学习跨学科的主题。你要围绕某一个主题，进行跨学科、跨领域学习。横看成岭侧成峰。要深入了解一个话题，从单一学科出发，不仅影响理解、限制视野，也不利于开展工作。

比如，拿广告学和学习科学举例。广告是通过传播和沟通说服你形成对一个品牌有利的看法，进而购买这个品牌的产品。学习是观念和行为的持久改变。你发现没有，广告和学习在追求结果方面是一致的——改变你的观念和行为。所以，你结合这两门学科学习，不论是理解广告，还是理解学习科学，都会容易些。假如你是传播业从业者，在实践中，你会更有效地利用学习科学、认知神经科学的原理和方法进行广告传播。

所以，你要从宏观、中观和微观三个层面学习组织化的主题。微观层面的组织材料和发现材料之间的关系直接相关。

◎ 找关系

发现学习材料之间的关系，更容易理解并且记忆。这个方法尤其在学习概念、原理、定义等知识点的时候特别有效。常见的关系是对立关系和关联关系。

先说一个对立关系的例子。学习方法方面有一对重要概念——同化和顺应。这是著名心理学家皮亚杰提出的。同化的意思是把新学到的知识纳入自己的原有体系；顺应的意思是把自己的原有知识放进新学习的内容里面。你看到这，是不是觉得有些绕，不容易理解。如果单独学习同化或者顺应一个概念，都不利于理解和记忆。假如你同时学习这两个概念，思考二者的区别，并且用自己的话解读，同化，意思不就是"你听我的"；顺应，不就是说"我听你的"。

你还可以进一步思考二者对学习的作用。同化是吸收和巩固。没有同化，你不能增加知识。但是，如果都是同化，你的思维会固化，形成定势。而顺应是适应和突破。所以，有效的学习还需要顺应，这是升级和提高，是打破你的思维定式。这样一理顺二者的对立关系，显然有利于理解和记忆。

再说一个关联关系的例子：边际是经济学一个非常重要的概念。边际就是新增带来的新增,边际收益和边际成本是一组成对的概念,两者相等的时候,我们所获得的总效用最高。此外,还有边际产量、边际效用这些概念。你要把这些和边际相关的概念关联起来一起学习,有助于理解和记忆。

当然,所学材料之间的关系还有并列关系、因果关系、时序关系、空间关系等。厘清所学对象的内部逻辑关系是有效记忆的前提。

◎划重点

归纳和概括出材料的要点,容易记住。长期记忆有个特点,不关注细节,仅仅记住要点。在记忆时要看概要,要有整体的印象,分清楚学习材料的主次,并且用自己的话概括出来。你的记忆优先储存这部分内容。

划重点相当于做总结性笔记。是否有助于学习和记忆要取决于笔记的质量。质量高的笔记更利于记忆。尤其总结性的笔记效果更好,因为这要求你对材料进行积极的处理、思考材料的意义、找出重点内容,并且用自己的话进行总结概括。

著名心理学家艾宾浩斯在提出了遗忘曲线理论外,还提出了一个整体浓缩记忆法,就是把记忆的长篇内容看成一个整体,并且找出重点部分,再把这些连在一起,利用这些重点记忆全部内容。这也是使用划重点方法的一个例子。

记忆的第三阶段是提取。提取是把长期记忆调出来,进行实践和应用。比如考试时,你在答题,这是提取;工作的时候,你用一个技能解决问题,也是提取。研究发现,长期记忆中容易提取的信息主要有三个特征:对你有意义的、预留了提取线索的和勤加练习自动化了的。提取阶段你要:做测试、留线索、懂练习。

◎做测试

进行自我测试有助于记忆的提取。测试是回想之前学的知识,就是提取记忆。测试次数越多,越困难,越有利于后续的提取记忆。美国加州大学洛杉矶分校比约克夫妇,提出一个记忆失用理论,认为人的记忆有存储强度和提取强度两种。存储强度,决定信息是否记住;提取强度,决定信息是否回想起来。提取能力是衡量某个信息被提取的难易程度。你忘记一些信息，是提取强度出了问题。如果没有复习，提取强度就随着时间延长而减弱。多数人提取困难，是提取强度出了问题。反过来，你进行提取训练，提取越困难的资料，记得越牢靠。

考试、背诵、默写、测验都是提高提取强度的方式。当你回忆所学的资料时，越是困难，后续的提取就越容易，因为提取强度得到了加强。提取或者自我测试的直接对立面就是重复学习。

国外心理学者做过一个实验，让学生分别采用重复学习或提取练习的学习方式学习词汇，一组连续学习4遍材料，一组学习两遍后进行测试。一周后的测试结果表明：提取练习组的成绩比重复学习组的成绩高出50%。

◎留线索

编码时预留线索有助于提取记忆。研究发现，一致性线索有利于提取记忆。一致性线索分三种：情景一致、心境一致和任务一致。情景一致是编码和提取的环境要一致。熟悉的场景容易提取记忆。比如，你在同一个教室复习，在同一个教室考试。心境一致是学习和提取记忆时你的情绪状态一致。假如，你学习时心情愉快，考试时悲伤，这就不一致，不利于提取。任务一致是记忆和提取时采用的编码方式要一致。比如，你记一句话时用图像编码，但是提取时用声音编码，这也不一致，不利于提取。

提取线索还有意义线索和外在线索。意义线索就是用意义编码的方式留线索。例如，你在记我国国庆是10月1日的时候，可以这样联想，金秋十月是收获的季节，1949年10月1日新中国成立是无数革命志士和人民努力奋斗的一个收获。外在线索就是借助一些工具预留线索，比如，你在笔记本、卡片、手机备忘录里面记录。好记性不如烂笔头，也是说外在线索的重要性。

事实上，日常生活中，我们经常用到留线索这个记忆技巧。有一次，我参加一个聚会。现在陌生人见面一般都不发名片，而是互加微信。我看身边的新朋友加我微信后，在我名字后备注这次聚会的召集者。他对我说，这样更方便记住我。此时，他就在留提取线索了。

◎ **懂练习**

有规律有间隔的重复练习有利于提取记忆。你已经知道自动化了的知识和技能最容易提取。如何让知识和技能自动化？这需要不断学习，达到熟能生巧。《论语》里说"学而时习之"，"学"是学到，"习"是温习，"时"是经常，学到的知识要经常练习。多数人忽略了"时"还有一层含义，就是有规律，有一定的时间间隔。练习时要有规律地重复，要有合理时间间隔。

艾宾浩斯的记忆遗忘曲线显示遗忘遵循着先快后慢的规律。所以，你尽可能在遗忘点产生前复习。艾宾浩斯提出351的间隔复习建议：在3小时之内回忆一遍，之后，在5小时内、10小时内、3天内、5天内、10天内分别复习一遍。经过这6次的学习，长期记忆就会形成。不过，艾宾浩斯的理论产生在130多年前，现在有研究认为：没有固定的最佳重复学习间隔时间，它取决于记忆保持时间，也就是你想让相关记忆保持多久。

美国著名心理学者哈罗德·帕什勒的实验发现，当重复学习间隔时间约为记忆保持时间的10%至20%时，记忆效果最好。所以，如果一周后考试，你每隔一天进行重复学习效果就比较理想；如果你想在一年后仍然记住所学内容，那么每隔两个月左右进行重复学习就较为合理。

此外在练习学习材料方面，要进行分散练习和交错练习。分散学习比集中学习效果好，交错学习比批量学习效果好。分散学习是在较长的一段时间内进行有间隔的多次学习，而不是一次性的集中学习。比如，你不能一个下午专门学习语文。交错学习，就是把相关类型的材料混合在一起进行练习。比如，你可以同时练习汉语的语法和英语的语法。

当然，在实践中，以上这些记忆方法不是截然分开的。有时候一个方法跨了两个阶段，比如留线索在编码和提取阶段都会出现。

你可能会问，可以借助一些记忆术吗？像谐音法、联想法、字钩法、记忆宫殿法，等等。这些可以用。我记一些数据和知识点时，也会使用些小技巧。我初中毕业后进水泥厂工作，入职培训考试需要记住一些知识点。比如，水泥强度测试分3天、7天和28天。我这样记："管它三七二十一，现在是三七二十八。"这些小技巧，还可以加些联想。福州2021年7月举办世界遗产大会。当时，福州有 4746 处不可移动文物。可以这样记："4747，死吃死吃，能不能少吃一顿，省下费用保护文物。"这样谐音加联想，会记得很牢。

不过，不能依赖和滥用记忆术，除非你要参加比记忆力的电视真人秀《最强大脑》的比赛。万维钢说，"知识往往有很强的结构性，知识点之间本来就有逻辑联系"，应该根据知识原本的逻辑和原理记忆。而超强记忆法追求的是用想象力另外建立一个联系。此外，万老师还说这些超强记忆是邪道功夫，"除了上电视表演，不管是记忆力的高人、奇人还是病人，都没什么大用"。

说得也是，诺贝尔奖获得者应该拥有地球上最强的大脑。你查下，有哪位诺贝尔奖获得者是记忆比赛冠军。

所以，记忆是学习的重要部分，但不是学习的全部。学习要靠思考，不能靠记忆。要为学习而记忆，不能为记忆而学习。

法则十一　善于阅读，让学习有源头活水

读书是在别人思想的帮助下，建立起自己的思想。

——鲁巴金（俄国图书学家）

阅读是学习的主要途径，阅读数量和质量很大程度上决定学习效率和成果。不过，有些人不重视，也不擅长阅读。互联网技术的发展又给阅读带来挑战。自主学习，必须要善于阅读。

不做不会阅读的第三类文盲

如果有人说你可能是文盲，你肯定嗤之以鼻，因为你识字呀。以前识字就是脱盲。1953 年，我国发布脱盲标准，干部和工人识字 2000 个，农民 1000 个，城市其他居民 1500 个。不过，现在脱盲的门槛提高了。1996 年，联合国教科文组织在《学会生存：教育世界的今天和明天》中指出："未来的文盲不是不识字的人，而是不会学习的人。"更早的 1854 年，美国作家梭罗在他隐居的瓦尔登湖边谈阅读，说文盲有两种形态：一种是那些完全目不识丁的文盲，还有一种是那些只会读儿童读物和低智力作品的文盲。

著名出版人郝明义把梭罗的话又延伸了一下。他在《越读者》中指出，在网络与书同时盛行的这个时代，第三类文盲又出现了，就是在网络时代不知道如何享用阅读所带来的乐趣和机会的人。郝明义说这句话的时候是 2007 年。相比那时候，现在的网络技术，尤其移动互联网的快速发展和普及，给

你的阅读带来极大便利，同时也带来很多压力和挑战。

你身处在被切割为碎片的时间里，面对着各种电子屏幕，比如手机、平板、阅读器和电脑等，面临着海量的信息、随时可搜索到的知识，你还面临着许多过度娱乐化和游戏化的内容……这些使得你深度阅读、深度思考成为一件奢侈的事情。

深度阅读的缺乏，让著名学者徐贲担忧地说：互联网阅读偏好娱乐和消遣，偏好短小和有趣。阅读经典的传统方式（仔细、反复阅读，记笔记，写心得）被所谓的"悦读"取代。人们不再"慢读、细读和精读"，他们在纯娱乐消遣地"悦读"、信息采集式地"忙读"、浅尝辄止地"懒读"和囫囵吞枣地"瞎读"。

除去徐贲说的不好的阅读外，你的阅读是否还有以下情况：

读得太依赖网络，被机器投喂。你可能不相信，网络比你还懂你，大数据算法下，你的偏好、习惯都被记录，你打开手机或网站时，你喜欢的、关注的会自动推送到你的眼前。

读得太依赖他人，比如只听书，只读他人的解读，只读别人的书评，不读原著。

读得太快，完成任务似的打卡一本本书，但是，没有理解，更没有吸取书中精华。

读得太多，缺少思考，没有形成自己的见解和思想。

读得太少，形不成知识的积聚效应。

读得太杂，没有中心和主题，形成不了体系。

读得太专，视角单一，视野狭隘。

读得太脱离现实，不和实践互动。

如果你的阅读也出现一种或者多种上述情形，那就需要重新审视自己，如何不做互联网时代不会阅读的第三类文盲。在这个时代，不会阅读和不会学习一样，都是新文盲。那阅读和学习是什么关系？

为什么阅读是学习的主要途径？

◎阅读是学习的代名词

大自然很神奇，把吃饭、睡觉、逃避天敌和繁衍等本能通过遗传密码写到你的基因里面。但是，人类的智慧，人类的知识，不能直接写进 DNA。不然每个人都生而知之，不用再努力读书学习了。大自然不帮这个忙，人类自己会呀。一代又一代的人，把智慧、知识、体验、情感写进书籍里面，一代又一代地传承下来。这样，书籍就成了知识的源泉，人类进步的阶梯。

中国古代四大发明，其中就有两项和阅读有关，一是纸张，二是印刷术。17 世纪，欧洲人古登堡发明了铅活字印刷术，促进了文艺复兴、宗教改革、启蒙运动和科学革命的进展。基于古登堡的巨大贡献，甚至产生了一个带有他名字的专有名词——古登堡时刻，特指一个重要时刻。你看，这也和阅读有关。

人们早就认识到阅读对学习的重要性。800 多年前，北宋文坛领袖欧阳修说："立身以立学为先，立学以读书为本。"立身相当于现代心理学的自我成长和自我实现。所以，这句话可以改为：成长以学习为先，学习以阅读为本。阅读的重要性毋庸置疑。很多时候读书成为学习的代名词，比如，现在人们还说上学就是读书，不爱学习叫不爱读书。

阅读是学习的重点，在前几年热起来的知识付费服务中也有体现。很多学习项目都和读书有关，比如已经改名为帆书的樊登读书会、微信读书、拆书帮、十点读书会等。同时，围绕读书衍生出诸多产品，比如听书、拆书、书单、书评、精读文章等等。

虽然每个人都有适合自己的学习倾向和偏好，但是，阅读无疑是最主要的学习途径。

2015 年 10 月，特斯拉创始人埃隆·马斯克在清华大学和经管学院的钱颖一院长对话。钱院长问马斯克怎么做到靠自学掌握火箭技术。马斯克回答说：

"自学比正规学习快得多。我会读很多书，和很多人交流。"钱院长又问："光靠读书就可以成为一个火箭专家吗？"马斯克回答说："是的，不过还要进行实验。既要看书，也要实验，因为书里的东西未必正确。其实，看书的速度要比听课快，所以，看书学东西要快得多。"

马斯克的成就是多数人不能企及的。但是，他说的自学、读书和读书后要实验，这是多数人只要努力就可以做到的。

◎阅读之所以重要的认知科学基础

阅读是学习的主要途径，也被现代脑神经科学和学习科学相关研究一再证明。第一，阅读是适合大脑深度加工的学习形式。学习是吸收和加工信息的过程。信息加工的质量取决于信息的加工深度。阅读时，你可以回看，可以停顿，可以画重点，可以停下思考，可以对比相关知识点，这都是大脑在深度加工。

信息加工的深度取决于动用多少感官、动用多少脑区。法国著名脑科学家迪昂教授在《脑与阅读》中说，大脑和阅读相关的有语义回路和语音回路。阅读时，你眼睛看到的是图像，脑需要做一次图像识别。有时候，语音回路也参与，你需要默默发音，才能理解词语的意义。这时候动用的是语义回路。

在这个过程中，你动用了视觉和听觉，如果你同时动手写笔记，触觉也参与了。阅读时，一个知识点让你想到之前的某个知识，此时，你就动用海马体的记忆。读到精彩处，你拍案叫绝；读到伤心时，你掩卷长叹，此时，你又动用杏仁核加工情绪信息。

迪昂教授在《脑与意识》中提出"全脑工作空间理论"，说一个脑区接收到相应的感官信息后，就传递到全脑工作空间，之后再连接到各个脑区，共同加工信息。学习中，你采用的感觉刺激越多，动用的脑区就越多，你就越容易理解和记忆，学习效果就越好。

第二，阅读是通过间接经验吸收、加工和存储信息的学习形式。学习分直接经验和间接经验。受时空、环境和条件限制，一个人的直接经验有限，而间接经验可大可小。这也是为什么在诸多学习类型中，通过推理学习很重要。推理学习能力决定一个人知识量大小。除去推理学习，阅读更是典型的间接经验学习，可以让"秀才不出门，可知天下事"。相反，如果不阅读，就会出现林语堂所说的情形："没有养成读书习惯的人，以时间和空间而言，是受着他眼前的世界所禁锢的。"

通过阅读，你突破时空限制，看见更大的世界，可以和众多古今中外的哲人、思想家、专家、学者或有趣的人交流、对话。通过阅读，就不会出现《礼记·学记》中说的"独学而无友，则孤陋而寡闻"的情况。

既然阅读很重要，那我们应该如何读书？对此，冰心先生说"读书好，好读书，读好书"。读书好，说的是读书的价值，读书有益处。好读书，说的是读书的意愿，因为读书有益处，所以你要喜好读书，养成读书的习惯。读好书是读书的标准和质量，有两层含义，一是要读好的书籍，优秀的书籍，比如经典作品；二是把书读好，分清泛读和精读，对精读的书要读透，吸收精华，一知半解，就没有把书读好。

要做一个好的阅读者，你首先要清楚你阅读的目的。

为什么阅读？搭建私域知识体系

◎私域知识体系是什么？

为什么阅读？这是一个经典问题，千百年来绵延不绝，并且答案足够多也足够好，比如为了提高心智，为了健全人格，为了启迪智慧，为了洗涤心灵，为了获取知识，为了获取资讯，为了掌握技能，为了休闲娱乐，为了养家糊口，等等。这些回答都正确，只是因人、因时、因地、因事各有侧重。

针对自主学习，针对你的学习任务，你为什么阅读？我的答案是你要通过阅读搭建私域知识体系。私域的说法来自私域流量。私域流量是近些年在电商行业流行的一个说法，是指流量的所有权和使用权是品牌或个人的，比如品牌或个人的微信号、抖音号、微博等。私域流量对应的是公域流量。公域流量指平台所有，你需要付费和在一定条件下才可以使用的流量，比如天猫和京东等电商平台的流量。

借鉴私域流量的含义，私域知识体系就是你根据个人需要搭建的，属于自己的知识体系。私域知识体系对应的是学科知识体系，比如一门学科的教科书。

在自主学习中，你阅读的目的应该是，从个人需要出发，为了解决问题，搭建专家级的知识体系。具体地说，你通过阅读达成的成果是私域知识体系，起点是你的个人需要，目标是解决问题，标准是专家级。首先，阅读的起点是你的个人需要，是你的职业发展、个人成长的需要进行。需要不同，导致你搭建的知识体系不同。

其次，你阅读的目标是解决问题。你阅读有明确的目的，为了解决生活和工作中的实际问题。为了解决具体问题，你的阅读有针对性，阅读的内容不能过于宽泛。此外，现实生活中很多问题需要多学科知识解决，你的阅读面也不能过窄、过专。

再次，你搭建的知识体系是有标准的，要有一定的高度、深度和广度，就是专家级。那什么是专家级？专家是某个领域的行家里手，有所在领域的丰富知识、技能、经验和行业思维。研究发现，相比新手，专家的知识不仅丰富，在知识的组织方式上更有优势，而且知识之间的联系更紧密，这种联系不是表面的联系，而是洞察规律后的深度联系。此外，专家在解决实际问题的时候，比新手更注重计划和策略。

◎私域知识体系的构成要素

你可以从系统的角度理解知识体系的构成。《系统之美》是系统理论的开山之作。书中指出，系统不是一些事物的简单集合，而是一个能够实现某个目标的整体，由一组相互连接的要素构成。任何一个系统都包括三种构成要件：要素、连接、目标或功能。系统的三种构成要件对应到知识体系表现如下：

首先，系统的要素就是知识体系中的各类知识。这里的知识是广义的，包括知识、技能、经验和思维。下面用营销学举例，主要有以下内容：

一、基本知识：行业的事实性知识、概念性知识、和技能相关的程序性知识。现代营销学起源于美国，菲利普·科特勒是现代营销之父，这是事实性知识。概念性知识主要包含行业的基本概念，营销学基本概念有需求、市场细分、定位、供应链等等。组织并且完成一次市场访谈，撰写一份市场营销策划方案，这是行业的程序性知识。

二、基本原理：原理是对多个现象、事实和事件的抽象和总结。比如，营销原理有顾客价值、品牌规划等。

三、基本理论：理论是多个原理的集合，是最抽象的知识。比如，若干营销原理汇总成为营销理论。

四、基本方法和工具：解决问题时常用的方法和工具。比如，经典的营销4P组合，即产品、渠道、价格、促销。

五、行业思维和洞察：对行业透彻了解后产生的深刻的洞察力和判断力。比如，近几年有几本网络营销的畅销书《增长黑客》《流量池》《超级转化率》，书中的思维就是基于对行业的深刻洞察提出的。

其次，系统的连接就是知识体系中的结构关系。中山大学的王竹立教授说知识结构主要有四种：

一、树状结构。这是层级结构，按照主次分为树干、树枝和树叶。我们常说的知识树就是这个。

二、金字塔结构。这是关联结构，说的是博和专的关系。金字塔塔底是基础，需要先拓宽，再循序渐进，由博到专。

三、蜘蛛网结构。这是网状结构，像蜘蛛织网一样，以一个点为中心，一圈一圈地向外扩散，再蔓延出去结成大网。

四、河流状结构。这是加拿大学者西蒙斯的说法，他说现在的知识都存在网络中，像水在河流中一样，不必要全学，需要时搜索和找到就是。

目前使用比较多、影响比较大的是树状知识结构。

最后，系统的目标或功能对应你要解决的问题。你在生活、工作和学习中要解决的问题决定知识体系的目标和功能。比如，你是企业管理者，你的私域知识体系要满足你经营管理工作的需求；如果你是新媒体行业的短视频工作者，你的知识体系要确保你可以拍出受欢迎的视频；等等。

◎搭建私域知识体系的意义

搭建私域知识体系对你的学习和成长有重要作用：第一，有效解决实际问题。一方面，私域知识体系的出发点是你现实生活、工作中的问题和需求。是你聚焦任务，围绕个人需要，带有明确的目的搭建的，所以，它一定程度上可以协助你解决问题。另一方面，只有体系化、系统化的知识才能有效解决问题，一知半解、一招半式，不能解决问题。现实中的问题往往很复杂，不成系统的知识和技能解决不了。有时候，一些复杂问题还需要跨领域、跨行业的知识和技能才能解决。

第二，缓解信息爆炸带来的压力和焦虑。现在网络时代，信息爆炸不只丰富了知识，更带来了压力和焦虑。"天啊，那么多知识，我怎么学得完？"其实这些增加或者变化的知识多是一些事实、现象、观点、趋势等。但是行业或领域的基本概念、原理和理论是相对稳定的，不会轻易改变。比如这几年很热的直播带货，只是渠道和促销的新变化。渠道方面是路径压缩，缩短了产品和买家交易路径，促销方面把传统的广告和媒体传播改为主播和消费者的即时互动。其实，这些变化，并没有改变经典的营销组合——产品、价格、渠道和促销的作用。你在营销时仍然要遵守相应的规律，仍然要强调顾客价值，比如，不能用直播卖假货。所以，辛巴卖假燕窝、李佳琦卖不合格的不粘锅，事后他们要道歉和赔偿。

第三，让你的碎片化学习富有成效。现代快节奏的生活方式，尤其移动互联网的普及，把你的时间化成一块一块的碎片，给你的学习方式带来变化。你可以在上下班的地铁或者公交车上看电子书，也可以在中午外出吃饭的路上和排队取餐时听音频课，等等。但是，如果你的碎片化学习没有明确的方向、没有中心，这样的学习是低效或者无效的。

采铜在《精进3：找到你的潜在生态位》中说，碎片分为时间碎片和内容碎片。我们一般诟病的碎片式学习，说的应该是内容碎片。内容碎片就是内容不成体系。如果你在碎片时间里学习成体系的内容，积少成多，聚沙成塔，这样的碎片学习才有价值。

私域知识体系的搭建，为你提供了碎片化知识的学习方向。你随时随地学习的这些零碎知识点成为体系的一部分。碎片化知识好比一滴水，滴到桌面上很容易挥发。但是，一滴水落到有水的水杯里，就不容易挥发。

阅读什么？实用和均衡

◎**阅读内容要实用，兼顾均衡**

阅读什么？这和个人的职业、行业、专业有关，因人而异。整体上看，有两个原则，一是阅读内容要实用，你搭建的知识体系是根据你个人需要，要解决你生活中的实际问题。这决定你读哪些，不读哪些。二是阅读的内容要均衡。你不能过于讲究实用性，要有一定的阅读面。强调阅读和学习的实用性，不代表你仅仅读实用性的书。这好比吃饭，主食容易饱腹，但是你不能只吃主食。

用饮食比喻阅读是一个传统。古今中外，类似的比喻有很多。比如阅读后要回味、反刍；阅读不能囫囵吞枣；阅读不能食古不化；阅读不能消化不良。

按照出版人郝明义的说法，阅读有主食、美食、蔬果、甜食四种，他还强调阅读和饮食一样，需要均衡。

一、主食阅读。为了生存需求，比如解决职业、工作、健康方面现实问题的阅读。

二、美食阅读。为了思想需求，比如对一个现象背后原理的追寻。

三、蔬果阅读。为了工具需求，比如查找阅读中遇到的典故、字义等。

四、甜食阅读。为了休闲娱乐，比如小说、故事等的阅读。

均衡的阅读不能完全围绕你的某个方面的需求进行。不同的书让你各有收获。关于读书的收获，培根的一段论述很著名。他说："读史使人明智，读诗使人灵透，数学使人精细，物理学使人深沉，伦理学使人庄重，逻辑修辞则使人善辩，正如古人所云：学皆成性。"

对这段话，多数版本没有提到读哲学的益处，也有译本说"哲学使人深刻"。

虽然不是实用性学科（哲学专业学生和研究者除外，这是他们的饭碗），但哲学其实是每个人最需要读的，不管你什么身份、职业和行业。

关于哲学的意义，法国凡尔赛学区副市长贝勒米说过的一段话很有意思。他说：

今天的时代充满着划不划算、有何成就、过度劳动等问题，哲学的作用在于可以消解焦虑，保留一个不求回报的空间，让年轻人去思考一些人生重要的问题。谁不曾在一生中遇到诸如"什么是幸福""人生有意义吗""正义是否存在"这样的问题，而哲学课的意义就恰恰是避免这些问题被湮没在一件又一件日常的焦虑中，避免人生活得消极、机械、虚浮。

为什么读哲学？还有更精练的答案。300多年后，培根的英国老乡、被誉为"英国文坛奇葩"的才子型作家阿兰·德波顿在《哲学的慰藉》中说："哲学的任务是教会我们在愿望碰到现实的顽固之壁时，以最软的方式着陆。"

北京大学哲学系教授张祥龙认为哲学是"对边缘问题的合理探讨"。这个定义很精辟。如果不探讨、思考和阅读哲学关注的诸如生命、意义、价值等这些在滚滚红尘中有些边缘的问题，有一天，它们可能会成为你生活中的大麻烦。

◎确认知识体系结构和框架

知识体系搭建都有哪些步骤？知识体系有广义和狭义两类。广义的知识体系是你所感、所知、所会的一切的总和。用意大利作家伊塔洛·卡尔维诺的话说就是："每个个体都是人生阅历、接触的信息和所读图书内容的综合。每个生命体都是一部百科全书、一座图书馆。"

"人就是他所吃的东西。"德国哲学家费尔巴哈说得更简洁。这吃的东西当然包括精神食粮，书籍更是少不了。

这里指的是狭义的知识体系。你围绕你的学习任务、个人需要，为了解决问题搭建的私域知识体系。一般而言，一个人有多个狭义意义上的知识体系，分不同领域、不同行业，针对不同任务而搭建。

搭建知识体系框架的方法有两种。一是按照权威教科书的结构来搭建。你看几本经典教科书的目录，就可以大致了解一门学科的体系。二是自己搭建框架。自己搭建知识体系时，要注意两点：首先，要明确这知识体系要解决什么问题,再把主要问题拆分为若干子问题。明确问题,这很重要。因为你要搭建的知识体系要为问题提供答案。如果问题不精准,知识体系的内容可能就粗略不堪。

其次,你要确认采用什么结构。如果采用常见的知识树框架,你需要明确树干是什么、树枝是哪些、树叶又是哪些。确定了这些,你就知道选择阅读什么内容。

我写本书时,经过一段时间的阅读和思考,发现我要解决的问题其实就一个——如何自主学习?这个问题又由四个子问题组成:为什么学习?学习是什么?如何学习?如何持续学习?主问题和子问题确认后,框架就出来了:知识树的主干是一个大问题,四个枝是四个子问题,枝下面的叶是回答子问题需要涉及的话题,每个话题下是需要涉及的知识领域。我搭建的本书问题型知识树如下:

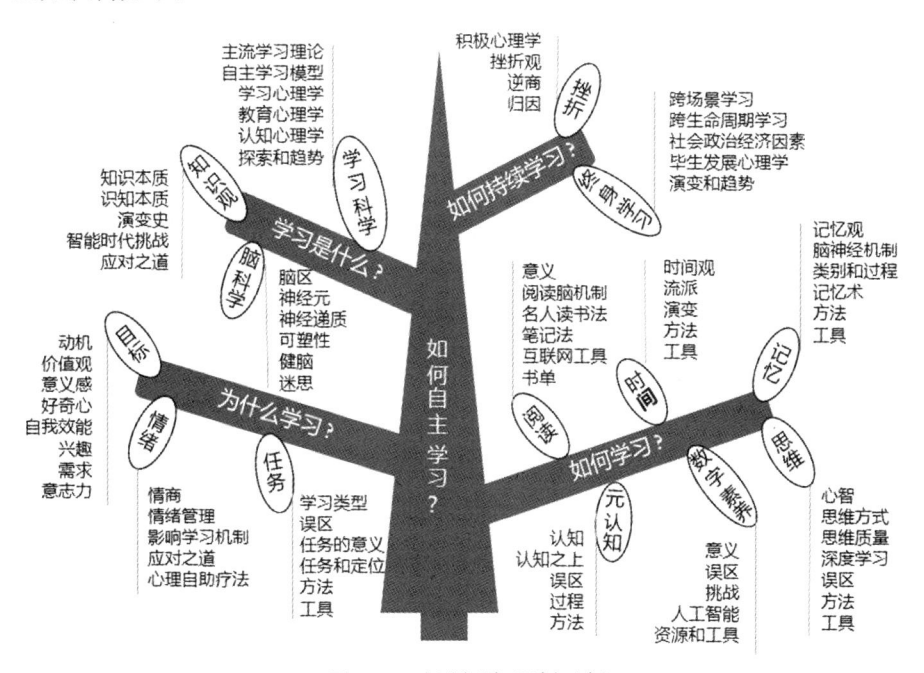

图 11-1　问题型知识树示例

明确知识体系结构和框架,为你下一步阅读内容提供了方向。

◎确定阅读内容和顺序

搭建一个知识体系，阅读内容基本分三类：教材、专著和论文。教材的特点是全面、系统、结构清晰，可以协助你快速搭建知识体系的大部分内容。不过，教材的部分内容没有深刻展开，并且时效性差。

专著的优势是对某个话题领域有深入探讨，经常有突破性观点，不足之处是部分专著作者似乎为了捍卫自己的观点，常有夸大之处，以偏概全，并且内容有注水现象。

论文的特色是内容更精练、信息密度高、经常有新观点、时效性很强，可以了解行业现状和进展、最新研究成果和未来发展趋势，不足之处是文字相对枯燥，难以产生阅读愉悦感。好比你吃压缩饼干，一样会饱腹，但是没有吃大餐爽。

知道阅读什么，这还不够。哪些先读，哪些后读，这有讲究。吴军老师在他的得到课程《阅读与写作50讲》里讲到如何通过阅读搭建知识体系。他认为有三个步骤，第一步阅读正统文献，比如教科书，尤其是中美两国普遍采用的教科书；第二步读权威的综述文章；第三步读一些有趣的专著。

这真是真知灼见。要是早听到吴老师这门课，我写书就会少走一些弯路。写作本书，我不能凭自己的自学经验和体会来写，我还要系统地了解学习理论、最新的研究成果等。为此，我阅读了300多本书、几百篇论文。起初，我读的顺序不对，我从读专著开始，并且选的书比较小众，学术探讨味很重，读着读着，感觉不对劲，不仅费力还觉得没有收获。于是，我开始系统地阅读《学习心理学》《教育心理学》和《认知心理学》三本美国的教材，同时阅读大量的专著和论文。

选择好阅读内容和确认阅读顺序后，无论教材、专著，还是论文，建议先把一本书或者一篇论文读透读完，再开始读下一本、下一篇。为什么要这样？因为你认真读完一本书或者一篇论文，后面会读得快和容易。这符合脑的阅读规律和认知加工特点。

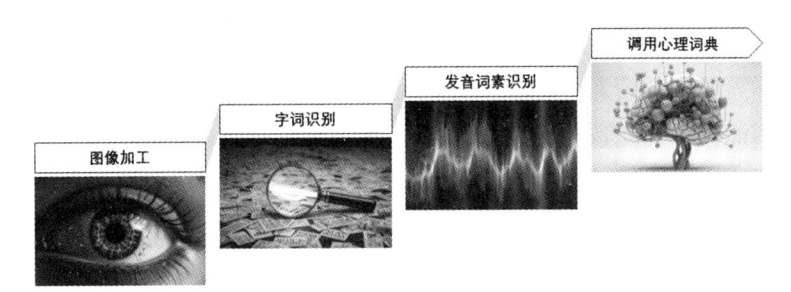

图 11-2　脑的阅读过程

法国著名脑科学家迪昂教授在《脑与阅读》中说，阅读是一个信息加工过程，从视网膜图像加工，到字母识别，再到发音、词素的识别，最后调用心理词典。大脑和阅读相关的有语义回路和语音回路。阅读时的理解是语义回路，但是，你的解读要先通过语音回路。如果你读熟悉的内容、简单的内容，脑就会直接通过语义回路来理解内容。所以，简单的内容，你会读得快，并且容易懂。

语义回路和心理词典有关。心理词典是一个人思维中存在的一座参考库，这个参考库由数卷参考书组成，有拼写指南，有发音手册和百科词典。一般人的心理词典有 5 万～10 万词条。知识越多，经验越丰富，心理词典库就越丰富，阅读起来就越轻松。

此外，阅读时，如果你把新学的知识和已有知识进行联系，更容易理解和记住。换句话说，你的知识基础越好，后面学习和阅读就越容易。认真读完一本书、一篇论文，再开始下一本书、下一篇论文就是要起到这样的作用。

◎**合理利用网络资源**

选择阅读材料的时候还要合理使用网络资源，比如知名公众号的推荐书目、书评和网络课程等。还有一个和移动互联网密切相关的渠道，就是在线音频平台的听书。这几年，我听了 1500 多本书，约一半内容和本书涉及的话题有关。我的经验是先听后读，多听少读，泛听精读。比如，我听一本书，觉得这书不错，或者某个观点对我有启发，我就读原著。

艾德勒在《如何阅读一本书》（他和他的这本书后面再提及）中讨论阅读文章摘要时说"浓缩的唯一功能就是激励我们去阅读原著"。这句话也非常适合听书的使用。你可以先花较少的时间去听书，如果觉得这本书对你有启发，或者有你需要用的资料，你就要去读原著。不过，有一点要注意，听别人讲解书，不能代替你阅读原著。你不能只读文章摘要搭建知识体系，同样，你也不能只通过听书搭建知识体系。

说到阅读的网络资源，电子书不能忽视，对电子书和纸质书的优劣对比也不能不提。电子书购买和携带便捷，可以看他人评论，方便做标注和笔记，还可以通过在线笔记系统进行知识管理；纸质书更有阅读的仪式感，更有利于深度思考、理解和记忆等。

电子书和纸质书各有利弊。如何选择，要看你的阅读目的和阅读场景。先说阅读目的，如果是你本专业的需要多次阅读和做笔记的书，纸质书效果更好；如果你只是为获取一些资讯、一些信息，大致了解一本书说什么，快速翻看电子书更方便。阅读场景方面，你在书房里，在家中，有大段时间，这时候适宜看纸质书；上下班路上，你在公交车或者地铁上，用手机或者平板看电子书更灵活。

总之，只要是阅读，只要在深度思考，只要阅读后有输出，不管你读电子书，还是读纸质书，本质都一样。

如何阅读？理解和实践

◎**阅读要有理解**

如何阅读，这没有定论。只要有利于你理解的方法都是可取的。阅读要有理解，有三层含义：作者说什么？说得对不对？和你有什么关系？首先，你要知道作者在说什么、表达了什么观点，这是理解的前提。你要读出作者的观点，以及这个观点背后有什么背景、原因。

其次，你要判断作者的观点对不对，观点是否清晰、鲜明，是否有证据支持，论证过程是否合理。为此，你要独立思考，要使用批判性思维，审视和鉴别书中观点、论据和论证过程。崇尚读书，不是迷信书。书中不全是正确的。孟子说：尽信书，则不如无书。

最后，你要问自己，这个观点和你有什么关系？这和你已经知道的有哪些联系和区别？你同意这个观点吗？对你有什么启发？你要结合生活和工作的实际问题，进行比较、联想，形成自己的判断和结论。总之，理解就是要读得进，理解书中内容；还要出得来，形成自己的判断。理解的结果是你形成了自己的思想。用俄国图书学家鲁巴金的话说就是："读书是在别人思想的帮助下，建立起自己的思想。"

如果阅读时不思考，没有理解，没有形成自己的想法，就会出现叔本华说的大脑成为"别人思想的竞技场"。叔本华为什么这样说呢？因为他认为，阅读是独立思考的替代品，阅读意味着让别人左右你的思想。

只阅读不思考、只阅读没有理解的危害，17世纪英国政治家、哲学家，《利维坦》的作者托马斯·霍布斯也看出了。他说："如果我和其他人一样看那么多书，那我就会和他们一样蠢。"

这里务必提醒下，叔本华和霍布斯说阅读的危害是没有理解、没有思考的阅读，类似孔子说的"学而不思则罔"，而不是说你不要阅读，不要多阅读。

提到阅读方法，《如何阅读一本书》不能不提。这是一本热销80多年、历久弥新的经典之作。作者莫提默·J.艾德勒是编辑、哲学家和教育家。艾德勒这本指导人们阅读的书成就最大，有评论说他这本书比他的其他著作的总和的影响还大。

艾德勒认为阅读有四个层次：

第一个层次是基础阅读。认识字就会的阅读，通常是小学时候就完成了，这个层次的阅读知道"这个句子在说什么"。

第二个层次是检视阅读。短时间内，比如15分钟，抓住一本书的重点，这是系统化略读，这个层次的阅读要知道"这本书在谈什么"。

第三个层次是分析阅读。是为了寻求理解而不是获得资讯或消遣，是全盘的、完整的、优质的阅读。培根说过"有些书可以浅尝辄止，有些书是要生吞活剥，只有少数的书是要咀嚼与消化的"。分析阅读就是咀嚼和消化。

第四个层次是主题阅读。围绕同一个主题，同时阅读很多本书，并且要架构出一个主题分析，并且这主题分析可能哪一本书都没提到过，所以，这是最主动、最花力气，也是最有收获的阅读方法。

分析阅读，尤其主题阅读就是要有思考，为理解而阅读。

◎阅读要有输出

现在网络上有一句关于学习的话很流行——输出倒逼输入，意思是你要产出的成果，会倒逼着你进行阅读、思考和学习。此外，输出还可以治疗拖延症。60多年前，胡适就说过类似的话："发表是吸收的利器。"他认为发表是吸收知识和思想的绝妙方法。看书和听进来吸收的知识思想只是模糊零碎，算不上自己的东西。你要作提要，作说明，作讨论；你要自己重新组织过，申述过，用自己的语言记述过，这种知识思想才是自己的。

阅读后的输出方式有多种：笔记、读后感、微博、朋友圈、一个方案、一次演讲、做课程、专栏、写文章、出书等。比如，为了本书的写作，我阅读大量书籍和论文，听一些网络课程，参加社群学习，还进行一些访谈和调研，这是输入。输出呢，主要就是这本书。

输出的最小颗粒度，应该是读书笔记。至于笔记怎么记，《如何阅读一本书》根据阅读层次提出三种笔记类型：

一、结构笔记。对应检视阅读，你要掌握全书的重点，有些和现在流行的思维导图类似。

二、概念笔记。对应分析阅读，你要掌握作者的观点，同时激发出你的观点。

三、辩证笔记。对应主题阅读，你相当于和多个作者对话和讨论。

读书笔记的形式，你可以参考和借鉴目前通行的方法和格式，比如，将笔记过程分为记笔记、写提示、撰写摘要三个部分的著名的康奈尔笔记法。记笔记符合你的习惯，有利于把精华部分吸收就行。还有一点很重要，记笔记要结合你此次阅读的具体任务。你要清楚，此次阅读是为了写论文，是为写策划方案，还是为了一次考试。任务不同，记笔记的方式也有所不同。

比如，在准备考研究生时，我这样记专业课笔记。我第一次考的是政治学专业。专业课是《中国政治制度史》《政治学原理》《行政管理》。考试题型就三类，名词解释、简答题和论述题。在阅读教材的每个章节时，我都分析、判断这个知识点可能出哪个题型。相应地，我以一问一答的形式做出笔记。一则笔记的过程就有助于理解和记忆，二则复习时以笔记为主，针对性强。果然，考试时，专业课试卷95%以上的题目都在我的笔记本里面。

◎阅读要有实践

阅读要有输出，更要有实践。你是带着解决问题的目的阅读的，要把书中收获的知识、技能和思维运用到实际生活中。学习是观念和行为的变化，而阅读是促成变化的主要手段之一，思考阅读的内容，结合实际，用在日常生活和工作中，这就是实践，也就是学以致用。

"未起身生活，却坐而写作者，徒劳耳。"梭罗这句话说的是写作。其实，学习、阅读也是如此。脱离实际、不实践的阅读和学习是无效的。中国古语说这是坐而论道，纸上谈兵。

现在有人感叹"知道那么多道理，仍然过不好这一生"。这个现象其实好解释，一方面，你知道的道理未必正确；另一方面，虽然你知道正确的道理，但是你不实践、不去做，光说不练。你都没有按照道理去做，怎么会过上好的一生。

其实，这个话题，古人早给出答案了。《礼记·中庸》说："博学之，审问之，慎思之，明辨之，笃行之。"博学，要广泛地学习；审问，要仔细地提问；慎思，要谨慎地思考；明辨，要清楚地分辨；笃行，要踏实地执行和实践。你看，博学、审问、慎思、明辨是要知道道理。笃行，是实践。老祖宗早就强调：学、博学只是开始；行、笃行才是学习的目的和学习要的结果。这应该也是王阳明提出"知行合一"的一个原因吧。

关于阅读后要有行动，艾德勒在《如何阅读一本书》一书中说得更直白。他说，任何实用性的书都不能解决本书说的实际问题。实际问题只能靠行动来解决。比如，当你的实际问题是赚钱谋生时，一本书会给你许多建议，但不能替你解决问题。没有任何捷径能解决这个问题，只能靠你自己去赚钱谋生才能解决。

◎ **用阅读时光卡片连接理解、输出和实践**

博学笃行，知行合一，这是个宏大话题，不再展开。下面说一个阅读和实践方面小的应用。建立阅读卡片是打通理解、输出和实践通道的一个简便易行的方法。

卡片笔记和写作法的首创者是德国著名学者罗曼。他一生记录 9 万多张卡片，从一个小公务员成为知名学者，写了 58 本书和上百篇论文。卡片分为闪念笔记、永久笔记和项目笔记三类。一张卡片一个内容，整理后放到卡片盒中。德国学者申克·阿伦斯在《卡片笔记写作法：如何实现从阅读到写作》中系统介绍了罗曼的卡片笔记和写作方法。他强调，为了理解某件事情背后蕴含的更为广泛的意义，卡片盒没有按主题分类，这是积极建立笔记之间联系的前提条件。

用卡片记录一个个想法、文献和整理后的观点，并且不按照主题存放，更有利于思维的碰撞和创意的激活。因为，很多想法是多学科、跨领域的知识碰撞产生的。

借鉴卡片这形式，我自制了阅读卡片。内容主要分三部分：一是你认为有价值的知识点；二是和你之前已有知识有哪些联系；三是这个知识点未来可能用在什么地方，在你的生活、工作、学习、创作等方面。于是，一个知识点连接了现在（新知识点）、过去（已知）和未来（可能的迁移场景），像时光机器一样。所以，我把这阅读笔记卡片称为阅读时光卡片。

主题		编号	
		日期	
		来源	
内容			
与已知关联	1. 2. 3.	未来迁移	1. 2. 3.

图 11-3　阅读时光卡片

罗曼当时制作的是纸质卡片,并且放盒子里。现在有了互联网工具,我把卡片制作成电子文件,加上序号、时间、关键词,打上事先系统规划好的标签,放在印象笔记里,需要调用时,搜关键词和标签,相关的系列内容都会列出,方便对比使用。

阅读时光卡片笔记是深度阅读的一部分,可以协助你理解、输出,也是打通实践的一个步骤。

总之,自主学习需要善于阅读,需要将阅读和实践互动,相互促进。生活之树长青。阅读结合生活、结合实践,完美地印证了朱熹的观书有感:问渠那得清如许?为有源头活水来。

法则十二　启动元认知，让学习有脑中无人机监控

否认无知是无知的另一种诱导。

——丹尼尔·卡尼曼

学习由一个个的认知过程组成。对认知过程的察觉、监控和调整就是元认知。是否有效使用元认知，很大程度上影响学习成效，也是学习是否自主的一个重要标志。

为什么认知之上是元认知？

◎什么是认知和元认知？

这些年，认知一词一下火起来。打开网站、公众号、朋友圈、抖音等，经常看到这些内容：提升认知、巅峰认知，认知升级，认知的几个阶段，认知的若干层次，等等。还有一些成功学似的断言：拉开人生差距的是认知；你的认知高度决定你的人生高度；你赚不到认知之外的钱；等等。

人们开始重视认知，把决定个人成长的因素归为和个人认知相关的内因。这值得肯定。不过，与此同时，很多关于认知的观点是在流行文化层面的解读，对认知的认识似是而非，并没有抓住认知的本质。

认知（Cognition）一词来源于拉丁语"Cognoscere"，意为"对……的认识"。你用大脑进行看、听、说、读、记忆、理解、联想、推理等，就是一系列认知行为。认知在学习中主要表现为对学习内容的掌握和理解。按照布鲁

姆的教育目标分类，认知从低级到高级分五个层次，依次是记忆、分析、理解、评价、创新。这些都涉及对学习材料的加工。

元认知（Metacognition）又是什么？这要先说下元的英文——Meta，出自希腊语 μετα（meta），意思是"之后""之上""超越"。

和元有关的概念，这几年最火的莫过于元宇宙。连 Facebook 都把公司名字改为 Meta。元宇宙的英文是 Metaverse，有两个含义：一是在某种事物背后更为根本性的东西；二是在某种事物之外的另一片领域。现在人们热捧的元宇宙主要指更本源、更高级的世界。不过，我国哲学家赵汀阳认为，元宇宙不是指"更为本源的世界"，而是指"另一个版本的世界"。

不同于元宇宙里元的含义，元认知里的元可以理解为更为本源的意思。元认知可以理解为本源的认知，认知之上的认知，超越认知的认知。还有一种观点，说元认知里的元是关于的意思，元认知就是关于认知的认知。从含义上看，这和上述对于元认知的解释并不冲突。

元认知的实质就是你对你的认知活动的自我察觉、自我监控和自我调节。举个例子，你把知识进行分类、反复阅读、用思维导图做笔记、利用记忆工具辅助记忆等，这是认知范畴；你评估学习任务难度、制订学习计划、选择学习方法、在学习过程中对策略进行反思和调整，这属于元认知范畴。

二者的关系有些类似法院和检察院。假设你的学习认知活动是法院判案，元认知则是检察院对此进行监督和纠偏。

元认知和认知有什么不一样呢？

◎认知和元认知有什么不同？

按照我国学者傅德荣等人的说法，认知和元认知主要在对象、内容、作用方式和发展速度四个方面有所不同。结合学习场景，具体表现如下：

一、认知对象不同。认知的对象是外部世界，元认知的对象是内部思维，是你自身认知活动。

二、认知内容不同。认知的内容是你要学习的内容，而元认知是你对这一学习过程的察觉、监控和调节。

三、作用方式不同。认知直接对认知的对象起作用，而元认知需要通过对你的认知活动进行监控和调节，再对认知对象起作用。

四、发展速度不同。一般而言，个人先发展认知再发展元认知能力，元认知能力落后于认知能力的发展。

导致元认知比认知发展落后的原因有两个。一是认知的对象是具体的，元认知的对象是抽象的。相比而言，抽象的内容比具体的更难以掌握。二是和我们接受的教育有一定关系。当前教育更注重认知活动本身，比如掌握知识和提升技能，对提升思维的训练比较少。元认知属于思维范畴，并且还是高阶思维，更缺少专门学习和培训的机会。

事实上，元认知对学习的意义重大，主要体现在元认知和学习策略的关系上。

◎为什么元认知是学习策略之母？

策略是什么？策略中的策是控制马的意思，比如鞭策、策马扬鞭；略是方略，方案的意思。策略就是达成目标的途径和方法。正如毛泽东所说："我们的任务是过河，但是没有桥或没有船就不能过。不解决桥或船的问题，过河就是一句空话。"学习策略就是有效学习的桥或船，是学习方案和方法。而元认知在其中起到重要作用。

通常人们在两个范畴讲元认知，一是高阶思维范畴，二是学习策略范畴。我们先聚焦学习策略。你开始一个学习任务，首先会想到用什么策略完成这次的学习任务，达成目标。你要考虑如何投入时间、精力、学习材料，如何选择合适的环境，如何以符合学习原理、认知规律的方法进行信息加工、存储和输出，以完成学习任务，达成目标。

美国密歇根大学教育心理学家威贝伯特·麦基奇认为，学习策略有三种：第一种是认知策略，比如你对学习材料的识别、记忆、做笔记、组织、精细加工等；第二种是元认知策略，比如你对加工过程的察觉、监控和调节；最后一种是资源管理策略，比如你对时间的安排、学习环境的优化和选择、学习资源和工具的应用等。

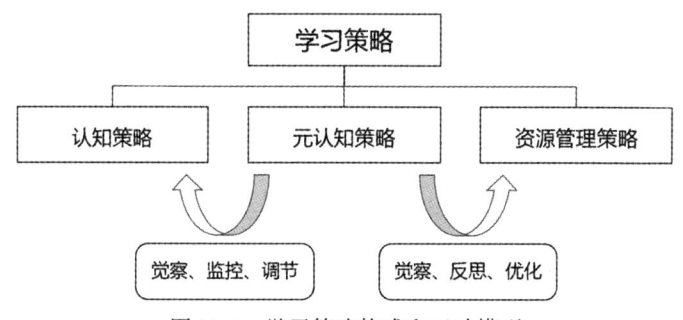

```
                    ┌──────────┐
                    │ 学习策略  │
                    └──────────┘
            ┌───────────┼───────────┐
      ┌──────────┐ ┌──────────┐ ┌────────────┐
      │ 认知策略 │ │元认知策略│ │资源管理策略│
      └──────────┘ └──────────┘ └────────────┘
              ↑          ↑
      ┌──────────────┐ ┌──────────────┐
      │觉察、监控、调节│ │觉察、反思、优化│
      └──────────────┘ └──────────────┘
```

图 12-1　学习策略构成和互动模型

三种学习策略中，元认知策略最为重要。一方面，元认知对你的认知活动进行监控调节，可以提高学习效率；另一方面，在使用资源管理策略时，元认知也起到一定作用，比如学习中，你考虑时间安排是否合理、学习资源是否充足，这时候你已经在使用元认知了。

元认知是现代心理学术语，首先使用在现代教育和学习领域。但是，和元认知相关的对认知的自知、自评和自控的观点和思想并不新鲜，古今中外很多名人的一些论述或多或少都有涉及。

元认知的前世今生

◎古今中外名人说元认知

先说古代中国的。《论语》里这句话广为人知："知之为知之，不知为不知，是知也。"知道的就知道，不知道就不知道，这才是智慧。《道德经》中也有类似言语："知人者智，自知者明。"知道别人是智慧，知道自己是聪明。这句话也衍生出"人贵有自知之明"的说法。《道德经》中还有一句话强调自知的重要性："知不知，尚矣。不知知，病也。"知道自己不知道，是好事；不知道自己不知道，就有问题。

类似孔子、老子自省、自知的这些充满智慧的话语，国外也有。古希腊的苏格拉底说："我唯一知道的就是我知道我不知道。"于是，他基于不知道对学生展开一个个的提问，引导学生自己思考并且得出结论。这就是著名的苏式提问学习法。可能受他的影响，他的学生柏拉图也说："不知道自己的无知，乃是双倍的无知。"

古罗马的圣奥古斯丁在探索思维本质时"认为思维是为了了解自身，必然已经在某种程度上认识了自身，至少思维知道自己在了解自身"。

到了现代，人们对自己的认知方面也有很多精辟论述。比如美国前国防部长拉姆斯菲尔德在一次记者招待会上的发言：有些事情是已知的已知——我们知道我们知道；有些事情是已知的未知——我们知道我们不知道；但还有未知的未知——我们不知道我们不知道的事情。这段绕口令一样的几句话说的就是元认知。

与此类似，猎豹移动的创始人傅盛提出认知的四个层次：不知道自己不知道，知道自己不知道，知道自己知道，不知道自己知道。

现代心理学有个著名的达克效应，也叫达宁-克鲁格效应，以1999年提出此现象的两名研究者——康奈尔大学的戴维·达宁和贾斯汀·克鲁格命名。

达克效应指出越是水平低的人越是高估自己。他们不仅会得出错误结论，做出不恰当的选择，更可怕的是，他们因为能力不足，蒙蔽了双眼，无法认识到这一点。

这和俗话"半桶水晃荡"类似。这说明只有知识才可以让人知道自己究竟知道多少。所以，美国经济学家托马斯·索维尔说"要想认识到自己的无知程度，需要相当程度的知识"。

达克效应在人们使用互联网的时候也有体现。就是在上网的时候，越是能力差的人越难以意识到自己其实什么都没学到。耶鲁大学的一个实验发现，人们在网上搜索信息的时候，对自己究竟知道多少，会产生膨胀的错觉。

银行柜台的工作人员不会因为过手了大量现金就认为自己是富翁。不过，网络会让能力差的人产生自己是博学之士的错觉。这就是个人元认知思维、意识、技能缺乏的表现。

那么，元认知如何和学习联系上了呢？这和弗拉维尔的研究发现有关。

◎现代元认知理论的提出和实践

约翰·弗拉维尔是美国发展心理学家。1976年，他在《认知发展》一书中首次明确提出元认知的概念及含义。元认知包括元认知知识、元认知体验和元认知监控等三种成分：

一、元认知知识是你储备的对认知的一些知识，包括个人的、任务和目标的两个方面；

二、元认知体验是你在认知活动时产生的认知体验和情感体验；

三、元认知监控则是指你在认知活动过程中对认知的察觉、监控和调节。

在人们的认知活动中，三种元认知成分相互联系、相互制约和相互影响。三者的有机结合构成你进行元认知活动的一个统一整体。

此后，元认知成为心理学研究的一个热点问题。众多学者从各个方面对元认知进行研究，阐述元认知的重要性，比如教育学、心理学、语言、管理学等。

值得关注的是，元认知在全球教育界的实践中更是得到重视和使用。元认知早已经成为学习策略、提高学习效率的一个热点问题和重要领域。

一些国家和地区也将元认知纳入正式课程，比如英国率先将元认知理论进行课堂实践，并且大量应用。其中一个代表性项目"认知加速度（Cognition Acceleration）"（简称"CA项目"）在世界范围内产生影响，并且长盛不衰。

1981年，英国伦敦国王学院开始启动该项目，通过元认知干预等方法提高学生的综合思维能力，进而提高学习成绩。

40多年来，世界各国如美国、芬兰、德国、荷兰、丹麦、尼日利亚，还有我国香港等地区也纷纷引入CA教学法，均取得了很好的效果。

元认知如何促进学习？

事实上，元认知早已出现在你的学习中，只是可能你没意识到。比如，刚开始时，你觉得很容易，但是随着学习的进展，你发现知识难度超过以前的判断。再比如，你制定一个计划和策略，不过，在实施过程中发现有些问题，你在考虑如何调整和优化。还有，你准备写一篇公众号文章，你会考虑，读者是谁？他有什么偏好？如何用他喜闻乐见的方式表达你的观点？此时，你已经在使用元认知了，只不过你没有意识到而已。为了让元认知起到更大作用，你要尽可能有意地使用元认知。

设想下，你在旷野中自驾，同时放飞一架无人机在空中跟随着你。你通过无人机拍摄的镜头，随时看到前后左右的环境和路况。这时候，你会更有控制感、更有效率。元认知对于学习的作用就类似无人机对你的自驾的作用。

具体地说，元认知在三个方面促进你的学习。

◎提高学习效率

元认知提高你的学习效率。学习有两个过程：一是认知过程，就是你如何理解、加工和记忆学习材料；二是元认知过程，你对加工过程进行积极的监控和调节。完整、高效的学习必须同时具备这两个过程。此外，认知过程中，对学习材料的认知仅仅针对具体行为，仅仅针对学习对象。而元认知过程涉及对认知的察觉、监控和调节，针对的对象是认知，适用面更广，更容易促进对学习材料的理解和迁移。

研究表明，元认知水平高的学生，有较强的学习能力，具有较多的有关学习及学习策略方面的知识，并善于控制自己的学习过程，能灵活运用各种策略来解决问题。

美国国家智库高级研究员乌尔里希·伯泽尔在《有效学习》中提出：在学习过程中，元认知比智力水平更重要。研究显示，有能力管理思维过程的学生，成绩远远超过那些高智商的学生，元认知对学习效果的影响占40%，而智商方面的影响只有25%。

英国教育机构用严谨的实验数据证明了元认知项目对学生认知能力和学业水平有直接的显著影响。伦敦国王学院对11所学校2000多名学生进行"认知加速度"项目的研究，就是通过元认知干预等方法提高学生的思维能力和学习成绩。结果显示，实验组学生的科学、数学、英语成绩比其他学生高出约30个百分点。

此外，英国教育部2011年启动"教与学工具箱"项目，投入1.2亿美元进行严格的实证研究，到 2020 年，工具箱共有 36 种改进教学的方法，其中元认知是公认的表现最好的工具。

◎ **提高思维能力**

元认知提高你的思维能力。一方面，作为学习策略的一部分，你使用元认知技能，围绕学习目标评估学习任务、制订计划、安排资源，并且对学习过程进行监测、反思和调节，这涉及一系列思维活动。在这个过程中，你的思维得到锻炼和提高。另一方面，元认知本身也是高阶思维的一种。学习中使用元认知能力，也会直接提高你的思维能力，尤其创造性思维和批判性思维能力。

研究表明，元认知技能很大程度上决定一个人的思维能力。在一个人的智力和思维中，最容易通过后天训练得以提高的就是元认知能力。换句话说，你可以通过训练提高元认知能力，从而提高你的思维能力。

◎ **提高自主能力**

元认知可以提高你的自主能力。学习需要自主，自主性越强，学习效果越好。元认知对自主性以及自主能力的培养很重要。学习中，元认知时时提醒你"你现在在哪里""你要到哪里去""你如何到那里去"。

你结合目标评估任务、制订计划，投入和分配资源，实施中结合进展和遇到的问题进行调节，对学习质量进行评估，反思学习策略是否恰当、资源投入是否合适。在此过程中，你的自主能力、自我管理、自我导向的能力也得到提高。元认知还在动机层面提高你的自主能力。

相关研究发现，元认知和学习动机相互促进：元认知的参与会增强学习动机，动机的增强带来更好的元认知。而动机是自主性的主要特征和表现。元认知提高你的自主性，不仅体现在学习方面，对你的日常工作和生活，也同样起到积极作用。

总之，元认知的应用是个人主观能动性的直接体现。

正是考虑到元认知对自主学习的重要作用，同时元认知也是自主学习的重要特征，著名的齐默曼的自主学习模型提出，判断学习是否自主，主要看动机、行为和元认知是否自主。

元认知发展的困境

◎ **元认知发展的四个阶段**

元认知很重要，不仅体现在学习、自主学习方面，在一个人日常生活的其他方面同样发挥作用。甚至可以说，当今社会，一个没有认知能力的人，无论是学习、工作还是生活，都会遇到麻烦。

但是，现实中，很多人的元认知能力并不高，甚至没有听过这个词，或者是知道，一鳞半爪的，更谈不上在学习和工作中积极主动使用元认知。多数人缺乏元认知能力，这和元认知的发展存在阶段性特征有关。

虽然元认知的发展落后于认知，不过，在学习和日常生活中，其实我们或多或少地在无意识的情况下使用了部分元认知技能。比如，你是否注意过，小孩在玩拼图游戏时喃喃自语"这样不行，这样也不行，噢，这样可以了"，边说边玩。事实上，他已经在无意识地使用元认知技能了。

一般而言，一个人使用元认知技能从浅到深、从低到高，有四个发展阶段。

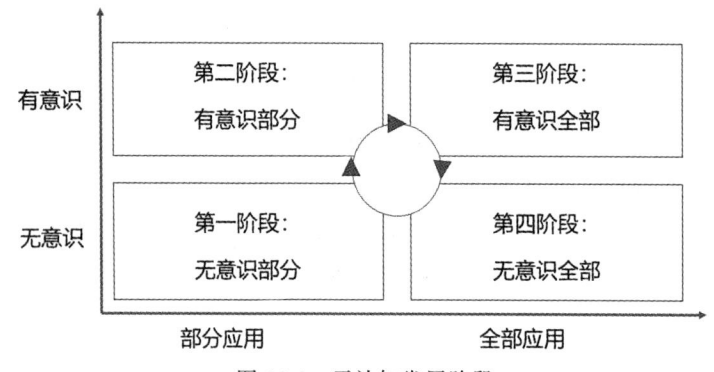

图 12-2 元认知发展阶段

第一阶段，无意识地使用部分元认知技能。你在学习时，会在无意识的情况下使用一些元认知技能。比如你根据任务难度决定投入一周还是两周时间。

第二阶段，有意识地使用部分元认知技能。学习时，你有意识地使用一些元认知技能。比如你制订学习计划日程表。

第三阶段，有意识地使用全部元认知技能。你有意识地在学习各个阶段全程使用完整的元认知技能。

第四阶段，无意识地使用全部元认知技能。你在学习时，无意识使用全部元认知技能。这是元认知发展的最高阶段。为什么最高阶段是无意识使用全部技能？因为你对于元认知的使用已经习以为常，自动化了。自动化的技能消耗大脑能量最少，启动门槛最低，从而效率最高、效果最好。

元认知能力提高的过程就是积极主动地将第一阶段发展和进化到第四阶段的过程。这个过程不是自然发生的，要在"知"和"行"两个方面同步提高。

不过，当前人们在这两个方面都存在一些误区。

◎认识误区

现在人们对认知很重视，不过对元认知的关注就少很多。2023年6月29日，我在百度搜索认知词条，相关结果约1亿个，而搜元认知，相关结果约3580万，是认知的三分之一。人们偏重于在流行文化领域及至成功学范畴强调认知的重要性，但是对比认知更重要的元认知显然重视不足。

虽然，元认知理论提出已经有几十年了，研究者众多，众说纷纭，但有国外学者指出，对于元认知理论构成要素的认识，现代认知心理学、教育学和应用语言学至今没有一个逻辑严密、表述清晰的概念。

相比国外，国内的研究起步更晚。济南大学的秦利民等人在《近10年（2011—2020）国际元认知研究动态：回顾与展望》一文中指出，国内对元认知的研究多为单一性、思辨性分析，缺乏系统、有深度的整体发展脉络的梳理，更缺乏实证研究；此外，在研究范畴上，多数研究往往彼此孤立，各自为营，没有从多学科融合的角度进行多样化研究。

◎实践误区

元认知的实践方面也有一些问题。传统教育更重视传输知识和掌握技能，忽视培养思维、综合素质,也包括元认知。不像英国教育部出面已经将元认知落实在教学实践中,我国至今还没有国家级层面的、在全国范围实施的元认知实践项目,只有一些研究者、学校和培训机构开展了若干元认知培训、讲座、试验项目等。

对元认知状态和技能的评估、测评是发展元认知的基础。但是,目前还缺乏一套公认的、科学的评估系统。当前,元认知监控的测量方法,包含问卷法、访谈法、出声思维法及认知操作法等。不过,这些方法要么难度大、要求高,不容易操作;要么将元认知和认知混淆,结果不准确。

显然,目前的学校不是培养元认知能力的最好地方。作为一个自主学习者,使用并且提高元认知能力,大部分时候要靠自己。那么,我们应该怎么做?

如何应用元认知?

元认知是一种思维自省活动,经常以内心自我提问的形式运作和发挥作用。你可以用自我提问的方式来进行元认知管理。此外,最好将提问写成文字。通常,一个学习活动分前、中、后三个阶段,每个阶段又有两个步骤:学习前,评估和计划;学习中,监控和调整;学习后,反思和改进。

这样学习中应用元认知就有三个阶段、六个步骤。

图 12-3　元认知应用三段六步法

◎ **第一步：评估**

你启动一个学习任务，首先要评估任务难度和你的知识基础，就是我们常说的要知己知彼。《孙子·谋攻》说："知彼知己，百战不殆。"战争中，透彻地了解敌人和你自己的情况，才不会有危险。开始一个学习活动前也要知己知彼，彼是学习任务，己是你的知识基础、优势和劣势。元认知管理的第一步就要评估这些。

评估任务你可以这样问自己：

* 这一次学习任务和目标是什么？

* 要掌握什么类型的知识？

* 是一般掌握还是精通？难度如何？

任务和目标取决于具体学习活动，任务有大有小，周期有长有短。知识类型决定你后续的学习策略。任务难度、周期决定你投入的时间、精力等。这次学习是完成某项考试，还是拿到某个证书？要了解事件，还是要理解某个概念？或者是要培养一项技能？比如你要学会制作PPT，仅仅知道如何做还不够，你还要实际操作；如果是做一个策划方案，你要调研、搜集资料、会谈、思考、写作等。评估任务后，再评估自己已经掌握的知识、你在完成此次任务时的优势和劣势。可以这样提问：

* 这次要学习的内容，你已经掌握哪些？

* 如何验证你的掌握程度？

* 你在这方面的优势和劣势是什么？你的认知和思维特点是什么？

大部分时候，你是在一定基础上进行学习的，你要清楚你已经掌握的知识是哪些、熟练程度如何，运用自我测试了解你已经掌握的知识。评估自己的时候有一个情况要注意，就是防止高估自己。前文提到过达克效应，人们往往有高估自己的倾向，越是能力低的人越是容易高估自己。

如何判断自己掌握知识的程度？如果你可以清晰、简单地把知识点说出来，那说明你理解了。解释促进理解，理解是解释的产物。你可以解释得出来就说明你理解了。以教促学，解释是教，理解是学，二者相互促进。

学习方法里，有个著名的费曼学习法说的就是这个意思。费曼是物理学家，曾获得诺贝尔奖。他擅长把复杂的概念用自己的话简单清晰地表达出来。爱因斯坦也说过："如果你无法简单地解释，就说明你知道得还不够多。"达·芬奇也说"简单是最高阶的复杂"。

为了讲透学习中如何应用元认知，我以我备考研究生一事为例，详细剖析下。不过，有一点要说明，当时我不知道元认知这回事，现在回想起来，其时部分做法是符合元认知原理的。

先说评估任务和自己：

我初中毕业后通过招工考试参加工作，次年参加高等教育自学考试，用两年时间通过 10 门课程的考试，获得汉语言文学专业的大专毕业证书。其后，我面临选择，是继续自考本科，还是直接考研。考研的话要考什么专业？最终，我选择直接考研究生，以本科同等学力的身份。并且，我要考政治学专业。

我萌发考研究生的想法后，对难度和自己的水平大致评估了一下。

当时考研究生，要考三门专业课，两门公共课——英语和政治。难度肯定有，并且不小。毕竟我没有读过高中，没有读过大学，大专文凭还是自学而来。好在两年的自学考试表明我具备较强的学习能力。专业课属于文科类知识，这类知识的记忆、理解、完成考试没有问题。并且，我要考的专业课和以前自学过的《哲学》《中国革命史》有一些关联。就是说，我有一些基础。

最大的问题是英语。我从周边曾经参加考研的人那里了解到，在考研课程中，英语最难，大部分人考研失败都是英语没有及格。他们都说英语很难。并且，公共课必须达线。即便你总分达线，公共课有一门不及格，也不会被录取。

而我的英语基础太差，读初中的几年，英语考试最高分 27 分（满分 100）。而这 27 分将是我考研究生英语科目的起点，因为我参加的汉语言文学专业专科阶段的自学考试没有英语这门课程。

了解掌握程度后，再评估你的优势和劣势、认知和思维特点等，这需要客观公正。上面说的是评估，评估任务，然后评估自己，这是第一步。现在说第二步——计划。

◎第二步：计划

针对性地提出计划和学习策略。《孙子兵法》说"谋定而后动，知止而有得"。谋划准确周到而后行动，知道目的地才能够有所收获。"谋定"和"知止"就是制定计划和策略。可以这样提问：

＊这一次的学习目标和输出的结果是什么？

＊要投入多少时间和精力，分几个阶段完成？

＊要使用哪些策略和方法，阅读、笔记、讨论、思考等？

计划要有达成的目标和投入的时间、学习资源方面的内容。计划尤其要划分好阶段，还要注意对关键事项和节点的控制。策略和方法针对不同任务有所不同。

确定了考研究生的目标后，我大致确定了我的考研路径和规划：

其一，目标是考取政治学专业的研究生。不参加本科专业的自学考试，直奔主题，直接学习研究生考试需要的课程，重点学习三门专业课，两门公共课——英语和政治。

其二，计划花5年时间完成此目标。专业选择政治学，而不是中文。之所以这样选择，一是当时我的兴趣在政治学；二是专业课的学习同时也有利另外一门公共课——政治课程的学习，这会节省一些时间。

其三，这5年中，一半时间和精力花在英语上，一半花在专业课和政治课方面。有了计划，之后就是实施，而元认知此时的作用就是对学习活动进行监控。

◎第三步：监控

监控学习活动的进展、障碍情况。所谓计划不如变化快。学习中随时可能出现新情况和问题，这很正常。所以，你要随时用元认知觉察和审视你的学习活动，根据情况进行调整。可以这样提问：

＊任务进度如何？已经完成什么？还缺什么？

＊遇到什么困难？

＊有什么办法来克服困难？

进展中多数会遇到问题和困难，你要察觉到问题所在，才可以采取相应的措施进行调整，需要你时时动用你的元认知思维和技能。监控是针对计划的实施，学习过程而来。我当时的学习情况大致是这样：

其一，英语课程方面。我参加了中央电视台一门电视英语讲座的学习，边看边听边对照教材，并且用收录机录下课程，之后回放。课程有一年半的时间，相当于英语大学专科水平。其间，我同时阅读《21世纪英文报》《新概念英语》等。

说到这，我要感谢很多给我提供帮助的人，他们给了我很多资讯、建议和学习材料。当时，我可是在20世纪90年代的一个山区粮站里。那时可没有互联网，没有淘宝、京东、当当网，也没有手机和高铁，无论是资讯还是学习材料的获取，远比现在难得多。

整体上看，我的英语学习按部就班，进展比较顺利。当然，也存在一个问题，就是学习的还是哑巴英语——读不在话下，但是，听、说、写不行。

其二，专业课方面。专业课是《中国政治制度史》《政治学原理》《行政管理》。专业课的理解是个难题，毕竟和我当时的知识基础，以及我从事的工作距离太远。彼时，我在粮站做仓储管理员，日常工作主要是和仓库里面的粮食、油菜籽、算盘，以及买卖粮食的农民伯伯打交道。专业课的学习方面，除去看看单位订的《人民日报》《光明日报》等，我的所学和我的工作，和实践没有任何互动。

为了促进记忆和理解，我把专业课主要内容做成笔记，口述后用收录机录下来。在一天中精力不太好的时候，就听录音。你看，我动用了多感官学习，用手做笔记，用嘴口述，用耳朵听录音，这符合全脑信息加工的学习原理。

◎第四步：调整

针对监控和察觉到的情况，考虑是否调整以及如何调整。我们身处在一个或然性的世界中，很多事情只有进行中才会发现新的情况。正如美国诗人罗伯特·弗罗斯特的《未选择的路》：在那条没有走的路上，我们永远不知道会发生什么。任何事情不做下去，你不知道变化，不知道会出现什么。你可以这样提问：

＊资源方面，投入的是多还是少了？

＊方法方面，学习策略是否需要调整？

＊效果方面，哪些方法效果不好？是否需要补救措施？

针对监控情况进行调整。这个方面我大致这样做：

其一，英语学习和考试方面。我投入的学习时间和精力很多，主要做了这几点：一是大量阅读。除去常规学习外，每天至少 1 个小时阅读各类型英语文章。二是大量做题。考研的真题和模拟题，我做了近 30 套。既然是模拟，就要像。我关紧门，设好闹钟，3 小时后，不管试卷有没有完成，必须停笔。这样可以反映自己的真实水平。三是重点突破。比如我发现语法的掌握有些欠缺，就专门学习一本大学本科的语法教材和习题集，补上短板。

此外，我做了一个大胆的决定，就是在英语考试时，不做写作题，直接放弃，把这多出的 30 分钟挪到阅读理解上。阅读理解总分 40 分，我一般得分在 30 分上下。我这样考虑，我英语的写作水平很差，阅读理解是我的强项，不如把写作的时间放在阅读上，多得 4~6 分是有可能的。这样，两次研究生考试，英语科目我都是在 85 分（去了写作的 15 分）里考的，第一次 65 分，第二次 49 分（该年英语难度增加，及格线 45 分）。

其二，专业课和公共课政治的学习和考试方面。第一次考研，专业课和公共课的政治考得不好，仅仅及格而已。其实，要考的知识点我都知道。我发现我对重点题的判断还是比较强的。比如，两次考试，公共课政治试卷中时事题我全猜中了。猜中的原因是，一方面，大量学习后培养出的敏感；另一方面，有外在参照，我发现时事题肯定在《半月谈》杂志每年最后一期评选的该年国际、国内十大新闻里。

没有考好的原因有两个：一是内容的时效性不强。第一次考试时，使用的《行政管理学》的教材是五年前的，内容远远落后于当时行政改革实践。于是，考研二战时，我换了学校和专业，专业课是《毛泽东思想》《中国革命史》《哲学》。这一次我不仅读教材，还读报纸的社论和杂志的理论文章，比如《人民日报》《光明日报》《求是》《瞭望》《半月谈》等。这样，考试答题时，我就不缺最新材料了。

二是答题不规范。我不是用说理文的写作风格答题。显然，即便我答对了内容，但是，类似散文、记叙文的表达方式不会让我拿到高分。为此，第二次考试前，我也在规范表达方面进行了一些训练。

◎ **第五步：反思**

学习活动结束了，要从效果、效率及收获等方面进行反思，探究得失，为以后的学习作准备，这有些类似项目管理中的复盘。复盘本来是围棋术语，棋手在下棋后把棋局重复摆一次，发现攻守漏洞，从而提高棋艺。之后有企业借鉴此方法进行企业管理。联想是国内企业较早使用复盘的典范。复盘有四个步骤：回顾目标、评估结果、分析原因、总结经验。你可以这样提问：

* 目标是否达到？是否有差距？
* 产生差距的原因是什么？
* 有哪些经验和教训？

重点要找出差距的原因，以后遇到类似情况，你就有优化的经验了。第一次考研失败，我分析了一下，觉得原因有几个：

其一，任务难度方面。这高于我当时的知识基础，和我的工作情况也不适宜。我在思考，我要解决的问题是什么，我需要的是什么。显然，我首先需要的是考取研究生，而学校和专业是次要目标。所以，第二年我换了学校和专业。

其二，专业课方面。书籍不够新，阅读面过窄，对内容理解不透彻，和实践也没有互动，答题的表达方式也不严谨和规范。

其三，公共课方面。政治仅仅及格，分数不高，这是不应该的。英语虽然及格，但是没有高分，这和我放弃作文题有关。

其四，时间和精力分配方面。这方面问题比较大，而我又没有提前准备、导致有些措手不及。粮站工作有个特点，即一年中第四季度的3个月最忙，当时要秋粮入库，要大力收购粮食，有时候晚上9点，我还在外奔波。而此时还是考试复习冲刺阶段。

这些分析，不仅让我第二次考研有了相应准备，也对我日后的工作中处理难题有所启发。

◎**第六步：改进**

这是元认知管理的最后一步，这一步不仅对你正在进行的项目有利，对后续学习也有帮助。可以这样提问：

＊这次遇到的问题和解决方法有什么启示？

＊是否还有更好的解决方法？

＊这次的解决方法是否能够举一反三？是否可以灵活迁移？

学习是不断持续的过程，你每次反思是为了下一步学习。你每次的学习都对以后的学习有所贡献，你才会进步，所谓日拱一卒就是这个意思。

元认知应用的步骤就是上述这些。前面我以考研究生举例。现在大致说下自学考试，毕竟当时我的起点是初中生，而我用两年的时间完成考试，并且10门课程均一次性通过。显然，除去勤奋和努力外，在学习方法还有元认知方面，我肯定做对了一些。

现在结合我了解的学习原理，对照当时我的学习行为，我发现，一些符合认知规律、应用元认知技能的做法如下：

其一，课程选择方面。难易得当，合理搭配。比如，第一次，我报的是《哲学》《文学概论》，这两门课程相对容易些，开门红可以增强学习的信心。并且，《哲学》带方法论内容，对整个学习方法可能有所帮助。之后，选择课程也是难易搭配。

其二，课程学习方面。我先阅读教材指南、往年试题，了解课程性质、特点和考试的重点、难点。之后系统阅读教材，把握整体情况，再仔细学习重点和难点。

其三，认知策略方面。主要应用了三点：一是艾宾浩斯的记忆遗忘曲线，当时我知道这个规律，所以学习时趁热打铁，不等完全忘记了再复习。二是应用抽认卡（一种辅助记忆的卡片，其时，我并不知有这回事）。我做了大量卡片放在工作服口袋里面，卡片一面是某个知识点的题目，一面是答案。上班时候，有空闲了，随手拿出一张卡片，先看一面，自问自答，再用另外一面核对。三是自我测试，我做了大量试题，把错误的地方用红字标注，复习时重点针对这部分。

其四，社群学习方面。我和一些同时参加自学考试的同事和朋友经常交流信息，相互出题，彼此考重点，相互鼓劲等。他们是邱春生、王义、张军、钱正义、阮冬红等人。他们都是自学成才，有的当律师，有的是公务员，有的是专业技术人员，有的是企业主管，等等，都在各自岗位取得很好的业绩。

事先分析、评估，执行中监控、调整，事后反思、改进的习惯，影响我之后的学习和工作，让我获益匪浅。苦干结合巧干，热情结合冷静，抬头看路结合低头走路，是任何一个想要成事者必须具备的。

最后建议，把三个阶段六个步骤自我提问的问题和回答书面化。你写出来的会比你想的精练，更有条理；并且，写作是思维深化的一个过程。此外，还方便将你前后的思路进行对比，你会直观地看到你的学习进度和阶段性思考成果。为便于在学习中使用元认知，你可以记住——"估计控调思改进"。这句话对应着六个阶段的关键词，分别是（评）估、计（划）、（监）控、调（整）、（反）思、改进。

上述步骤主要针对学习中对于元认知的应用。不过，同样适用于生活、工作中需要应用认知的地方。比如，筹备一个婚礼，装修一套房子，做一个提案，讲一次课，写一本书，微信上开一个公众号，B站上当一个UP主，等等。只要需要你形成判断、做出计划、采取行动的项目，都需要认知，都需要元认知。

苏格拉底说"未经审视的人生不值得过"。一个人的人生曲线由一个又一个的认知以及相应的行为构成和决定。一个人的认知是否反映真实世界、形成明智决策和采取合理行动，需要他对其每一个认知进行审视。

元认知是对认知的审视，未经审视的认知不是认知！

法则十三　管理时间，让学习有复利

每个人需要在学习的过程中，让一只眼睛看到过去，让另一只眼睛看到未来，然后用两只眼睛盯在当下。

——夏伊·皮隆（以色列前教育部长）

企业经营管理，设定了目标，就要投入人力、资金和技术等资源。对学习任务，你要投入的资源主要是时间。时间最昂贵，你的一切收获都来自时间；时间也最廉价，很容易被浪费，让你一事无成。时间的重要性让人们关注时间管理。针对学习和成长，时间管理不是单纯的方法和技巧问题，而是你在正确时间观指引下，正确使用时间综合能力的体现。

时间是什么？

时间是什么？古今中外众多学者都在探索这个问题。

中世纪思想家奥古斯丁说："时间究竟是什么？假使人家不问我，我像很明了；假使要我解释起来，我就茫无头绪。"奥古斯丁的这个时间之问很著名，一方面他说出了时间为人熟知的事实，另一方面也说出了人们在探索时间本质时的困惑。当然，对于时间是什么，奥古斯丁自己有答案。他认为时间是一种主观存在，是心灵的延长，时间分现在、过去和未来，过去存在于记忆中，未来存在于期待中，现在存在于注意中。

在他之前，亚里士多德也系统地论述了时间。他认为时间是客观存在的，时间就先后而言是运动的数目。

我们熟知的时间定义是"时间是运动着的物质的存在形式"。《大辞海》对时间的解释更为详细：

一、指时间计量。包括时间间隔和时刻两方面。前者指物质运动经历的时段；后者指物质运动的某一瞬间。

二、指物质运动过程的持续性和顺序性。通过起始时刻和量度单位的选定，对时间进行测量。

和时间有关的故事，最著名的莫过于爱因斯坦解释相对论：你坐在一个美女旁边，坐了两个小时，觉得只过了一分钟；如果你紧挨着一个火炉，只坐了一分钟，却觉得过了两个小时，这就是"相对论"。爱因斯坦说的故事也表明了人们感知时间的一个特性——你与时间的接触是间接完成的，一般取决于时间包含的内容。就是说，你不能直接感知时间。

心理学家詹姆斯·杰尔姆·吉布森就说："可以感知的是事件，而不是时间。"时间被感知要通过事件这个特点，也解释了为什么现在很多时间管理理论围绕事情展开这个现象。

为什么要进行时间管理？

提到时间管理的必要性，一般人都说时间是稀缺资源，事情又多，所以要管理时间。为什么时间会稀缺呢？这要从时间的不可逆性、绝对性和相对性说起。

◎时间的不可逆性

亚里士多德最早提出时间的不可逆性。他认为，时间沿着一个方向延伸，是一维的，不会逆转。时间的不可逆性和河流的不可逆类似。所以，人们常用河流比喻岁月流逝。孔子在河边感叹"逝者如斯夫，不舍昼夜"。时间像流水一样，白天黑夜不停地流逝。汉乐府诗说"百川到东海，何时复西归"。李白也高歌"君不见，黄河之水天上来，奔流到海不复回"。

基于时间的不可逆性，人们还发明了一个词——时间之矢，来说明物理、生物、电磁、天文等自然过程的不可逆性和时间的方向性。

时间的不可逆性相当于经济学上的沉没成本——已经发生的不可收回的支出，比如金钱、时间和精力。对学习和成长而言，时间和精力最容易支出，也最容易被浪费。

◎时间的绝对性

时间的绝对性由伽利略和牛顿提出。牛顿认为时间是让事物先后有序排列的处所，时间是一种绝对的、均匀流逝着的东西，时间的流逝不会与外界事物发生任何联系。虽然爱因斯坦相对论的建立，排除了牛顿的绝对时间。不过，时间绝对性的特性仍然在日常生活中体现，典型代表是精确计时的钟表。比如现在是晚上8点，你不能在此时此刻同时做两件不同的事情。

根据利用方式，时间分为消费时间和生产时间。下班回家后，你可以消费时间，比如，玩游戏、刷视频和朋友圈；你也可以从事创造性活动，比如，阅读、写作等。但是，同一时间你只能做一件事情。你利用时间方式不同导致你的收获不同。这背后是时间的绝对性在起作用。所以，贝兰卡在《深度学习：超越21世纪技能》中说："时间是一个常数。当把时间花在一件事上时，它就不能被花在别的事情上。"

这可以用经济学中机会成本解释这点。薛兆丰在《经济学通识》中说，"成本就是放弃了的最大的代价"。机会成本就是你选择了一个事情，不得不放弃的另外一个损失。在时间的绝对性前，面对某个事情，你要么选择，要么放弃。此时，如何选择就涉及时间管理。

◎时间的相对性

莱布尼茨和爱因斯坦率先提出时间的相对性。莱布尼茨认为不存在绝对的时间，时间是一种理念，是按照因果关系排列的事件的次序。这些事件组成一条因果链，事情之间互为因果。这好比多米诺骨牌，事情的进展和变化会导致连锁反应。爱因斯坦的相对论就是以莱布尼茨对相对时间的理解为基础发展而成的。

相对性体现在时间管理方面的主要表现是，你是按照次序做事情的，事情中间存在着一系列的因果关系，前面事情没有做或者没有做好，会影响后面事情的进展。一件事情的处理情况会影响后续系列事情。

总之，时间的不可逆性、绝对性和相对性让时间管理成为每个人都需要面对的一个重要课题，不论他从事什么行业，什么职位，做什么工作。正是时间管理很有必要，并且很重要，早在上世纪初，就有人系统地探讨如何进行时间管理。

时间管理都有哪些门派？

1910 年，英国作家阿诺德·贝内特出版了《如何度过一天的 24 小时》。此后 100 多年以来，时间管理的书籍和理论层出不穷。史蒂芬·柯维在《高效能人士的七个习惯》中指出时间管理经历了四个发展阶段：

第一阶段注重利用便条与备忘录，关注如何在忙碌中调配时间与精力，不足之处是完成的事情没有优先次序，不一定和人生大目标符合。

第二阶段强调做事日历与日程表，侧重于规划未来，但是，仍然没有考虑事情的轻重缓急。

第三阶段关注做事情的优先顺序，依据轻重缓急设定短期、中期、长期目标，再制订相应计划，不足之处是拘泥每天按照规划做事，视野不够开阔。

第四阶段强调对个人进行管理，不再过分看重时间与事务的安排，以原则为重心，配合个人对使命的认知，着重维持产出与产能平衡。

史蒂芬·柯维的概括精练、全面，但是，还不足以表明当前时间管理理论、方法、工具的丰富多彩。根据管理对象侧重点不同，时间管理主要有五大门派：

图 13-1　时间管理五大门派

◎ **管事情**

第一大门派是管事情。众所周知，管理时间主要是为了高效做事。所以，管事方面的方法最多，影响也最大。这方面的代表有"要事第一""二八法则"和"重要、紧急、不重要、不紧急"四象限等。这是从大的方面说选择做什么事情的重要性。

至于具体做一件事情，经典著作《搞定》提出分五个步骤。这五个步骤是：定义目标和原则、展望结果、头脑风暴、组织整理、采取行动。

此外，ABCDE 法把事情按照主次进行优先次序分类。A 是最重要，并且是必须要做的事情，一旦完成就带来正面效果，不完成就会带来负面效果；B 是指那些应该做的事情，如果不做后果并不十分严重；C 类任务是做了会更好，但是不做也没有什么大不了的事情；D 是可以授权他人做的事情；E 是完全可以不做的事情。

提出 ABCDE 法的博恩·崔西说，A 就是你要吃的青蛙，就是最重要并且困难的事情——也是链家创始人左晖坚持要做的"难而正确的事"。除了吃青蛙，管事方面还有吃大象的说法。西方有句谚语，如何吃大象，当然是一口一口地吃，用来类比把大的事情分解为小事情，一个一个地完成。当然，这种智慧，我国也有，古人就有"千里之行，始于足下""不积跬步，无以至千里"的说法。

◎管时间

第二个门派是管时间，典型代表是番茄钟，一个番茄代表 25 分钟，如果一个任务需要 50 分钟，那就需要两个番茄。此外，对时间使用情况进行记录也很重要。《奇特的一生》一书显示，柳比歇夫把自己的一生用时间来做计划，他用 56 年的实践把记录做到了极致。他通过记录、统计、分析、反馈四个步骤，真实地记录下自己的每一分钟都用到了哪里，再根据自己的能力合理规划未来的时间安排。

◎管专注力

第三大门派是管专注力。《为什么精英都是时间控》一书提出要以专注力为中心进行时间分配。书中提出四个原则：专注性工作应该放在状态好的时候做；通过休息和运动重启专注力，创造出时间；提高工作效率；自由时间要进行自我提升。

《深度工作》认为工作有肤浅工作和深度工作，深度工作是在没有干扰的专注下进行的工作，可以极大提高你的认知能力，从而取得创造性和高价值的结果。深度工作模式有四种：节奏模式、双峰模式、禁欲模式和记者模式。这四种模式说的是工作，同样适合学习。另外，番茄钟也管理专注力，使用番茄的一个目的就是要确保 25 分钟内集中注意力，不受外界干扰。

◎管精力

第四个门派是江湖新秀，管精力。《精力管理》一书提出不是时间不够用，而是精力没管好，所以要从体能、情感、思维和意志四个方面提升精力。

《每天最重要的 2 小时》一书认为，为了提高身体效能，高效利用时间，需要管理你的心理能量，合理分配自己的精力，你要理解并且利用注意力的特点来进行工作和学习。

◎管观念

最后一个门派是管观念。史蒂芬·柯维在《高效能人士的七个习惯》和《要事第一》中都强调价值观、人生目标和原则是时间管理的前提。博恩·崔西在《博恩·崔西的时间管理课》中提出长远的时间观是阶层上升的主要因素。《精要主义》强调"更少，但更好"，提出如何做好对的事情，主张只做必做之事。这也是一种人生态度和思维方式。

当然，上述各个门派的管理对象不是截然分开的，而是有重合和交叉的地方。比如，番茄钟要求在 25 分钟的时间内专注做事，就是同时管时间和专注力。史蒂芬·柯维的"要事第一"既是建议如何做事情，同时也是一种价值观。所以，你要结合自己的实际情况和需求，吸收各种理论和方法的精华，综合使用。时间管理的对象有这么多，你可能疑惑，时间管理到底要管什么？

时间管理的对象和实质是什么？

提起时间管理，现在流行一个说法，时间是不能被管理的，你要管理的是自己。这句话有正确的一面，它肯定了自我管理的作用。因为如何看待时间、如何使用时间都是你自己的事情。不过，这句话也有不准确的一面——忽视时间管理还是有具体对象的。

那么，时间管理的对象是什么？先看一个商业案例。大润发是一家线下连锁超市，成立以来，业绩斐然，一再超越同行，成为国内超市之王，2017 年 11 月被阿里巴巴收购。有传言说创始人黄明端感叹"我打败了所有竞争对手，但是输给了时代"，一时之间，这句话在网络上盛传。之后，黄明端否认这样说过。但是，这句话仍然被人们津津乐道，被多方引用。其中有一个原因，不管他有没有说，这句话揭示了企业经营的一个规律——方向错了，执行再好，也不能带来成功。换句话说，就是战略错了，打赢多少次战役都不能取胜。

这个例子，用在时间管理方面最为恰当。如何看待时间是时间管理的战略问题——时间观；如何使用时间是战术问题——时间行为规范。为什么时间观是时间管理的战略问题？

时间观是你关于时间的总体看法，反映了你对待时间的态度、信念和重视程度。时间观通过承上启下的方式发挥作用。承上说的是时间观承接你的生命观、人生观和价值观。你的生命观、人生观和价值观决定你的时间观。启下说的是时间观又连接你的人生目标、中期目标、每日任务和时间行为规范。

管理时间观，就是要确保你在做的事情是正确的。这好比公司的董事会，主要职责是制定正确战略。

至于如何把事情做得有效率、如何有效利用时间，那是时间行为规范，是战术问题。这好比公司CEO，要把战略执行好，这是战术问题。

德鲁克说企业管理的实质首先要做"正确的事情"，其次才是"正确做事"。和这类似，管理时间观是确保你要做"正确的事"，管理时间行为规范是要确保你在"正确做事"。

所以，时间管理的对象是管理时间观和时间行为规范；时间管理的实质是战略上做正确的事，战术上正确做事。

总之，时间管理不是单纯地节省时间、利用时间的方法和技巧，而是你的价值观、人生观、世界观、时间观、认知、判断、选择、计划、执行等综合能力的体现。时间管理不是管你自己，也不是管时间，而是要确保你做正确的事和正确做事！那么，如何确保我们做的事情是正确的呢？

如何管理时间观，做正确的事？

时间管理大多和事情有关。如果在错误的事情上提高效率，不过是错上加错，大错特错，南辕北辙。德鲁克说："没有比高效率做无用功更无用的事了。"时间观和你做的事情是否正确有很大关系，就是说，时间观很重要。

但是，日常生活中，多数人意识不到时间观的重要性。美国心理学会前会长、著名心理学家津巴多在《时间的悖论》中说：

关于时间的第一个悖论：你对于时间的态度将对你的生活产生深远的影响，但你自己却很少会意识到这一点。

那你如何意识到这点，应该有哪些正确的时间观呢？

◎**要真正地珍惜时间**

珍惜时间，你可能说，这不是正确的废话吗，谁不知道时间宝贵，要珍惜。古往今来，多少名人都说过。几千年前，孔子站在河边感叹："逝者如斯夫，不舍昼夜。"时间像河水一样流去，不分日夜。庄子也说："人生天地之间，若白驹之过隙，忽然而已。"人生于天地之间，就像骏马穿过一个狭窄的通道，瞬间而过罢了。古人也直白地说"一寸光阴一寸金""光阴似箭""日月如梭"等等。到了现代，人们表达更直接，不仅喊口号"时间就是生命，时间就是金钱"，还在唱"时间都去哪儿了"。

大家都在说时间飞逝、时间宝贵，使得这种认识成为常识。恰恰是这个原因，让很多人在实际生活中遗忘了时间的宝贵。有一本专门探讨人为什么无知的书——《无知》，书中认为导致人们无知的一个原因就是常识。一旦一个知识成为常识，你就往往对它视而不见。它很容易成为大脑里的背景，你没有切身的体感。但是，仅仅是知道，而不理解，不相信，不采取相应行动，这是不是也算另一种无知呢？

所以，你要时刻警醒自己，把时间宝贵从大脑的背景知识变为生活中的实际行动。你不能光知道而不行动。

英国《卫报》心理学专栏作家奥利弗·伯克曼坦言人生有限，写了一本畅销书《四千周》。书中说，如果能活到80岁，你在地球上的时间也只是4000个星期。

近些年，网络上流行一个生命时间流逝表。表格按照人均82岁寿命列出4000多个格子，一个格子代表一周。你输入当前年龄就知道你还余下多少代表你还活着的格子。建议你下载表格或者软件，或者自己做一个，时时看下，你还可以活多少个格子。

当然，至于我们每个人活着的格子的质量如何，取决于各自的活法。正如斯多葛学派代表人物塞涅卡在《论生命之短暂》一文中说：

不是我们的有生之年太短，而是我们浪费了太多有生之年的光阴。一辈子还是够长的，如果精打细算、投资得当的话，足以让我们干出一番惊天动地的大事来。不过，要是稀里糊涂、不加珍惜，或者不务正业的话，最后到了大限临头的那一刻，才如梦初醒，意识到一辈子就这么不知不觉地过去了。因此可以说，我们所得到的生命并不短促，而是我们把它缩短了；我们并不是穷光蛋，并不缺少光阴，只是虚掷了光阴。

在漫长的世界里，如何把握短暂的一次机会，如何选择做正确的事，如何选择学习任务和合理安排学习行为，实际上就看你是否真正地在珍惜时间。

那么，是否珍惜时间就可以了？现实中，为什么很多人时间利用效率很高，忙得不可开交，但是并没有取得所谓的成功。这可能和他是否奉行长期主义有关。

◎要奉行长期主义

近些年，无论是企业经营管理、商业、投资理财，还是个人成长方面，长期主义都异常盛行。《牛津英语词典》对长期主义的定义是：一种为了长期目标或结果而做决定的实践；践行这一实践的人就是长期主义者。

浙江工商大学程兆谦教授在《什么是真正的长期主义》一文中指出，"长期主义是从现在连向未来的阶梯"。

罗振宇在《启发俱乐部》一书中对长期主义的论述很精辟，大致有三重含义：

一、长周期考虑一件事。很多成就，尤其大成就都是长时间投入取得的。

二、选择很重要，要选择好对的事情再坚持。罗老师在《阅读的方法》中提到中国古代思想家杨朱的一个典故。有一次，杨朱遇到一个岔路口，放声大哭："此夫过举跬步而觉跌千里者夫！"我这半步踏出去，就会产生千里的差异啊！其实，杨朱在用行为艺术表达选择的重要性。

三、要有持续改进的坚持。正如不是所有的练习都叫刻意练习，只有每次有改进的练习才是刻意练习一样，同样，不是所有的坚持都叫长期主义，每次有进步的坚持才是长期主义。

当然,长期主义的观念不是今天才提出的。1965 年,哈佛大学社会学家爱德华·班费尔德出版《凡间的城市》一书,他在书中研究阶层上升,也就是什么因素导致穷人是穷人,富人是富人。他分析了教育、智力、家庭背景、种族、职业和个人特质等因素,最终发现只有时间观才可以准确地预测阶层上升。

班费尔德说时间观是你平常做决定和为生活做规划时,你会考虑到多久以后的事情。班费尔德发现,美国的贫困人口多是关注当下,缺少对未来的设想和安排。成功的人一般都具有较长远的时间观。他们常常以 5 年、10 年甚至 20 年的跨度来规划人生。他们对此时决定的思考,取决于这个决定对长远未来的影响,他们会考虑现在的行为会决定未来的结果,根据预测的结果倒过来决定现在应该怎么做。

奉行长期主义在投资上的一个表现就是追求复利——本金和利息一起计算,即利滚利。复利的收益是惊人的。有人测算过,投入 1 万元,每年 22% 的投资收益率,60 年后变为 15.2 亿元,如果只用单利计息,就只有 14.2 万元。学习和成长当然不能像理财那样可以明确量化。不过,如果你在正确的路上持续并且有改进地坚持,获得的成就也会是惊人的。比尔·盖茨曾说过:"大多数人都会高估自己在一年内所能做的事情,却低估自己十年内所能做的事情。"

与长期主义相反的是短视。短视会让人贫穷。2019 年诺贝尔经济学奖两位得主的代表作《贫穷的本质》中指出穷人之所以穷,短视是一个主要原因。比如,他们不为未来存钱;他们因为看不到眼前好处而忽视给孩子打疫苗;他们会把收到的捐赠品——防止疟疾的蚊帐做成婚纱。

我们常说"人无远虑,必有近忧"。如果不作长远打算,眼前就会有坏事发生。这句话也是强调规划未来的重要性。资深项目工程师马琛,曾经有三年时间参与上海迪士尼的建设。他说迪士尼有一个"为未来背书 60 年"的标准。所有项目、所有环节都需要当事人亲笔签字,每份签字的报告印成 4 份,在不同部门存档,有效期 60 年。在这 60 年间,你所签字的任何一个产品,出了任何问题,你都会被追究相应的法律责任。

你在计划或正在进行的学习,有没有考虑为未来背书多少年?

◎**要正确看待过去、现在和未来**

为未来背书不是说你仅仅活在未来。塞涅卡说,生命分为三个时期:过去、现在和将来。这三个时期当中,现在很短促,将来不确定,过去已成定局。如何看待过去、现在和未来也是时间观的主要部分。

津巴多说:"我们可以将我们的复杂生活归结为一个简单的公式:已经发生的行动+尚未发生的行动=我们当前的经验。"津巴多的说法和塞涅卡类似,我们的生命由过去、现在和未来构成。他又强调我们应该"在过去和现代的张力中成长"。要做到这些,就需要正确的时间观。

津巴多在《时间的悖论》中说时间观有六种:关注过去的消极时间观、关注过去的积极时间观、关注当下的宿命主义时间观、关注当下的享乐主义时间观、未来的时间观、超未来的时间观。津巴多又提出第二条时间悖论:

对待过去、当下和未来的适中的态度预示着一种健康的生活方式,而极端的态度则会导致不健康的生活方式。

他说合理的时间观应该是均衡的,应该包含:强烈的积极怀旧时间观、适度强烈的未来时间观、当下享乐主义时间观、较弱的消极怀旧时间观和当下宿命主义时间观。

一份对斯坦福大学学生们的研究发现,时间观直接影响他们的成绩,宿命主义者的成绩最低,享乐主义者的成绩次低,以未来为导向的学生的成绩则通常名列前茅。

中国古代也不缺乏长期主义思想。比如,《论语》里有"欲速则不达"的说法;《道德经》指出"天下难事,必作于易;天下大事,必作于细"。

曾国藩说"未来不迎,当时不杂,过往不恋"。未来的事情,不要迎上去,提前想;对当下的事,专心去做,不让它杂乱;对过去的事情,不再留恋。

你在做学习规划的时候,要考虑长远,要做未来主义者;在实施的时候,你不能瞻前顾后,要做当下主义者。只有把手头的每件事情都做好了,积少成多,集腋成裘,才会有未来和长远的巨大收获。

把握当下，是对过去最好的补偿和利用，也是对未来的最好准备和投资。

◎如何通过时间观确保你在做正确的事？

这三种时间观和你做正确的事情有什么关系？可以采取三个步骤。首先，你做的事情要符合你的人生大目标。这里说的是人生目标是，长期目标，你的终极追求。并且，要把这目标写出来。多项研究显示，书面写出来的目标更容易实现。

其次，一段时间只做一件最重要的事情。你有了人生大目标，还要考虑在不同的人生阶段，哪一件事情对你最重要，并优先完成。加里·凯勒在《最重要的事只有一件》中建议，根据你的长期目标，用倒推法明确每个阶段，你要做的最重要的一件事情是什么。

为了长期目标，未来5年，你要做的最重要的一件事是什么？

为了5年目标，今年要做的最重要的一件事是什么？

为了今年目标，本月要做的最重要的一件事是什么？

为了本月目标，本周要做的最重要的一件事是什么？

为了本周目标，你再倒推出今天和现在要做的最重要的一件事情是什么？

最后，用当前热门的管理学工具——OKR（Objectives and Key Results）即目标与关键成果法，找出一段时间内你的目标以及达成目标的关键成果。

你要先明确目标是什么；其次，找出为了实现这个目标，有哪几件事情是关键成果。注意，这是你达成目标不可或缺的、必须取得的、对目标实现起着至关重要的影响和发挥直接贡献的成果。

关键成果就是我们常说纲举目张的"纲"，牵一发动全身的"发"，也是主要矛盾和次要矛盾中的主要矛盾，以及主要矛盾的主要方面。

找出这些问题，很多事情就迎刃而解。你要根据你的学习任务，在一段时间内解决最重要的问题。做到了这一点，代表任务完成大半。

比如，我在准备考研究生时，了解到相比专业课，公共课的英语和政治科目更难，尤其是英语，很多人考研失败都是英语没有达到分数线。

为此，我针对英语这门课程，设置了目标和若干可以衡量的结果。这里说明一下，当时我还不知OKR这回事，不过，我的做法和OKR的实质相似。

同时是考研成功这个目标（O）的关键结果（KR）之一	↑ 向上延伸	O(Objectives/目标):英语达到考研水平		
同时是一个目标（O），也有若干关键结果（KR）	↓ 向下延伸	KR(Key Results/关键结果)1: 三年内英语达到大学本科水平	KR(Key Results/关键结果)2: 研考模拟考，大部分时候过及格线	KR(Key Results/关键结果)3: 满分40的阅读理解必须过30分

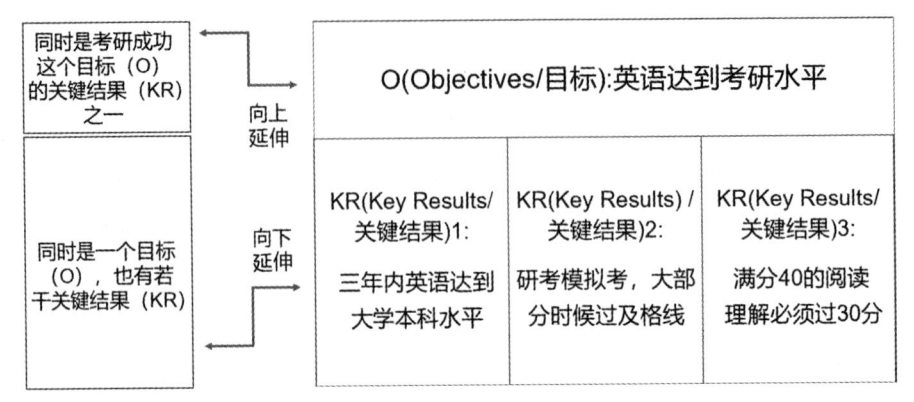

图 13-2　OKR 应用示例

实际使用 OKR 的时候，还可以向上和向下延伸，层层嵌套。比如，上图中英语达到考研水平是 O，同时，它又是考研成功这个 O 的关键结果之一，这是向上延伸；三年内英语达到大学本科水平是英语达到考研水平的一个关键结果，同时，也是一个目标，也有三个关键结果：一年半完成电视英语大专课程，两年半内完成《新概念英语》4 册的学习，三年内英语四级模拟考及格。这是向下延伸。

知道做什么事情，下一步就要考虑如何提高做事效率。这就涉及时间行为规范。

如何管理时间行为规范，正确做事？

管理时间行为规范的目的是要把事情做得高效，提高单位时间产出。为此，需要做到三点：首先，根据你的生理节律找出一天中精力最好的时候，做最重要的事情；其次，做事的时候一定要专注，集中精力，排除干扰；最后，合理借助时间管理工具，减轻大脑负担，提高效率。

◎符合生理节律

生理节律就是我们熟悉的生物钟。一个人的精力不是全天平均分配的，它像潮汐一样，有高峰有低谷，在全天中有规律地运行着。

早晨的时间最重要，是全天中的黄金时间。人们常说"一日之计在于晨"，是有道理的。日本的晴姿眼镜曾经做过一个调研——利用智能眼镜内置的传感器监测佩戴者眼球和眼皮活动，调查佩戴者的疲劳、困倦等状态。5000名佩戴者的平均数据显示，人在一天中专注度最高的时间段是早上6点到7点；过了上午9点以后，人的专注力就开始慢慢下降；到下午2点，接近最低点；下班前的4点到5点，人的专注度又会有所回升。

这个调查结果应该符合大多数人的实际情况。比如，我一天中精力最好的时间是起床后的两个小时。几十年来的学习和工作，我都把最重要的事情放在早上这两个小时内做。比如，我准备考研的那几年，每天早晨5～7点都集中投入在备考有关的学习上。我个人认为，这两个小时，差不多完成我当天学习工作量的80%，余下的时间我就是不学习，影响也不大。并且，白天我还要上班，事情很多，也没有大段时间让我来学习。

另外，最近三年，我为准备本书写作，重要的工作，比如深度阅读、思考和写作，我也放在早上这段时间进行。其中规范文字、语法，核对资料的准确性之类的事情，在早上我一概不管。并且，手机基本静默，也不看微信。

说完早上，再说中午。午饭后一定要午睡片刻，哪怕10分钟。美国NASA的研究表明，中午进行26分钟的小睡，可以让下午的工作效率提高34%，专注力提高54%。在美国，很多企业设置午睡室或专门的睡眠机器，来帮助员工午休，比如Google和Nike等大企业。国内的如腾讯等企业也有类似安排。

另外，切记，午睡时间20～30分钟的效果最好。如果时间过长，会进入深度睡眠，醒来之后反倒不清醒。

晚上7～9点还有一个全天中大脑的第二个黄金时间，这时候也可以安排一些重要的工作。

前面提过管专注力的书《为什么精英都是时间控》，作者是日本的桦泽紫

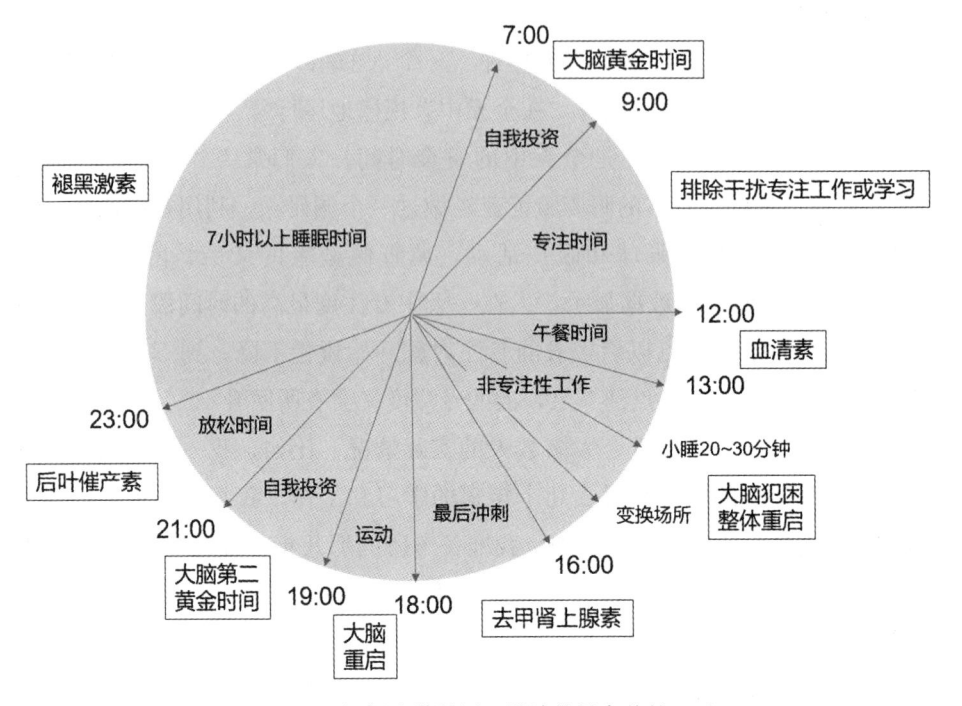

苑，一位神经科医生，他以专业背景提出了一个全天生物钟变化和对应之道。

图 13-3　根据脑科学原理设计的最完美的一天

◎符合脑科学规律

做事情的时候要集中注意力，确保单位时间产出最高。学习时候的时间运用也要符合脑神经科学，其中重要的一点就是做一件事情的时候，要排除干扰，要专注在一件事上，避免多任务切换。学习时，你进入状态，需要一个预热过程，比如，人们开始做一件事情，通常会"整理一下思绪""集中注意力"，这就是预热，切换任务的直接代价就是你又要重新预热。研究表明，一个人在执行任务中被打断，需要多花 50% 的时间来完成任务，而且容易多犯 50% 的错误。

此外，专注的时候，你容易达到心流状态。用米哈尔的说法，心流是对抗精神熵的。这里的熵，你可以理解为心智损耗。你需要一段较长的时间专注在一件事情上，才可能达到心流状态。我个人体会是在写作和思考的时候，容易进入心流状态，前提是不受干扰的专注时间不短于 50 分钟。

还有，学习时候，尤其进行专注学习时，时间也要适度，感到疲倦了，要休息一下，比如听听音乐、做做家务，或者转为不太消耗脑力的非专注学习。

如何划分专注学习和非专注学习，可以参考《奇特的一生》中柳比歇夫的做法，他把工作分为两类：第一类是需要创造力的工作，包括写书、做研究、写读书笔记、写信。第二类是与科研工作有关的其他工作，包括讲课、参与学术讨论会、读文学作品等等。

当然每一个人的学习和工作不同，专注性和非专注性工作也不同。

努力学习的本意不是用体力换脑力。另外休息时尽可能不玩手机，因为这时候也要使用你的认知能力，也会消耗你的精力。

我的体会是听听音乐、收拾桌面、做做家务、和人聊聊天等，只要把关注点移开先前让你大脑疲劳的事情就可以。并且，创造力研究结果显示，创造思维有两种，一种是专注思维，一种是发散思维，很多好的主意是在你放松，就是使用发散思维时形成的。休闲时光是发散思维起作用的时候，很多创新都产生在此时。所谓的灵感迸发、灵光一现就是说这。

比如，本书中一些关于结构、个别观点、部分模型就是我在休闲的时候突然想到的，比如，目标飞轮是在上卫生间时，学习成效公式是走在路上的时候，情绪管理彩虹图是洗澡时突然想到的，等等。

此外还有一个最简单的休息方式，就是闭目养神。视觉是人获取外部世界信息的主要方式，人类的大脑，处理视觉信息就要占用 90% 的机能。当你闭上眼睛的时候，已经在休息了。

◎合理使用工具

现在时间管理工具很多，有图表、笔记本、日历、独立 APP、小程序等不同形式。苹果、微软的产品，一些浏览器也自带时间管理类工具。根据功能主要有几大类：

一、提醒类。提醒你要做的和待办事情清单。比如备忘录、清单、闹铃、习惯打卡、四象限任务等等。

二、计划类。未来一段时间你需要做的事情的计划。比如日程表、甘特图。日程表大家很熟悉了，这里说下甘特图。甘特图是亨利·L.甘特在一战期间发明的，现在广泛应用在项目管理中，当然，也包括学习计划。甘特图可以显示日期、项目以及进度，一张表格，一目了然。

三、抗干扰类。比如番茄钟、手机锁屏壳，还有在淘宝上销售的手机监狱等。这类工具协助你抵制手机上的短视频、游戏和微信等社交媒体对你的诱惑。

四、减压类。利用记录减轻大脑负担，代表是GTD（Getting Things Done）。在学习时，可以合理使用工具。原则是思考事情用大脑，记忆事情用外挂。

五、统计类。使用时间统计工具也是个很好的方法。

德鲁克在《卓有成效的管理者》中说管理者记录自己的时间使用情况，结果令人大吃一惊，真正花在有效工作方面的时间比自己认为的少得多。这表明，记录很简单，但是可以发现大问题——人们往往高估自己的有效工作和学习时间。

说到学习时间，美国两位学者提出学业时间有五个层次，按照从多到少依次排序：总的时间、在校时间、可用于学习的时间、参与学习的时间、学业学习时间。只有学业学习时间才是核心学习时间，但也是最少的。

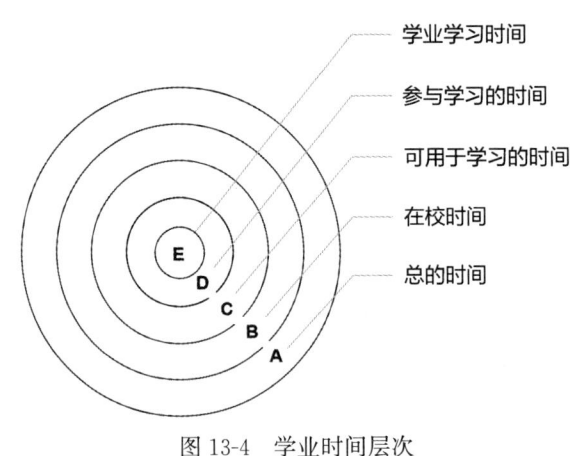

图 13-4　学业时间层次

统计学习时间要注意，有些行为不能纳入学习时间。比如整理书桌、打印材料，虽然和学习有关，但这不是学习。美国麻省理工学院高才生斯科特·杨在《整体性学习》中说，他很反对学习一词，太模糊笼统了，应该用具体的学习行为表述，比如听课、记笔记、做作业等。

即便学业学习时间也分核心和非核心时间。核心时间是你深度思考、深层阅读、力求理解，或者专注写作的时候。非核心时间是浏览、整理笔记等。此外，写作也分创作时间和编辑时间。创作时间是整理思路、列提纲、谋篇布局、遣词造句的时候；编辑时间是检查语法、核对资料等时。写作本书的时候，我将创作和编辑时间尽可能分开，不在同一时间内又是创作又是编辑。我一般在一天中精力最好的时候创作，此时基本不管编辑类事情。

有种观点认为世间所有的问题分两大类：科学问题和工程问题。科学问题是还不知道答案的问题。工程问题是已经知道答案，需要按照答案要求做出来的问题。显然，创作属于科学问题，编辑属于工程问题。有效区别问题类型，区别核心时间和非核心时间、创作时间和编辑时间，可以提高时间使用效率。

总之，时间应用的好坏直接决定学业成就大小，甚至人生目标是否达成。时间利用情况不仅和你的学业直接相关，也和生命价值相关。

你让时间有价值，时间让你有价值！

法则十四　提高数字素养，让学习如虎添翼

买不起奔驰并不影响工作、获得教育和公民权的机会，但无法掌握应有的互联网相关技能则有可能限制这些机会。

——卡斯特

为了完成学习任务，除去时间之外，你还要投入其他资源。在互联网和人工智能时代，这涉及数字素养。比如，你天天用手机浏览网络，上网课，搜索和使用网络资料，用 ChatGPT 提问、写文章等。自主学习离不开数字素养。不过，提高数字素养是个复杂的系统工程，目前还没有公认的权威方法。

数字鸿沟仅仅是老人不会用智能手机吗？

近几年，时不时有老人不会使用智能手机，日常生活受阻的事情发生。2023 年 2 月，上海 82 岁的陆老伯想看电影《满江红》，发现线下无法购买电影票，这让一直使用老人机的他看不成电影；2022 年 6 月，上海一老人不会扫场所码，乘车被拒绝；2020 年 11 月，湖北宜昌，一老人不会用手机支付，在柜台用现金交社保被拒；同期，湖北广水，一个办理社保卡激活的 94 岁老人，被抬着去银行做人脸识别……

为什么会发生这些情况？互联网技术不是应该更方便人们的生活吗？

互联网，尤其移动互联网技术的发展和普及，让之前很多线下活动转到网络，需要人们熟练使用手机，比如刷健康码、手机支付、网络购物、叫车、

叫外卖、预约挂号等等。但是，不是所有人都会这些，尤其一些老人，于是就产生了数字鸿沟现象。

◎**数字鸿沟是什么？**

数字鸿沟又称为信息鸿沟，就是信息富有者和信息贫困者之间的鸿沟。1990 年，美国著名未来学家托夫勒在《权力的转移》一书中，提出了信息富人、信息穷人、数字鸿沟等概念，认为数字鸿沟是信息和电子技术方面的鸿沟。根据表现形式和导致结果不同，数字鸿沟有三条：

第一条是接入沟，就是能不能上网，有没有条件上网，比如有没有基站、有没有宽带。在这方面，我国情况比较乐观。2022 年 9 月，我国已建成全球规模最大的光纤和移动宽带网络。全国已实现"村村通宽带，县县通 5G，市市通千兆"。《第 51 次中国互联网络发展状况统计报告》显示，截至 2022 年 12 月，我国网民规模 10.67 亿，互联网普及率 75.6%，其中手机网民规模 10.65 亿，网民使用手机上网的比例为 99.8%。

第二条是使用沟，就是会不会上网，能否熟练使用网络技术和工具。截至 2022 年 12 月，我国不上网的人有 3.44 亿。他们不上网的主要原因是使用技能缺乏、文化程度限制、设备不足和年龄因素。其中，因为不懂电脑/网络而不上网的非网民占比为 58.2%；因为不懂拼音等文化程度限制而不上网的占比为 26.7%；因为年龄太大/太小而不上网的占比为 23.8%；因为没有电脑等上网设备而不上网的非网民占比为 13.6%。

使用沟还有一个表现，就是使用目的，你是为娱乐、休闲，还是为学习、工作而使用网络。会不会使用，使用目的不同，结果不同，又导致第三条沟——产出沟。

产出沟就是能不能利用互联网从事创造性工作，获取收益和机会。有一些人用网络学习、进行技能培训和自我提升，寻找资源和机会；另外一些人用互联网就是消费和娱乐，比如韩梅梅在网络上更多的是买买买，李明业余时间多是在刷短视频和社交媒体。

产出沟现象不只出现在国内，国外也有。2019 年，经济合作与发展组织发布了报告《技能展望 2019：在数字世界中蓬勃发展》。报告指出，数字优势群体更多使用严肃类应用,更加关注电子金融、学习和创造性活动,在工作、学习和社会参与等方面,最大化地发挥资本和资源的优势效应;而数字弱势群体更多地使用娱乐化应用,他们70%的网络活动是社交和娱乐,很少发挥资本和资源的优势效应。

◎**数字鸿沟的实质是什么?**

通过对三条数字鸿沟的分析,不难发现,数字鸿沟的实质是机会鸿沟。鸿沟一边的数字优势者和另外一边的数字劣势者最终的区别就是机会的不平等。所以,数字鸿沟的实质就是机会鸿沟,具体体现为资源鸿沟、知识鸿沟和教育鸿沟。

资源鸿沟对应的是第一条鸿沟——接入沟。这背后是经济和社会发展问题。填平资源鸿沟主要是政府、社会的责任。当然,接入方面个人也有部分因素,比如你有条件装宽带,但是你不装;你可以使用性能更好的手机,但是你仍然用老人机;你也可以用电脑等大屏幕更方便地学习和工作,但是你偏好使用小屏幕的手机。

第二条鸿沟——使用沟和第三条鸿沟——产出沟对应的是知识鸿沟和教育鸿沟。这背后是教育和学习问题。填平使用沟和产出沟主要是学习者个人的事情,尤其和学习者是否进行自主学习密切相关。

所以,数字鸿沟在我们的周边普遍存在。即使你熟练使用网络和手机等代表新技术的工具,但是,你就是刷朋友圈、看短视频、玩游戏、购物、叫外卖,而另外一些人使用网络进行学习、创作和从事创收活动。你们之间就有数字鸿沟了。当然,数字鸿沟远不只出现在这些方面。

2022年底,GPT发布,火爆全球。一些人主动使用GPT,一些人无动于衷。他们之间产生了数字鸿沟。在使用GPT的人当中,有些人用这激发创意,整理思路,辅助学习和创作;有些人直接抄袭,用这做作业,写论文;有些人开发相关软件服务,融入GPT产业链;有些人用这预测彩票是否中大奖。他们之间也产生数字鸿沟了。

总之,是否利用数字技术获得和增加机会才是区别是否有数字鸿沟的依据。所以,数字鸿沟不仅仅是老人不会使用智能手机,即便在使用代表当前重大技术突破的 GPT 的人当中同样存在。

那如何填平数字鸿沟呢？主要手段就是要提高数字素养。

为什么数字素养是 21 世纪通行证？

◎数字素养是国家发展战略重点

近些年，数字素养多次出现在我国政府文件和权威媒体报道中：

2023 年 2 月，教育部发布《教师数字素养》。

2022 年 3 月，中央四部委联合印发《2022 年提升全民数字素养与技能工作要点》。

2021 年 11 月，国家网信办出台《提升全民数字素养与技能行动纲要》，提出到 2025 年全民数字素养与技能达到发达国家水平，2035 年基本建成数字人才强国。

2021 年 6 月，《人民日报》发表时事评论《数字化时代需要"数字素养"》，提出"对于生活在数字化时代的个体而言，数字素养意味着如何更好面对生存方式和生活方式的数字化"。

2021 年 5 月，人社部发布《提升全民数字技能工作方案》，提出加强全民数字技能教育和培训，普及提升公民数字素养。

2021 年 4 月，中国社科院调研数据显示，当前我国城乡居民数字素养参差不齐，平均得分仅 43.6 分（满分为 100 分），总体上不合格。

2018 年 12 月，国家发改委发布《关于发展数字经济稳定并扩大就业的指导意见》，指出到 2025 年，国民数字素养达到发达国家平均水平。

国际上，诸多国家和组织也先后出台提高国民数字素养的文件和相关政策。2018 年联合国教科文组织发布《全球数字素养框架》，发布前进行文献研究，发现至少有 47 个国家出台了数字或信息素养框架。图 14-1 是国外主要国家和组织数字素养框架或相关战略演进概览：

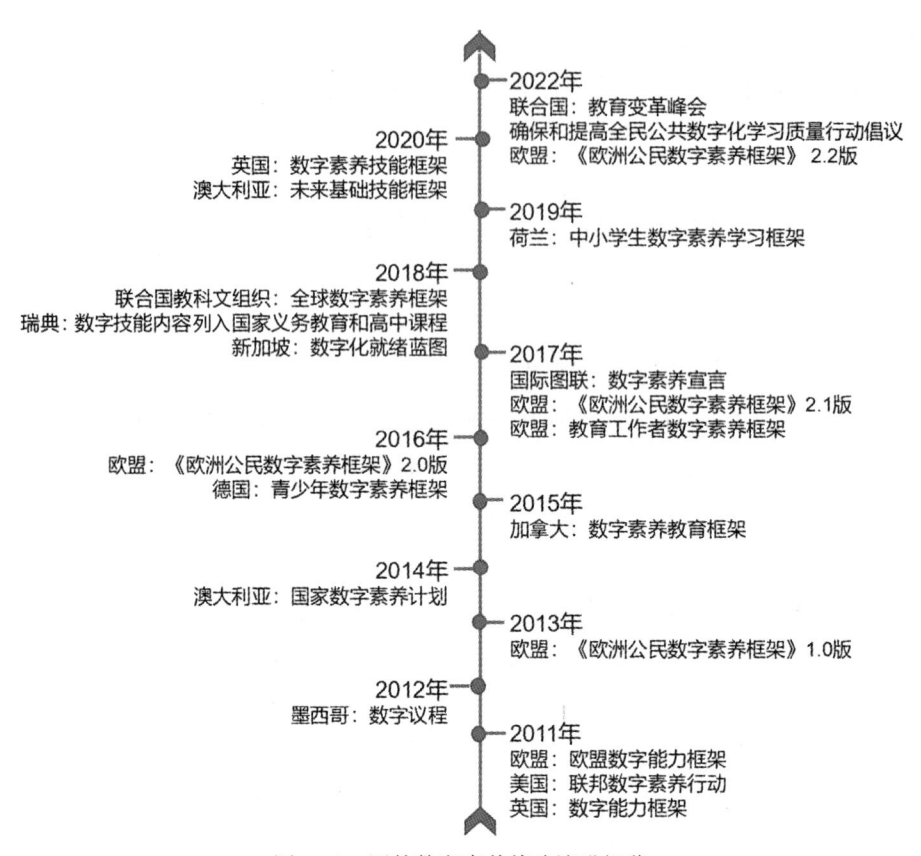

```
                    ●─2022年
                      联合国：教育变革峰会
       2020年         确保和提高全民公共数字化学习质量行动倡议
英国：数字素养技能框架   欧盟：《欧洲公民数字素养框架》2.2版
澳大利亚：未来基础技能框架
                    ●─2019年
                      荷兰：中小学生数字素养学习框架
            2018年
联合国教科文组织：全球数字素养框架
瑞典：数字技能内容列入国家义务教育和高中课程
新加坡：数字化就绪蓝图
                    ●─2017年
                      国际图联：数字素养宣言
                      欧盟：《欧洲公民数字素养框架》2.1版
          2016年      欧盟：教育工作者数字素养框架
欧盟：《欧洲公民数字素养框架》2.0版
德国：青少年数字素养框架
                    ●─2015年
                      加拿大：数字素养教育框架
         2014年
澳大利亚：国家数字素养计划
                    ●─2013年
                      欧盟：《欧洲公民数字素养框架》1.0版
       2012年
墨西哥：数字议程
                    ●─2011年
                      欧盟：欧盟数字能力框架
                      美国：联邦数字素养行动
                      英国：数字能力框架
```

图 14-1　国外数字素养战略演进概览

数字素养是什么？为什么国际社会那么重视？数字素养和人们常说的媒介素养、信息素养、计算机素养等又是什么关系？数字素养如何影响你的学习？回答这些问题前，我们先看下什么是数字素养。

◎ **数字素养的官方定义**

数字素养是个人在网络时代利用数字技术和工具处理信息的一组复合能力。很多国家和国际组织很早就意识到数字素养的重要性，并且提出相关概念和能力框架。

2018 年，联合国教科文组织发布《全球数字素养框架》，这样定义数字素养：

面向就业、获得体面工作及创业，使用数字设备和网络技术，安全适当地访问、管理、理解、集成、通信、评估和创造信息的能力。它主要包括各种能力，称为计算机素养、信息和通信技术素养、信息素养和媒体素养。

可以从三个方面理解这个定义：首先，数字素养是使用数字设备和网络技术处理信息的一系列能力；其次，数字素养的目的和社会背景是为了就业、获得体面工作和创业；最后，数字素养与计算机素养、网络素养、信息素养和媒介素养相互关联。2021年4月，中国社科院的国民数字素养调研报告依据的就是此框架。

再看下我国对数字素养的定义。2021年11月，国家网信办出台的《提升全民数字素养与技能行动纲要》指出：

数字素养与技能是数字社会公民学习工作生活应具备的数字获取、制作、使用、评价、交互、分享、创新、安全保障、伦理道德等一系列素质与能力的集合。

也可以从三个方面剖析国家网信办的数字素养含义：其一，是一系列素质和能力的集合，分素养和技能两部分；其二，应用场景是学习、工作和生活；其三，涉及具体的数字获取、制作、评价、安全、伦理等9个方面。

◎**数字素养和其他素养有什么关系？**

除去数字素养，估计你也经常看到媒介素养、技术素养、信息素养、计算机素养、网络和互联网素养等。这些素养说的又是什么？和数字素养是什么关系？

首先，整体上看，数字素养是一个整合的概念，包括了计算机素养、网络素养和媒介素养。其次，各个素养作为一种能力要求，是不同时代要解决的不同问题下的不同能力。所以，抓住这些概念形成的时间和时代背景，就理解了这些素养主要说什么，以及它们之间的关系。图14-2是各种素养的对比：

项目 素养	含义	提出时间/地区	时代背景	目的
媒介素养	选择、理解、质疑、评估以及制作和生产媒介信息的能力	20世纪30年代/英国	电影、电视等媒体和流行文化对传统欧洲文化的冲击	提高媒介鉴别能力
技术素养	使用、管理、评价和理解技术的能力	20世纪60年代/美国	美国科技发展对教育的要求	掌握技术知识和技能，理解技术本质
信息素养	利用信息工具及信息资源解决问题的技术和技能	1974年/美国	信息产业发展	利用信息资源和工具解决问题
计算机素养	使用计算机技术和软件的能力	20世纪80年代/美国	计算机技术发展	熟练和有效使用计算机
网络素养/互联网素养	了解、分析、评估网络和利用网络获取、创造信息的能力	1992年/美国	互联网的发展和普及	利用互联网学习、工作、交流和发展
数字素养	应用数字技术、工具和软件的一系列能力	1994年/以色列	数字和互联网时代来临，数字土著兴起	创新批判地使用数字技术解决数字时代问题

图 14-2　各类素养对比

通过比较，不难看出，各种素养是不同时代人们的生存能力。顾名思义，数字素养就是数字时代人们的生存能力。那 21 世纪，人们需要具备哪些生存能力？

◎数字素养是 21 世纪技能的主要部分

2007 年，美国联邦教育部出台《21 世纪技能框架》，提出 21 世纪教育应培养的核心素养和技能：一是学习和创新技能，二是信息、媒体和技术技能，三是生活和职业技能。21 世纪技能有多个版本，不过，数字素养和与其相关的科学、信息、技术素养都是重要组成部分。

有统计显示，如今人类 95% 以上的信息都是以数字形式存储、传输和使用的。如果你不会使用网络工具和技术，就不能恰当使用信息，结果可以想象。对此，国外学者卡斯特就说：

不管在全球还是在一国之内，互联网的传播在教育、医疗、劳动生产力、民主化、公民身份、社会凝聚力和经济一体化可能已经产生了重大影响，买不起奔驰并不影响工作、获得教育和公民权的机会，但无法掌握应有的互联网相关技能则有可能限制这些机会。

前几年，美国《与机器赛跑》一书说，随着数字时代的到来，技术创新的步伐太快，把许许多多的人抛在了后面，好多工人，在跟机器的赛跑中出了局。在现代信息社会，你不仅仅要与机器赛跑，还要与 5G、物联网、大数据、云计算、以 GPT 为代表及人工智能等赛跑。

总之，你要想在 21 世纪生存，要想不出局，就要不断提高你的数字素养，生存还需要你不断学习。那学习和数字素养有什么关系？

用 Word 写作落伍了吗？

◎**数字素养是有效学习的必要手段**

数字素养和学习的关系体现在两个方面：一方面，提高数字素养是学习的一个主要目标，因为数字素养是你在 21 世纪生存的一个必备技能；另一方面，数字素养是你有效学习的必要手段和途径。这里重点说后者。

早在 2007 年联合国教科文组织就提出终身学习需要八项关键技能，数字素养就是其中之一。联合国教科文组织强调，随着知识的日益数字化和传播的网络化，善于在知识的海洋中遨游已成为获取知识的先决条件。就拿学术研究说吧：

钱钟书在《宋词选注》里考证王安石的"春风又绿江南岸"时，提到唐人早就把"绿"做动词用，并举了四个例子说明。但是有人从互联网一查，轻易就找出十几个例子，比钱先生要多得多。这件事情不能说钱钟书学问不严谨。恰恰相反，钱钟书号称国内读书最多的学者，以博闻强记著称，只不过当时没有互联网而已。再说说写作方面：

万维钢在一篇文章中说他运用互联网笔记和软件进行计算机辅助写作，写得到的《精英日课》专栏时永远不缺资料。万老师说现在如果有哪个作家还在用复印和剪报搜集资料、用 Word 写文章，那他面临的是和用计算机辅助写作的作家的不公平竞争。万老师说的是数字素养在写作方面一个体现，涉及两个内容：一是用互联网笔记搜集、整理和调用资料，二是用计算机辅助写作。

我在准备本书写作时，参加了一个付费网络课程，专门学习万老师提到的互联网笔记的使用方法。之后我使用付费版本，发现的确很方便，也出现万老师的担忧，不是资料不够而是太多。此外，我也尝试用写作软件写作，也比 Word 好用：我不要时刻保存文件，系统会自动保存，误删了，还有历史版本；我也不用考虑排版，可以后期统一格式；此外，还可以多屏联网，可以随时在电脑或者手机上查看。比如，我在地铁上，冒出一个新想法，或者改文章中一句话，直接在手机上操作，回家时候打开电脑，修改的内容已经同步了。

当然，互联网和数字技术导致学习方式的变化，不仅仅是写作，已经渗透在你学习的各个方面，尤其是自主学习上。

◎自主学习对数字素养要求更高

有效学习需要数字素养，自主学习对数字素养要求更高。2020 年暴发的疫情就体现出来。疫情暴发后，有关部门要求"停课不停学"，居家在线上课。这就涉及应用互联网工具和技术。于是，一些问题就出现了，比如，优质在线教育资源缺乏、教师信息素养不足、在线教学互动性薄弱等。

有研究称，43.32％的中小学生认为，疫情期间的学习效果比在校学习差一些。另外也有研究发现，2.12％的受调查学生无法连接网络；20.3％的教师表示，学校或教育主管部门并未组织相关培训，只能通过自我摸索开展在线教学。

自我摸索在线学习，这不仅仅是教师的事情，也是学生的事情，更是所有自主学习者的事情。因为自主学习的许多场景都和数字素养有关。比如，你用百度搜索资料，你在得到 App 阅读电子书，你在喜马拉雅听音频节目，你在国家开放大学终身教育平台上网课，你在 B 站剪辑、制作视频，你用手机日历管理时间，你用 Anki 进行记忆训练，你用印象笔记进行知识管理，你用 typora 写作，你用 GPT 辅助学习，你用 Midjourney 设计和绘画……

当然，数字素养应用在学习上远不止这些。数字素养最终体现为你使用网络、软件和工具的能力，其中有三个能力对学习至关重要：

第一，鉴别能力。自主学习的对立面是接受学习——被信息和知识投喂的学习。互联网成功地复制了这点。你随时被大数据根据你的偏好推送的信息包围。此外，网络上信息太多、太杂、太乱，你想要的资料随时可以搜索到。

但是，"搜索引擎并不对信源的可靠性负责。"温伯格在《知识的边界》中这样强调。他又提出，互联网上好东西太多，不好的东西也太多，"我们现在可以看到，那些愚蠢可笑的观点堂而皇之地提出来，严肃认真地被讨论；而那些严肃认真的观点，却被人视为愚蠢可笑而不得重视"。

所以，徐贲教授也特别提醒，互联网上的巨量信息和众声喧哗使得真相更容易被遮蔽，真实和真相的鉴别因此也就更加重要。

第二，整理能力。这也和网络资源太多、太杂、太乱有关。你是否也有这些困扰：看到好的文章点收藏，然而之后又不看；看到一个观点令人振奋，不过之后需要时又找不到出处；做了许多笔记，但是分类混乱，标签不成系统……

这些情况和信息整理有关，好比你家书很多，但是摆得很乱，不成体系。叔本华就说："最丰富的图书馆如不加以整理，其用途赶不上一个藏书有限但却有条不紊的图书馆；同样，大量的知识如未经自己的思考加工，其价值赶不上为量甚小但却经过反复思考的知识。"在网络时代，对知识的搜集、加工和整理，需要你利用互联网工具。

第三，输出能力。就是利用网络工具辅助思考、加工并且创作交流的能力。使用网络工具的主要目的是形成认知决策。比如，美国教育考试服务中心——托福考试主办方，在数字素养评估方面注重通过定义认知能力结构，让人形成认知决策的技能，而不是简单的技术能力。

你搜集、鉴别、整理资料是为了思考，为了形成你的认知决策，是为了形成你的洞见，并且将这些分享出去。简单地说，是为了输出，比如笔记、博文、课程、文章和书籍，等等。

网络时代，自主学习中应用数字技能的地方还很多。韩愈有句著名的劝学诗——"书山有路勤为径，学海无涯苦作舟"。现在，在勤奋和努力之外，你还需要借助互联网技术，这句诗可以改为：书山有路，数字为径；学海无涯，网络作舟。

不过，现在人们畅游互联网世界，享受技术带来的红利，同时也出现一些问题。

是技术，还是人？究竟哪里出了问题

◎技术问题，还是人的问题？

每一次新技术出现，让人类受益的同时也带来一些问题和困惑：

19世纪，机器应用于生产，提高了生产效率，也让很多工人丢了工作，于是，英国的一群工人捣毁机器。运动源于一个叫卢德的织布工学徒用锤子砸毁纺织机器，也叫卢德主义。

20世纪，电视出现，娱乐化盛行，政治、宗教、新闻、体育、教育和商业都心甘情愿地成为娱乐的附庸，毫无怨言，无声无息，让我们成了一个娱乐至死的物种。

20世纪60年代，互联网技术首先在美国军方使用；90年代转民用后，逐步盛行全球；本世纪移动互联网普及，更是让人们的生活方式发生巨大变化。人们发现：交流方便了，生活方便了，出门不带钱包，看电影不用去电影院，查阅资料不用去图书馆，买书不用去书店，甚至，上课也可以不去教室……

不过，同时人们也发现：

互联网娱乐至死"发扬光大"，人们的闲暇时间基本被网络承包：刷不完的短视频，追不完的剧，看不完的朋友圈，读不完的网络爽文，闯不完的游戏关卡……

低头族游走四方：地铁上、公交车上、街边，甚至饭桌上，面对面交流沟通少了，让网友感叹"世上最远的距离，就是你在我身边玩手机"。

互联网也有记忆，网络比你还懂你，你打开电脑或者手机，就被所谓个性化、定制化信息投喂，让你不知不觉中用单一视角看原本复杂的世界。

网络上什么资料都有，甚至中国古代最大的文献《四库全书》都有电子版本，学习、写论文、做科研似乎变得简单和容易了，浮光掠影地阅读，寻章摘句，Ctrl+C（复制）再 Ctrl+V（粘贴）。

知识越来越多，信息更新越来越快，让你无所不知，让你在无尽的信息中穿梭，更让你无暇思考，所以让人疑惑"为什么你知道得很多，智慧却很少"。

近年爆火的 GPT，让人们一面惊叹这是划时代的技术变革，一面又担忧多少饭碗被抢走；国外的一些学校为防止抄袭，禁止学生们使用 GPT 做作业和写论文。

这究竟是哪里出了问题？我们可以指责工具吗？批评新技术吗？显然不能，工具和技术问题，背后还是人的问题。用学者徐贲的话说就是"任何技术危机的实质都是人的价值危机"。

就拿层出不穷的网络诈骗说吧，有人上当受骗，要么是他的认知水平、辨别能力、判断出问题，要么是人性中的缺陷，比如贪婪、侥幸等作怪。因为没有互联网的时候，一样有人会掉进陷阱。正如居里夫人所说，科学技术是中立的，关于它的善恶价值，完全依赖于使用者的人性。

所以，如果技术出现问题，那也是不使用或者使用技术的人的问题。人的问题的一个表现就是数字素养不足，在认识和实践方面都有一些误区。

◎认识方面的误区

数字素养认识方面有三个误区：第一，不清楚。多数人对数字素养是什么并不清楚，并且经常和相关素养概念混用。这主要和目前对数字素养的内涵和外延没有公认的权威界定有关。有研究者提出，数字素养是一个"混乱的领域"，仅模型和框架就有 100 多种，全球有 47 个国家出台数字或信息素养框架。此外，概念的不清晰还和数字素养跨学科、跨领域有关。数字素养涉及计算机科学、传播学、心理学、社会学、经济学、语言学等。有学者认为，和数字素养有关的数字能力涉及的领域就有 12 个。

第二，不重视。人们对数字素养的重要性和价值重视不够。比如，有些人想，反正现在已经会的技术和工具已经满足日常生活、工作和学习的需求了，为什么还要费力、费心思学习新技术、新工具。有这时间和精力，不如把现有已会的精通就是。他们没有意识到换个更新、更快的电脑，换台性能更好的手机，会带来更大的产出；他们也没有意识到掌握新的工具和软件，会提高效率和效益。

第三，不主动。这个观点认为互联网时代出生和成长的人会自动使用互联网。他们认为，数字素养不就是大量地、频繁地使用数字工具和技术吗？现在的网络原住民（也叫数字原住民，指1995年后在网络环境下出生的人群，之前出生的叫数字移民）一出生就生活在网络环境中，天天都在接触互联网，还需要主动学习和提高数字素养吗？

澳大利亚教育研究委员会研究总监朱利安·弗莱永说，认为网络原住民会自动掌握使用数字技术的技能，这是一个误区。2017年的一个研究发现，澳大利亚46%的六年级学生和13%的十年级学生无法根据目标使用适合的软件，也缺乏关于数字信息的批判性观点。

◎应用方面的误区

认识必然伴随相应行动。人们在实践方面有三个不好的倾向：其一，肤浅化。很多人用互联网要么就是搜索资料、获取资讯，要么就是漫无目的地浏览，东游西逛，还美其名曰网上冲浪。他们没有明确的目标，没有具体计划，对网络成堆的信息和资讯也缺少判断、鉴别，更谈不上实践和创新应用。一言以蔽之，他们没有利用网络进行自主学习，没有提升自己。以慕课为例，慕课的初衷是利用信息技术为没有条件在学校学习的人群提供高质量、低费用的网络课程，但《自然》(Nature)杂志调查表明，80%的慕课用户是有高学历的人，而这部分人仅占总人口的6%。而低学历、其实更需要学习的人群反而很少使用慕课。

其二，娱乐化。很多人花在游戏、短视频、直播、音乐、网络文学等娱乐方面时间过多。其中网络游戏更是让人沉迷。国家新闻出版署从2021年9月1日起实施所谓最严限制游戏令，防止未成年人沉迷网络游戏。但是，不受限制的成年人，在游戏、短视频、直播等方面花的时间太多。数字技术本应该主要是生产工具，但是，大多数时候已经成为成年人的玩具。

前些年，全球著名市场调研公司TNS调查16个国家的2.7万名网络用户后发现：25岁以下的用户平均每天花36%的休息时间上网。美国是30%，英国是 28%，都低于全球平均水平；而在中国，年轻人 50% 的休息时间泡在网上，并且主要进行娱乐活动。

国内的新近调研也证实了这一点。《第 51 次中国互联网络发展状况统计报告》显示，100 个上网的人中，看视频的有 97 人，看直播的 70 人，听音乐的 64 人，玩游戏的 49 人，读网文的 46 人。

其三，狭隘化。一方面，把数字素养当某一个素养，比如技术素养、媒介素养、信息素养使用；另一方面，把数字素养仅仅当成一个工具或者一项技能来学习，这点看下某些商家的推广语就知道。学会 Python 编程，学会 PPT，学会 Excel，学会视频剪辑，你就会升职加薪、通杀职场，你就是时代宠儿、人生赢家。2023 年初，GPT 一火，各类相关的培训、课程、服务又纷纷推出。不是说你不该学这些，而是要结合你的职业、你的需求而定。这些仅仅是数字素养的一部分。

数字素养是一组综合的能力。要想提高数字素养，需要在内容和表现形式、功能和发展阶段等方面系统展开。

如何提高数字素养？数字素养九宫格

◎为什么要用九宫格形式？

一个好的提高数字素养解决方案需要满足三个条件：第一，要有明确的方向和途径。数字素养的提升是个复杂的体系和过程，至今没有一个公认的普遍适用的标准和方法。正如明确要解决的问题是解决问题的前提和基础，明确要提高的方向和途径是提高数字素养的前提和基础。这个方向和途径就是在数字素养的不同功能和各个发展阶段，其内容和表现形式。

第二，要在内容方面具备灵活性和可扩充性。数字素养的具体内容因人、因时、因地、因行业有所不同。2018 年，联合国教科文组织发布《数字素养全球框架》。教科文组织特意使用"框架"一词，就是考虑到数字素养不是一套固定不变的技能，而是一个互相关联的数字技能集合，可以灵活选择和搭配。

第三，要在数字素养测评方面可扩展和量化。提高数字素养的方案需要和数字素养能力测评关联。当前数字素养概念混乱且没有公认的提高方法，一个原因就是缺少明确的公认的数字素养水平测评标准和体系。根据联合国教科文组织的监测，全球仅8%的国家能提供公民数字素养测评数据。

以上几点需要数字素养的提升方案必须从数字素养的多个维度、多个方面展开，并且理顺它们之间对应、互动关系。

现代科技难题，源自中国传统文化的九宫格提供了解决思路。

◎**数字素养九宫格是什么？**

九宫格是一个3×3阶魔方阵，是我国传统的一个数字游戏，也是我国书法临写碑帖的一种界格纸。这个形式正适合表达数字素养功能和发展阶段的三个层次，以及数字素养内容和表现形式的三个方面。

九宫格的横轴是数字素养的内容和表现形式，从左往右依次为知识、技能、态度；竖轴是数字素养的功能和发展阶段，从下往上，依次为工具性、创造性、批判性。每个格子又分别从为什么（Why）、如何做（How）、是什么（What）分别展开。

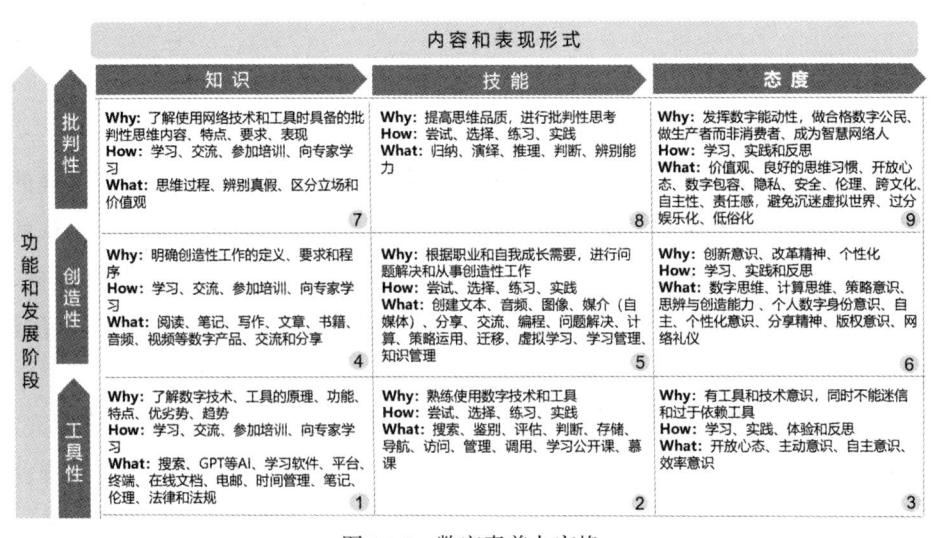

		内容和表现形式	
	知识	技能	态度
批判性	Why: 了解使用网络技术和工具时具备的批判性思维内容、特点、要求、表现 How: 学习、交流、参加培训、向专家学习 What: 思维过程、辨别真假、区分立场和价值观 7	Why: 提高思维品质，进行批判性思考 How: 尝试、选择、练习、实践 What: 归纳、演绎、推理、判断、辨别能力 8	Why: 发挥数字能动性，做合格数字公民，做生产者而非消费者、成为智慧网络人 How: 学习、实践和反思 What: 价值观、良好的思维习惯、开放心态、数字包容、隐私、安全、伦理、跨文化、自主性、责任感，避免沉迷虚拟世界、过分娱乐化、低俗化 9
创造性	Why: 明确创造性工作的定义、要求和程序 How: 学习、交流、参加培训、向专家学习 What: 阅读、笔记、写作、文章、书籍、音频、视频等数字产品、交流和分享 4	Why: 根据职业和自我成长需要，进行问题解决和从事创造性工作 How: 尝试、选择、练习、实践 What: 创建文本、音频、图像、媒介（自媒体）、分享、交流、编程、问题解决、计算、策略运用、迁移、虚拟学习、学习管理、知识管理 5	Why: 创新意识、改革精神、个性化 How: 学习、实践和反思 What: 数字思维、计算思维、策略意识、思辨与创造能力、个人数字身份意识、自主、个性化意识、分享精神、版权意识、网络礼仪 6
工具性	Why: 了解数字技术、工具的原理、功能、特点、优劣势、趋势 How: 学习、交流、参加培训、向专家学习 What: 搜索、GPT等AI、学习软件、平台、终端、在线文档、电邮、时间管理、笔记、伦理、法律和法规 1	Why: 熟练使用数字技术和工具 How: 尝试、选择、练习、实践 What: 搜索、鉴别、评估、判断、存储、导航、访问、管理、调用、学习公开课、慕课 2	Why: 有工具和技术意识，同时不能迷信和过于依赖工具 How: 学习、实践、体验和反思 What: 开放心态、主动意识、自主意识、效率意识 3

图14-3　数字素养九宫格

下面讲解如何利用九宫格提高数字素养。我们先看下竖轴。

◎**工具性、创造性、批判性：九宫格竖轴**

九宫格的竖轴是数字素养的功能和发展阶段：工具性、创造性和批判性。联合国教科文组织相关文件认为数字技能有三种：基本实用数字技能、通用数字技能和高阶技能。这个分类看似明确，但是也有交叉和重合的地方，不能清晰地区分数字素养在不同发展阶段的功能。

数字素养的核心问题是数字经济时代个人对科学技术的应用，这就绕不开科技理性这个人和技术关系的话题。人们很早就关注到这一点。古希腊的亚里士多德从功能角度把知识分为三种：学问、科技和实践智慧。学问是客观知识，科技是实用性技巧，实践智慧兼具实践和理性平衡。

亚里士多德还从低到高把知识分为五个层次：感觉、经验、技艺、科学、智慧。从感觉、经验到技艺，再从技艺到科学，科学的本原由理智把握，科学与理智的结合就是智慧。

后人继续探讨科学和理智的关系。比如，法兰克福学派提出工具理性批判，防止科技成为奴役人和毁灭人性的工具，科技的应用和发展要结合价值理性、人文精神。

基于上述分析，数字素养功能和发展阶段分为工具性、创造性和批判性。

工具性：使用数字技术和网络工具，这是提高数字素养的基础和前提。有硬件也有软件的使用，还包括通用型和专业型。通用型和专业无关，不管从事什么行业，你都需要掌握，比如文档系统、办公系统、会议系统、电子邮件等。专业型和职业有关，直接影响你的工作效率和行业交流，根据你的专业领域和个人需求选择和使用，比如你是新媒体作家，你要会写作软件；你是财务人员，要精通财务软件。

工具方面不要求全部都会，掌握通用型和专业型主流产品，直接影响到你的学习和工作效率的核心的硬件软件。工具方面和学习相关的主要是在线学习、慕课、电子书、搜索、知识管理、笔记系统、写作软件，等等。现在提及互联网技术和工具的使用，以 GPT 为代表的一系列人工智能不能不提。考虑到 GPT 的重要性，后面有一节内容专门讲述，此部分不再提及。

创造性：使用数字技术和网络工具进行有效创作和输出。这是提高数字素养的主要目的和实践。你使用数字技术和工具的目的主要应该是输出，是创作、是创造，还有积极分享和交流。这比工具性要更进一层，提高数字素养的目的是做有意义的事情。

2021年7月20日，郑州遭遇特大暴雨，险情四出。上海财经大学的河南籍大学生李睿做了一份《待救援人员信息》的在线文档，当晚访问量就高达250万次，并刷屏各大社交媒体，被人称为"救命文档"。事后，李睿在接受媒体采访时说，科技向善，我们如果能用科技帮助有需要的人改变生活，是一件很幸福的事。这场无情大水中充满温情的一件事，生动地说明了利用数字素养进行创造性工作的重要性和意义。

批判性：使用数字技术和网络工具时要有批判性思维。这里的批判性不是我们通常理解的批判和否定，而是和批判性思维类似。"批判性"（critical）一词来自希腊文"kritikos"，意思是判断力、分辨力和洞察力。读书时我们说，"尽信书，则不如无书"；放在使用网络方面也一样，"尽信网，则不如无网"。

一方面，要有开放精神，勇于接受新技术，敢于尝试；你要有创新意识，不满足新技术的简单使用，要有突破和创新；你还要有数字包容精神，对数字劣势群体不仅不歧视，还要为他们赋能。

另一方面，你还要有安全意识，注意网络隐私、伦理和安全；你要有分辨意识，对新技术导致的弊端有所警觉和反思。

还拿搜索学习资料举例，你要会对资料进行鉴别，对不同的资料进行价值排序。麦克卢汉有一句名言：媒介即信息。大意是媒介本身就是信息。学习时要聚焦在优质资源上，比如从信息的可信度方面看，传统媒体优于新媒体（现在很多传统媒体也推出新媒体平台，叫融媒体，这里说的新媒体类似自媒体），官方媒体优于自媒体，付费媒体优于免费媒体。

◎知识、技能、态度：九宫格横轴

九宫格横轴是数字素养的内容和表现形式：知识、技能和态度。有效的学习必须是知识、技能和态度的同步提升和有机融合，这不仅符合人们的常识和经验，也有学习科学的研究支撑，此外，还得到官方文件的认可。2005年，欧盟发布《终身学习核心素养：欧洲参考架构》，提出终身学习的八项核心素养（母语、外语、数学与科学技术、信息素养、学会学习、社会与公民素养、创业精神和文化素养），并指出各项素养是"适用于特定情境的知识、技能和态度的综合"。

欧盟的提法在实践中得到呼应。比如，荷兰官方直接说，数字素养是一组基本的ICT（信息、通信和技术）技能、计算思维、信息素养、媒体素养的知识、技能与态度。

那么，知识、技能和态度在数字素养方面具体指什么？

知识——对数字素养方面的知识和原理的了解和掌握。这是提高数字素养的前提和基础。你要具备一定的和学习、工作相关的互联网资源、平台、人工智能、软件、技术、原理、优缺点、发展趋势等方面的知识。

技能——对软件、硬件的实际使用能力。这是数字素养的应用和实践。你仅仅知道互联网技术的知识和原理还不够，还要会使用和你学习及工作相关的工具和软件，核心的部分还熟练使用。比如你知道搜索引擎的存在，不代表你会熟练、精准地搜索到你需要的资料，这需要一定的技能。

态度——数字素养方面的观念和思维倾向。这是数字素养的灵魂。数字素养不仅仅涉及知识和技能，还包括态度、意愿等因素。对数字技术的价值认知、对信息的敏感度和应用态度也直接影响数字素养水平。比如，我们说一个人对新技术一直很敏感，不断尝试新技术，而另外一个人保守，排斥新技术。还有，日常生活中，有人热衷于转发未经证实的耸人听闻的视频和文章，而有人以审慎的态度独立思考。这些行为背后都是数字素养的态度在起作用。

◎ 为什么、怎么做，做什么：九宫格内内容

竖轴的工具性、创造性、批判性和横轴知识、技能、态度交叉为九宫格，并且决定各个格子内的内容。比如，工具性的知识和创造性的知识各有不同，创造性态度和批判性态度要求也不一样。

此外，每个格子内的内容也不是固定的，因时、因地、因行业、因职业、

因领域、因技术变革而不同。运用黄金圈思维法则体现出这点。黄金圈法则是西蒙·斯涅克提出的一种思考和解决问题的思维模式，他把思考和解决问题的过程画成三个圈：最里边的圈是 Why 层，为什么做这件事，表示目的；中间是 How 层，怎么做，表示路径；最外面的是 What 层，做什么，是事情的表象。该法则认为成功地做事情应该从为什么开始，为什么是目的地，怎么做是可以抵达目的地的路线。

九宫格内的具体内容有很大的延展性和可变性。每个格子内的内容既可以定性设定，也可以将之量化，作为数字素养水平评估和测评工具使用。这是另一个话题，本书不展开。

如何使用 GPT？数字素养九宫格应用实例

当前提及数字素养，不能不提 GPT。据瑞银证券等统计，2022 年 11 月 30 日，ChatGPT 发布，5 天内注册用户数达到 100 万，两个月内月活用户突破 1 亿，2023 年 4 月的访问用户数达到 9 亿。2023 年 3 月 15 日上线的 GPT4，更是将以 GPT 为代表的人工智能一下推到所有人的眼前。在 GPT 面前，有人惊叹，有人欢呼，有人率先使用，有人不以为意。

如何对待 GPT 和一个人的数字素养密切相关。甚至可以说，GPT 就是数字素养的照妖镜。GPT 集中体现出当今一个人的数字素养。如何使用 GPT，这仍然可以应用九宫格模型。提醒下，本部分以使用 GPT 为例，用九宫格从整体上探讨如何提高数字素养。

◎如何应用 GPT？为什么、怎么做、做什么？

黄金圈法则同样适用在 GPT 的使用上。如果不先从目的开始，后续的怎何做、做什么都会有问题。所以，你先要问自己，为什么我要使用 GPT？使用 GPT 的目的应该是：充分利用最新、最先进的人工智能技术，发挥 GPT 的优势，提高学习、工作和生活效率，从而增加竞争优势，获取更多机会。

就是说，GPT 是一个生产力工具，用来提高效率和生活质量。而有些人用 GPT 预测彩票，问一些奇奇怪怪的问题，或者仅仅用 GPT 做作业、写论文，显然在使用目的方面就不太正确，这是不足取的。

正如推出 GPT 的 OpenAI CEO 山姆·阿尔特曼表示，要解读 AI 带来的机遇与挑战。他认为 GPT 类似你的"副驾驶"，可以为每个职业提供帮助，为大家提高生活水平。

清楚使用 GPT 的目的后，应该如何做呢？和其他新技术一样，上手实践是最好的方式。不过，在使用前有必要了解 GPT 的基本原理，能做什么，不能做什么。清楚 GPT 的优势、局限和能力边界后，你才会围绕你的目的合理、恰当地使用 GPT。

至于具体做什么，这要结合你的行业、职业、需求，要解决的具体问题而定。比如，你是新媒体从业者，可以用 GPT 写公众号文章初稿，制作视频。如果你是学生或者终身学习者，可以把 GPT 当成你的学习助理，进行问答式学习，深入了解某一个话题，提高学习效率。如果你是设计、创意工作者，可以用这绘画，激发创意，做出不同风格的样稿等。不过，这要结合其他人工智能技术，比如 Midjourney 等。

◎GPT 无所不能吗？工具性的知识、技能和态度

作为当前最先进的人工智能技术，GPT 的工具性价值很大。它可以写作、编程、翻译、搜索、问答、做调研、写笑话、想创意、做客服，等等。

在使用这个先进工具前，我们需要知道关于 GPT 的基本知识，主要有三点：

其一，GPT 究竟是什么？GPT 是一种深度学习模型，全称是 Generative Pre-trained Transformer，直译过来就是生成式预训练变换器。

拆解名字可以看出其基本含义：生成式指根据你的输入内容和要求生成、接续出相应内容，这讲的是 GPT 的功能特点；预训练是指它是基于互联网文本数据进行训练而出的，这说的是 GPT 输出内容的来源；变换器是把输入的信息转换为输出的信息，说的是一种深度学习模型。

这里补充下，Transformer 模型采用了全新自注意力机制，能够更好地处

理长序列信息。自注意力机制指一个句子中每个单词的含义，部分取决于该句子中其他词。

GPT 有时候又指 ChatGPT，Chat 是对话，指 GPT 呈现输出内容的表现形式，这相比谷歌、百度等传统搜索出现的网页，显然是一大突破。

其二，GPT 擅长做什么？GPT 可以较好地执行大部分自然语言（人类在漫长的日常生活中自然形成的语言，比如英语、汉语等，与之对应的是人工语言，比如世界语、机器语言）处理任务，比如写作、问答、搜索、编程、翻译等。GPT 处理文本主要有三个方向：一是简化，比如写文章摘要；二是扩充，比如大部分写作，你输入简要需求，它输出长文；三是转换，比如机器翻译、语音转文字等。这些是 GPT 擅长的地方。

其三，GPT 不能做什么？至少有三点：一方面，GPT 提供信息和建议，但是，它并不理解上下文的真实含义，它也没有价值观、道德感，不能代替你做选择、判断和决策，尤其采取行动。另一方面，GPT 不能产生新的东西。GPT 只能在它知道的所有信息中抽取、整合、概括出一段文字。不过，这段文字并没有产生新的内容。所以，需要想象和创新的工作，GPT 做不了。再一方面，GPT 也有不知道的地方，这和人们投喂给它的资料多少和更新速度有关。并且，GPT 不会和你说它不知道，它会有问必答，它会煞有介事地胡编乱造。

那么，在学习、工作和生活中如何高效使用 GPT 呢？有几点要注意：首先，你要把话题，比如学习、工作、生活等分门别类地建在同一对话框中再提问，这样可以提高效率和准确性，完善你独有的、个性化的话题。其次，对 GPT 发布任务指令前，要明确你需要什么，交代相关背景和进行角色扮演。你要 GPT 做什么，比如，是写摘要、作诗，还是写论文提纲，你要说清楚；并且指明输出结果的形式是什么，比如是文章、清单体，还是表格。此外，任务的背景交代得越清晰、具体，GPT 输出质量越高。还有一点很重要，对 GPT 的角色设定也决定输出文本的风格和难易程度。比如，你问 GPT 如何有效学习，你分别加一句，假如你（指 GPT）是中学教师，或者假如你（指 GPT）是大学教授，得到的答案是不一样的。再次，对 GPT 输出的成果，你不能照搬，直接使用，你自己要检查、修正、核对、修改、润色，加上自己的东西。此外，对涉及法律、道德、伦理等方面，更需要你自己把关，GPT 并不对此负责。最后，也是最重要的，你要会提问。会提问是思维能力，也是一个使用 GPT 的重要技能。GPT 需要人的提示、提问，才会输出下文，你提问的方向和质量决定输出的质量。

2023 年，ChatGPT 催生出一个新职业——提示工程师，国内也叫 AI 训练师，其工作就是给 ChatGPT 编写优质提问，让 AI 输出预期结果，美国《大西洋月刊》杂志将其称为"本世纪最重要的职业技能"。

在使用 GPT 的态度方面，你要以开放的心态，接受变化，勇于尝试，不能拒绝新技术。同时，你要正视 GPT 的局限，你要保持人的主体性、独立性和创造性。GPT 仅仅是工具，和历史上任何一个工具一样，不能代替人的思考、人的创新，更不能代替人的决策和行动。

◎GPT 会创作吗？创造性的知识、技能和态度

GPT 最主要的一个功能就是写作。那么，GPT 会创作吗？GPT 写作和人类的创作区别在哪里？2023 年 6 月高考作文题目出来后，人们就用 ChatGPT、文心一言、通义千问等写作文题，发现 AI 写作大多概念清晰、结构完整、论述清晰，层次分明。不过，仍然看得出其内容大多是拼凑而来的，公式化、格式化严重，没有个性、文采和温度。

其实，自 GPT 爆火后，一些政要、名人就用 GPT 进行写作。以色列总统赫尔佐格在 2023 年 2 月 7 日的一次演讲时透露，自己的部分讲稿就是用 ChatGPT 写的。比如，演讲结尾这句"让我们不要忘记，是我们的人性让我们真正与众不同"。

2023 年 6 月，刘慈欣自曝用 ChatGPT 写在科幻大会的发言稿，并且说写得还不错。当然，也有不同声音。2023 年 5 月，在《收获》杂志 65 周年庆典上，莫言说给余华的颁奖词想了好几天没写出来，于是尝试用 ChatGPT 写，不过，他最终没有采用。莫言表示，GPT 写的文章就是几个人的文章搅和在一起，没有一句话你没有听说过，都似曾相识，没有独创性，更没有感情色彩。

2023 年 3 月，作家王安忆和余华进行文学对谈。余华表示，AI 可以写出中庸的小说，但写不出个性的小说，它的作品是"完美且中庸"。而王安忆认为，AI通过搜索组合大量文字资料进行模式化写作，有抄袭嫌疑。

以上这些事例，显示出GPT写作的基本原理：GPT写作只是在现有信息中抽取、模仿、组合，不是创造。就是说，GPT没有创造新内容的能力，它只是一个生成工具。生成和创作的差异很大：生成是根据提示和上下文在已有信息库里面重新组合出一段文字；创作是产生新的内容。

换句话说，GPT创作不出新的东西，它只是信息的搬运工。这是由GPT是语言模型的性质决定的。什么是语言模型？顾名思义，就是对人类的语言建立的数学模型。GPT根据提示、上下文进行文字接龙游戏，生成内容，背后是数学公式、概率计算在起作用。不同于人类，GPT的写作不是逻辑推理，不是认知活动，不是生理行为，也不是情感反应。

了解GPT在写作方面的基本知识后，在创作技能方面的相应要求就是：GPT不能直接用来创作，可以是写作的辅助工具。你可以把GPT当成你的写作助理，比如列提纲，进行头脑风暴，激发创意，查缺补漏，核对文字，调整风格，写摘要等。对部分要求不高的写作，先用GPT完成初稿，再修改、检查、核对、润色和完善等。

那么，用GPT创作，持什么态度合适？一方面，你要接受新技术，把GPT作为一个辅助工具，提高写作效率。另一方面，你不能依赖GPT，你仍然需要勤于思考，追求卓越，赋予文章个性。你要意识到：你一个一个敲出来的文字，融合你的独特想法、体验、记忆、情感、思考、心灵感悟的文字，才是你创作出来的。

◎GPT会抢你的饭碗吗？批判性的知识、技能和态度

和其他技术一样，GPT的使用同样涉及科技理性这个话题。2023年3月17日，山姆·阿尔特曼说，全球主要国家应该一起制定一份文件，来规范关于AI的应用哪些可为哪些不可为，对于危险的领域应该永不触及。2023年3月29日，包括特斯拉CEO埃隆·马斯克在内的1000多位高管和专家签署公开信，说高级AI可能会对社会和人类构成深远的风险，呼吁在6个月内暂停高级AI的开发。

其实，关于人类和人工智能的关系，人们很早就关注和争论。迈克斯·泰格马克在《生命3.0》中指出人们对待人工智能有4种观点：

一、数字乌托邦主义者：数字生命是宇宙进化的天赐之选，不仅会发生，并且一定是好事。

二、技术怀疑主义者：没有必要杞人忧天，没有几百年时间，无法实现超人类水平的通用人工智能。

三、人工智能有益运动支持者：当前的主流看法，认为人工智能的研究必须以安全为前提。

四、卢德主义者：结果一定是坏的，所以反对人工智能。

知道人们对人工智能的基本观点后，你还需要了解批判性思维的本质和要求，并且将其应用到使用GPT方面。批判性思维在高阶思维章节讲过，不细述。需要注意的是，你使用批判性思维不是批评、否定、抬杠，而是独立思考、去伪存真、有所创新。

由于GPT会瞎编一些知识，所以，你需要运用批判性思维的若干技能对其提供的信息鉴别真假，核实对错，比如，逻辑思维、分析判断、推理、归纳、演绎等。

在如何对待GPT的态度方面，主要有三点：首先，你需要正确认识GPT等人工智能，接受改变，迎接挑战，更需要发现机会，人机协同，最终为我所用。

其次，你要在使用GPT中体现自主性，发挥人的优势。人的优势是有思想、体验、情感、自主和独立判断。这涉及很早就有的一个争论，就是人工智能是否具备人的意识。2023年初，ChatGPT接受美国《时代》周刊采访时表示：说我有知觉或意识是不准确的。作为一个大型语言模型，我只是一个机器学习模型，没有和人类一样的意识。我没有思想、感觉或经历，没有能力做决定或独立判断。

最后，不要焦虑和恐慌以GPT为代表的人工智能会抢你的饭碗。事实上，你不是和GPT等技术竞争，你是和其他人竞争。你要是丢了工作，仍然是被人抢走的。确切地说，是被会用GPT等技术的人、数字素养高的人、会学习的人抢走的。

另外提醒一下，不存在数字素养和学习的数字素养的区别。你的数字素养高了，当然就包括学习方面。也不存在数字素养和使用GPT的数字素养的区别，你数字素养高，就包括对人工智能的应用。

总之，你要意识到：在当前人工智能时代，学习，尤其自主学习需要利用互联网、人工智能技术和工具。但是，你不能依赖高科技工具。工具不能代替思考，工具不能干扰你的自主性。

正如爱尔兰学者马克·布朗所说："数字素养并不是关乎掌握设备的操作技能，而是涉及21世纪受过教育的人应该是一个什么样的人的大问题。"

第四部分　如何持续学习

自主学习18法则

第一部分　为什么学习

- 法则一　优化变数，让学习改变命运
- 法则二　叩问目标，让学习有动力
- 法则三　调控情绪，让学习有热情
- 法则四　聚焦任务，让学习有价值

第二部分　学习是什么

- 法则五　发现脑的奥秘，让学习符合生理机制
- 法则六　洞悉真相，让学习起步于巨人之肩
- 法则七　变革知识观，让学习与时代同步
- 法则八　认清自主实质，让学习由自己掌握

第三部分　如何学习

- 法则九　提高思维质量，让学习拥抱未知
- 法则十　正确记忆，让学习有裂变
- 法则十一　善于阅读，让学习有源头活水
- 法则十二　启动元认知，让学习有脑中无人机监控
- 法则十三　管理时间，让学习有复利
- 法则十四　提高数字素养，让学习如虎添翼

第四部分　如何持续学习

- 法则十五　驾驭挫折，让学习有韧性
- 法则十六　纵贯一生，让学习应对变化
- 法则十七　扩展空间，让学习无处不在
- 法则十八　延长时间，让学习滋养生命

法则十五　驾驭挫折，让学习有韧性

何必为部分生活而哭泣？君不见全部人生都催人泪下。

——塞涅卡

只要学习，就会遇到困难；只要有追求，就会有挫折。一个人如何对待挫折决定其是否坚持学习、持续学习。不过，部分人对待挫折的态度和看法就有问题。比如，一提到挫折就想要抗挫折。事实上，挫折是抗不了的。自主学习需要你学会和挫折共处、同行，需要你驾驭挫折。

挫折就是坏事情吗？

近些年，时常有这类新闻报道引起大家关注：2022 年国庆期间，几个家长结伴带孩子徒步登山被困野山一夜，后被蓝天救援队找到。之前他们走了 9 小时、15 公里山路。救援中，一位家长还自豪地说，去年孩子走过 18 公里野山，最后都给爬哭了。

更早些时候，某知名主持人带着仅仅 4 岁的女儿徒步沙漠，4 天走了 76 公里。此外，一到暑假，一大群家长花钱给孩子买罪受，将他们送到吃苦夏令营顶着烈日训练。

趋逸避劳、趋利避害是人的天性。对吃苦和受罪的事情，人们往往唯恐避之不及。为什么这些家长偏偏人为地让孩子主动体验吃苦？这和人们开始意识到挫折教育的重要性有关。

但是，挫折就是吃苦吗？挫折教育就是吃苦教育吗？显然，事情没这么简单。那挫折究竟是什么？

◎挫折是遇到的坏事情和情绪反应

挫折在我们的生活中无处不在、无时不在。原因也简单，就是我们常说的理想很美满，现实很残酷。所以，英国的天才作家阿兰·德波顿在《哲学的慰藉》中说："挫折的范围虽然很广——从脚指头绊了一下到死亡都能算——而每一种挫折的核心却都有着同样的基本构成，那就是主观愿望与严酷的现实之间的冲突。"

具体而言，挫折一般有两个含义。一个是你遇到的不好的事情，和坏事情有关。另外，挫折是一种情绪，是你在追求某一个目标的过程中遇到干扰和障碍后产生的消极情绪。挫折和目标、挫折源、认知、情绪四个因素有关。

下面以一个人没有通过法律职业资格考试这件事情来具体解释这四个因素：

一、挫折是目标的衍生物，它在你追求目标的过程中产生。你没有追求、没有目标就不会有挫折。这个例子中，通过法律职业资格考试就是目标。

二、挫折的产生来源于挫折源。这是引起挫折的具体事情、困难和障碍。此例中，挫折源是考试失败这件事。

三、你对挫折的认知。考试失败，你可能会理性地分析原因，是自己准备不足，还是努力不够；你也可能情绪化地认为，题目太难，考的人太多，竞争太激烈。

四、你对挫折的情绪反应。你的情绪反应可能是积极的，你平静对待，再次准备，明年再考；你也可能消极看待，甚至情绪失控：啊，天塌下来了，我就是一个失败的人。

◎为什么会产生挫折？

理想和现实的差距导致挫折。心理学家们当然不满足于这显而易见的解释，仍然在探讨产生挫折的深层成因，主要有四种说法：

一、本能论。认为挫折是和人的本能相伴的。弗洛伊德说人有三种自己：本我、自我和超我。本能就在本我当中，往往本能中的欲望不能被满足，所以产生挫折。英国心理学家麦独孤认为人有14种本能，比如厌恶、亲子等，挫折是本能冲动的结果。

二、需求—紧张理论。勒温认为，只要一个人有心理需求，就会有紧张状态，就会产生挫折。挫折产生于追求和不能满足之间的矛盾。这和经济学讲的稀缺性有些类似，供应赶不上需求，所以产生挫折。

三、社会文化理论。这种观点认为人际交往带来挫折。人生活在具体的社会环境当中，有交往就有被忽视，就有分歧，就有冲突，这会让你产生挫折。比如，存在主义哲学家萨特说"他人即地狱"。

四、ABC理论。你对事件的认知决定了你是否有挫折，这里的A是挫折源，B是你的信念，C是你产生的挫折感受。决定你是否有挫折感的不是A，而是B，你对待挫折的信念决定你是否有挫折感。

导致产生挫折的原因中，挫折的来源是一个关键因素。挫折的来源基本可以分为客观因素和主观因素。客观因素是社会因素、资源、环境，比如就业压力、竞争激烈等；主观因素是你个人追求的目标高低、投入程度、努力程度、你个人的感受和认知等。

◎人们遭遇挫折往往有哪些行为反应？

遭遇挫折后的反应决定和影响挫折对自己和他人是否产生危害，以及危害程度大小。不同的人遇到的挫折不同，情绪和行为反应也各不相同；同样的挫折，不同的人的行为反应也不一样。

研究者提出，遭遇挫折后，人们有奋进、攻击、冷漠、固着和退行五种反应：

图 15-1 挫折反应模型

第一种反应是攻击。挫折—攻击理论认为，遭受挫折的人为发泄内心愤怒会采取攻击行为。一是直接攻击，攻击造成挫折情境的人或物，很多犯罪行为就是这样产生的。二是替代型攻击，攻击与产生挫折无关的人或物，要么寻找替罪羊并对其进行攻击；要么谴责、折磨自己，把自己当作发泄愤怒情绪的对象。

也有心理学家不认可挫折必然带来攻击行为，挫折也可能导致一个人愈挫愈勇，愈败愈战，以更昂扬的斗志、投入更多精力解决问题，从而实现目标。这是第二种反应——挫折—奋进理论。美国心理学家阿姆塞尔认为挫折可能让人产生积极效应，人受挫后，也可能努力奋进，效率提高，获得更大程度的成长。

第三种反应是退行。遭受挫折后，用与自己的年龄、身份不相称的幼稚行为来应对挫折情境。

第四种反应是固着。遭受挫折时，用刻板的、反复进行的某种无效动作来应付挫折情境的现象。出现爱因斯坦所说的"一再重复同样的事情，却期望得到不同的结果"。

最后一种反应是冷漠。遭受挫折后对挫折情境表现出漠不关心和无动于衷的态度。类似心死了，而"哀莫大于心死"。塞利格曼为此还提出一个词——习得性无助，就是放弃和认命了，认为自己做什么都会做不好的心态。

显然，在这五种反应中，挫折—奋进对于一个人的自主学习和自我成长意义重大。这种反应让他坚持下去，持续进行某一个行为。这说明他具备一种可贵品质——毅力和意志力。

◎毅力家族成员

毅力和意志力在一个人成功中的作用，已经广为人知。无论是历史上、现实中的诸多事例，还是现代的多项研究都表明，坚持是一个人成长和成功的重要因素。基于毅力的重要性，人们对此一直进行研究，并且有多个说法，形成一个毅力家族成员。

名　称	内　容
毅力/意志力/坚毅力	坚强、持久的意志，为达成目标，遭遇挫折后，克服困难，坚持不懈的一种心理品质。也是一种能力，一种坚持的力量。
逆商	逆商（Adversity Quotient，简称 AQ）全称逆境商数，也指挫折商或逆境商，是人们面对逆境时的反应方式，面对挫折、摆脱困境和超越困境的能力。
复原力	原指物体"被压迫、折弯或者伸展之后恢复到原始形态的力量"，引申为从疾病、抑郁或逆境，也就是挫折中恢复过来的能力。
韧性	原指物体柔软坚实，不易折断破裂的性质，引申为个人顽强持久的精神、坚韧不拔的意志。美国《今日心理学》说："韧性是一种不可言喻的品质，它可以让人们在遭遇生活的挫折后，以更强大的姿态卷土重来。"
心理弹性	遭遇挫折后，恢复心态、克服压力的能力，心理弹性越大，承受压力的能力越强。
学业浮力	和学习直接相关。学生克服学习挑战的能力。这些挑战包括成绩不好或者在截止日期、考试等的压力下学习。有研究者提出提高学业浮力的 5C 建议：自信（Confidence）、协调（Co-ordination）、承诺（Commitment）、沉着（Composure）和控制（Control）。
学业弹性	也和学习相关。学生积极适应并成功应对学习中的挫折、挑战和困难的能力。

图 15-2　毅力家族成员

以上这些和毅力、挫折有关的说法中，逆商影响比较大。估计这和一直火爆的概念智商、情商、财商等"商"同属一个家族有关。逆商理论提出者是美国学者保罗·史托兹。他写了一本书《逆商：我们该如何应对坏事件》。

保罗·史托兹建议从四个方面提高逆商：

一、掌控感。掌控需要行动，行动促进掌控。逆商高的人对坏事情的掌控感比较强，并且会采取行动，反过来又增强掌控感。

二、敢于担当。要痛定思痛，找出坏事情的真实原因，勇于承担责任，有解决坏事件的担当力。

三、控制坏事情的影响范围。逆商高的人减少消极的自责，不会扩大化，控制坏事件的影响范围。

四、控制坏事件的持续时间。逆商高的人会认为逆境和导致逆境的起因不会持续多久。

保罗·史托兹把挫折这一复杂现象通俗地解释为挫折就是坏事情。但是，挫折是否就是坏事情？如果是坏事情，这是否会进一步恶化？是否会转为好事情？这和你如何应对挫折有关，和你如何看待挫折有关。

对待挫折，岂能一抗了之？驾驭挫折模型

◎认识和行为误区

如何看待挫折就是挫折观。当前，一些人的挫折观存在一些问题，主要有对立化和片面化这两种倾向。对立化这种观点把挫折当作对立的一面，所以要抵抗，要消灭它。现在一提如何对待挫折，人们首先想到的往往是抗挫折。有研究者调出中国知网近20年的数据，分析挫折教育的研究热点和主题，排第一位的主题词就是"抗挫折"。

我查词典发现，"抗"主要有抵御、抵挡、拒绝、不顺从的意思。抗挫折就是抵御、抵挡、拒绝挫折。

总之，是把挫折作为一个对立面看待。事实上，这个观点是有问题的。一方面，挫折是抗不了，也抗不完的。因为只要有追求，就有挫折。挫折和追求必然如影随形。好比有光，必然就有影的存在。

另一方面，挫折也有积极的一面，如果真的把挫折抵抗住并且消灭了，就会出现"倒洗澡水连孩子也倒掉了"的情况。关键的是，挫折也不像洗澡水那样可以被倒掉。

还有一种错误观点是片面化。对挫折的认识和理解只重视某一方面，不全面，也不深刻。这在人们对孩子进行所谓的挫折教育以及部分学校开设的相关课程中都有体现，主要表现为：

其一，重危害，轻益处。人们更多关注挫折带来的危害，对人的打击，忽视挫折本身带来的益处。这里的益处不能简单地理解为是祸福相依、相互转化的辩证法，虽然有这成分存在。益处主要体现为两点：一是挫折代表你之前的认知和准备不足，要么目标过高，要么个人能力不足，要么解决问题的方式不对。遭遇挫折后，你会思考上述问题，并且寻求解决这些问题的办法，从而你的认知、思维和执行能力都得到了提升。二是这个过程中你面对挫折，重新解决问题，心理韧性加强，自主能力进一步提高，以后遇到挫折，你不会惊慌失措，能从容面对。

其二，重吃苦教育，轻系统提高。有人认为挫折就是吃苦，就是遇到困难。那我先让孩子吃苦，甚至人为设置障碍和困难，这样，以后他遇到挫折就容易面对了。事实上，挫折不等于吃苦。没有证据表明吃苦会提高挫折承受力。如果那样，建筑工地做体力活的工人一定比在高档办公楼的白领挫折承受力高；贫穷国家的人民一定比富裕国家的人挫折承受力高。吃苦是对生理、身体极限的挑战；而挫折承受力需要心智的坚强、完善和提高。

其三，重知识教育，轻素质教育。提高挫折承受力涉及一个人的综合素质，尤其和一个人的认知以及思维方式有关。而我们的教育更侧重于知识和技能的提升，忽视对思维以及综合素质的提高。就是说，我们的教育更关注智力，而对身体健康，尤其对心理健康、心智的提升重视不足。

有学者就指出："传统高等教育的重点主要是知识教育（如学科教学、技能训练）、规范教育（德育、法纪、观念），对非智力因素（如心理素质、兴趣、价值观、人格）的探究较少。"

其四，重思想政治、品德教育，轻生命价值教育。目前，我们部分学校开设挫折教育课程，更多聚焦在思想政治、思想品德、心理健康等方面。而系统的挫折教育应该还包含哲学、文学、心理学，甚至宗教等方面，要系统地挖掘和发现生命的本质、意义和价值，从而从根本上提高人们对挫折的认识并且提高挫折承受力。

其五，重事后辅导，轻事前预防。目前，学校的挫折教育还有一个问题，就是往往在出现挫折后，再进行所谓的心理干预，进行情绪调节、心理咨询，而对事先如何加强学生的心理韧性关注较少。虽然事后的措施对减轻挫折的危害也有积极作用，但这毕竟不是长久之计、根本解决方法。预防比治疗好，正如提高免疫力尽可能不生病，比生病后医疗要好。

可以看出，当前人们对待挫折的误区和学校的教育有很大关系。不过，学校教育是个系统，一时不好改变。好在对自主学习者而言，可以进行挫折的自我教育。自主学习者需要正确认识挫折，正视挫折的存在，挫折来临后合理应对，获得成长。自主学习者不能被挫折击垮，而要驾驭挫折。那什么是驾驭挫折？

◎什么是驾驭挫折？

驾驭挫折是承认挫折的存在是合理和必然的，要和挫折共处和同行，在应对挫折中充分发挥个人主观能动性，不仅不被挫折击倒，而且在挫折中获得成长。

驾驭挫折有三个阶段：认知、预演和体验。每个阶段的目标和相应的行为各不相同。

认知： 洞悉挫折，形成正确挫折观

构成
来源
反应
挫折观

预演： 汲取精神力量，强大内心

哲学家
心理学家
文学家
身边高手

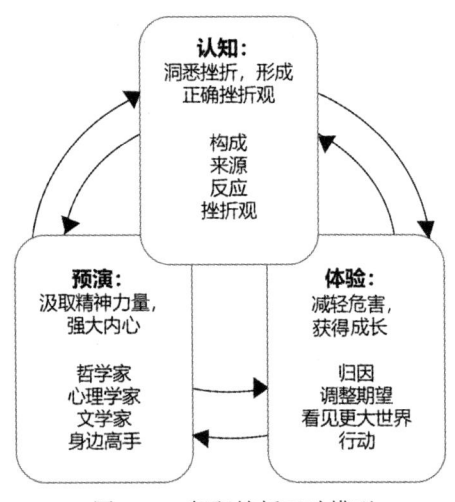

体验： 减轻危害，获得成长

归因
调整期望
看见更大世界
行动

图 15-3　驾驭挫折互动模型

第一，认知阶段。此阶段的目标是形成正确的挫折观。为此，你要认识到挫折是什么，挫折的来源和实质是什么，挫折存在的必然性，挫折的利弊等。

第二，预演阶段。目的是汲取精神力量，强大自己的内心，增强心理韧

性。主要在内心预演假如挫折来临,自己如何应对,自己应该如何和挫折相处,并且了解哲学家、心理学家、文学家和身边高手是如何应对挫折的。

第三,体验阶段。遭遇挫折后,通过正确应对减轻危害,并且获得成长。

当然,这三个阶段不是单一过程,而是循环往复、逐步上升的过程。因为,在你的一生中,你不会只遇到一个挫折。此外,从互动模型循环方向看,先认知,后预演,再体验。

不过,在实际上,不完全是这一个方向的循环。比如,你遭受了一个挫折,这是体验,这会促进你对挫折的认知,也加深在预演阶段,你模拟不同角色应对挫折的体会。

驾驭挫折主要在三个方面对自主学习起到促进和推动作用。

为什么驾驭挫折对自主学习很重要?

◎驾驭挫折是持续学习的前提和基础

自主学习是终身学习的主要方式。终身学习得以实现的前提是你必须有毅力,长期坚持学习,保证学习的持续性。持续学习的前提是你不能被挫折击垮。

逆商概念提出者保罗·史托兹认为追求成功好比登山。登山过程中产生了三种人:攀登者、扎营者和放弃者。攀登者终身努力向山顶前进,主动追求成功,坚韧不拔,拒绝向不断出现的失败低头。他们持续努力、提升、成长、学习,扩展自己的才能。扎营者是止步不前的攀登者,他们以前做得足够多、足够好,但是,现在不想再像以前那样努力奋斗和奉献,只想停留在自己的舒适区。放弃者是那些放弃了向上攀登的人,他们早早就萌生退意,被挑战击倒,常常对自己的命运感到痛苦和沮丧。

显然,攀登者是逆商高的人,是正确对待挫折的人,是驾驭挫折的人。而现实生活中,扎营者居多。他们曾经努力、追求过,并且也取得一定的成就,但是,随后他们就待在舒适区,面对困难望而却步,在之前的功劳簿上躺平了，导致获得的成功有限。

这显示，一个人的成功大小和努力的持续时间长短直接相关。为此，塞利格曼提出一个公式：成功＝努力×时间。努力的时间越长，成就会越大。这个道理显而易见，同样体现在自主学习上。

我提出一个学习成效公式：为取得学习成效，我们需要了解学习原理，需要优化学习方法，需要提升认知，需要激发潜能。但是，仅有这些还不够，持续努力和实践是决定因素。

学习成效 ＝ (洞悉原理 ＋ 优化方法 ＋ 刷新思维 ＋ 激发潜能) × 持续努力且实践

图 15-4　学习成效公式

学习过程中，我们会遇到一个一个的困难和挫折。我们如果被挫折击倒，就此放弃，没有持续努力和实践，学习成效最终有限。这是从长期看、整体看持续努力和坚持对学习的重要性。而从短期的、具体的学习行为看，驾驭挫折同样重要。

◎驾驭挫折确保获得阶段性学习成果

挫折是一座座高峰，越过去就代表成就，代表你取得阶段性结果。学习中遇到挫折也和这类似，你遇到障碍和困难，克服了，表示你取得阶段性成果，你会有所突破、有所收获。

下面举一个我的例子：

我初中毕业后即工作，次年报名参加高等教育自学考试，汉语言文学专业。在学习《形式逻辑》时，觉得逻辑对当关系［具有同一素材的四种直言命题——A（全称肯定命题）、E（全称否定命题）、I（特称肯定命题）、O（特称否定命题）四种命题间的真假关系］很难。对当关系细节这里不展开，你知道这是逻辑课中最烧脑的部分就是。

当时我一筹莫展。就是说在学习中，我遇到挫折了，并且我还必须要克服。因为对当关系是这门课的必考点，要想通过这门课程，必须熟练掌握这部分内容。经过一番思索和摸索，我自制对当关系图、主要概念，贴在书桌正上方，我只要一坐下就看得见。此外，我在系统学习指定教材、辅导书之外，还找了一本专门讲对当关系的书和习题集，进行大密度的学习和练习。最后，这门课我考了89分，在10门课程中考试分数最高。

在应对此挫折中，我的收获体现在三个方面：其一，掌握了重要的知识点，通过了考试，这也是阶段性学习成果的直接体现。其二，丰富和优化了学习方法。逻辑课不同于汉语言文学专业其他课程，和数学类似，需要在掌握原理的基础上大量做题。其三，思维得到训练和提升。某种程度上说，挫折是意外，是变故，是不确定性，意味着原有想法、方法行不通。你需要有新的思路、新的想法、新的认知，才可能解决问题。在应对和解决难题的过程中，你的问题解决思维、创新性思维、批判性思维、元认知都不同程度地得以提高。

此外，你对自我的认识也加深，对自己的优缺点理解更透彻，你的心智也得到提升。而心智提升的意义更为重大。

◎驾驭挫折确保身心健康、心智健全，形成独立人格

正确应对挫折是成为一个身心健康、心智健全、独立人格的人的关键。而身心健康、心智健全、人格独立不仅是自主学习的一个重要目标，同时也是学习者进行自主学习的一个前提和基础。

挫折促进个人成长。一位美国儿童心理卫生专家说："有十分幸福童年的人常有不幸的成年。"这并不是说儿童不应该有幸福的童年，而是说儿童应该从小时候就接受挫折教育，适当体验挫折，否则在未来成长过程中，挫折和困难可能会让他遭遇不幸。

国外有人曾经针对吃花生过敏的人群做了一个实验，让一部分有花生过敏史的学生吃带花生成分的食物，一部分学生始终不吃。结果是吃花生的学生以后很少出现过敏现象，而不吃花生的那组学生仍然出现过敏。挫折和花生一样，你体验过就会产生抗体。我们不仅要体验挫折，更要积极主动地驾驭挫折，这对个人成长有益。

首先，驾驭挫折会增强你的心理韧性和毅力，促进心理健康。正确应对

挫折时，你的认知、动机、情感和行为逐步完善，你的生存能力和适应能力得到加强。挫折让你身心健康，让你强大，让你坚韧。正如尼采所说，"凡杀不死你的，必让你更强大"。

其次，应对挫折过程中，你会加深对自我、对外部世界的认识，重新思考自我定位，完善自我意识，让你成为一个心智健全的人。应对挫折时，你会逐步了解外部世界、生活和人生的真相，了解个人能力的局限和努力可能达到的边界。挫折促使你思考，让你不会盲目乐观，也不会盲目悲观。

最后，正确应对挫折，在挫折中成长，是形成独立人格的关键。应对挫折实质上就是处理一个一个矛盾、解决一个一个难题，在此过程中，你的问题解决能力得到提高，你学会不依赖外在力量和他人，独立思考，敢于承担责任，学会自己解决问题。

总之，挫折促进成长。那么，我们应该如何驾驭挫折？驾驭挫折有三个阶段，认知阶段要形成正确的挫折观，上文已经提及。第二阶段是预演，就是在遇到挫折前应该怎么办。

勇者不惧：预演阶段如何做

"人有悲欢离合，月有阴晴圆缺，此事古难全。"苏东坡的这句名词，很适合表明挫折在人世间存在的普遍性。同时，太阳下没有新鲜事。我们遭受的种种，包括挫折，都有人经历过。古今中外的众多先贤哲人是如何应对挫折的？

在此阶段，你设想下哲学家、心理学家、文学家、周边的高手是如何应对挫折的，借此和他们同频共振，从而在这个过程中汲取力量，增强心理韧性，提高挫折承受力，完成驾驭挫折的重要一环。

通过预演，达到《论语》中提及的境界："仁者不忧，智者不惑，勇者不惧。"仁爱的人不会忧愁，智慧的人不会迷惑，勇敢的人不会害怕。

◎哲学家如何做？

看哲学家如何应对挫折前，先了解下哲学对挫折有什么作用。阿兰·德波顿在《哲学的慰藉》中说得很清晰：

哲学教给我们顺应全方位的现实，从而使我们纵使不能免遭挫折，也至少能免于因情绪激动而遭受挫折带来的全部毒害。哲学的任务是教会我们在愿望碰到现实的顽固之壁时，以最软的方式着陆。

哲学家主要在三个方面提出如何应对挫折：首先，随时准备应对挫折，并调整对生活的期望。很早之前，古罗马斯多葛学派就探讨如何应对挫折。斯多葛主义是两千多年前古罗马时期最有影响力的哲学。由公元前3世纪初期的芝诺创立，它的名字源自希腊语"stoa"，意译"画廊"，是芝诺最初给学生上课的地方。

斯多葛哲学崇尚理性，注重培养人的内在品格，以应对外部世界的不确定性。

阿兰·德波顿就强调斯多葛学派的代表人物塞涅卡"在他的著作中贯穿始终的一个思想就是：我们对有准备的、理解了的挫折承受力最强，而准备最少、不能预测的挫折对我们伤害最严重"。

塞涅卡说"早在预期之中的事情到来时会更加温和"。斯多葛学派的另一个主要人物爱比克泰德也说"不要期望每件事都能如你所愿，而是希望一切都按照实际发生的方式发生，这样你的生活就会过得很好"。

相比古人，现代人说得更直白。斯科特在《少有人走的路》中开篇就这样写道："人生苦难重重，这是个伟大的真理。"

其次，内心的强大是最好的防御。塞涅卡就提出类似观点："只要内心不垮，一切打击都可以等闲视之。"改变内心想法可以减轻和消除挫折感。

罗马皇帝哲学家马可·奥勒留在《沉思录》中说："尤其当你被一件外部事情困扰时，困扰你的不是事情本身，而是你对它的判断，你可以在接到通知后立即将其清除。"

孔子的"知者不惑，仁者不忧，勇者不惧"，也强调内心的强大，让你不害怕挫折。《周易》中的"天行健，君子以自强不息"更是成为中华精神的一部分。

最后，肯定挫折的积极作用。这不仅是坏事好事相互转化的辩证关系，比如老子的"祸兮福所倚，福兮祸所伏"说的就是顺境和逆境的相互转化。

挫折的积极作用还体现在困难和逆境对人的磨炼方面。北宋张载说："贫贱忧戚，庸玉汝于成也。"艰难困苦的磨炼，助人成才。塞涅卡也说："灾难是美德的机会。""不经历风吹雨打，没有哪棵树能根深蒂固。"

孟子的一句"生于忧患死于安乐"更是影响深远。这段名句仍然在今天激励着人们："故天将降大任于是人也，必先苦其心志，劳其筋骨，饿其体肤，空乏其身，行拂乱其所为，所以动心忍性，曾益其所不能。"

同样，现代人继承了苦难促成长的思想。斯科特也说："承受痛苦是走向成熟的必由之路，任何人都不能回避。"不仅古老的哲学，年轻的心理学也在探讨如何应对挫折。

◎心理学家如何做？

100多年前脱胎于哲学的心理学至少在三个方面促进人们了解并且学会如何和挫折共处。

第一，心理学，尤其情绪心理学系统地解释了挫折的定义、构成、来源等心理、生理机制。心理学指出挫折是你在追求目标中遇到障碍后的情绪反应，强调挫折是必然存在的。比如，勒温在他的需求-紧张理论中就提出："需要的满足是避免挫折的重要条件，若能满足个体的所有需要就能避免挫折的产生。问题是人的需要是不可能被满足的。"也就是说，每个人都会遇到挫折，了解和认可心理学的这一发现，会有效减轻挫折的危害。

第二，心理自助疗法协助你遭遇挫折后安全度过。挫折和目标、挫折源、认知、情绪四个因素相关。在这四个因素中，挫折认知是最重要的因素。挫折反应的性质及程度，主要取决于对挫折源的认知。

ABC理论这样认为：

A（Activating events）是诱发性事件，也是挫折源；

B（Belief system）是你的信念、观念系统；

C（Consequences）指你的情绪、行为反应或结果。

C（你的情绪反应）不是由 A（事件和挫折源）决定，而是由 B（是你对事件 A 的看法与解释，事件背后的信念与观念）决定。ABC 理论揭示你的信念系统对挫折情绪产生的直接作用。改变你的信念系统，可以减轻甚至消除挫折感。你不能改变事件是否发生，但是你可以改变你的信念。

ABC 理论是行为认知疗法，除此之外，还有其他有影响的心理自助疗法，比如辩证行为疗法、自我分析法、接纳自我的森田疗法等，都从不同角度协助人们应对挫折。

第三，积极心理学提倡以积极乐观的态度解释和应对挫折。积极心理学是塞利格曼在上世纪末倡导和发起的。塞利格曼说心理学不应该只研究人类的弱点和问题，而应该同时关注人类的美德和优势。心理学不应该执着于纠正缺点，而是要开始搭建美好。以前的心理学就像停在悬崖下的救护车，随时准备救治掉下悬崖的人，积极心理学就是在悬崖边围上栏杆，防止人掉下去。

这种防患于未然的思想和预防疾病一样重要。《黄帝内经》说："上工治未病，不治已病。"高明的医生重在预防。积极心理学也起到类似的作用，与其等挫折发生后再应对，不如先以积极态度认识了解并且面对挫折。

积极心理学研究发现，你的积极人格特质是预防问题产生的最好工具。积极人格的形成虽受到先天生理因素的影响，但更依赖于后天经验的积累。你要培养积极人格，要面对未来的挑战，增强应对挫折的预防性、主动性，不能等出现问题再进行补救，这样不仅可以把挫折的负面影响降到最低，更有利于你的全面成长。

心理学从实证角度解读挫折，而文学在想象的世界里上演人和挫折的故事。

◎文学家如何做？

如何从文学家的笔下世界吸收应对挫折的力量？这要先看看文学的价值。我国学者余三定教授认为文学价值有世俗表现和脱俗表现两种。世俗取向使文学具有游戏、政治、道德、文化、产业等功能；脱俗取向使文学成为对人类精神状态的一种把握方式，也成为人类精神的最重要的体现方式。

文学应对挫折的作用也有高下之分。比如，以文学的游戏功能说，你通过阅读打发时间，排解郁闷，宣泄补偿，减轻挫折带来的伤害。不过，文学对挫折的重要作用更体现在为我们提供精神力量方面。主要有三点：

首先，文学帮助你理解人性从而让你深刻地认识挫折。"文学是人学"，高尔基的这句话，对文学稍有涉及的人都知道。文学离不开人，离不开对人性的描述。梁实秋也说普遍的人性是一切伟大作品的基础。

人们的爱恨情仇在文学作品中上演了一幕幕的悲欢离合。无论是光辉、黑暗，还是单纯、复杂，文学作品描绘的人性无时无刻不在纠缠和争斗中。这让你加深了对复杂人性的理解，加深了对人性和挫折密不可分关系的认识。你会意识到，只要有人的存在，有人性的存在，挫折就必然存在。

其次，文学让你认识命运，从而让你的得失心变得平淡。命运是文学的永恒主题。伟大的文学作品大多揭示在命运面前，一个人、家族、地区、民族甚至国家的浮浮沉沉。

《新编剑桥世界近代史》在讲述近代文学时，这样提到人和命运的关系："如果不写人的曲折的历程，不写人的失败，便不可能有伟大的文学作品。然而，如果没有上帝牢牢控制的关于善与恶的安排，也同样就没有人的失败。"

文学作品描述的命运事件一般有典型和普遍意义。通过阅读感受到芸芸众生在命运前的起起落落，你会发现你不是最惨的那个人。著名作家梁晓声在一次访谈中说道：

读文学作品是了解他人命运的一种方式。谁爱情受挫，职场失意，买彩票没中奖，会觉得自己是世界上最不幸的人。但是当你读作品多了，会不再觉得自己的人生是最失意的。

最后，文学让你有勇气踏上你的英雄之旅。脍炙人口的文学作品大多有一个英雄主角。但是，英雄不像孙悟空那样从石头里面蹦出来，也不同于蜘蛛侠那样从天而降。英雄都是从平凡人成长而来的，也有迷茫、困惑的时候，面对挫折、困难，他们也会打退堂鼓，也想放弃，但是，最终他们直面困境，突破自我，重新走上征途。

著名人类文化学家坎贝尔发现所有人类神话中的英雄的冒险历程是相似的，都分为三个阶段：启程、启蒙和归来。英雄的成长过程中考验随处存在。

历经挫折和困难，平凡人才成为英雄。

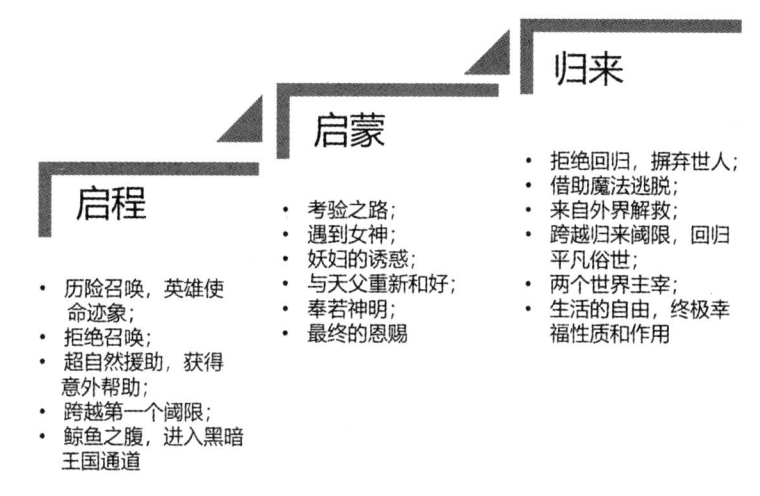

启程
- 历险召唤，英雄使命迹象；
- 拒绝召唤；
- 超自然援助，获得意外帮助；
- 跨越第一个阈限；
- 鲸鱼之腹，进入黑暗王国通道

启蒙
- 考验之路；
- 遇到女神；
- 妖妇的诱惑；
- 与天父重新和好；
- 奉若神明；
- 最终的恩赐

归来
- 拒绝回归，摒弃世人；
- 借助魔法逃脱；
- 来自外界解救；
- 跨越归来阈限，回归平凡俗世；
- 两个世界主宰；
- 生活的自由，终极幸福性质和作用

图 15-5 英雄冒险历程

不过，英雄往往离我们比较远。你还可以从身边的平凡人、身边的高手身上学习他们是如何应对挫折的。

◎**身边的高手如何做？**

我们身边的平凡人中不乏高手。他们可能是你的领导、同事，也可能是你的同学、同乡等，再远一点，是你所在行业的大咖，或者公众知名人士。只要留心，你会发现，他们身上总有一些让你产生力量的地方。

榜样的力量是无穷的，尤其你把熟悉的人作为榜样的时候。因为他们的行为更有参考价值，因为你离他最近，你也比较熟悉。你会发现，他们的成功一定不是一帆风顺，他们走的路一定是坎坷不平的。但是，他们走出来了。

奥尔德斯·赫胥黎说："经验不是一个人的遭遇，而是他如何面对自己的遭遇。"遇到困难和挫折时，你不妨想想，换作他们会如何面对自己的遭遇？可以从三个方面展开：

首先，了解他们的经历。每个人的经历各不相同，看他们的一波三折，看他们的绝境求生，不仅有趣，还更有力。你尤其要关注他们经历中的困境和挫折，因为这是转折点，他们迈过了，就意味着质变。

其次，思考他们的思考方式。设想一下，他们遭遇挫折时，是如何思考的？什么是他们努力和勤奋的力量？他们在追求什么？他们的思维特点是什么？如果你们关系好，甚至可以直接沟通，询问一些细节。当然，也可以从一些间接渠道了解，比如朋友聊天、媒体报道等，知道他们做出改变的决策的过程更有意义。

最后，了解他们是如何做的。身边的高手在行动方面肯定有可取之处。了解他们如何进行时间管理，如何学习，如何协调工作和生活冲突，尤其在遇到困难、遭遇挫折后，他们的所作所为。

好比做好台风预防工作不能阻止暴风雨的到来，预演也不能制止挫折来袭。遭受挫折后，你又该怎么办？

重获掌控：体验阶段如何做

体验是你遇到困难和问题，遭遇挫折，甚至陷入困境的时候。这里的体验意指你正在经历挫折。在此阶段，你要正确应对，减轻挫折的危害，并且获得成长。

◎合理归因，痛定思痛

遭遇挫折后，为了降低危害，尽快走出失败的阴影，继续成长，你需要找出遇到挫折导致失败的真正原因。这一步骤很关键。我们常说"失败是成功之母"，还说"吃一堑，长一智"。但是，这有个前提——你能从失败中学到东西。而从失败中吸取教训也有一个前提，就是你要知道是什么因素导致你的失败。分析导致失败的原因，心理学家把这叫归因。

20世纪70年代，美国心理学家韦纳提出一个成就归因模型，认为有三类六种因素导致你的成败：

第一类从内外部方面看，分内部因素和外部因素。外部因素，学习任务难度、环境、运气、他人帮忙等；内部因素，你的身心状况、人格、品质、动机、态度、情绪、能力、努力等。

第二类从稳定性方面看，分稳定因素和不稳定因素。稳定因素，比如你的能力；不稳定因素，社会需求、机遇、运气等。

第三类从可控性方面看，分可控因素和不可控因素。可控因素，你是否努力，方法是否得当；不可控因素，比如环境、运气、外界反应等。

正确归因需要你做到两点：一方面，你要归因在内部的、不稳定的、可以控制的因素上面，比如你这次努力得不够，下次你可能更努力。不要归因在你不能控制的因素上，比如你的能力，因为能力是不可控的。如果归因于自己的能力不足，可能导致一个比较可怕的后果——习得性无助，就是你认为做什么都做不好。

塞利格曼认为，习得性无助是失败后就认命了，不再尝试或努力的心理状态，严重的话可能会导致抑郁症。

另一方面，你要实事求是，客观冷静地分析挫折构成的四个要素——目标、挫折源、挫折认知和挫折反应，找出导致挫折的问题所在，是目标过高吗？导致挫折的事件的真相是什么？你对此事情的认识是否清晰，是否合理？你的情绪反应是否过度？

导致挫折的四个因素中，目标是一个主要因素。因为挫折是在追求目标的过程中产生的。

◎调整期望，积累成就

于是，接下来，你要重新审视你的目标。目标和期望要大致切合实际，要和自己的能力、水平基本匹配。虽然，高目标更容易激发人的潜能，让你全力以赴追求成功。但是，如果目标过高，就会出现《周易·系辞下》里说的不利情况："德薄而位尊，知小而谋大，力小而任重，鲜不及矣。"如果一个人德行浅薄却地位尊崇，智能低下却图谋大事，力量弱小却担负重任，这样的情况，很少有不招致灾祸的。

如果发现导致挫折是目标过高，这时候你就要适当调整目标。挫折的严重程度和目标，和你的期望大小有关。所谓期望越大，失望越大。如何调整期望？可以参考美国心理学家威廉·詹姆斯提出的自尊公式：自尊＝实际成就/自己的期望。如果实际成就很小，期望却很高，那么挫折感会很强。

从公式看出，提高自尊不外乎两个方法，不是做出更多成就，就是尽量放低期望。同样，减少挫折感也有两个途径，一是完成高的目标，二是调低目标。

当然，调整目标，不是放弃追求。比如，我第一次考研报考的是南京大学，失败了，我发现考南京大学竞争太激烈，以我当时的水平，再考一年也难以被录取，所以第二年我换了学校和专业，这是调整不是放弃。

调整期望和思维方式息息相关。丹尼尔·卡尼曼在《思考，快与慢》中提出人们的思维有规划谬误的倾向，说人们容易以脱离现实的乐观心态来做决策，而不是根据对利益得失以及概率的理性分析做决策。他们高估了利益，低估了损失。他们设想了成功的场景，却忽略了失败和误算的可能性。

卡尼曼还说乐观主义是一把双刃剑。一方面，乐观容易使人从失败和挫折中走出，但是，同时乐观也带来风险，产生乐观偏见，规划谬误。

如何规避规划谬误和乐观主义的危害？可以借鉴管理专家加里·克莱恩提出的"事前验尸"法。这个方法是在即将做出一个重要决策前，设想在一年后的今天已经实施了该计划，但结果惨败。此时，简短写下导致失败的缘由。

项目开始前设想可能的导致失败的理由，有利于认清客观事实和自己，有利于制定合理的期望和目标。调整期望是向内收缩，应对挫折还有向外扩展的方法，就是看见更大的世界。

◎看见更大世界，追寻意义

弗洛伊德认为挫折和性本能有关，人的一切行为都和性冲动挂钩。弗洛伊德把一切和性挂钩这点一直为其他心理学家所诟病。但是，弗洛伊德也提出，你也可以升华自己，超越本能。如果你就局限在本能的追求，不仅不能消灭挫折，遇到挫折也不容易走出来，你就是在给自己设限。

美国著名的投资家彼得·林奇在《战胜华尔街》中说：每当我对目前的大局（big picture）感到忧虑和失望时，我就会努力让自己关注于"更大的大局"（even bigger picture）。如果你期望自己能够对股市保持信心的话，你就一定要了解"更大的大局"这个概念。

林奇说的是投资，但是，对人们如何应对挫折也有参考价值。你可以从三个方面看见"更大的大局"、更大的世界。

首先，你要关注意义。如果你从事的是有意义的事，如果你有更高的追求，那么，你现在遇到的失败，根本不叫失败。并且，就是失败也值得，痛苦你可以忍受，因为你在从事有意义的事情和伟大的事业。

其次，要从长周期看。追求成功、个人成长是一场马拉松，不是 100 米冲刺。相比你的一生、你长期的追求，此次挫折仅仅是很小的一件事情。研究显示，相比短期目标，长远目标可更能有效对抗挫折。遇到挫折时，想想你的长远目标，把行动和长远目标联系起来。相比纠结在鸡毛蒜皮之类的小事情当中，畅想星辰大海更容易让你走出挫折。

最后，你要大范围看待导致挫折的事情。这件事情仅仅是你一个角色从事的，你还有其他角色。你要做的不是一件事情，而是多件。即便这一件事情失败了，那也只是某一个角色做的事情，而你还有其他事情要做，你还有其他角色和身份。失败的是事，不是人。没有成功。

◎行动起来，获得掌控

减轻挫折的危害，获得成长的主要手段是行动。无论如何，你要在做，在实践。行动的意义主要有三点：第一，行动改变局面。遇到挫折时，不能思前想后，想这想那的，要在找出原因、调整目标后尽快行动。问题只有在行动中才会好转和变化，不会在空想中好转和变化。改变局面的是行动，不是设想。无论如何你要在行动，从手头可以做的事情开始。你不能仅仅仰望星空，而不迈出脚步。

第二，重新获得掌控感。挫折感主要是失控感，你觉得情况一团糟，都在朝坏的一面发展，而行动是重新获得掌控的主要手段。保罗在他的《逆商》中说，掌控感是应对挫折的主要手段，只有你行动起来的时候，你的掌控感才会产生。掌控感和挫折感是此消彼长的关系，而行动能增强掌控感。

第三，转移注意力。行动让你的思维走出空虚、懊恼、失望、沮丧，尽快走出失败的阴影。你专注于做某个事件时，你就不会想这想那，不会让挫败的烦恼缠绕着你。心理学家塞利说，尽可能使自己忙于工作，我们的兴奋焦点就在于工作，而少有心情去烦恼。

对这个道理，还有更形象的说法，18世纪英国诗人威廉·布莱克说：忙碌的蜜蜂无暇悲伤。

下次你在遇到挫折时，你要记住对自己说：失败了很正常，因为失败源自你的追求。你不能因为可能的失败而停止你的追求。

成功的喜悦必然饱含辛酸的泪水。正如霍尔特所说："追求幸福，免不了要触摸痛苦。"

法则十六　纵贯一生，让学习应对变化

人是一个未完成的动物，并且只有通过经常地学习，才能完善他自己。

——联合国教科文组织《学会生存》

终身学习的重要性和意义已经广为人知，深入人心。但是，现实中，人们的认识和实践存在偏差，而且涉及终身学习的基本方面：谁在学？为何学？学什么？如何学？何时学？何地学？厘清这些问题，是终身学习的前提。

为什么你需要终身学习？

终身学习是个现代概念，不过，其思想和实践很早就有。思想方面，代表性的有荀子的"君子曰：学不可以已"，学习不能停止。更有我们熟知的俗语"活到老学到老""学海无涯"。还有师旷形象的比喻："少而好学，如日出之阳；壮而好学，如日中之光；老而好学，如炳烛之明。"古希腊的柏拉图提出："教育是由出生到临终的一个历程，个人唯有终身不断地学习，才有可能成为健全的公民。"

实践方面，那些成就非凡的人，无一不是终身学习的践行者。比如，孔子十五岁时就志于学，直至一生，终成圣人。南宋诗人陆游勤学一辈子，还将一间书房取名"老学庵"，很多著名作品就出自这里。明末清初思想家、学者顾炎武从少年到老年，没有一刻不在学习。他去每个地方游历，都用两头骡子、两匹马载书随行。

进入现代社会，国际组织、各国政府、教育机构、企业更是大力提倡和推广终身学习。近几十年来，发生在全球的人口变化、社会变迁、技术进步、气候危机、局部战争等，导致整个社会的混乱和不确定性日益增加。尤其，2020年，一场突如其来的新冠疫情肆虐全球，人类社会更是发现自己如此脆弱。那么，如何反脆弱，增强韧性呢？

2020年8月，联合国教科文组织发布报告《拥抱终身学习文化：对教育未来倡议的贡献》。报告指出要推进可持续发展和打造富有韧性的社会，就必须构建一个支撑性的终身学习生态系统。报告强调由于学习路径不再与年龄、正规教育等要素相关，因此，生活过程变得更加多样化，教育与学习贯穿于整个生命，正规、非正规和非正式学习活动遍及生活的各个领域。

不过，国际组织先是提出终身教育，之后再强调要转变为终身学习，轨迹如下：

1965年，法国教育家朗格朗在联合国教科文组织的一次会议上作报告，第一次在国际组织的会议中正式提出终身教育的说法；

1968年，美国学者赫钦斯在《学习型社会》一书中最早提出终身学习的理念；

1972年，联合国教科文组织的报告《学会生存——教育世界的今天和明天》（也叫富尔报告），提出从终身教育到终身学习的转变；

1994年，首届世界终身学习会议在罗马隆重举行，终身学习在世界范围内形成共识。

前几年，国外一本畅销书《百岁人生：长寿时代的生活和工作》提出，随着技术进步、社会发展，21世纪初出生的人，大概率会活到一百岁。同时，传统的上学、工作、退休的三阶段人生将退场，四段、五段、六段，甚至更多段的人生将是主流。你的人生会增加再学习、再工作几个阶段。百岁人生是大自然给予你的恩赐，但是，随之而来的是对你的生存技能的挑战，你要保持不断的学习，才能在漫长的生命里不被淘汰，不然这恩赐会变为诅咒。

具体而言，你需要终身学习的理由如下。

◎ **弥补正规学习不足，纠偏补课的需要**

上学、工作和退休是目前绝大多数人的一生轨迹。目前几乎所有国家都实行义务教育制度，我国是9年，部分国家是12年。义务教育后，部分人读高中和大学，部分人读职校，还有人直接就业。我们大多数人都是在接受学校的正规教育后参加工作的。这就涉及一个问题——学校教育能否满足工作需要？

美国斯坦福大学发布的《重塑高等教育指南》调研显示，96％的大学教务长认为，他们的学生具备足够的能力走向就业岗位。但是，只有11％的各行业领袖人物认可这一点。也就是说，还有89％的企业——用人方，认为大学生不具备工作的能力。

上学是校园里的正规学习。正规学习至少有三个不足：

第一，正规学习的时间不足以覆盖一生。假如你是大学毕业，小学读6年，初中3年，高中3年，大学4年，在校园里的学习一共16年。按照国家卫健委的预估，我国人均预期寿命78岁，你在校园外的时间还有62年。那么，学习的有效期是多少年呢？早些年，国外一个研究发现：农业经济时代，7~14岁接受的教育可以管一辈子的工作和生活；工业经济时代，5~22岁的教育，基本满足一辈子的需求。但是，在信息经济时代，就没有几岁到几岁的学习了，你要学习一辈子。

第二，正规学习的内容和现实需求脱节。校园里的学习内容按照学科分类，标准化、统一化是主要特征。学习的内容往往和现实脱节，主要表现为两点：一方面，现在是信息社会，人工智能时代，统一性、标准化的学习内容满足不了多样化和多变性的社会需求。另一方面，在现代社会，技术发展，生活水平提高，人们的多样化需求催生了很多之前想都没有想到的新业态、新职位。这些新出现的职业连国家职业分类大典都没有收录，更谈不上在校园内学习了。

第三，正规学习的方式和评价标准不适合社会需求。校园内的学习多是被动地接受学习，你按部就班学习就是。对学习成果的评价方式是考试，所谓一考定终身。而校园外，需要你进行积极主动的自主学习，评价方式也多样化，考试也有，比如各种职业资格考试、等级考试等。不过，对校园外学习成果的评价，更多体现为职场、社会、生活对你的接纳和认可。适应性和应对变化的能力是最终评价标准。

总之，终身学习是对正规学习的补充和纠偏。正规学习的典型表现是传统教育。对传统教育和终身学习的区别，乔舒亚·甘斯和安德鲁·利在《创新＋平等》中有个形象的比喻：传统的教育好比不能升级的软件，一旦遇到新问题就无法处理，而终身学习则可以根据需要不断提供更新软件包，以确保满足解决新问题所需。

◎与时俱进，不被时代淘汰的需要

"你只有拼命奔跑，才能停留在原地不动。"这是1871年出版的《爱丽丝镜中奇遇记》中红皇后对爱丽丝说的话。150多年后，这句话尤其适合这个时代的每一个人。套用一句时髦的话就是要与时俱进。

与时俱进，就是行动和时代一起进步。中国最早的哲学经典《周易》就有要和时代同步的思想："凡益之道，与时偕行。"好的大道，需要和时代同行。复旦大学博士生导师、著名易学研究者谢金良教授指出，《易经》体现的人生智慧主要有四个，其中"与时偕行"居首位：

一、变动不居，与时偕行；

二、自强不息，厚德载物；

三、居安思危，进退存亡；

四、循序渐进，防微杜渐。

"与时偕行"之后演变为我们更熟知的"与时俱进"。"与时俱进"的说法最早出现在1910年初蔡元培的《中国伦理学史》中。蔡元培批评清末思想文化界故步自封，用西方做对比，"故西洋学说则与时俱进"。为什么你需要与时俱进？

现在我们处在一个"VUCA"时代——易变性（Volatility）、不确定性（Uncertainty）、复杂性（Complexity）和模糊性（Ambiguity）的时代。

"VUCA"时代对学习的挑战主要有两个。一是现在知识容量激增、新技能随时出现。你一旦停止学习，很多东西你就不会。二是你会的东西也随时在贬值。现在知识和技能贬值得很快。有一个研究报告发现，在美国注册的职业中，未来会有百分之五十消失，中国更甚，消失的职业将会达到百分之七十。

就是说，现在的知识半衰期——你一半的专业知识过时的时间在加剧缩短。美国《纽约客》杂志提出，19世纪20年代，一位工程师的知识半衰期是35年；19世纪60年代，是10年；如今最多5年，对软件工程师而言，更是不到3年。

如果你不进行终身学习，不随时更新你的知识和技能，只固守已经会的东西，可能你还在自夸这是宝贵的经验。但是，按照英国著名剧作家萧伯纳的说法："经验是当你因为太老而无法找到工作时所大量拥有的东西。"

◎健康成长，优雅变老的需要

"教育即生长"，杜威这样说。同样，学习即成长。学习本是生命自带的功能。生命不息，学习当然不止。学习本是一个人健康成长的一部分。学习的过程是促进身心健康，形成健全人格，发展个性和兴趣，激发潜能，寻求和实现人生价值的过程。

此外，对个人而言，学习还有一个更直接、更现实的意义。这就是亚里士多德说的"教育是防老的最佳途径"。现代科学研究也发现，学习可以延缓人的衰老和认知衰退。

2014年，著名的医学杂志《柳叶刀》发布一份报告，提出只要能避免七种危险因素，那么三分之一的阿尔茨海默病都是可以被预防的。这七种因素是：

一、中年高血压；

二、中年肥胖；

三、糖尿病；

四、身体缺乏运动；

五、吸烟；

六、抑郁；

七、受教育水平低下。

从世界范围来看，受教育水平低下才是导致患阿尔茨海默病最大的风险因素。有统计数据显示，其关联性占到了整体的19%。

学习延缓衰老和认知衰退，再次说明学习和人的生理机制有关。而人的生理机制是支持你进行终身学习的。

为什么你可以终身学习？

◎脑的可塑性是终身学习的生理基础

你是否想到过，年纪逐步增加，没有年轻时学得快、学得好。其实你不必担心这一点，因为你的大脑天生具备变化的能力——可塑性。

我们知道学习是神经元的连接，连接通过突触发生，多个神经元的连接形成和改变了大脑结构，从而使脑具备不同的功能。而大脑结构和功能在一生中都有改变和发展的能力。

环境和经验的变化，脑加工信息和不加工信息，就是用脑和不用脑都会导致神经元和突触产生变化。变化有三个方向：一是连接产生并且得到强化；二是连接减弱直至消亡；三是经常不使用的神经元，最后被剪切。

至于神经元和突触朝什么方向变化，这和后天的学习、训练等有关。后天的学习和训练可以改变脑神经元连接和突触的成长。就像锻炼肌肉一样，经常锻炼的部位发达，不锻炼的部分会萎缩，甚至消亡。

达尔文主义认为生物在生存竞争中适者生存、不适者亡。诺贝尔奖得主埃德尔曼认为人脑中也有类似竞争。他开创的神经达尔文主义认为，大脑中的突触互相竞争，在竞争中被淘汰的突触会失去生命力，其连接逐渐松动；反之，幸存下来的突触所形成的连接变得更强。这就是我们常说的用进废退。

研究者做过一个学习锻炼脑的实验。让受试者进行简单的心算，用100减7，并且逐渐往下减，同时用仪器观察受试者脑的活动，这时候，发现工作记忆区处在活跃状态。但是，如果让受试者使用计算器计算，则发现工作记忆区几乎不存在活动。

学习塑造脑，脑的可塑性又支持学习。大脑的可塑性贯穿人的一生。正如美国一个心理学家说过，人的智力开发是"遗传趋势和生活经历之间的对话，将会持续一生"。

不过，研究还发现脑的特定功能的发展和年龄阶段有关，就是个别功能有一个最佳的学习期——关键期。如果在这期间开始相应内容的学习，效果会更好些。比如，人的视觉功能发展的关键期在幼年期；在语言学习方面，音韵学习的关键期也在幼年；而语法学习的关键期大约在十六岁以前。如果在这个时期进行相应内容的学习，神经系统的可塑性更强，学习效率更高，学习效果更好。过了这段时期，可塑性和发展速度都要大打折扣。

这种类型的学习叫经验期待型学习。经验期待型学习和遗传相关，学习的内容是遗传倾向引起的脑结构改变。换句话说，这部分的内容早就内置在你的脑中了，比如，语言中语法的学习。但是，这并不是说过了关键期，你就不能学习这方面内容，你仍然可以学习，只是你要付出更多时间和精力。这种类型的学习叫经验依赖型学习。

经验依赖型学习是和后天努力相关的内容的学习。这种学习指的是应对复杂环境发生的脑结构和功能的改变，并且，在一生都可以发生。比如，语言中词汇的学习。

就是说，人一生中脑的功能发育、发展对应着特定的学习内容。据此，日本著名脑科学家小泉英明提出一个脑功能发育和学习内容对应的发展模型。

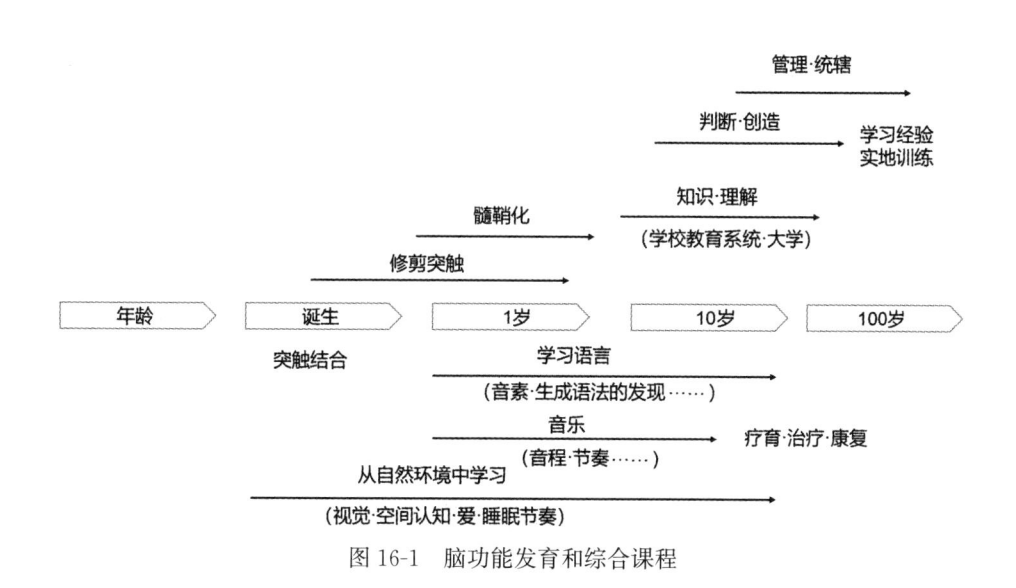

图 16-1　脑功能发育和综合课程

从此图可以看出，很多家长让孩子从小就学习音乐和第二语言是符合脑发育规律的。同时，此图也显示，管理统辖能力是成年人的优势，这是智慧随着年龄增加而增长的体现。

总之，脑在一生中不断改变和发展的可塑性是你可以终身学习的生理基础。此外，人一生中的智力变化也是一个重要因素。

◎智力发展是终身学习的认知基础

学习有一个关键期，部分内容最好趁早学习，比如语言和音乐。这也和人的智力类型以及智力在不同年龄阶段的变化有关。你根据你的智力优势选择学习领域，会事半功倍。此外，智力在不同年龄阶段有所变化。你应该在合适的年龄选择相应学习内容。

提到智力，你可能马上想到智商，就是 IQ。传统的智商测试评估的是语言和数学推理能力，这在实际应用中可能遇到问题。

2022 年日本奥运会上，中国跳水队队员全红婵火爆一时。事后有新闻报道，全红婵的教练慧眼识珠，发现她这棵好苗子。假如当初教练拿传统的智商测试全红婵，就有可能错过她。这不是说全红婵智商不高，而是说，假如用这个标准测试，对全红婵不公平，因为她的优势智力不是语言和数学能力，而是身体动觉智能。

哈佛大学心理学教授加德纳认为，真正的智能不是记住一堆知识，而是解决问题或者制造产品，传统智力形式单一，结构稳定不变，这不正确，应该从多个维度看待智力。为此，他在 1980 年提出人有 7 种智能，10 多年后提出第 8 种智能，2006 年又提出一个存在智能。这就是著名的多元智力理论：

一是语言智能，听说读写的能力。诗人、作家、演讲家在这方面强。

二是音乐智能，创作和欣赏音乐的能力。这是音乐家的强项。

三是逻辑数学智能，推理和计算的能力。科学家、数学家、律师、法官擅长这些。

四是空间智能，空间感觉和想象的能力。这方面能力强的人适合从事建筑师、雕塑家、画家、飞行员等职业。

五是身体动觉智能。这方面能力强的人适合做运动员、演员等。比如，全红婵。

六是人际智能，与他人相处的能力。这是销售人员、谈判人员必备的能力。

七是内省智能，洞察和了解自己的能力。这种能力在心理工作者，比如咨询师身上有很好的体现。

八是自然智能，认识世界、适应世界的能力。比如旅游家、航海家、猎人等这方面能力强。

九是存在智能。思考大问题的智能，涉及人类自身的存在问题，比如我们为什么会生死、我们从哪里来、什么将在我们身上发生、什么是爱，等等。

这九种智力分类复杂了些。还有一个简单的分类方法——流体智力和晶体智力。流体智力指反应能力、推理能力、认知速度等，在25岁左右达到最高峰，之后下降；就是说，年轻人在流体智力方面具备优势。

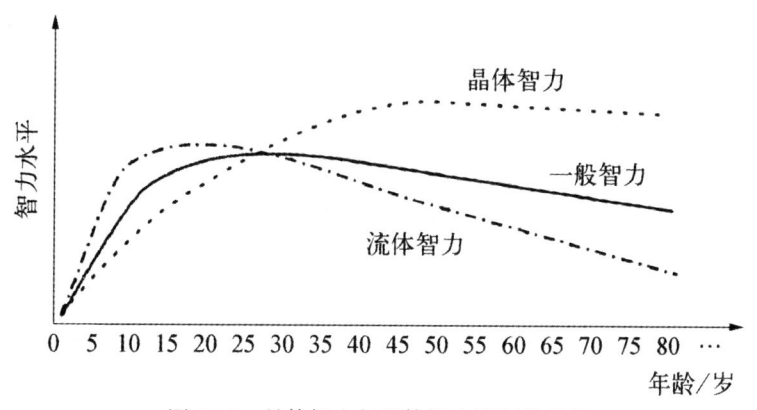

图 16-2　晶体智力与流体智力随年龄变化

晶体智力指概括能力、语言能力、解决问题能力和人生智慧。晶体智力会随着年龄增长不断增加。相应的研究也发现：人的认知能力，在不同年龄阶段发展不同。

快到20岁时，认知处理速度达到巅峰，就是反应特别快；

20多岁时，学习和记忆名称的能力达到巅峰；

25到35岁时，短时记忆能力最突出；

45到55岁时，社会理解能力最强，擅长和人交流沟通；

65 岁以上，对语言类知识的把握达到高峰。

所以，只要学习，都不迟到。什么时候开始学习都不迟。当然，你也要根据关键期的变化，选择合适的学习任务。比如，学习语言最好尽早；而学习写作、演讲等，年龄大，反而是一种优势。

终身学习很重要。这不仅是个人的事情，也是经济增长、社会进步和国家治理的应有之义。国家和社会的支持为终身学习提供了实现的可能性。那么，都有哪些外部支持条件？

PEST 模型：终身学习的外部环境

终身学习的外部环境可以用 PEST 模型来分析。PEST 是一个宏观环境分析工具，P 是政治（Politics），E 是经济（Economy），S 是社会（Society），T 是技术（Technology）。通常用这四个因素分析一个企业、一个组织或者一个项目所处的外部环境。该模型也叫 PESTEL 模型，增加了环境（Environmental）和法律（Legal），考虑到环境可以纳入社会因素，法律在政治因素中包含。本书用 PEST 模型分析终身学习的外部环境、拉动和支持力量：

政治 Politics	经济 Economy
• 政策支持、终身学习立法 • 相关措施支持	• 经济增长方式转变的需要 • 财富和收入增加提供学习条件
社会 Society	技术 Technology
• 人口质量弥补数量不足 • 人均寿命增加需要学习	• 技术发展需要更新技能 • 技术进步提供学习便利

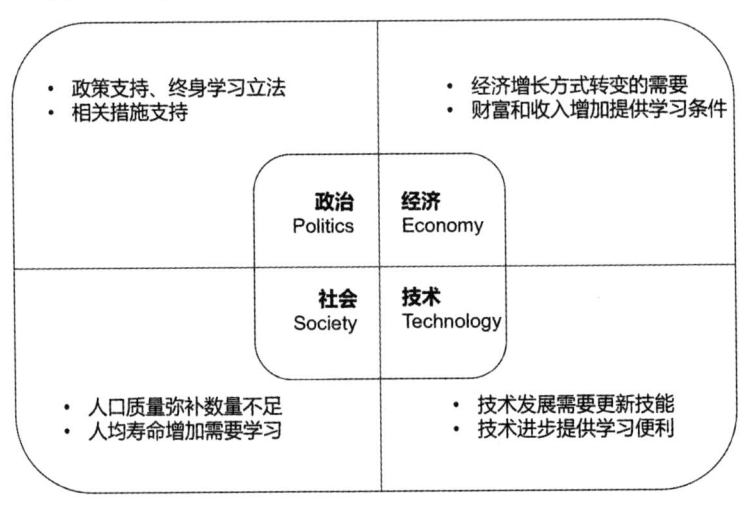

图 16-3 终身学习外部环境——PEST 模型

◎ **政治：政府重视和助力人们学习**

近些年，很多国家和地区把终身学习上升到国家战略地位，并且出台相关政策、措施大力支持全民的终身学习。美国是较早对终身学习立法的国家，早在1976年就颁布了《终身学习法案》，还在联邦教育局内专设了终身教育局。日本1982年设立了终身学习局，1990年出台了《终身学习振兴法》。韩国1999年颁布《终身教育法》。欧盟2000年发布《终身学习备忘录》。

中国在1995年颁布的《中华人民共和国教育法》首次提出"建立和完善终身教育体系"；1999年国务院提出"到2010年，基本建立起终身学习体系"，这是官方文件第一次使用"终身学习体系"的概念；2019年颁布的《中国教育现代化2035》，将"建成服务全民终身学习的现代教育体系"置于2035年八大教育主要发展目标的首位；2022年，党的二十大报告提出，推进教育数字化，建设全民终身学习的学习型社会、学习型大国。

此外，我国也出台相应措施，支持终身学习。比如，从2017年开始，公共文化场馆免费开放，之前你要购票，现在出具身份证就可以进入。有数据显示，中央财政每年投入资金20多亿元，用来支持基层公共文化场馆免费开放。

◎ **经济：知识经济时代需要人们学习**

经济发展主要在三个方面对终身学习产生积极影响。一方面，经济发展方式的改变需要人们不断学习，提高素质，掌握新技能。近现代以来，工业化如火如荼。第一次工业革命是机械化，标志是蒸汽机技术及机械化制造业；第二次工业革命是电气化，特征是电力技术及电气化制造业；第三次工业革命是信息化，特点是信息技术及信息化制造业；目前正在进行的第四次工业革命是智能化，代表是智能信息技术，以大数据、人工智能为主的新经济形态。

每一次工业革命在提供新岗位的同时，也淘汰了很多不合时宜的职业。尤其，第三和第四次工业革命表明全球进入知识经济时代，更需要大量掌握新知识、新技能、富有创新精神和能力的人。而终身学习，是成为合格知识劳动者的主要手段。

另一方面，经济发展，居民收入增加，人们生活水平提高，让人们有追求优质生活的需求，也有进行进一步学习的经济基础和条件。

再一方面，生产效率的提高让人们的闲暇时间增多，有时间进行终身学习。

◎**社会：人口变化需要人们学习**

终身学习的社会环境因素主要是人口变化。人口变化影响终身学习主要有两点。一是人口出生率降低。欧美一些发达国家在20世纪80年代，人口出生率降低，让正规教育机构中适龄学生剧减，学校教育萎缩，同时，致使人口逐步老化，青壮年劳动力减少。而终身学习是补充合适的劳动者的一个手段。

一般认为，人口红利是我国近些年经济快速发展的一个促进因素。而人口红利由人口数量和质量构成。不过，我国在2022年首次出现人口负增长。提高人口质量，抵消人口数量减少，也是终身学习的一个促进因素。

二是人均寿命增长，目前，全球都在步入或者迎来老年化社会。数据显示，现在每10年人均增长寿命1年，我国现在人均寿命是77.93岁，到2035年，平均预期寿命将增长到81.3岁。数据还显示，老年人是当前全球增长最快的群体，2018年，65岁以上人口数量首次超过了5岁以下儿童，预计到2050年，全球80岁老人的数量将是现在的3倍。

活着的时间增加，让你可以享受更多的时光。但是，这有一个前提，就是你的知识、技能、认知等也要相应更新、增加和提升，这样你的职业生涯才可以得到发展和延展，甚至在退休后还可以工作，获取薪水。不然，就会出现赵本山在小品中说的情况：人生最最痛苦的事情就是，人活着，钱没了！

◎**技术：信息技术发展促进学习**

技术进步对终身学习的要求和促进有三点。首先，技术的发展和快速革新，使得新技能、新技术层出不穷。随时出现的新岗位需要人们学习，以适应技术发展的步伐。第一次工业革命以来，很多岗位都被淘汰，进入信息和人工智能时代，数字化技能更是一个人生存的前提条件。

其次，网络技术发展，尤其是移动互联网技术的发展，为学习提供了技术支撑。慕课、可汗学院等都是全球范围内有影响的在线学习平台。此外，还有诸多商业机构借助互联网，尤其移动互联网技术提供知识服务，比如，网易公开课、喜马拉雅、得到、帆书读书会等都给学习者提供了以前难以想象的便利和诸多选择机会。

2022年5月，我国教育部直属的国家开放大学终身教育平台上线，向社会免费开放。平台汇聚国家开放大学自建学习资源、338所知名高校课程、10个头部平台的特色课程等，共计50万门课程，内容从生活方式到个人兴趣，从职场技能到老年知识，覆盖从幼儿到老年的各个时期、生活的方方面面。

最后，以ChatGPT为代表的人工智能、元宇宙、大数据、云计算、AR、VR等技术，也给学习带来了技术革新，丰富了学习形式，让人们可以采用线上、线下方式进行混合式学习、沉浸式学习，提高了学习效率和效果。

总之，宏观环境对促进终身学习有利，这是外因。不过，外因是条件，内因是根据。而从内因看，人们无论在认识还是实践中仍然存在一些偏差。

5W1H模型：理想状态的终身学习

人们对终身学习认知和实践的偏差体现在多个方面。可以借用企业经营管理中的一个分析工具——5W1H来分析。5W1H分析法也叫六何分析法，从目的（Why）、人员（Who）、内容（What）、时间（When）、地点（Where）、方法（How）六个方面提出问题。该分析法在企业经营管理、个人工作、生活中广泛应用，当然，也包括学习。

◎谁在学？

可能你会疑惑，这个问题存在吗？终身学习当然是个人的事情，不就是自己学吗？不过，事实上，有些人并不清楚这个问题的存在和重要性。这涉及学习主体地位的确立、学习责任人的认定,以及如何做个合格的学习者等方面。

赫钦斯在《学习型社会》中提出要建设学习社会;彼得·圣吉在《第五项修炼》中提出要建立学习型组织;欧盟、联合国教科文组织等国际组织陆续提倡终身学习;许多国家也出台相关政策和举措,鼓励和促进人们进行终身学习。诚然,这些举措在事实上推动了人们进行终身学习。但是,学习最终还是要落在个人身上,外界的呼吁和支持再多,如果个人没有意识到学习的重要性,不清楚学习的真正责任人是自己,并且也没有成为一个合格的终身学习者,可想而知,学习的效率和效果会如何。

早在1998年,欧盟委员会就提出,"公民不能被教导,因为公民有认知的、情感的和实践的维度——但人是可以学习的。所以,要将积极公民身份作为终身学习的目标"。

◎为何学?

这个问题涉及学习的目的和价值取向。对此,一直有两种对立的观点。一是欧盟提倡的学习的工具价值,从实用主义,从提高生产力、促进经济发展的角度强调终身学习的价值和作用。二是学习的人文价值,以联合国教科文组织为代表,认为学习是发展人、塑造人、完善人的主要手段。

现在,我们一般认为,终身学习的目的是应对变化做出改变,以适应外部世界。具体些,就是为了和时代同步,不断提升技能,更新知识,培养核心素养和科学的思维方式。

是为生存、职业成长而学,还是为自我成长、自我完善、自我实现而学?二者一定是矛盾和对立的吗?有没有一个平衡点?这些问题,是每一个终身学习者都要明确的。

◎学什么?

这个问题涉及学习内容。完整的学习是知识、技能和态度的同步提升。而人们往往更重视学习知识和提升技能,虽然这是必要的,也在事实上促进了经济的发展和社会进步,但是,对态度方面的忽视已经严重影响学习的效果和效率。

态度涉及价值观、情感、情绪、动机、思维、意志、人格特质等方面，在个人成长中，这比知识和技能更重要。并且，态度欠缺已经成为终身学习的主要障碍。

国外学者赫雷格和阿斯顿将终身学习障碍分为三种：一是态度障碍，如对学习持消极态度、缺乏自信或动力；二是物质障碍，如学习投入成本、时间、缺乏信息等；三是结构性障碍，如缺乏适当的教育培训机会、受教育福利制度约束等。对此，另一学者拉奥尔认为态度障碍反映的是心理问题，物质障碍是经济与政治问题，结构性障碍可以通过远程教育、网络学习、移动学习等信息技术来克服。

显然，态度障碍、心理问题对终身学习的消极影响更大。但是，现实中，有多少人意识到这一点？

◎ 如何学？

这和学习方式、类型、策略有关。其一，学习方式方面。一些人没有自主学习的意识和能力，仍然以接受学习、他主学习为主。尤其，终身学习更多发生在校园外，没有在校园内学习按部就班的步骤、外在约束条件等，更需要学习者发挥主观能动性，自我调节和主导整个学习过程。

其二，学习类型方面。多数人处在无意识学习状态，比如，在职场和社会中的观察学习、模仿学习等。而相关研究表明，有意识学习，比如通过推理学习是扩充一个人知识量的主要方式。此外，即便是无意识学习，如果学习者意识到了，并且加以监控和调节，学习效果和效率也会提升。

其三，学习策略方面。一些人不知道如何学习，不知道什么是富有成效的学习策略和方法，不知道学习科学的基本原理，不知道脑的学习机制，不知道基本的认知规律，不一而足。这样的学习，即便是努力了，学习成效也大打折扣。

◎ 何时学？

这个问题主要表现为扭曲的学习时间曲线，扭曲表现为两点：一是大多数人仍然按照三段式人生模式——学校、工作、退休度过一生。三段式人生直接影响他们的学习行为。他们把这三个阶段当作一个个孤立、分散的阶段，不关注、不重视各个阶段之间的相关性、因果关系和内在联系等。

二是学习时间曲线不均衡。部分时间学得太多，大部分时间学得太少。在义务教育阶段，在K-12阶段，尤其在为高考准备的三年高中时期，学习得太多、太密集，而参加工作后，又学习得太少。很多人工作后没有积极、主动地进行传统意义上的学习，比如培训、听课、深度阅读等，仅仅进行职场上、社会上的观察、模仿学习以及做中学。

扭曲的一生学习曲线支撑不了终身学习的"终身"两个字。

◎何地学？

这和学习空间，也就是学习场所息息相关。学习空间有学校、家庭、职场、社会，以及伴随网络技术发展而来的数字空间。此方面问题比较多：一方面，各个学习空间彼此孤立、分割，没有形成协同效应，也不利于产生富有成效的学习，更不利于举一反三，学习迁移。

另一方面，各个空间本身都不同程度地存在一些问题。比如，学校大多在单调的学习空间进行知识传授，没有具体情境，不和现实世界互动，导致学生难以获得丰富的认知体验和情感体验，从而影响学习效果，并且不利于知识的灵活应用。家庭中父母的言传身教也被大多数人忽视，父母一下班就是刷手机、玩游戏和追剧，如何引导孩子养成终身学习的习惯？数字空间在带来便利的同时，其娱乐化、社交化、低俗化也带来负面影响。

以上这些是终身学习认识和实践方面的偏差。那么，理想状态的终身学习应该是什么？

◎5W1H 模型

理想状态的终身学习，围绕5W1H，如下回答。

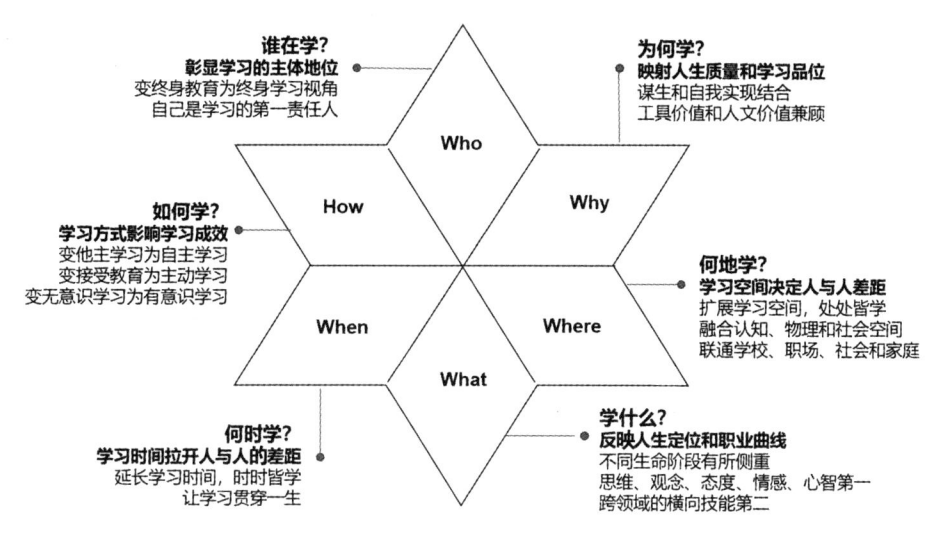

```
          谁在学?                            为何学?
      彰显学习的主体地位                  映射人生质量和学习品位
   变终身教育为终身学习视角                谋生和自我实现结合
     自己是学习的第一责任人                 工具价值和人文价值兼顾
                        Who
     如何学?
  学习方式影响学习成效      How    Why
    变他主学习为自主学习
    变接受教育为主动学习                           何地学?
    变无意识学习为有意识学习                   学习空间决定人与人差距
                                         扩展学习空间,处处皆学
                    When     Where      融合认知、物理和社会空间
                                         联通学校、职场、社会和家庭
                        What
          何时学?                            学什么?
     学习时间拉开人与人的差距              反映人生定位和职业曲线
       延长学习时间,时时皆学              不同生命阶段有所侧重
        让学习贯穿一生                    思维、观念、态度、情感、心智第一
                                        跨领域的横向技能第二
```

图 16-4 理想状态的终身学习——5W1H 模型

要做一个真正的、合格的、富有成效的终身学习者,你要认真思考这六个问题:

——谁在学?要明确个人永远是学习的第一责任人,你不能等着被教育、被培训,你要随时、积极、主动地学习。终身学习,不仅是政府、社会、企业的事情,更是作为学习者的个人的责任。此外,合格的终身学习者符合几个条件:学习动机和意愿强烈,一定的知识和能力基础,自我主导学习过程。一言以蔽之,需要你是一个自主学习者。

——为何学?谋生和成长,这两种学习目的并不矛盾。你不是活在真空中,你要养家糊口,要赡养老人,要培养孩子,这都需要你有稳定的收入。而坚持终身学习,你的职业技能、工作能力提高,当然会容易获得体面的工作和较高的薪水。这是学习的工具价值。

此外,你按照你的个性、兴趣和需求进行学习,同样也体现了你的意志,你的潜能得到发挥,个人获得了全面发展。同时,你的认知能力得到提高,人格得以健全。这也体现了学习的人文价值。

——如何学?自主学习是首选学习方式。你要应用多种学习类型,以有意识学习为主,以符合认知规律、生理机制的方法进行学习。

——学什么?相比知识和技能,态度、思维方面的学习更重要。此外,

技能的学习要结合一生中的不同阶段，在各个阶段有所侧重。

——何时学？要时时皆学。学习不能密集分布在人生前一段的学校生涯，要纵贯一生，要覆盖人生各个阶段。将传统的读书、工作、退休三阶段变为读书、工作、再学习、工作、退休、学习等多个阶段。学习在各个阶段以不同形式进行。

——何地学？要处处皆学。要将各个学习场所，学校、家庭、职场、社会和数字空间融合，打通各个场景。学习空间要覆盖正规学习、非正规学习、正式学习、非正式学习。

总之，理想状态的终身学习的关键是自主学习，并且是纵贯一生的自主学习。那么，纵贯一生的学习是什么？它和终身学习又是什么关系？

为什么是纵贯一生的学习？

终身学习的含义和意义早已深入人心。不过，按照代表当前国际学习科学最新研究成果的一书——《人是如何学习的Ⅱ：学习者、境脉与文化》的倡导，要进行"纵贯一生的学习"。

为什么该书不提人们早已熟知的终身学习，而强调是"纵贯一生的学习"？主要原因是，传统意义上的终身学习更强调学习要在人的一生中进行，突出的是学习要覆盖生命从开始到结束的纵向维度；不过，合理的终身学习还有一个横向维度，就是要横跨学习的各个场景，并且各个场景要密切联系和有效互动。所以，书中强调"校外学习发生在每个人身上，且纵贯一生""在人的一生中，学习无时不在，无处不在"。

不难看出，"纵贯一生的学习"突出的是终身学习的两个重要变量——学习时间和学习空间。

学习时间方面，从生理上看，一个人大致分少年、青年、成年和老年时期，终身学习纵贯一个人从出生到死亡的整个过程。此外，还有一个社会身份维度的时间，也分四个时期：义务教育期（6～15岁）、过渡期（16～25

岁)、就业期(26~60岁)和退休期(60岁以上)。

那么,学习空间是什么?这和学习场景有关。

美国专门研究科技对学习影响的戴维·索恩伯格在《学习场景的革命》中用原始人生活的四个典型场景——篝火、水源、洞穴和生活——类比人类学习的四个空间:篝火相当于教室,指的是听专家或老师讲课;水源类似社交场所,指同伴之间的学习;洞穴中是独处的地方,比喻个人的反思、思考;生活就是实践,在行动中学习。

现代社会,人们学习的场景主要有五类:学校、家庭、职场、社会和数字空间。人的学习都是在一个或者多个空间中进行。空间类型和使用情况决定和影响学习方式、学习资源和学习效率。

有效的终身学习需要在学习时间、学习空间这两个维度交互和融合,不能让各个部分成为孤岛。

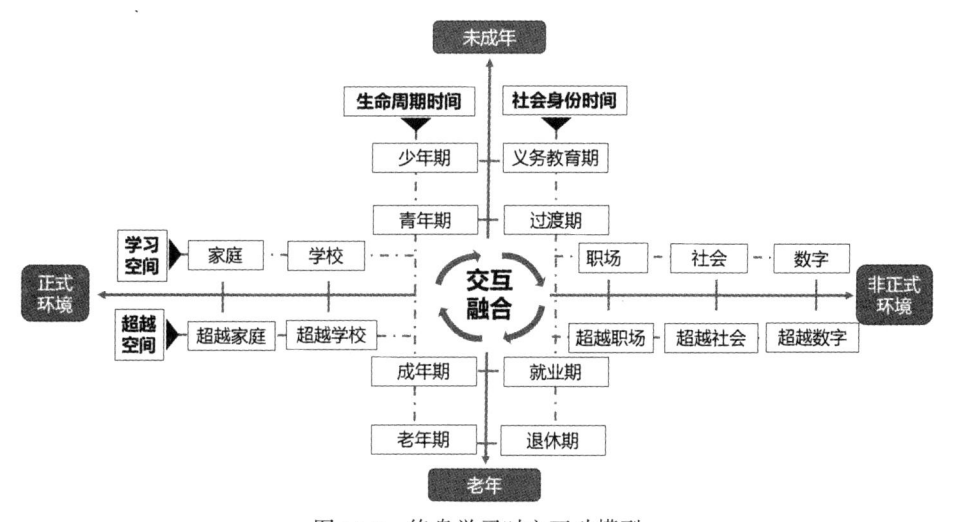

图 16-5　终身学习时空互动模型

具体而言,时间维度方面有几个要求。其一,学习要纵贯一生。其二,要融合生命周期时间和社会身份时间,不能割裂。其三,不同时间,学习的主题、任务要有所侧重,并且还要和学习空间对应、互动和融合。比如,义务教育期对应的是学校空间,就业期对应的是职场空间。学校和职场是学习空间。

学习空间是学习的不同场所，是学习所处的外在环境。那么，超越空间如何理解？这里的超越意指学习不能局限在特定空间中，要将其和其他学习场所、空间有机联系、融合。这更有利于知识的积累、应用和迁移。

总之，学习需要纵贯人的一生。富有成效的终身学习是纵贯一生的学习，时时皆学，处处皆学。

学校学习决定你一生历程的起点和路径，纵贯一生的学习决定你生命的终点和高度。

法则十七　扩展空间，让学习无处不在

> 与一所大学相比，我的住所要更为有利，不仅有利于思考，而且有利于严肃地阅读。
>
> ——梭罗《瓦尔登湖》

学习空间是终身学习的一个重要维度，主要有家庭、学校、职场、社会和数字空间。如何优化学习空间？如何融合和扩充各个学习空间？如何真正做到处处皆学？这些问题是每一个终身学习者都需要面对和解决的。

学习空间是什么？

你还记得上一次在学校图书馆抢位置的情形吗？学校图书馆一直是自习、阅读和做作业的好地方。每到期末考、考研、英语四六级考试期间，更是一位难求，在外面排队等座是常态。有媒体报道："为抢座，复习大军挤碎图书馆大门玻璃。"还有一则视频在网络流传："女生图书馆抢座，预约该座位的男生带着管理员来找她理论……"

2020年突发新冠疫情，停课不停学，学生需要居家上网课。部分偏远地区没有网络信号，于是出现多个类似报道："家里没网，藏族大学生在海拔4500米山顶室外上网课，最冷零下8摄氏度。""四川广元市旺苍县金银村的高一学生小杨，走了2公里的山路，坐在崖壁蹭网上课。""家在山脚没信号，9岁男孩山坡搭棚上网课，冷了跳绳取暖。"……

此外，近几年，线上自习室日趋火爆，在满足人们多样化学习需求的同时，也带来一些问题。新浪网报道：线上自习软件变社交软件，有的初中生线上找"伴侣"。中国青年网指出：变身"游戏厅""聊天室"？线上自习室不能把学习当噱头。针对社交化、广告和低俗内容，中国教育新闻网批评：线上自习室岂能乌烟瘴气。

当然，也有一些积极事件和好的趋势。比如，新华社报道：5G新阅读体验中心将落户国家图书馆。新华网报道：知识类短视频正搭建起网络学习新空间。网易报道某个企业提供服务：你的学习有着落了！40多个线下自习室免费开放。

这些事件都指向一个共同话题——学习空间。

◎ **学习空间就是教室吗？**

学习空间是一个多义词。比如这句话——我们要给孩子提供一个好的学习空间。此处的空间有两个意思，一是指学习的场所、地方；二是自由发挥的余地。本章说的空间是学习场所和地方。

空间通常指四方上下，表现为长度、宽度、高度和体积。学习空间就是学习场所，就是学习者组织和实施学习的地方。我们最熟悉的学习场所莫过于陪伴我们青少年大部分时光的教室。标准的教室由位于前方的讲台、行列式（秧田式）桌椅布局组成。除去教室，学习空间还有其他场所，主要有以下五类：

一、学校：教室、图书馆、实验室、运动场等，乃至整个校园。

二、家庭：书房、客厅、卧室等，乃至整个家。

三、职场：工位、办公室、会议室、会客室、茶水间、整个公司，以及工作发生的任意场所。

四、社会：社区、公共图书馆、博物馆、艺术馆、美术馆、文化站、街边的阅报栏、付费自习室等。星巴克咖啡有时候也是，其还提出一个是生活、工作之外的第三空间概念。麦当劳、肯德基有时也是，中小学生在里面做课后作业。

五、数字空间：也称虚拟空间、网络空间、智慧空间、智能空间等，随着互联网技术发展火热起来,如线上自习室、云端自修室、ChatGPT、AI、VR、元宇宙等。

只要学习存在,学习空间就存在。学习伴随社会发展而变,同样,学习空间也在不断演变。

◎**学习空间的演变和进化**

学习空间如何伴随人类社会的发展而发展呢?国内学者李爽、鲍婷婷等指出人类历史的学习空间有五个发展阶段:

一、原始社会学习空间,主要是田野,表现为狩猎、采集、制造工具等。

二、古代社会学习空间,以私塾、书院为代表。

三、现代社会学习空间,学校是典型场所,集体班级授课是主要学习形式。

四、互联网时代学习空间,虚拟学习空间,比如慕课、在线学习社区等。

五、智能时代学习空间,以数据驱动,感知学习场景、识别学习者特征,提供个性化学习服务。

自20世纪90年代以来,学习空间成为全球教育界的一个热点话题。你可能奇怪,不就是教室吗,不就是学习场所吗,这有什么好关注的?

人们日益重视学习空间有几个原因。其一,与人们对学习的认识改变和加深有关。主要有两个学习理论让人们重新审视和重视学习空间的作用。一是建构主义学习理论强调学习是学习者主动建构、生成新内容的过程,不是被动地被传授知识。二是情境学习理论认为学习发生在具体的情境中,是学习者和环境互动的结果。

其二,与学习方式转变有关。当前,全球教育界都强调将传统的他主学习、接受学习、孤立学习转变为自主学习、发现学习、合作学习。传统学习空间,比如教室的设置以教师为中心,老师在讲台上授课,学生在台下座位上听课,这更符合传统的学习方式。而新型学习方式需要以学习者为中心。学习方式的转变需要改进学习空间。

其三,和学习关系重塑有关。空间和关系息息相关。比如,现在国际上圆桌会议已成为平等交流、协商对话的代名词。学习方式是学习关系的总和。

学习方式的转变需要重塑学习关系，进而需要改进学习空间。要将传统的突出教师权威的教学关系，改变为教师和学生之间，学生和学生之间注重探讨、民主平等、合作的学习关系。关系的重塑需要改进学习空间，比如老师一直站在讲台上不利于营造民主、平等的学习关系。

其四，与非正规学习、非正式学习越来越重要有关。正规学习、正式学习的典型代表是教室的集中授课，学生听讲。但是，正规学习、正式学习范围有限，时间有限，不能让学习者跟上现代社会发展的步伐。而发生在任意场所、任何时间的非正规学习、非正式学习越来越重要。学习范围的扩充需要改进学习空间。

其五，与技术进步有关。近些年来，计算机、通信、互联网，尤其移动互联网技术在教育领域得到广泛应用，出现在线学习、直播、慕课、移动学习、增强现实、虚拟现实等新形式。新技术的应用让学习空间一改之前的单调、枯燥、缺少互动的弊端，变得形象、直观、多感官接触，产生沉浸式学习。

总之，是学习理论的改变、学习方式的转变、技术进步等让全球教育界重新审视和关注学习场所。学习空间的进化实质上在关系层面、技术层面、范围层面将传统教学场所改变为更容易促进学习的高品质学习空间。其进化路径如下：

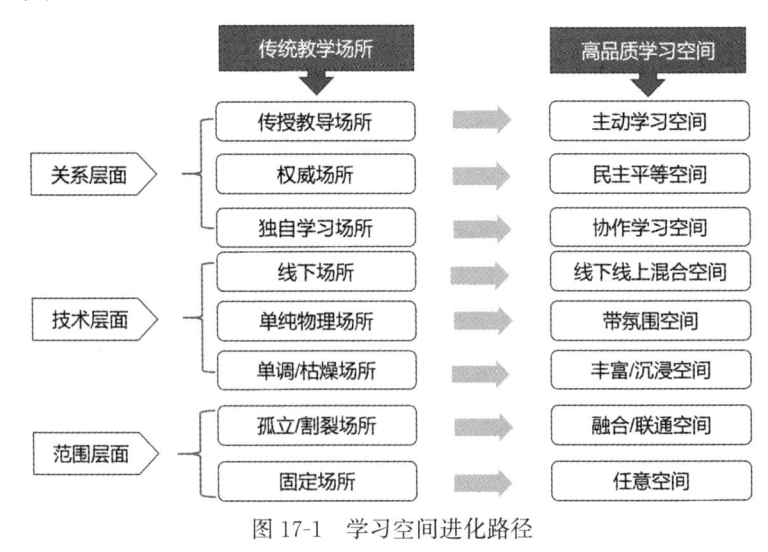

层面	传统教学场所	高品质学习空间
关系层面	传授教导场所	主动学习空间
	权威场所	民主平等空间
	独自学习场所	协作学习空间
技术层面	线下场所	线下线上混合空间
	单纯物理场所	带氛围空间
	单调/枯燥场所	丰富/沉浸空间
范围层面	孤立/割裂场所	融合/联通空间
	固定场所	任意空间

图 17-1　学习空间进化路径

学习空间需要进化，是因为学习空间对学习起到促进或阻碍作用。那么，学习空间是如何影响终身学习的？

为什么学习空间很重要？

人们早就意识到人和所处空间的互动关系。丘吉尔说："我们塑造了建筑物，此后建筑物又塑造了我们。"按照当代法国著名思想家布迪厄的观点，空间就是场域，场域是在其中有内含力量、有生气的、有潜力的存在，个人的所有行为都会被所在场域影响。

空间对个人行为的影响，也包括学习。南京师范大学沈书生教授在《学习空间：学习发生的中介物》中指出学习空间有六个重要作用：

一、是支持学习发生的重要外部支持条件；

二、是组织与实施学习活动与行为的基本场所；

三、是帮助学习者触摸外部世界的重要载体；

四、是学习者与他人进行交往与表达的实践场；

五、是学习者完成任务与项目的重要支撑平台；

六、是帮助学习者聚焦认知对象并形成系统认知的学习中介物。

在终身学习方面，学习空间和学习者的资源利用、学习方式、学习范围密切相关。

◎学习空间和学习资源密切相关

学习发生在一定的场所、环境和气氛中。此时，空间作为一种资源直接影响到你是否可以学习、是否可以专注学习，以及学习成效如何。主要有三点：

首先，空间作为学习的场所支持学习。无论在学校、家庭、工作场所，还是在虚拟的数字空间，你总要依托一个场所进行学习。

其次，空间以带有的设施、技术和网络信号等条件支持学习。技术进步是学习空间发展的一个原因和推动力。拿教室举例，传统的教室中，黑板、粉笔、教鞭、桌椅和书本这些基本配备是学习资源。网络而随着技术进步而来的数字空间，比如在线课程离不开互联网技术、设备、信号等资源。本章开头部分提到疫情期间个别人因为网络信号而大费周折，就形象地说明学习空间是一种学习资源。

最后，空间自带的氛围对学习起促进或者阻碍作用。小到学校、家庭、工作场所中的沟通环境、方式，要么促进要么阻碍学习；大到社会风气、宏观环境对学习起到积极或者消极作用。现代社会倡导终身学习，经济发展、社会稳定，这些氛围对终身学习有利。反之，贫穷、愚昧、战乱等对学习起到的是阻碍作用。比如，"华北之大，已经安放不得一张平静的书桌了"，这一句在1935年"一二·九"抗日救亡运动期间的著名口号，其实说的就是学习空间的宏观影响。

◎学习空间和学习方式密切相关

学习空间这一说法兴起于20世纪90年代。在这之前，人们通常用教学场所来指代学习空间。传统的教学场所强调的是知识传授，教师是主角，突出的是教师的教；而学习空间重视学习者的探究和发现，学习者是主角，突出的是学习者的学。传统教学场所体现的是接受式学习、他主学习；新型学习空间强调的是发现学习、自主学习。学习空间概念提出本身就代表学习方式的转变。

这种转变在相关研究者提出的关于学习空间的名称上就有体现。他们要么以学习空间项目改造的名称、技术，要么以学习方式转变、代际关系方面来命名学习空间。主要有：技术支持的主动学习、主动学习空间、主动学习教室、协作学习空间、以学生为中心的学习空间、未来课堂、下一代学习空间等等。

可以看出，虽然名称各异，不过，研究者大多把落脚点放在学习者身上，强调以学习者为中心，要主动学习。这和目前全球教育界一直倡导的学习方式转变、重视自主学习的理念和相关措施有关。当然，学习方式的转变不仅仅是校园内的学习的需要，校园外的学习更是如此。比如，职场是终身学习的一个重要场所，学习成果直接和职位、收入有关。但是，职场学习没有在校学习的比如考试、升级等外在的硬约束要求，更需要学习者自主学习。

◎学习空间和学习范围密切相关

传统的学习场所，要么将学习局限在教室，要么局限在某个具体场所中。事实上，学习可以发生在任何场所，尤其互联网技术的发展更是让学习无处不在。这个话题涉及学习范围。

和学习范围有关的说法有正规学习、非正规学习、正式学习和非正式学习。正规学习通常指在正规教育体系内的学习，如小学、初中、大学、职业学校内的学习；非正规学习，通常指正规教育体系外的教育、培训中的学习。

正式学习是指发生在校园内外的正式学习行为，比如听课、参加培训等。非正式学习发生在任意场所、任何事件，在学校、家庭、职场都有，比如你在阅读、听音频、看视频，甚至你和同事或者领导出差，观察、模仿他们谈业务的一言一行。

不同类型的学习，在各个学习空间中有所侧重，比如学校主要是正规学习、正式学习的场所，但是，学校内既有听课这样的正式学习，也有在图书馆自修、运动场练习、和同学交流等这样的非正式学习。不同类型的学习和空间对应关系如下：

空间类型 学习类型	学校	家庭	职场	社会	数字空间
正规学习	√				
非正规学习			√	√	√
正式学习	√		√	√	√
非正式学习	√	√	√	√	√

图 17-2　学习空间对应学习类型

非正式学习、非正规学习与你的工作和生活的联系往往比正规学习、正式学习更直接、更密切、更长久，所以，对你的成长、职业生涯的贡献更大，而这需要人们关注和扩充学习空间的覆盖范围。

学习空间的重要性日益为人们所知。不过，人们对学习空间的认识和应用方面仍然存在一些偏差，影响了终身学习的效率和效果。

割裂和冲突：认识和实践偏差

◎**割裂和离散：纵向看各学习空间**

从纵向，就是从学习者一生发展的各个阶段看，学习空间存在割裂和离散的现象。主要表现为两点：一方面，各个空间是割裂的、孤立的，不是有机联系、交互融合，成为一个整体。多数人按照学校—工作—退休三段式模式度过一生。他们将这三个阶段视为一个个各自独立、离散的阶段，没有发现三个阶段的经历或状态之间的因果、相关性和互补性关系。其典型表现是：在人生的前期，学习密度大，并且以校内的正规学习为主，投入巨大的时间和精力。为取得一个好的学历和文凭，毕业后取得好的工作机会，他们的学习集中在人生的前三分之一的阶段。但是，在时间更为长久的人生的后三分之二期间，他们进行专门的学习时间少，忽视利用职场、社会和家庭这些学习空间，更没有回到学校重新学习的打算。这样导致两个不良后果：一是前期的密集学习扼杀了个性、兴趣、求知欲和好奇心。二是从一生的角度看，时间和精力利用率不高，浪费严重，从而导致整体上学习对个人成长、职业发展贡献不大。

另一方面，各个空间是离散的。他们没有将各个学习空间和人生不同阶段进行联系，导致二者互动不够。事实上，不同空间和生命不同时期应该是融合、贯穿的。不同时期不同空间的作用各有侧重，比如在青少年期，家庭、学校、社会空间的协同、融合显得更重要。因为此时学习者的自主性不强，对三者的有效协同的需求更高。

而离开学校后的成年期间，学校空间的作用下降，职场空间、社会空间、数字空间的作用上升。此时，需要学习者根据变化，强化在重要空间的学习，同时重视作用下降的空间。比如成年期，应该安排回到学校进行培训、听课等正规学习。没有人规定工作后不能进学校学习。职场中的做中学、观察学习、模仿学习虽然富有成效，但是，这不能替代比如听课、培训、深度阅读、思考等传统意义上的学习。

◎**脱节和冲突：横向看各学习空间**

从横向看，各个学习空间彼此脱节和孤立，没有形成一个系统，不能发挥协调作用，甚至还有冲突。主要有三个问题：第一，学校和职场需求脱节。这和学校教育价值和目标定位的模糊和游离有关。学校学习是培养完整的、发展个性和个人，还是传授知识、培养技能，为未来的职业生涯服务。这个问题一直是全球教育界面临的共同难题。并且，解决这个矛盾很难。一方面，培养完整的人，这如何定义？如何培养？如何评价？培养好后走出校园是否就可以适应社会？这些，并没有定论。另一方面，如果学校学习以知识和技能为主，主要服务学习者的未来职业生涯，而现在的外部世界变化很快、很大，可能今天在学校学会的，明天在社会上就落伍了。

第二，学校和家庭冲突。家校矛盾一直存在。近些年，经常有类似新闻报道。比如，部分家长抗议，下班后还要帮孩子做作业、批改作业。为此，2021年2月，教育部明确，不得给家长布置或变相布置作业，不得要求家长检查和批改作业。此外，新媒体的运用，又加剧了家校矛盾，比如，时常有家长退群、老师将家长踢出群之类事件发生，家校冲突的负面影响很大。学习者在不同理念和方法的冲突中进行学习，不仅影响学习效果，还影响健康成长。为此，2023年1月，教育部等13个部门联合印发《关于健全学校家庭社会协同育人机制的意见》。意见提出，学校要充分发挥主导作用，家长要切实履行家庭教育主体责任，社会要提供有效支持服务。此文件也从一个侧面说明在义务教育阶段，主要的几个学习空间融合和互动不足。

第三，物理空间和数字空间分离。教室、职场、图书馆等是物理空间。技术的发展带来一个新的学习空间——数字空间，也叫虚拟空间。数字空间借助技术优势，无处不在，无时不在，有自己的优势和特色。但是，有些人要么因循守旧，忽视数字空间的存在，仍然采用传统的设备、设施进行学习；要么过于重视技术和工具的使用，甚至沉迷于虚拟空间。

◎低效和局限：各空间存在的问题

具体到各个空间，也不同程度存在一些问题。其一，学校空间主要有三个不足。一是统一性和标准化满足方便学校和老师教学、管理的需要，忽视了学习者个性、兴趣、智力、知识水平的差异。二是教学方式和功能单一，不支持多样化的学习，比如，阅读、试验、合作学习、探究学习、任务型学习、实习等。三是学习方式以他主学习、接受学习为主，而真正有效的发现学习、自主学习、协商、合作学习不足。

其二，家庭空间存在的问题主要是没有发挥应有作用。家庭对学习者影响很大并且持久，主要原因是家庭是一生中陪伴一个人时间最久，也是持续对学习者产生潜移默化影响作用最大的地方。研究表明，学习优势具有累积性特征，而在人生早期的优势、劣势会持续影响学习者的终身学习能力。此外，人力资本理论也认为，相比其他教育阶段的投资，对幼儿教育的投资能带来更大的回报。而此类投资主要责任人是家庭成员。

对一个终身学习者而言，童年和青少年期生活在原生家庭——未婚子女与父母组成的家庭，相对而言，他是被动的，不能自主选择和优化家庭学习空间。不过，学习者到了成年期、老年期新组建成的原生家庭，对学习空间主导权很大，如果没有利用好，一是对自己的帮助不大，二则影响下一代的学习。一些人小时候在家庭中接受的低效的甚至错误的教育方式，又延续到下一代。

其三，职场学习空间的问题表现为三多三少现象。一是无意识学习多，有意识学习少。职场中发生的无意识学习无时不在，比如模仿学习、观察学习等。而多数人进行有意识学习较少，比如听课、参加培训、阅读等。虽然无意识学习在对形成一个人的习惯方面作用很大，不能忽视，但是有意识学习由于有明确目标和行为可控而成效更大。二是非正式学习多，正式学习少。职场中，多数人忙于工作，以非正式学习为主，比如上述无意识学习行为，没有进行脱产的、在校的正规学习和正式学习。三是做中学多，体验学习少。很多人只顾低头走路，忽视抬头看路，只在实践中摸索，通过试错学习，不进行主动思考、反思，将工作中的体验、体会上升到更深层和更本质的理论高度，不会举一反三，从而进步有限。

其四，社会空间方面，公共设施不足是一个问题。以公共图书馆为例，图书馆是市民进行终身学习的主要社会空间，市民在此可以免费借阅、学习、听讲座、参加各类文化活动等。国际图书馆协会联合会颁布的《公共图书馆标准》规定，每5万人拥有一个图书馆。2022年末，我国有公共图书馆3303个，每43万人拥有一个图书馆。国际图联、联合国教科文组织2002年修订的《公共图书馆服务发展指南》规定，公共图书馆人均藏书量应有1.5～2.5册，而我国在2021年末人均藏书量是0.89册。

当然，不仅是公共设施不足，四处弥漫的急功近利、飞扬浮躁的风气更是一个隐患。此外，一阵风式、搞运动式的"终身学习周""全民阅读"之类的活动更多地起到释放信号之类的作用，并不能从根本上促进学习型社区、学习型社会的建设和形成。

其五，数字空间也有三个问题。一是各个在线学习平台隶属不同机构和公司，彼此独立，学习者的学习轨迹不能共用，学习者的大数据不能统一调用，导致数字空间独具的作用没有发挥出来。二是部分学习者过于注重技术，追求生动、形象、愉悦，而忽视学习需要深度思考，离不开抽象。快乐学习不一定是有效学习。三是鱼龙混杂，泥沙俱下。部分商业机构开发的线上自习室、云端自习室往往只注重利益，缺少社会责任，导致乱象丛生。部分学习者数字素养不高，缺少判断和鉴别能力，使用此类数字空间，不仅没有学好，还学坏了。

联通和融合：统率各学习空间

针对存在的问题，你需要整体考虑学习的目的、原则、内容和形式，联通和融合各个学习空间。这是应用学习空间的战略问题。具体应用是战术问题，就是有所偏差，也知道如何纠偏和改进。

◎ **紧扣目的：自我成长，职业成长**

学习空间的应用要时时紧扣学习目的——自我成长和职业成长的结合和平衡。清楚了目的，你才会在漫长的学习过程中不偏离方向。这涉及终身学习的价值取向。你要在发展自我的人文价值和提高职业能力的工具价值之间取得平衡，协同发展。

其一，自我进化为完整的人。一个完整的人是人格健全、思维质量高、核心素养强的人。这是你进行终身学习的一个重要目标。在使用任一空间学习的时候，你要清楚，这是你的初心。这样，在学校时，你就不会满足于统一性、标准化的学习，你会独立思考，结合自己的个性化需求，进行发现学习、自主学习、合作学习；在家庭中，你不浪费一丝闲暇时间，时时学习、反思；在职场和社会上，你会应用学校所学内容、家庭中反思成果、进行实践、观察、思考和验证。

其二，自我进化为合格的职场人。一个完整的人也需要生活，甚至生活能力是一个人是否完整的一个条件和标志。你需要为自己和家人争取良好的生活环境和条件，你需要一个体面的工作、不错的工资。这样，你需要让学习对你的职业发展有所贡献；需要你富有成效地利用学校、家庭、职场、社会、数字空间进行学习，发挥各个空间的不同作用；需要你根据职业变化，随时掌握新知识，发展新技能。

总之，自我成长、职业成长是终身学习的应有之义，应用学习空间时要紧扣这一目的。这好比硬币的两面，缺一不可。

◎ **坚持原则：面向未来，呼应真实世界**

空间应用要符合三个原则：首先，立足当下，面向未来。学习空间的应用不仅要面对现实，也要符合长期主义。2023年6月，在北京大学国家发展研究院2023届毕业典礼上，姚洋院长的一段发言广受欢迎：

乐观者赢得未来，悲观者赢得当下。我们普通人如果想成功，就必须同时是一个乐观主义者和一个悲观主义者——在想象未来时保持乐观，在对待眼前的工作时保持悲观。

如果说悲观者注重现在，立足当下，解决实际问题，那么乐观者就是长期主义，面向未来。做到这一点，需要你在学校和家庭教育中考虑未来职场所需、所用。工作后认真谨慎，结合实践和感受，进行不间断的学习。

其次，你需要呼应真实世界。你是在现实的生活、工作中，具体的社会文化中，具体的情境下学习的。学习需要面对真实世界的真实问题。没有脱离现实世界的学习空间，每一个学习空间都是真实世界的一部分，只是功能和使命不同而已。

很早前，姚洋院长在一篇文章中说，当前经济学研究有一个不好的取向，就是为了发表而研究，很多研究脱离现实，无视常识，导致"假事认真做，真事无人做"。姚洋院长说的情况，不只出现在经济学研究领域，也反映部分人学习时没有明确目的，不是任务型学习。这样的终身学习不值得提倡。

最后，融合并高效率使用各类空间。各个空间一致协同时，才会倍增效果。你需要用真实问题、任务、长远规划融合各个学习空间。此外，你还需要将各个学习空间和一生中不同时期融合。义务教育阶段，要充分发挥学校空间的作用，打下读写基础；在职业生涯中，发展跨领域、跨职业的横向技能；家庭、社会和数字空间更是无处不在、无时不在，你更需要将其和学校、职场空间融合。

◎聚焦内容：态度第一，人际技能第二

学习空间的应用要聚焦学习内容的选择和优先次序的安排。首先，态度是学习的优先内容。完整的学习是知识、技能、态度的同步提升。并且，态度尤为重要。态度和价值观、情感、动机、意志、人格特质、思维、认知、元认知等有关。研究发现，学习者早年形成的态度对其一生中是否进行终身学习起很大作用。研究也表明，在阻碍终身学习的障碍中，态度如信心不足、动机不够是首要因素。

态度的重要性也在职业选择金字塔中有所体现。职业选择金字塔是欧洲工商管理学院伊瓦拉教授提出的。他认为一个人的职业选择呈现出一个金字塔模型，金字塔的第一层是职业、行业、部门；第二层是能力、动机、价值观；第三层是对于人生追求和世界的基本看法。第二层的动机、价值观和整个第三层就是态度。

图 17-3　职业选择金字塔

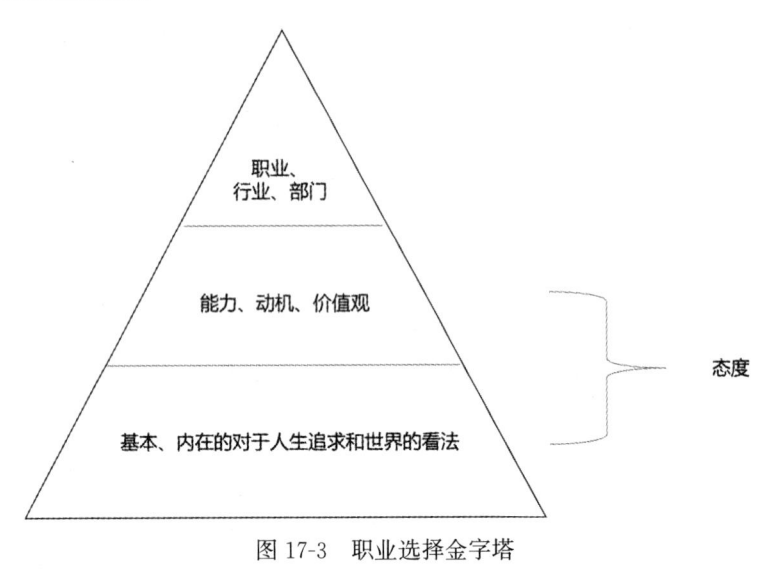

总之，态度很重要。对终身学习者而言，无论是个人成长，还是职业发展，学习空间的应用要有利于态度的形成、培养和发展。

其次，重点发展人类专属技能，发展横向技能。当前以 ChatGPT 为代表的人工智能快速发展，一些工作岗位会被淘汰。如何不被淘汰？那就找出哪些职业需要人类独有的技能。答案很简单，就是和人性密切相关的技能。人性都有哪些？

孟子说，四种人性人皆有之：恻隐之心、羞恶之心、辞让之心、是非之心。孟子说的人性，在当代又有新的呈现方式，就是人类专属技能。人类专属技能出自欧盟委员会 2020 年 11 月发布的《欧洲技能议程：促进可持续竞争力、社会公平和复原力》，主要是团结协作、问题解决、同理心、适应复杂变化的能力。

此外，学习者还要重点掌握横向技能。2021 年 6 月，经济合作与发展组织发布《2021 年度技能展望：终身学习》，提出学习者要在非正规、非正式学习中重视发展横向技能。这些属于非认知技能，和生活技能有关，例如，团队合作、问题解决、创造性思维、沟通和数字技能等。就是说，横向技能适用于各种情境和环境，与特定的职业、工作、专业、知识领域无关。

你是否发现，人类专属技能和横向技能的共同点是强调学习内容和人类本性之间的联系，就是学习要从知识密集到关系密集。

最后，学博和学精结合。学博是通才，知识面广；学精是专才，精通某个领域。对此，有个比喻，狐狸型和刺猬型人才。狐狸什么都懂些，刺猬专精一项。有调研发现，通才比专才的收入更高，适应能力更强。

不过，也有职业生涯规划理论认为人才不止通才和专才，有三种：一是I型人才。I是竖杠，代表专业，专业知识强，这是专才。二是T型人才。横杠代表知识面，竖杠代表专业。这种人才是知识面广和某个领域精通的结合。三是π型人才。有两条竖杠，在广博的学识、综合能力、专业能力外，还涉及相关或相邻学科专业知识。

有一点要注意，你最终是用特长和社会交换价值。学习的价值有时候不体现在学习的内容上，而在是否学精上。再好的领域和专业，如果学得一知半解、一鳞半爪，仍然是无效的学习。

季羡林是著名的语言学家，世界上仅有的精通梵文、吐火罗语的几位学者之一。这个语言太过古老和稀少，大多数人听都没听过，更不理解其价值所在。曾经有记者问季羡林，学那些早已作古的文字，有什么用？季先生淡然说道：世间的学问，学好了，都有用，学不好，都没用。

所以，没有有用无用的知识，只有有效无效的学习。学习空间的应用要有利于跨领域和精通某个领域的内容选择和安排。正如托马斯·赫胥黎所说："广泛涉猎，深入浅出，择一钻研。"

◎统合形式：利用技术，进行混合型学习

技术发展、社会变迁、经济成长，让学习空间更为丰富和多样化。要做到处处皆学、时时皆学，你需要根据不同场景特点找到合适的学习形式，合理搭配。为此，你要做到：第一，线下学习和线上学习结合。线下是物理空间，线上是虚拟空间，二者结合无疑扩充了学习的空间和时间。事实上，人们也多在采用，你看早晚班的地铁和公交车上，几乎人人都在看手机、看平板电脑、听音频、看视频等。相对而言，线下空间，比如教室、书房、图书馆更容易让你集中、系统地学习。

第二，职前学习和职后学习结合。学校空间多是职业前的学习，打下终身学习的基础，不过对未来的职业发展作用有限。所以，学习者工作中还需要学习，也需要学习者重回学校回炉深造，这是职业后的学习。你工作后，带着需求、问题和体会，再回学校学习，寻找答案，印证你的发现，往往学习效果更好。

第三，正规学习和非正规学习，正式学习和非正式学习结合。正规学习往往在学校内，而校外的非正规学习更多。正式学习，比如听课、做笔记和考试等，需要一定的外在条件，这限制了其范围。而非正式学习往往发生在任意场所，哪怕是学校内，比如你在体育场观摩同学打篮球。非正式学习也发生在职场中、社会上、家庭中。

非正规学习、非正式学习扩充了学习空间，也让人们意识到在我们的日常学习、生活和工作中，学习空间无处不在、无时不在。那么，你应该如何有利应用各个学习空间呢？

补强和主导：善用各学习空间

你的学习始终在某个空间中进行。各空间的应用情况影响学习成效。你需要了解各个空间的特点、优势和不足，再针对不足和劣势进行补强，进而主导各个空间，进行有效学习。

各学习空间的特点可以从自主性、灵活性、个性化、持续性、覆盖面、可察觉性几个方面看。可察觉性是你是否意识到在学习，比如在学校的学习，你容易意识到，就是可察觉性强；而你在家庭和社会空间的学习，无意识的多，可察觉性弱。各学习空间特点如下：

空间类型 特点	学校	家庭	职场	社会	数字空间
自主性	弱	中	强	强	强
灵活性	弱	中	中	强	强
个性化	弱	中	中	强	强
持续性	弱	强	强	强	强
覆盖面	弱	强	中	强	强
可察觉性	强	弱	中	弱	强

图 17-4　各学习空间特点

◎学校：密集学习时间最长，最容易被浪费

学校是你学习的主要场所。假如你读完大学，学校就陪伴了你 16 年。如果工作后，你再参加脱产培训，又会多一些在校时光。学校是一个人进行专门学习、密集学习的场所。但是，学校也是最容易被忽视、被浪费的学习场所。就是说，学校学习没有起到对终身学习的应有作用。所以，你要做到以下几点：

第一，课堂内进行自主学习、发现学习。学校学习最大的特点是统一性和标准化。虽然这为大规模培养人才作出很大贡献，却忽视了学习者的差异和个性化需求。此外，学校学习大部分时间是在教室，即课堂中进行。你在课堂的学习要以理解为主，要自己思考，发现学习材料之间的联系和本质，而不能单纯为了通过考试，记住几个知识点。

第二，注重非正式学习空间的学习。学校学习是正规学习和正式学习发生的主要场所。除此之外，学校还有一些非正式学习空间，如图书馆、实验室、体育场、数字空间等。你的个性化学习需求在学校的非正式空间更容易实现。你应该意识到并有效应用非正式学习空间的学习，比如，在体育场切磋，在实验室里做实验，在图书馆阅读、写作、思考等。

第三，重视校园外的学习。校园内的学习成效也取决于校园外的学习。有学者发现，学习者在校园内学习的内容如果和在其他地方，比如社会、家庭中获知的信息一致，有利于学习者理解和掌握所学。这也说明校园内外的学习不能脱节。为此，你不能只埋头在校园内学习，足不出校园，有条件的话，要经常去工厂、去社会、去大自然学习并实践。

◎家庭：陪伴时间最长，最容易被忽视

终身学习是一种生活方式，而家庭是生活的主要场所。家庭在学习中的作用一直为人们重视。比如，古代中国就有渔樵耕读、诗书传家的传统。现代社会，更是倡导创建学习型家庭。如何有效利用家庭学习空间？需要做到几点：

首先，要切实重视家庭空间的作用。家庭是学习者一生中最久的学习空间，人一生中至少有三分之一的时间在这里度过。这不仅是生活的空间，也是学习的空间。不过，这一点并没有被每一个学习者意识到。出现这种情况和原生家庭有关。一个人一生一般要在两个原生家庭中成长、生活和学习，在前一个原生家庭中，他的选择余地相对小些，多是被动的。不过，后期他组成的原生家庭，又对子女的学习产生影响。重视和发挥家庭学习空间的作用也可以有效缓解家校矛盾。

其次，确立家庭的生活原则和学习氛围。中国一直有个传统，重视家风的营造。家风事实上就是一种在家庭中提倡和重视的为人、处世、生活的原则。好的原则会形成一种好的氛围，潜移默化地对家庭成员产生积极影响。反之，就是不好的影响。比如，现在有一个常见现象，父母下班回来就玩手机、看剧、刷朋友圈、刷短视频，这样，不仅自己不学习，也不能促进孩子学习。北京11中李希贵校长就说，孩子不会成为你期待的样子，而是成为你的样子。

再次，应用技术，建设智慧书房。所谓智慧是指将互联网技术和设备应用在书房中。除去常规的书架、书桌、电脑外，有条件的还可以配备白板、投影仪、VI、AI等设施。具体到家庭学习空间如何设置？北京大学脑科学专家陈立翰教授在《学习力脑科学》中从人类工效学的角度，提出家庭学习空间布局和环境设置的主要原则：

一、学习物品在伸手可及的范围内；

二、确保很快进入学习状态；

三、保证舒适性；

四、采用适宜灯光；

五、控制噪声；

六、调节温度在 23 ℃左右。

最后，不要忽视卧室的作用。虽然，这不是直接学习的地方，但是对学习影响很大。良好的睡眠让你有精力学习。为此，卧室要有遮光效果好的窗帘，睡眠时也可以配一个眼罩，睡前听白噪声促使尽快入睡，等等。当然，克制和有规律的作息非常重要，比如，睡眠前 30 分钟不要看手机和平板电脑。

◎职场：价值回报最明显、最直接

应用职场空间学习的意义和作用更为重大。它是除去家庭外，陪伴一个人的时间最久的空间。此外，职场学习和职业成长、收入和职位直接相关。换句话说，职场空间的使用价值回报最直接、最明显。

在职场空间进行学习要处理好三对关系：其一，处理好有意识学习和无意识学习的关系，增加有意识学习。你要知道职场的学习空间无时不在、无处不在。只要有人，就有空间；只要做事，就有空间；只要思考，就有空间。一方面，你要察觉到你无时无刻不在进行无意识学习并且加以调控。研究表明，假如学习者意识到自己进行无意识学习，并且加以监测和调节，学习效果会更好。此外，察觉、调控无意识学习可以避免学到一些不好行为，就是避免学坏了。另一方面，尽可能进行有意识学习，比如阅读、写作、听课、参加培训，以及向同事、领导、专家请教等。

其二，处理好非正式学习和正式学习的关系，增加正式学习。虽然，非正式学习在职场比重更多，不过，为了职场学习富有成效，你还要进行正式学习。比如，参加某项技能培训班，考取某项证书、职业资格，参加职校、大学的脱产学习。一则脱产学习更容易获取知识、更新技能；二则带着职场中的感受、体验和问题进行正规学习、正式学习，学习效果会倍增。

其三，处理好做中学和体验学习的关系，增加体验学习。职场中的做中学普遍存在，试错学习也很多。这很正常，也有必要。不过，做和试错是你的感知、感受，是一个完整的学习过程的开始，你还需要对你的感受、体会进行反思，进而抽象、概括，得出更具有普遍性意义的规律、模型和理论，再应用到实践中。

◎社会：无处不在、无时不在

社会学习空间丰富多样，问题也多，比如公共图书馆设施不足，弥漫着浮躁、急功近利的风气等。这些问题你解决不了，但是，你也并非无能为力。你不能改变大环境，但是你可以优化你周边的小环境。社交是一个主要手段。

一方面，你要通过社交营造适合学习的成长环境。成长环境的重要性，早为人所知。战国时期，孟母三迁，就是为了给孟子找一个适合学习的环境。比孟子晚50多年的荀子也强调环境对个人成长的重要性。他在《劝学》中说："蓬生麻中，不扶而直；白沙在涅，与之俱黑。""故君子居必择乡，游必就士，所以防邪辟而近中正也。"蓬草长在麻地里，不用扶也能直立，白沙混进黑土里，再不能变白。所以君子要选择好的环境居住，要和有道德的人交往，才能避免受坏人坏事的影响，保持正直。

到了现代，人们更重视社交、交友的重要性。比如，爱因斯坦说："世间最美好的东西，莫过于有几个有头脑和心地都很正直的朋友。"总之，你要有积极社交的意识，多些良师益友。

另一方面，你要避免无效社交。当前有个现象，就是所谓的混圈子。常见的是参加一场场饭局，遇人就加微信号；再者参加一个个论坛、组织，这个会，那个会的；高级些的是花钱参加各类总裁班、精英班、领袖班等。诚然，主动出击，营造优质社交圈子很有必要，不过你不能本末倒置。你认识牛人容易，让牛人认识你难。你要是成为一个厉害的人了，你身边厉害的人自然就多。

孔子在《论语》中就提到"不患无位，患所以立；不患莫己知，求为可知也"。不要担忧自己的地位，而要考虑自己凭什么取得地位；不要怕没有人认识你，而要努力先让自己有所成就，再被他人了解。桃李不言，下自成蹊。

◎**数字：变化最大，发展最快**

数字化是我们这个时代的主题，学习也深受影响。你要利用好数字空间：其一，提高数字素养。数字空间的应用离不开数字素养。就是说，你要学会使用技术和软件等工具，要在互联网技术、软件的工具性、创造性、批判性方面，学习相应的知识、提高技能，尤其要始终应用批判性思维。本书第十四章专门讲数字素养，这里不展开。

其二，碎片学习体系化，体系学习碎片化。数字空间最大的一个优势，是让你可以随时随地进行碎片化学习。但是，单纯的碎片化学习不能搭建完整的知识体系，从而作用有限。所以，一方面，你需要将碎片化学习体系化，围绕一个主题进行学习，涓涓河流汇入大海；另一方面，你可以将体系化的学习碎片化，就是在明确任务和主题的情况下，用碎片时间解决一个个子问题。比如，我在本书的写作中，我在确认提纲的情况后，多个子问题都是用零碎时间构思好再写作的。

其三，立足现实世界进行虚拟学习。虚拟世界的基础是物理世界；数字空间的基础是现实生活。数字空间在提供便捷的同时也提供了无尽的诱惑，比如可以让你无止境地刷一个个搞笑、轻松的短视频，也可以让你随时看大片和追剧。但是，这不是学习，还挤占了你的学习时间和空间。

此外，数字空间丰富、轻松甚至搞笑的学习内容，也容易让你沉迷其中，这是不足取的。你利用数字空间进行学习也要围绕任务，应该立足真实世界，呼应现实世界的问题。

当然，学习空间是一个整体，你不能孤立地应用，你要充分利用和融合各个空间。学校是打基础的地方，你要吸收基本的知识，打下读写基础，树立良好的终身学习态度。家庭是生活、独处和反思的地方，你要反思和深化所学。职场是利用和实践的场所，你要印证你的所学，让学习产生回报，体现学习的实用性价值。社会是继续学习的地方，数字空间更是扩充和延展学习边界。

现在流行一个说法，生活要有仪式感。对学习也是，要创造一个适合学习的"场"。这说法没错，舒适的桌椅、适宜的温度、舒缓的音乐、触手可及的学习材料当然可以促进学习。但是，有好的空间，学习就一定发生，一定学得好吗？

此外，有形的空间始终有限，哪怕是虚拟的数字空间也要依赖设备、技术和网络信号。所以，无限的学习空间在心灵中，是进取、求知、宁静、希望和期待。在漫长的人类史中，它偶尔出现，但绵延不绝：

是诸葛亮的"非淡泊无以明志，非宁静无以致远"；

是陶渊明"采菊东篱下"的"心远地自偏"；

是刘禹锡的"斯是陋室，惟吾德馨"；

是郑板桥的"室雅何须大"；

是袁枚随园书斋的"此地有丛山峻岭茂林修竹，是能读三坟五典八索九丘"；

是如彗星般闪耀的诗人海子的"我有一所房子，面朝大海，春暖花开"；

也是位于美国马萨诸塞州康科德城两英里外的瓦尔登湖……

1845年的春天，梭罗来到瓦尔登湖边，自己动手，就地取材，花费29美元搭建一座小木屋，并居住两年两个月。就物质条件而言，显然瓦尔登湖边的小木屋不是学习的好地方，但是，这不影响梭罗思考、学习和生活。他还在此写了一本传世之作——《瓦尔登湖》。

梭罗在书中说："人生如果达到了某种境界，自然会认为无论什么地方都可以安身。"在提及阅读时，他说，"与一所大学相比，我的住所更有利于思考，更有利于认真阅读。尽管我在图书馆的服务范围之外，但我受到在全世界流通的图书的影响，比以往任何时候都多"。

所以，对一个终身学习者而言，一颗向上的心，一颗求索的心，一颗澄明的心，比什么学习空间都重要。有形的空间始终有限，无限的空间在你心中。

你的心中有瓦尔登湖吗？

法则十八　延长时间，让学习滋养生命

吾十有五而志于学，三十而立，四十而不惑，五十而知天命，六十而耳顺，七十而从心所欲，不逾矩。

——孔子《论语》

对生命而言，学习和呼吸同样重要。呼吸维持生命的存在，学习决定生命的质量。一个人一生的学习成效，乃至由此决定的生命质量和他应对各生命阶段的挑战、各生命阶段的学习主题及学习境界密切相关。

你在哪个生命阶段？

2013年5月，一个联合国世界卫生组织关于新的年龄分段标准在网络疯传：44岁以下为青年人，45岁至59岁为中年人，60岁至74岁为年轻老年人，75岁至89岁为老年人，90岁以上为长寿老人。这个划分一下把人们老去的时间至少推迟了10年。于是，许多人喜大普奔，纷纷在社交媒体上晒：我年轻了，我还没有老。多家媒体也凑热闹发评论说，感谢联合国帮我们找回青春。

之后，有媒体核实，世卫组织并没有出台这个年龄划分标准。

事实上，国内外对年龄划分并没有强制、统一标准，一般都采用三个年龄段划分人口。1956年出台的国际参考标准认为：0到14岁为少儿人口，15到64岁为劳动力人口，65岁以上为老年人口；我国在1982年发布的参考标

准是：0 到 15 岁为少儿人口，16 到 59 岁为劳动力人口，60 岁以上为老年人口。国内外标准主要差别在退休年龄，国外是 65 岁，国内是 60 岁。

对于一生中各个生命阶段如何划分，不同学科、组织和学者定义并不相同。

国际/国内参考标准	国际：少儿人口 (0~14岁)、劳动力人口 (15~64岁)、老年人口 (65岁以上)；国内：少儿人口 (0~15岁)、劳动力人口 (16~59岁)、老年人口 (60岁以上)
国际经合组织	义务教育期 (6~15岁)、准备期 (16~27岁)、就业期 (28~65岁)
生物学	婴儿 (出生~1岁)、幼儿 (1~4岁)、儿童 (5~11岁)、少年 (12~18岁)、青年 (19~35岁)、中年 (36~59岁)、老年 (60岁以上)
毕生发展心理学	胎儿期 (受精~娩出)、婴儿期 (0~2岁)、儿童早期 (3~6岁)、儿童中后期 (6~11岁)、青少年期 (10~22岁)、成年早期 (20~30多岁)、成年中期 (近40~60岁)、成年晚期 (60岁以上)
生命历程理论	婴儿成长阶段 (0~5岁)、教育阶段 (6~22岁)、就业与成家阶段 (23~60岁)、养老阶段 (60岁以上)
论语及传统	幼学 (10岁)、弱冠 (20岁)、而立 (30岁)、不惑 (40岁)、知天命 (50岁)、耳顺 (60岁)、古稀 (70岁)、耄耋 (80~90岁)、期颐 (100岁)
埃里克森生命八阶段	婴儿期 (1~3岁)、童年早期 (3~5岁)、儿童中晚期 (6~10岁)、青少年期 (10~20岁)、成年早期 (20~30多岁)、成年中期 (40~50多岁)、成年晚期 (60以上)
皮亚杰认知四阶段	感知运动阶段 (0~2岁)、前运算阶段 (2~7岁)、具体运算阶段 (7~11岁)、形式运算阶段 (11岁~成年)

图 18-1　生命阶段划分分类

虽然人们对生命阶段的划分不尽相同，不过，这并不能改变每个人都要面对的一个事实，就是你在生命的不同阶段都面临不同挑战。具体而言，智力、认知能力的变化，身体功能的成长和衰退，加之外部环境的改变，让你在一生中各个生命阶段都面对不同的挑战。

各生命阶段有哪些挑战？

◎ "三岁看小，七岁看老"正确吗？

恭喜你，在万般期待中，你来到这个世界。不过，你马上遇到人生中第一个挑战。这挑战不是幼儿园里的小朋友抢你的玩具，也不是父母带你参加一个又一个的培训班。而是有人说"三岁看小，七岁看老"，他一下子就看穿了你这一辈子的命运,你未来的人生轨迹在你小时候的一举一动中就被定型了。

"三岁看小,七岁看老"是一句俗话——就是大家都这样认为的观点。该说法还有一个来源,和弗洛伊德有关。他认为一个人的性格在 7 岁时就基本定型,所以,他的精神分析疗法专注挖掘一个人的童年阴影,进而分析成年时出现的心理问题。

不可否认,一个人童年时的经历影响他之后的人生,但是,说决定一生未免夸大了童年的作用。从脑的发育过程看,从事判断、推理功能的大脑皮层在 25 岁才发育成熟。一个脑还没有发育成熟的儿童,他的行为如何决定一生?况且,他还是处在不断成长和发展中。

说到发展,心理学有一个分支学科——毕生发展心理学——专门研究一个人从出生到死亡整个生命过程中的人的发展。毕生发展心理学认为发展是生物、文化、个人因素共同建构的,并且持续一生。德国学者保罗·巴尔特斯认为人是这样发展的:

一、发展贯穿一生;

二、发展是获得与丧失的动态平衡;

三、生物和文化的影响贯穿生命全程;

四、发展涉及个体对资源不断变化的分配;

五、发展具有可塑性;

六、发展受历史和文化的影响。

事实上,在我们身边,小时了了大未必佳的例子很多。比如北宋王安石在《伤仲永》中说,小时候的方仲永是一个天才,不过,长大后"泯然众人矣",和普通人一样了;同样,小时候表现很差,长大后出类拔萃的人也比比皆是。

有这样一个人:两岁不会说话,三岁方能行走,六岁读书,后辍学回乡,放牛割草,十八岁走后门进县棉油厂做临时工。根据这段经历,你会看出将来他会成为著名作家,并且是首位中国籍诺贝尔文学奖获得者吗?他叫莫言。

◎为什么青少年总在追寻自我?

走过了童年和少年,你到了青春期。某一天清晨,你醒来后,可能会突然问自己：我是谁？我从哪里来？我要到哪里去？一般人们把这叫经典的哲学三问。从心理学角度看，这三个问题涉及自我认同和自我确定，也叫自我同一性。

自我同一性是美国心理学家埃里克森率先提出的，在心理学界影响深远。它是指在过去、现在和未来这时空中，你体验到自我存在的不变性和连续性。现在的你仍然是过去的你，现在你是你，未来你还是你。

埃里克森认为人一生有八个阶段，每个阶段有需要解决的问题，这些问题是危机，也是转折点。自我同一性是人的第五阶段要解决的问题，是青少年发展的核心内容。在这一时期，青少年面临的问题主要是，决定自己是谁，自己都与什么有关，以及未来自己要走向哪里等。此阶段要解决的冲突或危机是同一性对混乱。如果这个矛盾没有解决，会出现同一性综合征，有研究者提出，将会有如下表现：

一、性别混乱，不能正确地进行性别认同；

二、角色混乱，不能自我认可，对周围环境也没有选择判断能力；

三、自我意识混乱，对自我和社会充满怀疑；

四、工作动机混乱，成就预期过高而不切实际；

五、时间观念混乱，过分拖拉或过分急躁；

六、权威接纳混乱，盲目犯上或盲目崇拜，比如追星；

七、理解混乱，要么极其浮躁，要么极其玄奥。

总之，青春期的迷茫伴随着的是对自我认同的追寻。

◎ **35 岁现象的真相是什么？**

在困惑和求索中，你度过了青春期，步入职场，勤奋、努力地工作着。不过，不到 10 年，可能你又遇到 35 岁现象的困扰。35 岁现象指目前存在于各行各业中人员招聘的 35 岁门槛。

据报道，2021 年，我国大型互联网企业员工平均年龄均未超过 35 岁，具体从 27 岁到 33 岁不等。有网友戏称："我在 35 岁之前是人力资源，35 岁之后就成了人力成本。"

为什么 35 岁是一个职业门槛？35 岁现象背后的真相是什么？我特意咨询

从事人力资源工作的朋友。他说企业主要从用人成本考虑，35岁时，按照你的资历获得的工资，企业可以招到两个刚毕业的大学生。除非你这时候已经做到了企业中高层，或者你的工作有不可替代的地方，刚毕业的大学生不会做。

年龄增加导致职场竞争力降低，这现象不只出现在国内，国外也有。彼得·德鲁克在《日本：成功带来的难题》中提到：30岁或35岁以上的日本雇员，尤其是那些低收入、低技能的雇员，如体力劳动者，难以正常再就业。因为在这个年龄，他们需要拿到刚入职年轻人的双倍工资。一旦失业，就会成为"问题工人"。

不难看出，35岁现象背后的真相是，长江后浪推前浪，前浪们要是没有自我进化到一定高度，就有可能被后浪们迎头赶上，甚至被淘汰。

◎中年一定有危机吗？

35岁在发展心理学看来属于成年早期（20～40岁）后段。稍后你马上步入成年中期，即中年，你又遇到一个挑战——中年危机。中年危机究竟是什么？

一般认为，中年危机是人到中年后产生的一种挫折感。这种挫折感来源于几个地方：你发现自己选择的可能性越来越小，曾经的诸多梦想预计不能实现；与此同时，你承担的家庭责任越来越大；雪上加霜的是，你的身体素质、身体机能又逐步下降。

不过，也有学者认为不能以挫折作为中年危机的评判标准。因为有的人可能一生都处在挫折中，还有人恰恰中年期的日子最好过。布鲁金斯学会高级研究员、加拿大学者乔纳森·劳赫认为应该用幸福感、生活满意度作为是否有中年危机的评判标准，并且提出一个U形幸福曲线理论。曲线显示大多数人40岁到60岁是幸福感最低的时期，体现出中年危机。

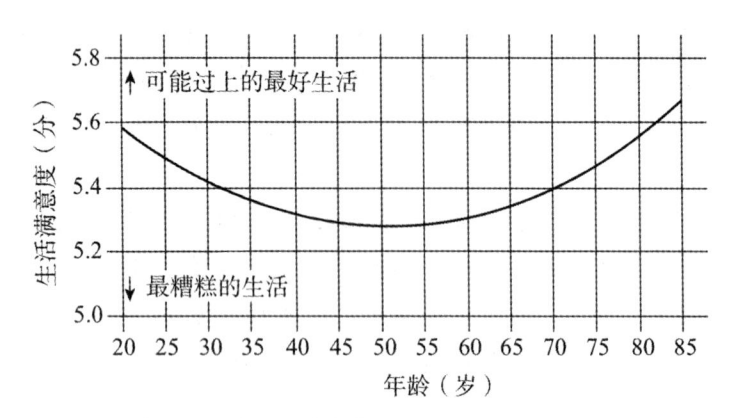

图 18-2　不同年龄的平均生活满意度（调整后的世界样本，2010—2012 年）

还有一种观点认为责任和身体的关系的变化是中年危机的根源。约翰·桑特洛克在《发展心理学：桑特洛克带你游历人的一生》中说：

对很多人而言，成年中期是一个身体素质下降而责任扩大的时期，是一个人们越来越意识到年轻与衰老的对立以及生命所剩时间越来越少的阶段，是人们力争向下一代传递某些有意义的事物的时期，是人们在事业上达到并保持满意的时期。总之，成年中期需要在身体和心理的衰老变化中，平衡工作和关系责任。

平衡责任，以及是否可以做到这种平衡，这可能是中年危机的实质吧。

◎ **成功老龄化是什么？**

幸福曲线表明全球大部分人在晚年幸福感和满意度逐步上升。但是，每个人人生最后一段旅程并不相同，就是说，人们老去的方式不一样。毕生发展心理学认为，有三种老龄化模式：

第一，正常老龄化。这是最常见的模式，也是大多数人经历的典型模式。他们的心理功能通常在中年早期达到顶峰，在 55~65 岁进入停滞阶段，进入 80 多岁时有一定程度的衰退，显著衰退发生在死亡之前。

第二，病理性老龄化。也叫衰老模式，特征是成年晚期，身体功能衰退显著高于平均水平。他们可能在老年早期有轻微的认知损伤，进而发展成阿尔茨海默病，或者患有影响日常生活的慢性疾病。

第三，成功老龄化。特征是他们的身体、认知和社会情感等方面比大多数人有更可持续的发展，并且比大多数人更晚衰退。

显然，我们都希望自己的晚年时光在成功老龄化中度过。不过，长久以来，成功老龄化一直被人们忽视。现在人们逐步意识到成功老龄化的意义和重要性，并且发现终身学习是成功老龄化的一个有效途径。当然，终身学习的意义不只在老年阶段体现，面对生命历程中的各个挑战，都有其用武之地。

各生命阶段学习主题是什么？

◎童年期：保持好奇心，养成学习习惯

确切地说，这个时期的责任更多在家庭、父母。因为这时候孩子还小，个人的选择权很少。父母和家庭的责任是提供一个良好的教养方式。戴安娜·鲍姆琳德是研究父母教养方式的专家，她提出的三种教养方式影响深远，之后有学者又增加一种。四种教养方式如下：

一、专制型。对孩子提出高标准，对错误行为进行严厉的惩罚，与孩子很少沟通。

二、放任型。对孩子照顾周到，能与孩子沟通，但缺乏纪律要求、指导和控制。

三、权威型。既给孩子制定规矩，又善于倾听孩子的意见，具有灵活性。

四、忽视型。父母对孩子漠不关心，不在意子女生活中发生的事情。

显然，权威型教养方式最好。要注意的是，在此阶段，父母和学校主要培养孩子的良好生活习惯、爱学习的习惯、探索精神、求知欲，尤其不能扼杀孩子在此年龄阶段独有的好奇心。这些将是孩子未来是否养成终身学习习惯的重要基础。在促进学习的因素中，好奇心尤为重要。

一般而言，好奇心和一个人的年龄成反比。统一性、标准化的近现代教育是扼杀孩子好奇心的一个因素。所以，爱因斯坦感叹："好奇心能够在正规教育中幸存下来，简直就是一个奇迹。"不只学校，家庭中父母的不当言行对

孩子好奇心的伤害更早也更大。比如，经常有家长对孩子说，你怎么那么多问题？十万个为什么呀？

◎青少年期：培养态度，提高信息处理技能

青少年时期的主要挑战是对自我同一性的追寻，可以借助心理社会性延缓偿付度过。延缓偿付期是埃里克森提出的，是指青年在身体和心理方面都表现出独立的倾向，但是，在确立自我同一性之前仍需要有一定的时间，合法地延缓对社会所必须承担的责任和义务。比如，读大学的时光就是一个典型的延缓偿付期。

对青少年的延缓偿付，上下求索，约翰·桑特洛克形象地描绘道：

在这一时期，青少年不必承担过多的社会责任，因而能够尝试不同角色，去寻找自身文化背景下的身份，体验不同的角色个性。他们或许这个月追求某一职业（例如律师），到下个月又为另一个职业倾心（医生、演员、教师、社工或厨师等）。

他们可能今天衣着光鲜，而第二天就邋邋遢遢。青少年刻意进行这种尝试，以此来寻找自己在这个世界上的契合点。大多数青少年最终抛弃了不喜欢的角色。

所以，在此阶段，青少年的变动不居、见异思迁是正常情况。但是，心理的延缓偿付期是社会、家庭赋予的；对青少年个人而言，延缓偿付是将承担责任的时间延缓，而不是逃避。这好比你花了信用卡上的钱，可以延迟偿还，但是不能不还。

为此，青少年在此阶段要培养终身学习的正确态度，提升阅读、计算等基础技能，还要掌握一定的信息处理技能——对所学知识进行加工处理的能力。这些能力是未来有效终身学习的前提和基础。

◎成年期：提高横向技能，多做存在价值之事

成年期的挑战主要有35岁门槛和中年危机。针对35岁门槛，权威媒体比如《人民日报》等陆续发文，呼吁用人单位不要有年龄歧视，不要只收割青春红利。在近几年的全国两会上，众多代表也纷纷发言，建言献策。

不过，作为个人，不能被动地等用人单位、国家劳动政策的改变。终身学习是有效破除35岁现象的途径。当然，这不能到35岁才开始，需要提前，主要在终身学习的准备期进行。准备期的说法出自2021年6月经济合作与发展组织发布的《2021年度技能展望：终身学习》。

该报告把终身学习分为三大阶段：义务教育期（6～15岁）、准备期（16～25岁）、就业期（26～65岁）。准备期主要学习跨领域、跨专业的横向技能——团队合作、问题解决、创造性思维、沟通和数字技能等。

当然，本专业的知识和技能更不能忽视，如果35岁时你做到企业中高层，就不必担忧被裁员。此外，假如你专业知识够硬，即便被裁，也不愁去处。

度过35岁门槛，马上迎来中年危机。对此，有一个应对之法，就是要找到你的使命，更多从事有存在意义的事情，这会降低你在中年时可能遇到的挫折感。

基兰·萨提亚在《中年生活》中认为一个人主要从事两类事情和活动：一是具有存在意义的事情，二是仅仅具有改善价值的事情。后者是必须完成的维护任务，比如带猫去看兽医、支付账单，或者修剪草坪。这并不是说它们没有任何价值，而是缺少那些本身具有"存在价值"的活动。

解决中年危机的方法之一就是找出适合自己的具备存在价值的事情，然后多花时间做这些事。那么，存在价值的事情都有哪些？埃里克森说生命中第七个阶段——成年期的一对矛盾是生产、繁衍和颓废、迟滞。这里说的生产、繁衍不仅指生育和敷衍后代，而是一切有创造性的活动，一切对家庭、对后代，对社会、对他人有意义、有价值的活动。这类事情具备存在价值，是消除中年危机的良方。

◎**老年期：用认知对抗认知衰退**

老年期的学习比较特殊。一方面，老人们来自谋生需要的外在压力降低；另一方面，老年人身体机能和认知能力在衰退。这导致老年人不太积极学习和从事复杂的认知活动。问题是你不学习，麻烦就会上门。

有一次，我和一个知名媒体的朋友聊老年话题。他说他们报社曾经调研上海的养老院，发现患阿尔茨海默病的老年人主要有两种职业，一是司机，二是教师。据此，他认为劳累活多的人如司机，和脑力活多的人如教师，在晚年更容易患阿尔茨海默病。而我则认为，不用脑才是主要原因。虽然教师一直用脑，但如果只是重复学习相同的内容，一直在他熟悉的领域内进行认知活动，也相当于没有用脑。

一项研究发现，退休前从事复杂工作的人群，退休后认知衰退更少；退休前从事简单工作的人群，如果退休后积极参与体育活动（运动、散步）和认知活动（读书、玩拼图和下棋），也会减缓认知能力下降。

认知活动不仅可以减少认知衰退的速度，还和人们寿命有关。现代医学发现，人的寿命和端粒长短有关。端粒覆盖在染色体末端，随着人们年龄的增长，端粒会变短，重要的是，端粒长度缩短与较早死亡有关。一项研究显示，经常久坐不动看电视、玩电子游戏机、使用计算机的人，他们的端粒长度更短。

所以，为了减缓老年期认知衰退，为了长寿，不间断地学习是关键因素。此外，老年期仍然要尝试陌生的领域，要在未知的领域探索。其中，好奇心很重要。

玛丽安·戴蒙德论述了好奇心对人类智力毕生发展的重要性。她说：

在生活中，我想我们应该对大脑老化持更加乐观的态度。主要因素是刺激，神经细胞因刺激而存在。所以我认为好奇心是一个关键因素。如果一个人在一生中始终充满好奇心，这将刺激他的神经组织和大脑皮层。

我寻访一些年纪高于88岁还极有活力的人，发现那些经常用脑的人，大脑不易老化。

好奇心很重要，在人生的早期促使一个孩童对学习有兴趣，在老年仍然可以防止认知衰退。如果一个人一辈子都有好奇心，他应该是一个终身学习者。

一个终身学习者，在各生命阶段学习主题不同，那需要学到什么程度，就是要达到什么境界，才是理想状态的学习？

各生命阶段学习境界是什么？

说到学习境界，著名国学大师王国维在《人间词话》里用三句词表示做学问的三个境界："昨夜西风凋碧树，独上高楼，望尽天涯路。""衣带渐宽终不悔，为伊消得人憔悴。""众里寻他千百度，蓦然回首，那人却在灯火阑珊处。"

第一句说第一重境界，求学之始，碰到问题和挫折，努力后仍然不得要领，很苦恼。第二句说第二重境界，继续努力、思考、求索，人瘦了，但是不放弃，孜孜以求。第三句是第三重也是最高境界，经过长期努力，突然间豁然开朗，终有所获。

王国维说的境界更适合用在某个学习项目或学科上，比如他本人擅长的历史学、哲学。那么，终身学习在一生中的境界是什么？可以用《论语》中最为著名的一段话来表示：

吾十有五而志于学，三十而立，四十而不惑，五十而知天命，六十而耳顺，七十而从心所欲，不逾矩。

一千个人眼中就有一千个哈姆雷特。对孔子这句话的解释，2000多年来，众说纷纭。所以梁漱溟干脆说，实际上每一个阶段我们都不好懂，不要乱猜，不要猜想。他说十有五而志于学，好像还好懂一点。三十而立，那个"立"是立什么呢？四十不惑，不惑又是对什么不惑？五十而知天命，那么什么叫天命呢？耳顺，什么叫耳顺？

不过，有一点有共识。这段话是孔子一生的学习生涯总结和进阶之道，并且还是自主学习。钱穆就说道，这不是毕生在下功夫吗？大圣人自十五岁就立志学习，就懂得自己养自己。

那么，这句话究竟是什么含义？我们先看看我国近代著名学者辜鸿铭的说法。辜鸿铭担忧欧美传教士和汉学家歪曲了儒家经典，于是写了《辜鸿铭讲论语》，向西方传播东方文明和文化。辜鸿铭这样解释这句话：

我十五岁时立志于学习；三十岁时对外界的事物能形成自己的观点和判断；四十岁时（掌握了知识）不致被轻易迷惑；五十岁时领悟了天命真理；六十岁时能明辨是非；七十岁时能够随心所欲做自己喜欢的事情，且不逾越道德和法律。

立足终身学习角度，结合前人解释，我认为终身学习在一生中各个阶段的境界，是这样逐步展开和提升的。

◎第一重境界：十五志于学

吾十有五而志于学。这句话比较好理解。少年时，就立志于学习，并且开始学习。少时多学，这也符合当前的实际情况。目前世界各国普遍实行义务教育，多数人高中毕业在18岁左右，结束了正式教育，进入大学或者职场。这段时期是少有的人的一生中专门学习阶段。在这期间树立学习的志向，形成积极的学习态度非常重要，这对养成终身学习的习惯起到关键作用，可以促进未来的学习和成长。

并且，这时期的学习对形成终身学习的基本技能很重要，而这又是未来学习的基础。联合国教科文组织就指出："尽管学习贯穿整个生命周期，但某些技能在生命早期能够更容易、更有效地获得，从而为开发其他所需技能提供长期基础。"

一生中任何一个阶段都可学习。但是，生命早期学到的技能是未来学习的基础，尤其学习态度的培育和养成更是对一个人后期的终身学习起到积极作用。

"出名要趁早"，张爱玲的这句话让无数人心有戚戚，点头称是。不过，不是每个人都可以年少有为，因为每个人的禀赋、家庭、教育、时代背景不同，同时，还有看不清、摸不着的运气在起作用。托马斯·内格尔指出运气有两种：

一是环境运气，自己处于或好或坏的生活环境中，比如身处和平或战争时期，或者是否有机会接受良好的教育。

二是构成性运气，涉及我们是什么样的人，有哪些由先天和后天综合因素形成的特殊倾向与气质。

环境运气我们不能完全自主选择，而构成性运气部分我们可以自主，可以靠学习来完善和修正。所以，与其热衷于出名要趁早，不如立志学习要趁早。

终身学习的第一重境界是立志，养成终身学习的态度。第二重境界是三十而立，那么，要立什么呢？

◎第二重境界：三十而立

三十而立。人们对立的解释比较多，有说立志向，有说立人格，有说立礼仪，有说立使命，等等。现在流行的大众化理解是成家立业的立，就是事业有成，有所成就。比如，百度词条说："立"指自立于社会，有所成就；《汉典》的解释是："指人在三十岁前后有所成就。"这种世俗化对立的解释并不正确。

这里的立应该是原则，就是桥水基金创始人达利欧强调的生活和工作的原则。他说：

原则是根本性的真理，它构成了行动的基础，通过行动让你实现生命中的愿望。原则可以不断地被应用于类似的情况，以帮助你实现目标。

一生中学到的最重要的东西是一种以原则为基础的生活方式，是它帮助我发现真相是什么，并据此如何行动。

达利欧总结了他的第一条原则——独立思考并决定：你想要什么？事实是什么？面对事实，你如何实现自己的愿望？

当然，每个人的体验、情境和需要解决的问题不同，形成的原则也有所差异。但是，原则的根本要求都需要独立思考，对外界事物能形成自己的观点和判断。这样才不至于随波逐流，遇到变化、困难和挫折时，才不会茫然失措。这是终身学习的第三重境界，四十不惑。

◎第三重境界：四十不惑

四十而不惑。如何做到不迷惑、不迷茫？学习消除不确定。不确定是我们这个时代的一个热词。一个人、一个组织似乎只要认可外部世界的不确定，思维就提升了，格局就大了。学习如何消除不确定呢？我们先看下信息论创始人香农对信息的定义：信息就是消除不确定的东西。掌握的信息、知识多了，知道得多了，就不会疑惑，至少会少些疑惑。某种程度上说，学习就是吸收、掌握和应用信息的过程，就是消除不确定的过程。

那哪些知识有这个作用？孔子的时代和现代不同，需要掌握的知识也不同。梁漱溟就说孔子这段话说的是个人的人生的知识，没有涉及政治、经济知识。

现代社会大致有三个世界的知识。哲学家卡尔·波普尔在《客观知识：一个进化论的研究》中提出著名的三个世界理论：

第一世界是物理世界或物理状态的世界；

第二世界是精神世界或精神状态的世界；

第三世界是概念东西的世界，即客观意义上的观念的世界。

在这个复杂的世界，要做到不惑，起码你要具备物理状态的客观知识、精神状态的主观知识和观念世界的思维方面的知识。这三个世界对应的知识，除非你是某个领域的专家，不然，达到大学通识教育的水平就可以。

通识教育就是所谓的通才教育，与之相对的是专业教育。本来这是你在读大学时就要完成的学习使命，但是，在就业、考试和升级导向的大学里，专业划分得很细，通识教育往往被忽视。所以，通识学习更多是你个人终身学习生涯中的一个任务。你起码要具备三个方面的知识：

一、和个人相关的知识。认知、心理、逻辑、生理、生物学知识，你要对生命奥秘、生理节律及人如何思考、学习、记忆和认知等有所了解。

二、和社会相关的知识。历史、政治学知识，你要知道人类社会发展的基本规律和脉络；经济学和金融的知识，你要知道为什么有的国家发达，有的不发达，为什么有人富，有人穷；文学、艺术、哲学的知识，扩充你的人生视野，丰富精神世界。

三、个人和社会之外的知识。数学、化学、物理、天文、地理知识，你要了解物质运动的基本规律、宇宙和地球从何而来等。

终身学习的第三重境界是不惑。要做到不惑，了解个人、社会的知识还不够，还需要学习个人和社会之外的知识，比如天文学、宇宙学等，这是朝第四重境界——知天命进阶的需要。

◎第四重境界：五十知天命

五十知天命。知天命是学问和人生的一个转折点。著名哲学家熊十力说孔子的学问分为两方面——人生论和宇宙论。十五至四十岁，是人生论，如人生本性，成己成物之道，社会政治，以及穷究事物道理的格物等思想。在四十不惑之后，孔子开始探讨宇宙人生等根本问题。五十岁时，豁然开朗，大彻大悟，所谓知天命。五十知天道，孔子的学问由人生论进入宇宙论。

南怀瑾也有类似说法，他说孔子四十而不惑，到了四十岁才不怀疑，但这是对形而下的学问人生而言。还要再加十年，到了五十岁而知天命。天命是哲学的宇宙来源，属形而上的思想本体范围。

知天命还有另外一个积极引申——大器晚成。著名哲学家叶秀山在《在，成于思》中说：

天命是上天给你下达的命令，是天规定了的你的使命。就是在这阶段你要给自己定位，并且不要以为50岁定位很迟，知天命不是智慧、学问的终结，更不是生命的终结，而只是开始。

定了位不等于到了位。你还得努力才能使自己到位，所以五十岁是一个开始，而不是终结。我们固然不能说人生从五十开始，但却可以说人生真正的事业从五十开始。天才毕竟是例外，一般来说，大器总还是比较晚成的。

大器晚成，人们一直在关注和探讨这个话题，古今中外，概莫能外。美国《福布斯》杂志发行人里奇·卡尔加德写了本书《大器晚成：乾坤未定，你我皆是黑马》，书中说调查结果表明，人的认知能力会随着年岁渐长而衰退，但在这一过程中也在不断增加新技能，几乎所有健康的人都可以通过不同方式，在不同年龄实现自己的成就。书中还引用埃里克森的观点：40～64岁是一个特殊时期，人在此时拥有创造力和经验优势，同时也普遍会产生改善生活的渴望。

之所以有人会大器晚成，这和智慧往往在人的晚年发展有关。叔本华就说人在50岁时智慧在增加。他说："人生前40年提供了正文，随后30年则提供了对正文的注释。后者帮助我们正确理解正文的真正含义及个中相互的关联，连带揭示其道德教训和其他多种微妙之处。"这些含义、关联、道德教训以及其他微妙之处都是智慧的一部分。

智慧的增加，让你知道自己哪些可以做，哪些不可以做，哪些必须做，这必须做的就是你的天命，于是你达到终身学习的第四重境界。同时，智慧又是第五重境界——六十耳顺的依仗。

◎ **第五重境界：六十耳顺**

六十而耳顺。耳顺有些费解，自古以来，说法不一。较早的权威解读是东汉儒学大家郑玄的"耳闻其言，而知其微旨"。听人所言，能懂得隐含于言辞之内微妙的意旨，言辞之外尚未说出的深意。

现代人的解释也有所不同。辜鸿铭说耳顺是明辨是非，而叶秀山说是什么都听得进，他说耳顺了，不会因为他人的意思不合己意就听不进去。钱穆则把这句话和孔子的"不怨天，不尤人"结合在一起解释，他说"知天命"故不怨天，"耳顺"故不尤人。

不管是什么含义，这应该都和这个年龄段逐步增加的智慧有关。就是说，耳顺是人生智慧的体现。智慧往往和老年阶段密切相关。德国心理学家施陶丁格指出，虽然我们天生的认知速度会有所衰退，但是基于知识和经验的推理和认知能力却不会下降。基于知识和经验的推理和认知能力是智慧的一个来源。

叔本华也说："人们在青年时代有更多的设想，因此人们知道得不多，但能够把有限的所知放大；但在老年阶段，人们有的更多的是判断力、洞察力和对事物的根本性认识。"这根本性的认识主要体现为智慧。

有智慧的人往往宽容。胡适说"宽容比自由重要"。有宽容就会接纳不同意见，哪怕不赞同也会站在对方角度考虑，甚至没有必要指出每件事情的真相。正如季羡林所说："假话全不说，真话不全说。"

能同时从不同视角看问题，脑中、认知中有多个思维模型，才会耳顺。正如《了不起的盖茨比》的作者菲茨杰拉德所说："同时保有两种截然相反的观念还能正常行事，是第一流智慧的标志。"

你带着第一流的智慧，走向第六重境界。

◎第六重境界：七十而从心所欲，不逾矩

七十而从心所欲，不逾矩。如何才可以随心所欲？当然，这要靠不断学习。比尼多说："学习是依赖性的降低。"依赖性降低的典型表现就是孔子说的从心所欲，不逾矩。这是终身学习的最高境界，是精通规律、遵循道德准则后达到的自由境界。类似孟德斯鸠所说："自由就是做法律所许可的一切事情的权利。"

这种境界，具体到一门学问、一门学科，或者一门手艺上，就是我们通常说的这既是科学又是艺术。科学是发现并且遵循规则，艺术是熟悉规则和约束后的灵活发挥。

从心所欲，不逾矩，也是科学和艺术高度结合的境界。

达到从心所欲的境界应该具备伏尔泰说的神韵。他说："一个人不具有他那年龄段的神韵，就有那年龄段的所有不幸。"一个人如果在晚年还被一个个的规则约束，不敢越雷池一步，谨小慎微；如果还是随意而为，罔顾法律、道德和社会规范，那么，他显然就不具备这年龄段的神韵，也是不幸的。

从心所欲是我们在人生晚期希望达到的理想状态。

孔子没有说之后如何学习，并且达到什么境界。对此，中国古典文学研究专家叶嘉莹（人民日报说其为中国诗词之美吟哦至今，更活成了人们心中的诗）说：

孔子七十三岁就死了，他没有说八十以后怎么样，有人常问我这个问题，我的回答是：孔子虽然没有说过八十以后如何，但我自幼诵读《论语》，深感其中有一句话似乎可以终身行之者，那就是："不怨天，不尤人，下学而上达，知我者其天乎。"我不埋怨天，也不责备人，下学礼乐而上达天命，了解我的只有天吧。

孔子用行动做到了一辈子都在学习，终成圣人，直到今天，仍然在全球范围内产生影响。不过，在现实中，一个人一辈子都坚持学习的确很难。

毛主席曾经说："一个人做点好事并不难，难的是一辈子做好事，……艰苦奋斗几十年如一日，这才是最难最难的啊。"毛主席的这句话也适合用在学习上。你一段时期努力学习，这不难，难的是一辈子都在学习，都在努力学习。

但是,你想过没有,你拥有一次用一生学习的机会是多么的不容易。甚至可以说,这简直就是福报。

结语:能一辈子学习是福报

福报指福德报应,这个带有宗教意味的词前几年一下火起来。这和马云有关。2019年4月,马云在内部交流中对员工说:"今天中国BAT这些公司能够996,我认为是我们这些人修来的福报。"BAT指百度、阿里巴巴、腾讯,也代指互联网大企业。996指早上9点上班,晚上9点下班,一周工作6天。

用加班获取在互联网大企业工作的机会是否福报,这涉及劳动法和是否出于个人自愿,这里不好断言。但是,你成为地球上80亿人中的一员,有一生的机会学习肯定是福报。

上下四方曰宇,往古来今曰宙。在这浩瀚宇宙中,我们的存在是何其渺小和短暂。

从空间上看,宇宙有多大呢?从我们生活的地球说起,地球离最近的月球有38万公里,离太阳1.5亿公里,离太阳系最远的冥王星有75亿公里。

因为过于遥远,人们用光速为单位测量宇宙距离。光速是宇宙里最快的速度,每秒达30万公里。光1秒内的飞行距离,可以绕地球七圈半。光年是光在真空里飞行一年的距离,有9.5万亿公里。目前,人们可以观测到的宇宙距离是465亿光年。

地球所在的太阳系仅是银河系的很小一部分,类似太阳系的星系在银河系里有数千个。而银河系有多大呢?一束光从银河系的一端飞到另一端,需要10万年。银河系还只是宇宙中的一个普通成员。宇宙里类似银河系的星系可能有1万亿个。

从时间上看,宇宙已经存在138亿年。科学家预测宇宙还将存在1300亿年。48 亿年前，太阳产生；45 亿年前，地球产生，预计地球还会存在 50 亿年。

我们又是如何来到地球上的呢？138 亿年前，宇宙大爆炸，形成无数种物质，其中极少一部分是可以形成生命的物质——氧、碳、氢、氮。这些可以构成生命的物质中又有极少一部分飘落到地球上，成为构成你身体的一个个原子。也就是说，构成你身体的每一个原子的质子、中子、电子，都是十亿分之一的幸存者。

科学家测算过，地球从古到今，一共出生了约 1000 亿人。不过，可能诞生生命的人类遗传密码的组合有 10^{30} 种。这个天文数字开头是一个 1，后面有 30 个零，换句话说，人类的 DNA 本来提供了一百万万亿个可能出现的生命。但是，他们中的绝大多数并没有来到这个星球。

为此，著名的美国天体物理学家泰森在《星际信使：宇宙视角下的人类文明》中用上述严谨的数字得出一个结论：

我们每一个人——无论现在或将来都是宇宙中独一无二的存在。活着本身就是一场庆典，每一个清醒的时刻都值得庆祝。

我们本不存在，可是数十亿年前的今天，我们突然出现了；而不久以后，我们又会消失数十亿年。[1] 所以，我们来到这个世界，有一生的机会学习是多么幸运的事情。正如意大利著名作家卡尔维诺说："世界先于人类而存在，而且会在人类之后继续存在，人类只是世界所拥有的一次机会，用来组织一些关于其自身信息的机会。"

---

[1] 原文出自《人间指南：面对每一件可能发生事情的哲学解答》"我们本不存在，可是数亿年后的今天，我们突然出现了；而不久以后，我们又会消失数亿年。"

参考文献

1. [春秋] 孔子及其弟子编著, 陈晓芬译注. 论语 [M]. 北京: 中华书局, 2016.01.
2. [春秋] 老子著, 张景、张松辉译注. 道德经 [M]. 北京: 中华书局, 2021.05.
3. [春秋] 孟子著, 万丽华、蓝旭译注. 孟子 [M]. 北京: 中华书局, 2016.01.
4. [春秋] 曾参、子思著, 王国轩译注. 大学·中庸 [M]. 北京: 中华书局, 2016.01.
5. [战国] 荀子著, 安小兰译注. 荀子 [M]. 北京: 中华书局, 2016.01.
6. [明] 袁了凡著, 张景、张松辉译. 了凡四训 [M]. 北京: 中华书局, 2021.11.
7. [古罗马] 塞涅卡著, 覃学岚译. 论幸福生活 [M]. 南京: 译林出版社, 2020.05.
8. 辜鸿铭. 辜鸿铭讲论语 [M]. 西安: 陕西科学技术出版社, 2017.09.
9. 钱穆. 灵魂与心 [M]. 长沙: 岳麓书社, 2020.07.
10. 南怀瑾. 论语别裁（上下册）[M]. 上海: 复旦大学出版社, 2016.06.
11. 叶秀山. 在, 成于思 [M]. 北京: 商务印书馆, 2017.04.
12. 张候萍作, 叶嘉莹口述. 红蕖留梦——叶嘉莹谈诗忆往增订本 [M]. 北京: 三联出版社, 2021.07.
13. 冯友兰. 冯友兰哲思录 [M]. 北京: 新世界出版社, 2022.04.
14. 谢金良. 周易与审美文化论稿 [M]. 上海: 复旦大学出版社, 2022.12.
15. [美] 亨利·大卫·梭罗著, 许崇信、林本椿译. 瓦尔登湖 [M]. 译林出版社, 2013.09.
16. [德] 叔本华著, 绿原译. 叔本华随笔集 [M]. 北京: 人民文学出版社, 2008.05.
17. [德] 叔本华著, 韦启昌译. 人生的智慧 [M]. 上海: 上海人民出版社, 2018.04.
18. [英] 卡尔·波普尔著, 舒炜光、卓如飞、周柏乔、曾聪明等译. 客观知识: 一个进化论的研究 [M]. 上海: 上海译文出版社, 2015.02.
19. [英] 弗兰西斯·培根著, 曹明伦译. 培根随笔集 [M]. 北京: 人民文学出版社, 2015.04.
20. [美] 约翰·杜威著, 王文印译. 我们如何思维 [M]. 上海: 东华大学出版社, 2021.07.
21. [美] 理查德·保罗、琳达·埃尔德著, 焦方芳译. 批判性思维: 反盲从, 做聪明的思考者［M］. 北京：人民邮电出版社，2021.04.

22. ［美］理查德·保罗、琳达·埃尔德著，李小平译. 思辨与立场：生活中无处不在的批判性思维工具［M］. 北京：中国人民大学出版社，2016.12.

23. ［美］布鲁克·诺埃尔·摩尔、理查德·帕克著，朱素梅译. 批判性思维（原书第 12 版）［M］. 北京：机械工业出版社，2021.01.

24. ［美］朱迪丝·博斯著，岳盈盈、翟继强译. 独立思考：日常生活中的批判性思维（第 2 版）［M］. 北京：商务印书馆，2016.05.

25. ［法］斯坦尼斯拉斯·迪昂著，章熠译. 脑与意识——破解人类思维之谜［M］. 杭州：浙江教育出版社，2018.11.

26. ［法］斯坦尼斯拉斯·迪昂著，周加仙译. 精准学习［M］. 杭州：浙江人民出版社，2023.03.

27. ［法］斯坦尼斯拉斯·迪昂著，周加仙等译. 脑与阅读［M］. 杭州：浙江教育出版社，2018.11.

28. 郝明义. 越读者［M］. 北京：人民文学出版社，2009.04.

29. ［美］莫提默·J. 艾德勒、查尔斯·范多伦著，郝明义、朱衣译. 如何阅读一本书［M］. 北京：商务印书馆，2019.10.

30. 徐贲. 人文的互联网——数码时代的读写与知识［M］. 北京：北京大学出版社，2019.07.

31. 徐贲. 阅读经典——美国大学的人文教育［M］. 北京：北京大学出版社，2016.03.

32. ［美］安妮塔·伍尔福克著，伍新春等译. 教育心理学（主动学习版原书第 12 版）［M］. 北京：机械工业出版社，2015.07.

33. ［美］E. 布鲁斯·戈尔茨坦著，张明等译. 认知心理学——心智、研究与生活（原著第五版）［M］. 北京：中国轻工业出版社，2020.11.

34. ［美］凯瑟琳·加洛蒂著，吴国宏等译. 认知心理学——认知科学与你的生活［M］. 北京：机械工业出版社，2016.01.

35. ［美］罗伯特·索尔索、奥托·麦克林、金伯利·麦克林著，邵志芳、李林、徐媛等译. 认知心理学（第 8 版）［M］. 上海：上海人民出版社，2019.01.

36. ［美］罗伯特·斯莱文著，吕红梅、姚梅林译. 教育心理学：理论与实践（第 10 版）［M］. 北京：人民邮电出版社，2017.05.

37. ［美］简妮·爱丽丝·奥姆罗德著，汪玲、李燕平、廖凤林等译. 学习心理学（第 6 版）［M］. 北京：中国人民大学出版社，2015.04.

38. ［美］莉萨·博林、谢里尔·西塞罗·德温、马拉·里斯·韦伯著，连榕、缪佩君、陈坚等译. 教育心理学：激发自主学习的兴趣（原书第 2 版）［M］. 北京：机械工业出版社，2018.07.

39. 燕良轼. 教育心理学［M］. 上海：华东师范大学出版社，2017.01.

40. 胡谊主编，郝宁副主编. 教育心理学（第三版）［M］. 上海：华东师范大学出版社，2020.01.

41. 边玉芳、李白璐. 教育心理学［M］. 杭州：浙江教育出版社，2015.12.

42. 刘道玉. 教育问题探津［M］. 北京：北京出版社，2019.01.

43. ［美］约翰·桑特洛克著，倪萍萍、翟舒怡、李媛媛译. 发展心理学：桑特洛克带你游历人的一生（原书第 5 版）［M］. 北京：机械工业出版社，2020.07.

44. ［美］黛安娜·帕帕拉、萨莉·奥尔茨、露丝·费尔德曼著，李西营、申继亮译. 发展心理学：从生命早期到青春期（第 10 版·上册）［M］. 北京：人民邮电出版社，2018.06.

45. ［美］大卫·苏泽等著，方彤、黄欢、王东杰译. 教育与脑神经科学［M］. 上海：华东师范大学出版社，2014.04.

46. 庞维国. 自主学习——学与教的原理和策略［M］. 上海：华东师范大学出版社，2003.07.

47. ［美］科拉·巴格利·马雷特等著，裴新宁、王美、郑太年等译. 人是如何学习的：学习者、境脉与文化［M］. 上海：华东师范大学出版社，2021.10.

48. ［美］约翰·D. 布兰思福特，安·L. 布朗，罗德尼·R. 科金等编著，程可拉等译. 人是如何学习的：大脑、心理、经验及学校［M］. 上海：华东师范大学出版社，2002.09.

49. ［德］赫尔曼·艾宾浩斯著，常春藤国际教育联盟译. 记忆力心理学［M］. 北京：现代出版社，2017.05.

50. ［美］赫伯特·西蒙著，荆其诚、张厚粲译. 认知：人行为背后的思维与智能［M］. 北京：中国人民大学出版社，2020.01.

51. ［美］尼尔·德格拉斯·泰森著，高爽译. 星际信使：宇宙视角下的人类文明［M］. 北京：中译出版社，2023.05.

52. 夏征农、陈至立主编，大辞海编辑委员会编纂. 大辞海（心理学卷、教育卷、语词卷、哲学卷、政治学社会学卷）［M］. 上海：上海辞书出版社，2015.12.

53. ［美］卡萝尔·韦德、卡罗尔·塔佛瑞斯著，白学军等译. 心理学的邀请（第五版）［M］. 北京：北京大学出版社，2021.06.

54. 方振邦、韩宁著. 管理百年［M］. 北京：中国人民大学出版社，2016.09.

55. ［日］稻盛和夫著，曹岫云译. 干法［M］. 北京：机械工业出版社，2015.05.

56. 梁漱溟. 我的自学小史［M］. 北京：三联书店，2014.06.

57. ［美］吉姆·柯林斯著，俞利军译. 从优秀到卓越［M］. 北京：中信出版社，2021.04.

58. ［美］吉姆·柯林斯著，李祖滨译. 飞轮效应［M］. 北京：中信出版社，2020.04.

59. ［美］洛琳·亚当斯·米勒著，王正林译. 坚毅：培养热情、毅力和设立目标的实用方法［M］. 北京：机械工业出版社，2019.01.

60. ［美］马丁·塞利格曼著，洪兰译. 真实的幸福［M］. 沈阳：万卷出版公司，2010.07.

61. ［美］马丁·塞利格曼著，任俊译. 认识自己，接纳自己［M］. 杭州：浙江教育出版社，2020.10.

62. ［加］塔亚布·拉希德、［美］马丁·塞利格曼著，邓之君译. 积极心理学治疗手册［M］. 北京：中信出版社，2020.08.

63. ［美］威廉·戴蒙著，张凌燕、成实译. 目标感［M］. 北京：国际文化出版公司，2020.11.

64. ［美］爱德华·L. 德西、理查德·弗拉斯特著，王正林译. 内在动机［M］. 北京：机械工业出版社，2020.08.

65. ［美］罗伊·鲍迈斯特、约翰·蒂尔尼著，丁丹译. 意志力［M］. 北京：中信出版社，2017.09.

66. ［英］史蒂夫·安德森、卡伦·安德森著，汤文静译. 贝佐斯致股东的信［M］. 北京：北京联合出版公司，2021.04.

67. ［美］菲利普·津巴多、约翰·博伊德著，张迪衡译. 时间的悖论［M］. 北京：中信出版社，2018.04.

68. ［美］菲利普·津巴多著，赵宗金译. 让时间治愈一切：津巴多时间观疗法［M］. 北京：机械工业出版社，2014.03.

69. ［美］菲利普·津巴多、罗伯特·约翰逊、薇薇安·麦卡恩著，傅小兰译. 津巴多普通心理学（第 8 版）［M］. 北京：人民邮电出版社，2022.07.

70. 钱颖一. 大学的改革（第三卷·学府篇）［M］. 北京：中信出版社，2020.04.

71. 张春兴. 现代心理学——现代人研究自身问题的科学［M］. 上海：上海人民出版社，2016.07.

72. ［美］列纳德·蒙洛迪诺著，陈晓颖、董敏译. 情绪：影响正确决策的变量［M］. 中译出版社，2022.07.

73. ［挪威］卡娅·努尔英恩著，余韬洁译. 大脑帝国［M］. 北京：中信出版社，2019.01.

74. ［美］莉莎·费德曼·巴瑞特著，周芳芳、黄扬名译. 情绪［M］. 北京：中信出版社，2019.01.

75. 傅小兰主编. 情绪心理学［M］. 上海：华东师范大学出版社，2016.01.

76. ［美］丹尼尔·戈尔曼著，杨春晓译. 情商：为什么情商比智商更重要［M］. 北京：中信出版社，2010.10.

77. 黄希庭、郑涌. 心理学十五讲（第二版）［M］. 北京：北京大学出版社，2014.08.

78. ［美］丹尼尔·西格尔著，乔淼译. 心智的本质［M］. 杭州：浙江教育出版社，2021.06.

79. ［美］莫顿·亨特著，张积模、寒川译. 心理学的故事：源起与演变（全二册）［M］. 北京：外语教学与研究出版社，2019.01.

80. ［美］戴维·珀金斯著，杨彦捷译. 为未知而教 为未来而学［M］. 杭州：浙江人民出版社，2015.08.

81. ［美］约翰·杜威著，薛绚译. 民主与教育［M］. 南京：译林出版社，2014.08.

82. ［美］亚当·罗宾逊著，林悦译. 如何学习：用最短的时间达到最佳效果和最好成绩［M］. 北京：中国青年出版社，2017.10.

83. ［美］埃里克松著，罗一静等编译. 童年与社会［M］. 上海：学林出版社，1992.07.

84. ［丹］克努兹·伊列雷斯著，孙玫璐译. 我们如何学习：全视角学习理论（第2版）［M］. 北京：教育科学出版社，2021.08.

85. ［美］洛林·W. 安德森著，蒋小平、罗晶晶、张琴美译. 布卢姆教育目标分类学——分类学视野下的学与教及其测评（修订版）（完整版）［M］. 北京：外语教学与研究出版社，2018.09.

86. ［美］彼得·蒂尔、布莱克·马斯特斯著，高玉芳译. 从0到1开启商业与未来的秘密［M］. 北京：中信出版社，2015.01.

87. ［美］泰勒·本-沙哈尔著，倪子君、刘骏杰、汪冰译. 幸福的方法［M］. 北京：中信出版社，2022.03.

88. 吴军. 见识［M］. 北京：中信出版社，2018.03.

89. 万维钢. 你有你的计划，世界另有计划［M］. 北京：电子工业出版社，2019.03.

90. 万维钢. 万万没想到：用理工科思维理解世界（精装增补版）［M］. 北京：电子工业出版社，2019.03.

91. ［英］马修·科布著，张今译. 大脑传［M］. 北京：中信出版社，2022.03.

92. ［美］理查德·戴维森、沙伦·贝格利著，三喵译. 大脑的情绪生活［M］. 上海：上海人民出版社，2019.04.

93. ［美］彼得·布朗著，邓峰译. 认知天性［M］. 北京：中信出版社，2018.09.

94. ［美］艾米·布兰著，翁玮译. 高效大脑工作法：如何拥有超越常人的优异表现［M］. 北京：人民邮电出版社，2020.10.

95. ［美］里奇·卡尔加德著，范斌珍译. 大器晚成：乾坤未定，你我皆黑马［M］. 天津：天津科学技术出版社，2020.08.

96. ［荷兰］迪克·斯瓦伯著，王奕瑶、陈琰璟、包爱民译. 我即我脑［M］. 海口：海南出版社，2020.06.

97. ［美］西恩·贝洛克著，李盼译. 具身认知：身体如何影响思维和行为［M］. 北京：机械工业出版社，2016.06.

98. ［美］安德斯·艾利克森、［美］罗伯特·普尔著，王正林译. 刻意练习：如何从新手到大师［M］. 北京：机械工业出版社，2016.11.

99. ［美］承现峻著，孙天齐译. 神奇的连接组：你的大脑可以改变［M］. 北京：人民邮电出版社，2022.09.

100. ［美］丹尼尔·亚曼著，黎非凡译. 拯救记忆［M］. 北京：北京科学技术出版社，2021.04.

101. ［瑞典］史蒂夫·诺特伯格著，大胖译. 番茄工作法图解：简单易行的时间管理方法［M］. 北京：人民邮电出版社，2011.02.

102. ［美］《科学新闻》杂志著，王洁、马晓明译. 人体与大脑［M］. 北京：电子工业出版社，2018.03.

103. ［英］英国《新科学家》杂志著，艾莉森·乔治文，瓦伦丁娜·德菲里波绘，阳曦译. 大脑用户指南［M］. 长沙：湖南科学技术出版社，2021.07.

104. 郑旭东、王美倩. 学习科学：百年回顾与前瞻［M］. 北京：科学出版社，2020.02.

105. ［英］凯伦·阿姆斯特朗著，胡亚幽译. 神话简史［M］. 重庆：重庆出版社，2020.07.

106. ［英］阿兰·德波顿著，陈广兴、南治国译. 身份的焦虑［M］. 上海：上海译文出版社，2020.06.

107. ［英］阿兰·德波顿著，资中筠译. 哲学的慰藉［M］. 上海：上海译文出版社，2020.06.

108. 经济合作与发展组织编，周加仙等译. 理解脑：新的学习科学的诞生［M］. 北京：教育科学出版社，2014.12.

109. ［英］布莱恩·梅恩著，杨献军译. 目标的力量：从目标看格局　让境界定结局 [M]. 成都：四川文艺出版社，2021.01.

110. ［古希腊］亚里士多德著，苗力田译. 尼各马科伦理学 [M]. 北京：中国人民大学出版社，2003.12.

111. ［美］D. A. 库伯著，王灿明、朱水萍译. 体验学习：让体验成为学习和发展的源泉 [M]. 上海：华东师范大学出版社，2008.02.

112. ［美］拉塞尔·L. 阿克夫、丹尼尔·格林伯格著，杨彩霞译. 翻转式学习：21世纪学习的革命 [M]. 北京：中国人民大学出版社，2015.01.

113. ［美］托马斯·M. 尼科尔斯著，舒琦译. 专家之死：反智主义的盛行及其影响 [M]. 北京：中信出版社，2019.03.

114. ［美］威廉·庞德斯通著，闾佳译. 知识大迁移：移动时代知识的真正价值 [M]. 杭州：浙江人民出版社，2018.05.

115. ［美］凯·彼得森、戴维·库伯著，周文佳译. 体验式学习 [M]. 北京：中信出版社，2020.03.

116. 本书编委会. 读书的方法与艺术 [M]. 北京：人民出版社，2017.04.

117. ［瑞典］奥萨·维克福什著，汪思涵译. 另类事实：知识及其敌人 [M]. 北京：中信出版社，2021.05.

118. 北京教育科学研究院组编. 学习方式的变革 [M]. 北京：北京师范大学出版社，2018.10.

119. ［英］伊恩·莱斯利著，马婕译. 好奇心 [M]. 北京：中国人民大学出版社，2017.01.

120. ［美］戴维·温伯格著，胡泳、高美译. 知识的边界 [M]. 太原：山西人民出版社，2014.12.

121. 雷玲主编. 教师要学叶圣陶 [M]. 上海：华东师范大学出版社，2015.03.

122. ［美］彼得·德鲁克著，许是祥译. 卓有成效的管理者 [M]. 北京：机械工业出版社，2019.04.

123. ［美］彼得·德鲁克著，朱雁斌译. 21世纪的管理挑战 [M]. 北京：机械工业出版社，2019.01.

124. ［美］彼得·德鲁克、约瑟夫·A. 马恰列洛著，宋强译. 卓有成效管理者的实践（纪念版）[M]. 北京：机械工业出版社，2020.02.

125. ［美］彼得·德鲁克著，慈玉鹏、赵众一译. 生态愿景 [M]. 北京：机械工业出版社，2020.04.

126. ［英］琳达·格拉顿、安德鲁·斯科特著，吴奕俊译. 百岁人生：长寿时代的生活和工作［M］. 北京：中信出版社，2018.07.

127. ［英］查尔斯·汉迪著，苗青、包特译. 成长第二曲线：跨越 S 型曲线持续成长［M］. 北京：机械工业出版社，2021.07.

128. ［美］乌尔里希·伯泽尔著，张海龙、郭霞译. 有效学习［M］. 北京：中信出版社，2018.02.

129. ［美］萨尔曼·可汗著，刘靖译. 翻转课堂的可汗学院［M］. 杭州：浙江人民出版社，2018.05.

130. ［美］詹姆斯·A. 贝兰卡著，赵健等译. 深度学习：超越 21 世纪技能［M］. 上海：华东师范大学出版社，2020.01.

131. ［美］米哈里·契克森米哈赖著，张定绮译. 心流：最优体验心理学［M］. 北京：中信出版社，2017.10.

132. ［美］尼尔·布朗、［美］斯图尔特·基利著，许蔚翰、吴礼敬译. 学会提问（原书第 12 版）［M］. 北京：机械工业出版社，2021.08.

133. 王竹立. 碎片与重构 2：面向智能时代的学习［M］. 北京：电子工业出版社，2018.02.

134. 席有. 大脑功能模式（型）理论：从记忆、思维与意识到建构自我主观世界（第 2 版）［M］. 北京：清华大学出版社，2015.11.

135. 徐新. 以色列简史.［M］. 南京：南京大学出版社，2022.07.

136. ［法］安德烈·焦尔当著，杭零译. 学习的本质［M］. 上海：华东师范大学出版社，2015.07.

137. ［澳大利亚］乔纳森. 福斯特著，刘嘉译. 牛津通识读本：记忆［M］. 南京：译林出版社，2016.03.

138. ［美］丹尼尔·T. 威林厄姆著，肖芬译. 为什么学生不喜欢上学［M］. 北京：中国青年出版社，2023.01.

139. ［瑞典］托克尔·克林贝里著，周建国、周东译. 超负荷的大脑：信息过载与工作记忆的极限［M］. 上海：上海科技教育出版社，2021.04.

140. ［美］诺兰·怀特、桑德拉·切卡莱丽著，朱仁来译. 心理学最佳入门（第 5 版）［M］. 北京：中国纺织出版社，2021.09.

141. ［英］阿尔弗雷德·诺思·怀特海著，刘玥译. 教育的本质［M］. 北京：北京航空航天大学出版社，2019.08.

142. [日]池谷裕二著, 高宇涵译. 考试脑科学：脑科学中的高效记忆法 [M]. 北京：人民邮电出版社, 2019.07.

143. [日]池谷裕二著, 尤斌斌译. 考试脑科学2：记忆、压力、动机的脑科学真相 [M]. 北京：人民邮电出版社, 2023.01.

144. [美]约翰·梅迪纳著, 杨光、冯立岩译. 让大脑自由：释放天赋的12条定律 [M]. 杭州：浙江人民出版社, 2015.05.

145. [美]本尼迪克特·凯里著, 玉冰译. 如何学习：成就你的终身学习力 [M]. 杭州：浙江人民出版社, 2017.07.

146. 英国《新科学家》杂志编著, 蔡春林、唐骋译. 科学速读：脑内新世界（修订版）[M]. 北京：人民邮电出版社, 2021.04.

147. 联合国教科文组织国际教育发展委员会编著, 华东师范大学比较教育研究所译. 学会生存：教育世界的今天和明天 [M]. 北京：教育科学出版社, 1996.06.

148. 徐中. 清晨领导力：新经理人的50个领导力修炼 [M]. 北京：机械工业出版社, 2020.09.

149. 采铜. 精进3：找到你的潜在生态位 [M]. 南京：江苏凤凰文艺出版社, 2022.03.

150. 邢星. 还可以怎样学习 [M]. 上海：华东师范大学出版社, 2019.04.

151. 霍力岩、高宏钰编著. 当代西方教育学理论 [M]. 上海：华东师范大学出版社, 2017.12.

152. 本书编委会. 读书的方法与艺术 [M]. 北京：人民出版社, 2017.04.

153. [德]申克·阿伦斯著, 陈琳译. 卡片笔记写作法：如何实现从阅读到写作 [M]. 北京：人民邮电出版社, 2021.07.

154. [美]德内拉·梅多斯著, 邱昭良译. 系统之美：决策者的系统思考 [M]. 杭州：浙江人民出版社, 2012.08.

155. 陈曦. 通用教学设计的理论和实践 [M]. 北京：社会科学文献出版社, 2019.04.

156. [美]苏珊·A.安布罗斯、米歇尔·W.布里奇斯、米歇尔·迪皮埃特罗等著, 庞维国等译. 聪明教学7原理：基于学习科学的教学策略 [M]. 上海：华东师范大学出版社, 2012.11.

157. [加]罗杰·马丁、弗·里尔著, 王培译. 整合决策 [M]. 杭州：浙江人民出版社, 2020.01.

158. [美]拉塞尔·L.阿克夫、丹尼尔·格林伯格著, 杨彩霞译. 翻转式学习：21

世纪学习的革命［M］. 北京：中国人民大学出版社，2015.01.

159. ［美］史蒂文·斯洛曼、菲利普·费恩巴赫著，祝常悦译. 知识的错觉：为什么我们从未独立思考［M］. 北京：中信出版社，2018.01.

160. 梁晓声. 中国社会各阶层分析［M］. 北京：人民日报出版社，2021.04.

161. 陆学艺. 陆学艺文萃［M］. 北京：生活·读书·新知三联书店，2018.12.

162. 张文宏、李友梅总主编. 特大城市社会治理研究：当代中国的社会分层与阶层和谐［M］. 北京：社会科学文献出版社，2021.05.

163. 张明. 中国宏观经济分析［M］. 北京：东方出版社，2020.08.

164. 郑永年. 保卫社会：社会公正与我们的未来（全新修订版）［M］. 杭州：浙江人民出版社，2022.01.

165. 世界银行著，胡光宇、赵冰译. 2018年世界发展报告：学习：实现教育的愿景［M］. 北京：清华大学出版社，2019.01.

166. 陆致极. 命运的求索：中国命理学简史及推演方法［M］. 上海：上海书店出版社，2014.11.

167. ［英］基思·托马斯著，芮传明、梅剑华译. 16和17世纪英格兰大众信仰研究［M］. 南京：译林出版社，2019.08.

168. 陈东升. 长寿时代：从长寿健康财富的角度透视人类未来［M］. 北京：中信出版社，2021.08.

169. ［英］朱利安·巴吉尼、［英］安东尼娅·麦卡洛著，刘卓、胡琨泊、蒋卓然译. 人间指南：面对每一件可能发生事情的哲学解答［M］. 北京：中国青年出版社，2022.01.

170. ［英］阿尔弗雷德·马歇尔著，肖卫东译. 产业经济学［M］. 北京：商务印书馆，2015.11.

171. ［德］汉斯·约阿斯、沃尔夫冈·克诺伯著，郑作彧译. 社会理论二十讲［M］. 上海：上海人民出版社，2021.09.

172. 李强主编. 应用社会学（第三版）［M］. 北京：中国人民大学出版社，2020.08.

173. 吴义勤. 中国当代新潮小说论（修订版）［M］. 北京：中国人民大学出版社，2018.07.

174. ［俄］库恩著，朱志顺译. 希腊神话［M］. 上海译文出版社，2011.05.

175. 周国平. 当你学会独处［M］. 杭州：浙江人民出版社，2019.12.

176. 徐水晶. 教育与社会分层［M］. 南京：南京大学出版社，2018.12.

177. 刘精明. 国家、社会阶层与教育：教育获得的社会学研究［M］. 北京：中国人民大学出版社，2005.04.

178. ［澳］迈克·詹姆斯·史密斯、加布里尔·巴默著，教育无边界字幕组译. 无知［M］. 北京：北京联合出版公司，2020.06.

179. 贺雄飞.《塔木德》学习的智慧：犹太式学习法的精髓［M］. 上海：上海三联书店，2021.01.

180. ［德］托马斯·德·帕多瓦著，盛世同译. 莱布尼茨、牛顿和时间的发明［M］. 北京：社会科学文献出版社，2019.10.

181. ［日］桦泽紫苑著，郭勇译. 为什么精英都是时间控［M］. 长沙：湖南文艺出版社，2018.03.

182. 楚人. 时间哲学简史：关于本真的时间的考察［M］. 北京：中国华侨出版社，2019.03.

183. ［美］史蒂芬·柯维、罗杰·梅里尔、丽贝卡·梅里尔著，刘宗亚、王丙飞、陈允明译. 要事第一：最新的时间管理方法和实用的时间控制技巧［M］. 北京：中国青年出版社，2010.10.

184. ［美］加里·凯勒、杰伊·帕帕森著，张宝文译. 最重要的事，只有一件［M］. 北京：中信出版社，2015.11.

185. ［美］希鲁姆·W. 史密斯. 高效能人士的时间和个人管理法则［M］. 北京：中国青年出版社，2013.11.

186. ［美］博恩·崔西著，王璐译. 吃掉那只青蛙：博恩·崔西的高效时间管理法则（原书第3版）［M］. 北京：机械工业出版社，2019.04.

187. ［美］达蒙·扎哈里亚德斯著，胖子邓译. 高效清单工作法：聪明人的无压时间管理手册［M］. 北京：机械工业出版社，2019.10.

188. ［美］乔治·吉尔德著，蒋宗强译. 财富与贫困［M］. 北京：中信出版社，2019.04.

189. ［美］约翰·杜尔著，曹仰锋、王永贵译. 这就是OKR［M］. 北京：中信出版社，2018.12.

190. ［印］阿比吉特·班纳吉、［法］埃斯特·迪弗洛著，景芳译. 我们为什么摆脱不了贫穷、贫穷的本质（修订版）［M］. 北京：中信出版社，2018.09.

191. ［美］戴维·艾伦著，张静译. 搞定：无压工作的艺术［M］. 北京：中信出版社，2016.11.

192. ［美］柯维著，顾淑馨等译. 高效能人士的七个习惯［M］. 北京：中国青年出版社，2003.01.

193. ［英］西蒙·加菲尔德著，黄开译. 时间观［M］. 天津：天津科学技术出版社，2020.01.

194. ［俄］格拉宁著，侯焕闳、唐其慈译. 奇特的一生［M］. 北京：北京联合出版公司，2013.10.

195. ［美］迈克尔·帕特里克·林奇著，赵亚男译. 失控的真相［M］. 北京：中信出版社，2017.06.

196. ［美］戴维·温伯格著，胡泳、高美译. 知识的边界［M］. 太原：山西人民出版社，2014.12.

197. ［美］尼古拉斯·卡尔著，刘纯毅译. 浅薄：互联网如何毒化了我们的大脑［M］. 北京：中信出版社，2010.12.

198. ［美］尼尔·波兹曼著，章艳译. 娱乐至死［M］. 北京：中信出版社，2015.05.

199. ［英］西蒙·斯涅克、戴维·米德、彼得·多克尔著，石雨晴译. 如何启动黄金圈思维［M］. 杭州：浙江人民出版社，2019.12.

200. ［美］约翰·库奇、贾森·汤、栗浩洋著，徐烨华译. 学习的升级：技术如何释放终身学习者的潜能［M］. 杭州：浙江人民出版社，2019.05.

201. ［美］迈克斯·泰格马克著，汪婕舒译. 生命3.0：人工智能时代人类的进化与重生［M］. 杭州：浙江教育出版社，2018.06.

202. 谢伏瞻主编，蔡昉、高培勇副主编. 2023年中国经济形势分析与预测（经济蓝皮书）［M］. 北京：社会科学文献出版社，2022.01.

203. 丁磊. 生成式人工智能：AIGC的逻辑与应用［M］. 北京：中信出版社，2023.05.

204. ［美］保罗·史托兹著，石盼盼译. 逆商：我们该如何应对坏事件［M］. 北京：中国人民大学出版社，2019.03.

205. ［美］里克·汉森、福里斯特·汉森著，王毅译. 复原力［M］. 北京：中信出版社，2019.06.

206. ［美］斯科特·派克著，于海生、严冬冬译. 少有人走的路：心智成熟的旅程［M］. 北京：北京联合出版公司，2020.10.

207. ［美］罗伊·鲍迈斯特、约翰·蒂尔尼著，丁丹译. 意志力：关于自控、专注和效率的心理学［M］. 北京：中信出版社，2017.09.

208. ［美］莱恩·霍利得、史提芬·汉赛蒙著，戴晓晖、于秀秀、刘白玉译. 每日斯多葛：366次对智慧、毅力和生活艺术的沉思［M］. 北京：中国青年出版社，2022.05.

209. ［日］久世浩司著，苏萍译. 抗压力·亲子篇［M］. 成都：四川文艺出版社，2019.05.

210. ［美］本杰明·哈迪著，林子萱、何洇洇译. 意志力陷阱［M］. 杭州：浙江教育出版社，2020.07.

211. 余三定. 文学概论（第四版）［M］. 南京大学出版社，2021.05.

212. ［美］彼得·林奇、约翰·罗瑟查尔德著，刘建位译. 战胜华尔街：彼得·林奇选股实录（典藏版）［M］. 北京：机械工业出版社，2018.03.

213. ［美］丹尼尔·卡尼曼著，胡晓姣、李爱民、何梦莹译. 思考，快与慢［M］. 北京：中信出版社，2021.04.

214. ［美］奥赞·瓦罗尔著，李文远译. 像火箭科学家一样思考：将不可能变为可能［M］. 北京：北京联合出版公司，2020.10.

215. ［英］乔治. N. 克拉克主编，中国社会科学院世界历史研究所组译. 新编剑桥世界近代史（全11册）［M］. 北京：中国社会科学出版社，2018.12.

216. 吴宗宪. 犯罪心理学总论［M］. 北京：商务印书馆，2018.12.

217. ［英］布拉德利·布什、爱德华·沃森著，滕梅芳、袁博、盛骢译. 学习的科学：每位教师都应知道的99项教育研究成果［M］. 北京：中国青年出版社，2022.12.

218. ［美］约瑟夫·坎贝尔著，黄珏苹译. 千面英雄［M］. 杭州：浙江人民出版社，2016.02.

219. ［英］大卫·罗布森著，沈悦译. 思维的精进：聪明人如何避开智力陷阱［M］. 长沙：湖南科学技术出版社，2021.01.

220. ［英］琳达·格拉顿、安德鲁·斯科特著，吴奕俊译. 百岁人生：长寿时代的生活和工作［M］. 北京：中信出版社，2018.07.

221. ［美］霍华德. 加德纳著，沈致隆译. 多元智能新视野［M］. 杭州：浙江教育出版社，2021.11.

222. ［美］戴维·索恩伯格著，徐烨华译. 学习场景的革命［M］. 杭州：浙江教育出版社，2020.04.

223. ［美］罗杰·R. 霍克著，白学军译. 改变心理学的40项研究［M］. 北京：中国人民大学出版社，2015.09.

224. ［美］凯瑟琳·史塔生·伯格尔著，陈会昌译. 0—12岁儿童心理学（第六版）［M］. 北京：中国轻工业出版社，2016.10.

225. ［美］瑞·达利欧著，刘波、綦相译. 原则［M］. 北京：中信出版社，2018.01.

226. ［日］久贺谷亮著，金磊译. 掌控精力［M］. 杭州：浙江教育出版社，2021.08.

227. 克努兹·伊列雷斯，陈伦菊，盛群力. 学习理论发展简史（下）［J］. 数字教育，2020，6（02）：86－92.

228. 李虹,宋煜. 中国主观社会流动性研究——基于CGSS数据的实证分析[J]. 首都师范大学学报(社会科学版),2018(04):65-73.

229. 姚洋. 中国经济成就的政治经济学原因[J]. 经济与管理研究,2018,39(01):3-12.

230. 熊易寒. 如何认识当下中国社会流动[J]. 检察风云,2018(11):30-31.

231. 丁芳. 社会阶层固化趋势:问题、成因与对策[J]. 辽宁行政学院学报,2013,15(01):19-20+25.

232. 龚维斌. 社会流动:理想类型与国际经验[J]. 中国社会科学院研究生院学报,2003(05):82-86+112.

233. 刘丽虹,张积家. 动机的自我决定理论及其应用[J]. 华南师范大学学报(社会科学版),2010(04):53-59.

234. 王婷婷,庞维国. 自我决定理论对学生学习自主学习能力培养的启示[J]. 全球教育展望,2009,38(11):40-43.

235. 黄骐,陈春萍,罗跃嘉等. 好奇心的机制及作用[J]. 心理科学进展,2021,29(04):723-736.

236. 徐家华,周莹,罗文波等. 人类情绪发展认知神经科学:面向未来心理健康与教育[J]. 中国科学:生命科学,2021,51(06):663-678.

237. 李春杰. 国外情绪智力理论及其应用[J]. 社会科学战线,2014(06):279-280.

238. 徐先彩,龚少英. 学业情绪及其影响因素[J]. 心理科学进展,2009,17(01):92-97.

239. 钟志贤,邱娟. 论远程学习者的情绪管理[J]. 远程教育杂志,2009,17(05):58-63.

240. 韩颖,毕景刚,董玉琦. 学业情绪研究及其对教学的启示[J]. 教育探索,2018(04):1-4.

241. 俞国良,董妍. 学业情绪研究及其对学生发展的意义[J]. 教育研究,2005(10):39-43.

242. 盛群力,褚献华. 布卢姆认知目标分类修订的二维框架[J]. 课程·教材·教法,2004(09):90-96.

243. 王小素,范立昱,聂翠云. 生命历程理论在终身学习共同体构建中的应用[J]. 中国成人教育,2021(03):3-6.

244. 张俊列,韦利仿. 深度学习的脑科学基础与课堂教学策略[J]. 教育理论与实践，2020，40（28）：59—64.

245. 李志厚，侯栎欣. 知识可视化的理论与实践探索——基于认知神经科学视角[J]. 教育理论与实践，2020，40（10）：13—17.

246. 董奇. 学生学习的脑科学进展、启示与建议[J]. 教育家，2018（28）：9—12.

247. 吕林海. 人类学习的研究历史、本质特征与改进努力——脑科学视角下的解析与启示[J]. 全球教育展望，2013，42（01）：45—52.

248. 郑旭东. 学习研究新学科创建的辉煌历程——学习科学成功之道探秘[J]. 开放教育研究，2011，17（01）：42—50.

249. 屈林岩. 学习理论的发展与学习创新[J]. 高等教育研究，2008（01）：70—78.

250. 郑旭东，王美倩. 学习科学：百年回顾与前瞻[J]. 电化教育研究，2017，38（07）：13—19.

251. 张春兴. 论心理学发展的困境与出路[J]. 心理科学，2002（05）：591—596+583—640.

252. 何思颖，何光全. 终身教育百年：从终身教育到终身学习[J]. 现代远程教育研究，2019（01）：66—77+86.

253. 刘菊，王运武. 关联主义知识观要义阐释——网络时代知识变革的视角[J]. 电化教育研究，2014，35（02）：19—26.

254. 王竹立. 新知识观：重塑面向智能时代的教与学[J]. 华东师范大学学报（教育科学版），2019，37（05）：38—55.

255. 陈丽，逯行，郑勤华. "互联网+教育"的知识观：知识回归与知识进化[J]. 中国远程教育，2019（07）：10—18+92.

256. 安世遨. 知识观的嬗变与教育管理变革[J]. 教育理论与实践，2015，35（10）：17—21.

257. 王灿明. 体验学习解读[J]. 全球教育展望，2005，34（12）：14—17.

258. 聂竹明，张犇. 从智能教育到未来学习：新时代教育技术创新与应用新常态——第十九届教育技术国际论坛综述[J]. 开放教育研究，2021，27（02）：18—25.

259. 谢浩，郑勤华，殷丙山. 基于回归论知识观的"互联网+教育"多元共治模式研究[J]. 电化教育研究，2020，41（11）：56—62.

260. 杜华，顾小清. 人工智能时代的知识观审思[J]. 中国远程教育，2022（10）：1—9+76.

261. 庞维国. 自主学习理论的新进展[J]. 华东师范大学学报（教育科学版），1999（03）：68—74.

262. 庞维国. 论学习方式 [J]. 课程·教材·教法, 2010, 30 (05): 13-19.

263. 孙佳林, 郑长龙. 自主学习能力评价的国际研究: 现状、趋势与启示 [J]. 比较教育学报, 2021 (01): 67-84.

264. 余文森. 简论学生学习方式的转变 [J]. 课程·教材·教法, 2002 (01): 25-26.

265. 余文森. 略谈主体性与自主学习 [J]. 教育探索, 2001 (12): 32-33.

266. 王永固, 许家奇, 丁继红. 教育4.0全球框架: 未来学校教育与模式转变——世界经济论坛《未来学校: 为第四次工业革命定义新的教育模式》之报告解读 [J]. 远程教育杂志, 2020, 38 (03): 3-14.

267. 罗英. 批判性思维与元认知的关系探析 [J]. 教育理论与实践, 2019, 39 (23): 3-5.

268. 祝智庭, 肖玉敏, 雷云鹤. 面向智慧教育的思维教学 [J]. 现代远程教育研究, 2018 (01): 47-57.

269. 王靖, 崔鑫. 深度学习动机、策略与高阶思维能力关系模型构建研究 [J]. 远程教育杂志, 2018, 36 (06): 41-52.

270. 王春阳, 王后雄. 指向核心素养的高阶思维研究 [J]. 教学与管理, 2021 (06): 1-5.

271. 玛雅·比亚利克, 查尔斯·菲德尔, 洪一鸣等. 21世纪的技能与元学习: 学生应该学什么 [J]. 开放教育研究, 2019, 25 (01): 37-46.

272. 霍雨佳. 批判性思维的要素及其关系 [J]. 重庆理工大学学报 (社会科学), 2019, 33 (07): 16-23.

273. 岳晓东. 批判思维的形成与培养: 西方现代教育的实践及其启示 [J]. 教育研究, 2000 (08): 65-69.

274. 周钰, 薛贵. "熟能生巧": 如何通过分散学习提高学习效率 [J]. 教育家, 2020 (24): 54-57.

275. 焦晓骏. 基于脑的学习策略优化 [J]. 江苏教育, 2020 (01): 24-28.

276. 李伟. 英国元认知教学实效性的研究及其启示 [J]. 当代教育科学, 2021 (08): 55-61.

277. 王亚南. 元认知的结构、功能与开发 [J]. 南京师大学报 (社会科学版), 2004 (01): 93-98.

278. 秦利民, Lawrence Jun Zhang. 近10年 (2011-2020) 国际元认知研究动态: 回顾与展望 [J]. 外语学刊, 2022 (03): 98-106.

279. 孙旭欣，罗跃，李胜涛. 全球化时代的数字素养：内涵与测评 [J]. 世界教育信息，2020，33（08）：13－17.

280. 董丽丽，金慧，李卉萌等. 后疫情时代的数字教育新图景：挑战、行动与思考——欧盟《数字教育行动计划（2021－2027 年）》解读 [J]. 远程教育杂志，2021，39（01）：16－27. DOI：10. 15881/j. cnki. cn33－1304/g4. 2021.01.002.

281. 张恩铭，盛群力. 培育学习者的数字素养——联合国教科文组织《全球数字素养框架》及其评估建议报告的解读与启示 [J]. 开放教育研究，2019，25（06）：58－65.

282. 吕建强，许艳丽. 构建全民终身学习体系：应对数字世界的技能需求——OECD《技能展望2019：在数字世界中蓬勃发展》解读 [J]. 中国职业技术教育，2021（06）：26－32.

283. 吕建强，许艳丽. 数字素养全球框架研究及其启示 [J]. 图书馆建设，2020（02）：119－125.

284. 王佑镁，杨晓兰，胡玮等. 从数字素养到数字能力：概念流变、构成要素与整合模型 [J]. 远程教育杂志，2013，31（03）：24－29.

285. 包雅君，刘永贵，刘瑞. 数字素养概念与内涵辨析——兼与信息素养、媒介素养、技术素养的比较 [J]. 软件导刊，2020，19（06）：277－280.

286. 卜卫，任娟. 超越"数字鸿沟"：发展具有社会包容性的数字素养教育 [J]. 新闻与写作，2020（10）：30－38.

287. 马克·布朗，肖俊洪. 数字素养的挑战：从有限的技能到批判性思维方式的跨越 [J]. 中国远程教育，2018（04）：42－53＋79－80.

288. 李涛. 从感觉、经验到技艺、科学与智慧——海德格尔对亚里士多德知识论的阐释 [J]. 哲学研究，2020（06）：86－94.

289. 王中华，詹艳. 挫折教育研究的脉络及趋势——基于 CNKI 2000－2019 年核心期刊的可视化分析 [J]. 教育探索，2019（02）：11－16.

290. 李春杰. 国外情绪智力理论及其应用 [J]. 社会科学战线，2014（06）：279－280.

291. 边仕英. 挫折情绪产生源理论及其对我国教育的启示 [J]. 西南民族大学学报（人文社科版），2007（09）：231－233＋249.

292. 张骞，唐继红. 大学生抗挫折心理素质培养的现状及对策研究 [J]. 教育与职业，2012（33）：83－84.

293. 吴遵民，谢海燕. 当代终身学习概念的本质特征及其理论发展的国际动向 [J]. 继续教育研究，2004（03）：31－36.

294. 何思颖，何光全. 终身教育百年：从终身教育到终身学习 [J]. 现代远程教育研究，2019（01）：66－77＋86.

295. 许亚锋，尹晗，张际平. 学习空间：概念内涵、研究现状与实践进展 [J]. 现代远程教育研究，2015（03）：82－94＋112.

296. 塔卫刚，张际平. 我国学习空间研究的进展与前瞻——兼论"人工智能＋教育"视域下学习空间未来发展 [J]. 远程教育杂志，2018，36（06）：31－40.

297. 沈书生. 学习空间：学习发生的中介物 [J]. 电化教育研究，2020，41（08）：19－25＋42.

298. 李爽，鲍婷婷，王双. "互联网＋教育"的学习空间观：联通与融合 [J]. 电化教育研究，2020，41（02）：25－31.

299. 王小素，范立昱，聂翠云. 生命历程理论在终身学习共同体构建中的应用 [J]. 中国成人教育，2021（03）：3－6.

300. 董可馨，王小豪. 许倬云：鲐背老者的超越与忧愁 [J]. 南风窗，2022.09.

301. 张弘. 杨继绳：警惕社会阶层的固化 [J]. 新华月报，2011.09.

302. 杨壮. 用敏锐与正直穿越 VUCA 迷雾——高挑战环境下，影响中国企业家人格、价值观、领导力的多元因素分析报告 [J]. 哈佛商业评论中文版，2022.06.

303. 丹尼尔·戈尔曼文，柴茁译. 对情商的误解 [J]. 哈佛商业评论中文版，2021.02.

304. 刘虹. 教育如何为创新和平等保驾护航 [J]. 财经，2023.02.

305. 向治. ChatGPT：玩具、工具，还是对手 [J]. 南风窗，2023.06.

306. 向治霖. 人类难以解决的问题，人工智能却能轻易解决，反过来也成立 [J]. 南风窗，2023.06.

307. 孙天澍、李梦军、楼博文等. ChatGPT 冲击劳动力市场 [J]. 财经，2023.05.

308. 趣词. learn 词源 [DB/OL]. 2022－07－16. https：//www. quword. com/ciyuan/s/learn.

309. 新浪网. 追问周劼事件：入职江西国控是否正当？一把手饭局的天价香烟怎么回事 [EB/OL]. 2022－09－25. https：//finance. sina. com. cn/jjxw/2022－07－27/doc－imizmscv3775128. shtml.

310. 光明网. 每个努力的人都应被尊重 [EB/OL]. 2022－09－25. https：//m. gmw. cn/2022－07／17/content_ 35888662. htm.

311. 人民网. "小镇做题家"亦不平凡 [EB/OL]. 2022－09－25. http：//opinion. people. com. cn/n1/2022/1115/c447715－32566508. html.

312. 网易. 新版国家职业分类大典发布：职业数达 1639 个，首次标识数字职业 [EB/OL]. 2022－09－25. https：//www. 163. com/dy/article/HIBPBNII0534A4SC. html.

313. 宁向东. 人近中年，最宝贵的就是时间 [DB/OL]. 2022－08－12. https：//mp. weixin. qq. com/s/QDPhjLLdpdJ71RofBqAj6g.

314. 人民网－人民直击："量子速读"是不是骗局？ [EB/OL]. 2022－07－10. http：//society. people. com. cn/n1/2019/1023/c428181－31416641. html.

315. Nature 子刊：北大清华等团队发现，读完大学，中国学生批判性思维和学术技能出现全面下降 [DB/OL]. 2022－11－04. https：//mp. weixin. qq. com/s/Cak8Dqiuva0pelJAX71djg.

316. 新华网. 闽都遗韵奏响新时代华美乐章. [EB/OL]. 2022－09－04. http：//www. xinhuanet. com/local/2021－07/19/c _ 1211246855. htm.

317. 中国网. 什么是网络素养？传媒大学教授张开这样说 [EB/OL]. 2022－08－28. http：//news. china. com. cn/2018－09/19/content _ 63624788. htm.

318. 澎湃新闻. 复旦学者：互联网时代，学问变得越来越便宜 [EB/OL]. 2022－02－27. https：//www. thepaper. cn/newsDetail _ forward _ 1724845.

319. 搜狐网. 万维钢：用了七年印象笔记，我这样管理信息 [DB/OL]. 2022－02－28. https：//www. sohu. com/a/125090191 _ 212759.

320. 搜狐网. 澳大利亚智库提出数字素养的四大误区 [EB/OL]. 2022－08－29. https：//www. sohu. com/a/403644904 _ 670057.

321. 网易. 中国人上网时间全球最长每天耗近半休息时间 [EB/OL]. 2022－08－29. https：//www. 163. com/tech/article/4UL1CGHM000915BF. html.

322. CNNIC. 第 51 次《中国互联网络发展状况统计报告》 [DB/OL]. 2023－08－16. https：//cnnic. cn/NMediaFile/2023/0322/MAIN16794576367190GBA2HA1KQ. pdf.

323. 百度. 人民网. 力量汇聚在一起，才能做得这么好 [EB/OL]. 2022－09－10. https：//baijiahao. baidu. com/s? id＝17063883691695220 76&wfr＝spider&for＝pc.

324. 中国青年网. 电影院服务不能与"适老化"改造相违背 [EB/OL]. 2022－05－26. http：//fun. youth. cn/gnzx/202302/t20230218 _ 14328767. htm.

325. 教育部. 疫情期间在线教学得失几何——代表委员谈疫情影响下的在线教育（上）[EB/OL]. 2023－05－08. http：//www. moe. gov. cn/jyb _ xwfb/s5147/202005/t20200526 _ 459041. html.

326. 中国教育新闻网. 超八成学生在线学习感受良好，但"低监督下"学习自主性不足——抗疫常态化，在线教学质量如何再提高 [EB/OL]. 2020－05－06. http：//www. jyb. cn/rmtzgjyb/202005/t20200508 _ 324128. html.

327. 搜狐网. 华中师范大学王继新：战"疫"期间 20.3% 乡村教师在线教学靠自己摸索 [EB/OL]. 2023－05－06. https：//m. sohu. com/a/414676846 _ 115563.

328. 澎湃新闻. 刘慈欣自曝用 ChatGPT 写发言稿：写得还不错 EB/OL]. 2023－06－06. https：//www. thepaper. cn/newsDetail _ forward _ 23358891.

329. 人民政协网. 面对 ChatGPT 双刃剑，如何趋利避害？[EB/OL]. 2023－06－20. http：//www. rmzxb. com. cn/c/2023－05－24/3350232. shtml.

330. 澎湃新闻. 面对 ChatGPT 类生成式人工智能的多重挑战，这场报告会揭晓破局之法 [EB/OL]. 2023－06－06. https：//www. thepaper. cn/newsDetail _ forward _ 23157354.

331. 百度. 参考消息. ChatGPT "半周岁"喜忧参半 [EB/OL]. 2023－06－20. https：//mbd. baidu. com/newspage/data/landingsuper？context＝%7B%22nid%22%3A%22news _ 9560862320700572943%22%7D&n _ type＝1&p _ from＝4.

332. 中国作家网. 梁晓声：文学需要表现人性之善 [EB/OL]. 2023－06－20. http：//www. chinawriter. com. cn/n1/2022/1108/c405057－32561628. html.

333. 中国教育新闻网. 线上自习室岂能乌烟瘴气 [EB/OL]. 2023－07－20. http：//www. jyb. cn/rmtzgjyb/202301/t20230117 _ 2110993751. html.

334. 百度. 新周刊. "老师，我真的不想在悬崖边上网课" [EB/OL]. 2023－06－20. https：//baijiahao. baidu. com/s？id＝1660305298682268935&wfr＝spider&for＝pc.

335. 百度. 家里没网，藏族大学生在海拔 4500 米山顶室外上网课，最冷零下 8 度 [EB/OL]. 2023－06－20. https：//baijiahao. baidu. com/s？.

336. 抖音. 女生图书馆抢座，预约该座位的男生带着管理员来找她理论…… [EB/OL]. 2023－07－20. https：//www. douyin. com/video/7160506281302773026.

337. 人民网. "35 岁＋"是资源不是成本，专家呼吁拆除"年龄门槛" [EB/OL]. 2023－07－10. http：//www. people. com. cn/n1/2022/0323/c32306－32382161. html.

338. 上观新闻. 世卫组织把 65 岁划为青年？真相其实是这样的 [EB/OL]. 2023－07－10. https：//www. jfdaily. com/news/detail. do？id＝33848.

致　谢

如果没有很多人的热心帮助，本书的写作和出版不会如此顺利。在此，表示诚挚的谢意。

首先，感谢我的硕士生导师林浣芬教授。虽然毕业多年，但是，林老师的教诲、指导和关爱，依然使我感到温暖和力量。她严谨的治学精神和温良醇厚的高尚品格，至今对我的工作、生活和学习产生影响。写作本书时，得到了林老师的认可和鼓励，这也更促使我不敢懈怠，要写出一本像样的书。

其次，感谢推荐本书的各位杰出人士：杨瑞森、丁邦清、叶信治、孙汉生、齐美东、江南春、邱春生、洪清华、桂泽发、郭为桂、唐礼智、程瑞芸、谢金良。他们从事不同的工作，却有一个共同特征，即他们都是终身学习者，都是业界翘楚，更是我的学习榜样。他们的认可和支持为本书增色。

再次，感谢家人的理解和支持。他们见证和容忍了我写作期间的一些怪异行为：凌晨三点多，想到书中某一点，起床打开电脑；饭吃到一半，想到一句话，丢下饭碗快步走到书房，在白板上写下；炒菜时，脑中想书中某个问题，误把醋当成酱油倒进锅，等等。

最后，感谢在本书写作中提供各种帮助的人士：

——交通银行高管桂泽发博士著有《富贵论》等5本著作，对写作见解独到。他提出很多好的建议，大到内容和结构，小到书名和目录。

——政治学博士、福建农林大学博导郭为桂教授学问精深，治学严谨，富有见地。他帮助梳理本书逻辑主线，优化结构、章节和标题。

——点点教育在线的田振方在文字方面给了很大协助。他是文学硕士，又多年从事教辅编辑工作，文字功底很高。

——哲学博士、复旦大学博导谢金良教授不仅阅读书稿并作推荐语，还用严谨的态度和丰富的学识指出书中若干错误。

——经济学博士、安徽大学博导齐美东教授在立意、结构、内容、体例等方面提出建议。

——上海公安学院心理系程瑞芸副教授有丰富的教学和心理咨询经验。她在读者人群、体例、可读性方面提出建议。

——马军民、赵晓冬一直从事营销工作，专业精湛，实战经验丰富，在传播和可读性方面提出建议。

——吴洪涛、陈烨平素爱阅读、爱学习。他们欣然成为本书的试读者，并提出改进建议。

——刘子珍、高静芳、张克勇为本书提供了精彩的封面和腰封设计。

——胡静雯在搜集资料和读者调研方面提供帮助。对她还有众多协助和参与调研的人群一并致谢。

——资深出版人、全国新闻出版行业领军人才、福建教育出版社总编辑、副社长孙汉生为本书的出版和发行出力甚多。

——本书责任编辑林云鹏、美术编辑邓伦香、发行负责人王贤斌等出版社工作人员，为本书付出了大量、辛勤、细致的工作。

本书引用和参考了一些文献和资料，在此，表示谢意。此外，因本人疏忽和缺乏经验，部分资料没有及时备注，表示歉意。

还有一点要致歉的是，即便我参考了很多文献和得到这么多杰出人士的帮助，也没有完全汲取精华，正如一个人吃满汉全席，也可能因为吸收和消化不好，颇有耗损和靡费之处。

后记　坐而论学，徒劳耳

◎**学习对抗不确定性**

2020年的1月中旬，新冠疫情在湖北逐渐蔓延。1月23日，也就是除夕前一天，武汉封城。正在安徽老家过春节的我，担忧交通可能受限，正月初二就提前回到上海。之后的一个月，我没有出小区，在家思考本书内容，开始谋篇布局，写作初稿。

此后，本书的写作持续了三年，基本和疫情同步。三年间，各地陆续出现疫情，发现变异毒株。这直接导致外出受限，社交减少，于是，我有较多的时间阅读、思考和写作。甚至在某种程度上说，疫情促使了本书的诞生。

不确定性是现在的一个热词。显然，三年疫情是这个时代最大的意外和不确定性。在漫长的人类历史上，有太多的类似事件，考验人类的反应、适应和学习能力。

面对这充满未知、风险和不确定性的世界，学习是亘古不变的有效应对之道。这又回到对学习的本质和价值的探讨、反思。大致而言，学习是个人与外部世界进行信息、行为的交流、互动，调整、改进、完善和巩固心理模式，从而适应不断变化的外部世界，提高生存能力。

总之，越是灾害、意外出现，越是需要个人和人类群体进行学习，进行有效学习。

不过，不确定性不仅来自自然，也伴随人类应用的技术，比如人工智能而来。

◎**其实，你比GPT更会学习**

和三年前一样，2023年的春节也在1月下旬。此时，本书初稿基本完成。

不过，定稿延后了。横空出世的 ChatGPT 打乱了我的计划。2023 年 3 月 15 日，GPT4 正式发布，来势汹汹，一下冲上话题的热搜榜。不同以往的技术进步威胁的是体力劳动，这次 ChatGPT 冲击的是人类引以为傲的脑力活。

因为 ChatGPT 会写文章、会写诗、会想创意，还会编程、翻译，也会设计和绘画，等等。而对人类而言，这些都是需要通过努力学习、反复训练才会掌握的技能。

你辛辛苦苦学会的东西，ChatGPT 都会，那你还学习干吗？我在思考这个问题。

此外，既然 ChatGPT 和学习有关，并且还冲击着学习，我这本专门讲学习的书，要是避而不谈，就会出现一个情况：书籍一出版，部分内容就落伍。于是，我又学习 ChatGPT 和人工智能方面的网络课程，阅读期刊的专题文章，上手使用 ChatGPT 和其他类似产品。之后，书中增加了 5000 多字关于 ChatGPT 的内容。

其实，本书一个主题就是探讨在互联网和人工智能时代如何学习。一些相关内容分散在若干话题里面：面对信息时代的知识大爆炸，如何进行任务型学习？互联网时代如何阅读？在数字化时代，如何提高数字素养，充分利用互联网软件和工具？人工智能时代应该如何学？应该学什么？等等。

自工业革命以来，与机器赛跑，一直是人类面临的一个挑战。人工智能，尤其 ChatGPT 的出现加剧了挑战。

就学习而言，与人相比，机器学习在知识的全面性、知识量、输出速度、不出差错、不知疲倦等方面占优。尤其在记住知识点方面，人工智能碾压地球上任何一个人。

但是，人类学习有其独具的优势。对此，法兰西学院迪昂教授的总结很有权威性。他是著名脑神经专家，是有"神经科学界诺贝尔奖"之称的"脑奖"获得者。他认为，人的学习能力至少在六个方面比人工智能强：社会学习、高效学习数据、一次性测试学习、学习抽象概念、系统性以及思想的语言、组合和灵活迁移。

六个方面大致有三重含义：一是人可以进行社会学习，可以主动和他人分享知识，也可以通过语言向他人学习。而人工智能不会。

二是人的学习效率比人工智能高，尤其在数据学习方面，人可以高效利用少量数据学会某项技能，比如语言，相比人类，人工智能需要 20 到 1000 倍的数据。此外，人可以将新学到的知识纳入已有知识网络，从而一次性学会某个东西。人工智能则不能。

三是人的学习属于有理性思维的第二个学习系统，而人工智能是基于规则和符号的第一个学习系统。人可以将外部世界抽象化并且应用在日常生活各个方面。而人工智能有些类似图像识别过滤器，在读取图像时，会把贴上一个标签或者改变像素的香蕉图像误认为是一台烤面包机。人能够在具体事例背后发现普遍规律。而人工智能无法表达人使用的一系列抽象词组、公式、规则和理论。人可以组合之前所学技能并解决新问题，活学活用，举一反三。人工智能做不到。

◎为起身生活而学习

人工智能是被动的学习，没有自主意识，源于人类的知识投喂，源于大数据，需要人类设计算法、提供算力。

人的学习是主动的。人类的学习基于真实世界，要解决实际问题。人类的学习对外是为了适应，对变化做出应对；对内是寻求身份认同，发现自我，完善自我，寻求人生意义和目标。即人的学习因鲜活的生活和实践而生，又为了更好地生活和实践。

梭罗说："未起身生活，却坐而写作者，徒劳耳。"学习更是如此，未起身生活，却坐而学习者，徒劳耳。不能为学习而学习，要为生活而学习。学习是生活的一部分，生活之树常青。

至此，我的书写完了，你也阅读完了。不过，生活需要继续。我们一起站起来，走进生活吧。

2023 年 8 月 10 日于上海